KB091304

# Yocto, 쉽게 이해하고 깊게 다루기

# Yocto, 쉽게 이해하고 깊게 다루기

## 기본 개념부터 실습 예제까지

조운래 지음

i!i
에이콘

에이콘출판의 기틀을 마련하신 故 정완재 선생님 (1935-2004)

# 추천사

리눅스를 처음 접하는 초보 개발자부터 실제 현업에 종사하는 실무자까지 모두에게 유익한 책이다. 저자는 학부시절부터 스스로 문제를 해결하는 능력이 탁월했으며, 이후 대학원을 거쳐 스마트폰 SW개발자 그리고 현재의 자동차 운영체제 개발자로서 다양한 필드에서의 경험을 바탕으로 깊이 있는 내공을 쌓아왔다. 따라서 이 책은 초보자에게는 보다 리눅스에 쉽게 다가갈 수 있는 지름길을 제공하고, 현업 실무자에게는 실제 현업에서 사용가능한 강력한 무기들을 전수해 줄 것이다. 이 책을 통해 독자 여러분께서 회사나 조직내에서 적재적소에 필요한 유능한 인재가 되길 기원한다.

**박승현**

삼성전자 MX 사업부 수석연구원


저자의 마지막 탈고를 보고, 마치 한 편의 예술작품과도 같다고 느꼈다. 탐험가처럼 문제의 깊은 곳을 밟아가며 Yocto 소프트웨어 기술을 정갈한 문장으로 구체화한 것을 보니 많이 자랑스럽다. 겸손한 태도와 근성을 지닌 저자는 친화력 있는 성격이라는 장점으로 항상 선후배와 폭넓은 인간 관계를 가꿔 왔다. 바쁜 연구원으로써 녹록지 않은 환경에도 불구하고 새로운 지식 나눔에, 같은 연구원으로써 감사 인사를 드린다. 우리 후배님의 든든한 지원군을 자처하며, 지금까지 그래왔듯이 심도 있는 연구원으로써 더욱 건승하길 바란다.

**안형근**

LG전자 BS사업본부 수석연구원

실무에서 Yocto를 사용해야 하는, 시간이 부족한 개발자들에게 완벽한 길잡이가 될 것이다. 저자는 독자를 Yocto의 세계로 친절하게 안내한다. 책을 읽는 동안 독자가 지루하지 않도록 실습 위주로 진행하며, 각 단계마다 저자가 경험한 오류에 대해 자세히 설명하고 있다. 저자의 경험을 공유하기 때문에 독자는 많은 시간을 절약할 수 있을 것이다. 책의 내용을 따라하기 위한 Virtual Box 가상 머신 이미지도 함께 제공돼 아무런 부담 없이 책을 따라할 수 있다. 개인적으로 가장 도움이 됐던 부분은, 어려운 추상적 개념들이 이해하기 쉽게 도식화돼 있다는 점이었다.

Yocto 프로젝트에 관심이 있거나, 업무에 바로 사용이 필요한 분들에게 이 책을 권하고 싶다.

**김종익**

NXP semiconductors, senior software engineer

우리가 살고 있는 세계는 이미 소프트웨어 월드<sup>Software world</sup>가 돼 버렸다. 스마트폰이 세상을 바꿔 놓은 이후 더 많은 소프트웨어가 우리의 삶에 깊숙하게 들어왔다. 심지어 특정 하드웨어에 기능이 고정적으로 부과된 시스템을 과거의 산물로 치부해 버리며 SDX<sup>Software Defined Things</sup>의 개념으로까지 확장되고 있는 시대에 우리는 살고 있다.

이러한 소프트웨어 중심의 기술과 혁신을 견인한 개념 중 하나가 바로 오픈소스<sup>Open Source</sup>이다. 전세계의 수많은 개발자가 자신이 고생해 개발한 것들을 아무 대가 없이 (사실 가끔은 어떤 대가를 바라기도 하지만) 모두 사용할 수 있도록 공개하고 공유하고 있다. 이런 문화가 혁신적인 소프트웨어 기술과 그로 인한 놀라운 세상의 변화에 가장 크게 기여했다고 해도 과언이 아닐 것이다.

리눅스 재단의 많은 프로젝트 중 임베디드 개발자들이 가장 고마워하고 적극적으로 활용하는 프로젝트가 바로 Yocto 프로젝트가 아닐까 생각한다. 특정 시스템을 그 목적에 맞도록 가장 효율적으로 개발하는 첫 단추가 바로 Yocto를 기반으로 환경을 구축하는 일이기 때문이다. 서문에서 밝히듯 저자는 처음부터 Yocto 전문가는 아니었다. 하지만 실무 현장에서 시스템 개발을 진행하며 온몸으로 Yocto를 학습하고 문제를 헤쳐 나갔다. 그리고, 그 '고생 노하우'를 직접 책에 담아 많은 사람이 같은 고생을 하지 않도록 '오픈소스 정신'을 발휘해 줬다. 그런 차원에서 이 책의 부제는 '몸으로 배운 Yocto, 이제 당신은 그러지 않아도 됩니다.' 정도가 되는 게 마땅하다는 생각이 든다.

임베디드 세상에서 혁신적인 변화에 기여하고 싶어하는 모든 소프트웨어 개발자에게 실전 지식과 삶의 자산이 될 만한 이 책을 적극적으로 추천한다.

**김도형**

자동차 소프트웨어 전문 기업 이사, 공학박사


Yocto 프로젝트는 내가 원하는 대로 최적화된 이미지를 만들어 낼 수 있는 매력적인 시스템이다. 다만, 처음 접하는 사람은 bitbake(비트베이크)의 빌드 구조와 레이어 구조 등을 이해하기에 어렵다는 장벽이 있다. 이 책에는 그 장벽을 단번에 해결해주는 실습 구조, 최신 배포본(Kirkstone)에 대한 설명 그리고 저자의 실전 노하우가 많이 수록돼 있었다. Yocto 프로젝트를 처음 접하는 분들이라면 바로 이 책으로 시작하길 매우 추천한다.

**도정진**

현대모비스 연구원

## 지은이 소개

**조운래**

학부에서 전기전자공학을, 대학원에서 음성인식을 전공했다. LG전자에서 휴대폰 소프트웨어를 개발했으며, 현재 현대모비스에서 근무 중이다.

실무에서 Yocto를 다루면서, 우리나라에서는 다른 프로그램에 비해 한정된 사람들만 Yocto를 다루다 보니 생각보다 정보가 제한적이라는 것을 느꼈다. 따라서 Yocto를 시작하는 개발자들에게 조금이나마 도움이 될 수 있기를 바라는 마음에서 미약하지만 실무 경험을 통해 알게 된 내용과 공부한 내용을 엮어 책을 쓰게 됐다.

(전) LG전자 책임연구원
(현) 현대모비스 책임연구원

# 지은이의 말

개발자의 삶은 많이 고단한 것 같다. 급격히 변하는 시대에 익혀야 할 것도, 알아야 할 것도 많기 때문이다. 특히 리눅스 개발자로 뛰어들게 되면 그 과정부터 결코 만만 치 않다는 것을 느끼게 된다.

리눅스의 코드를 보면 그 방대한 코드와 구조에 압도되곤 한다. 단순히 C 언어만을 안다고 리눅스 코드가 눈에 들어오는 것도 아니고, 요즘에는 파이썬, C++, Rust 등 의 코드도 익혀야 하기 때문에 코드를 해석하는 속도가 무척 더디다.

처음 Yocto를 접했을 때, 다른 개발자가 짜 놓은 코드를 참고해 대충 돌아가게 코드 를 만들기는 했지만, 왜 이렇게 해야 하는지, 어떤 순서로 실행되는 것인지 종잡을 수 가 없었다. 이를테면 리눅스 드라이버를 작성하는데 'SRC_URI에 upstream의 주소 를 적고 do_compile에 컴파일이 될 수 있도록 코드를 넣고, do_install에서 배치를 한다' 정도가 아는 것의 전부인 때도 있었다. 사정이 이렇다 보니 원하는 기능 개선이 나 새로운 아이디어를 반영한다는 것은 뒷전으로 밀리고, 좁은 배경지식의 바운더리 안에서 코드를 맞춰 짜는 웃픈 일들이 벌어지고는 했다.

개발자라면 자신이 원하는 대로 구조를 잡고 코드를 만들어야 한다. 때문에 당시 나 와 같은 수준의 개발자라면, 그런 웃픈 일이 생기지 않게끔 Yocto에 대한 지식을 늘 릴 책임이 있다고 생각한다.

당시의 나와 같이 Yocto를 잘 알지 못해 좌절하는 사람이 있다면, 다시 한번 찬찬히 시간을 내서 Yocto에 대한 기본 개념과 사용법을 익힐 시간이라고 말해주고 싶다. '인생은 실전이다'라는 인기 유튜버의 책에서 좋아하는 문구가 있다. '나이 먹는 것을 걱정하지 말고, 너무 늦게 시작했다는 것도 걱정하지 말고 '똑바로 못하는 걸' 걱정하 자. 세상에는 늦은 때란 없다. 세상에는 '완성'과 '미완성'만 있을 뿐이다."

# 차례

# 들어가며

이 책은 필자가 처음 Yocto를 접하고 나서 공부하며 겪은 시행착오를 다른 사람들은 겪지 않기를 바라는 마음으로 쓰게 됐습니다. 시작은 호기로웠으나, 막상 글을 쓰다 보니 생각보다 어려움이 많았습니다. 퇴근하고 저녁마다 스터디 카페에서 새벽까지 글을 쓰면서 어느 날은 '내가 왜 사서 이 고생을 할까?', '이 글이 독자들에게 어떻게 비춰질까?' 등 이런저런 고민을 했습니다. 그러나 인생에서 고생 없이 이뤄지는 것이 없듯이 돌이켜 보면 글을 쓰며 보냈던 시간들이 필자에게는 매우 행복했던 순간이었습니다. 찬찬히 살펴보니 이제껏 잘 안다고 생각했던 내용도 보완해야 할 부분들이 보였고, 평소에는 생각지 않았던 것들도 생각하다 보니 시간이 많이 소비됐습니다.

그러나 관련 도서들과 인터넷 정보들을 읽고 공부하면서 더 많은 것을 알게 된 소중한 시간이었습니다.

가능한 한 현업에서 일하는 실무자에게 적합한 책을 만들겠다는 목적을 갖고 있었기 때문에 과감하게 불필요한 문법이나 툴 사용법은 제외하고, 실제로 사용하는 기능들에 대한 예제를 제시하고 자세하게 설명했습니다.

끝으로 시종일관 필자를 지지해 준 아내와 아들에게 감사의 말을 전하고 싶습니다. 그리고 많은 부분에서 조언을 아끼지 않은 현대모비스 도정진 연구원에게 감사드립니다. 또한 책의 완성도를 높여준 에이콘출판사의 김진아 대리님께도 고마움을 전합니다.

17

## 이 책에서 다루는 내용

- 입문자들이 Yocto의 구조와 개념을 익힐 수 있도록 bitbake의 기초 동작부터 설명

- 오픈 임베디드 코어와 bitbake를 포함하는 오픈 임베디드 빌드 시스템에 대한 기초 동작부터 설명

- Yocto를 이용한 애플리케이션, 커널 드라이버 등의 코드 작성법

- 최신 Yocto 버전인 kirkstone의 개념 및 dunfell 버전에서 kirkstone으로의 마이그레이션 방법

- 계층형 아키텍처에 기반한, 정해진 Yocto 레이어에 대한 설명과 예제

- Yocto의 까다로운 부분인 패키지와 의존성에 대한 설명 및 예제

- SDK, devtool을 이용한 패키지 개발에 대한 설명 및 예제

- Yocto에서 제공되는 임베디드 코어를 이용한 손쉽고 효율적인 코드 작성법

## 이 책의 대상 독자

- 평소 Yocto에 관심은 있었지만 어디서부터 어떻게 공부해야 할지 모르는 입문자

- Yocto를 다루고는 있지만 막연히 사용할 줄만 알고, 전체적인 구조와 원리를 모르는 실무자

- Yocto를 이용해 리눅스 기반의 프로그램을 만들어 보고 싶은 개발자

# 이 책의 구성

**1장**에서는 Yocto가 무엇인지 알아보고 Yocto에 담긴 추상화의 의미를 이해한다.

**2장**에서는 Yocto에서 빌드 시스템의 중심인 bitbake에 대해 자세하게 알아본다.

**3장**에서는 오픈 임베디드 빌드 시스템을 담고 있는 Poky에 대해 알아본다.

**4장**에서는 실습에 들어가기에 앞서 빌드를 좀 더 빠르게 할 수 있는 방안으로 두 가지 방법을 제시한다. 따라서 자신만의 PREMIRRORS와 공유 상태 캐시를 구성하는 방법을 학습한다.

**5장**에서는 새로운 레이어를 만들고 직접 레시피 파일을 작성해 본 후 관련 문법을 학습한다.

**6장**에서는 5장에서 만든 애플리케이션 바이너리를 init 시스템인 systemd에서 실행하는 방법을 알아보고 디버깅하는 방법에 대해서도 학습한다.

**7장**에서는 오픈 임베디드 코어가 제공하는 클래스를 이용한 빌드 최적화 방법들에 대해 다룬다. Autotools를 이용해 간단하게 애플리케이션을 빌드할 수 있는 방법, 소스를 로컬에 위치시키는 externalsrc, 불필요한 빌드 산출물을 삭제하는 rm_work, 빌드 정보를 저장하는 buildhistory 클래스에 대해 학습한다.

**8장**에서는 레시피와 패키지들 간의 의존성에 대해 알아본다. 의존성에는 빌드 의존성과 실행 시간 의존성이 있는데 이에 대해 상세하게 살펴본다.

**9장**에서는 패키지 그룹에 대해 알아보고 앞으로의 실습을 위해 자체 빌드 환경을 구축해 본다.

**10장**부터는 Poky 배포를 기반으로 한 커스텀 이미지와 커스텀 BSP 레이어를 생성한다. 이 내용은 레이어드 아키텍처에 기반해 학습을 진행한다. 레이어를 하나씩 만들어 가며 실제로 현업에서 이뤄지는 작업들을 이해해 본다.

11장에서는 커널 레시피에 대해 학습한다. 오픈 임베디드 빌드 시스템은 커널을 쉽게 빌드할 수 있도록 도와주는 클래스를 제공한다. 이 클래스를 이용해 패치 및 환경 설정 옵션들을 쉽게 적용할 수 있다. 또한 Yocto에서 제공하는 커널 메타데이터에 대해서도 알아본다.

12장에서는 11장에서 학습한 커널 레시피를 확장해 기능을 추가해 본다. 커널 소스를 externalsrc 클래스를 상속해 외부에 따로 저장하고 defconfig 파일을 커널 내 소스에서 사용할 수 있도록 하는 방법도 학습한다. 또한 커널 모듈을 커널 소스 트리 밖에서 만드는 법을 학습한다.

13장에서는 배포 레이어를 학습한다. 이를 통해 배포 레이어가 배포 전반에 걸친 빌드에 대한 환경 설정을 갖고 있다는 것을 이해할 수 있다. 그리고 자신만의 배포 레이어를 만들어 배포 레이어에 대한 이해를 높인다.

14장에서는 레이어드 아키텍처의 최상위 레이어인 커스터머customer 레이어를 만들어 봄으로써 실제 현업에서 칩 벤더가 배포한 Yocto 기반의 코드를 어떻게 추가하고 변경하는지, 이해해 본다.

15장에서는 패키지에 대해 학습한다. 크로스 빌드 환경에서 만들어진 결과물들을 실제 타깃에 넣기 위해서는 패키지로 만들어야 한다. 패키지에 대한 이해를 위해 공유 라이브러리 생성에 대해서도 알아본다.

16장에서는 패키지 설치 과정을 학습한다. 최종적으로 만들어질 이미지인 루트 파일 시스템을 생성하는 방법에 대해 배우게 된다.

17장에서는 4장에서 구축했던 공유 상태 캐시에 대해 좀 더 자세하게 다루고 공유 상태 캐시를 최적화하는 방법에 대해서도 학습한다.

18장에서는 장기간 지원 Yocto 버전인 kirkstone에 대해 학습한다. kirkstone만의 특징을 알아보고 실제 kirkstone을 설치해 본다. 그리고 기존에 dunfell 버전으로 작성했던 예제를 kirkstone으로 마이그레이션해 본다.

**19장**에서는 SDK에 대해 학습한다. 외부에서 애플리케이션이나 커널 모듈을 개발할 때 개발 환경으로 SDK를 사용하므로 SDK를 생성하는 방법을 학습한다. 그리고 생성된 SDK를 호스트에 설치하고 생성된 SDK를 이용해 애플리케이션과 외부 커널 모듈을 만들어 본다.

**20장**에서는 파이썬 함수, 익명 파이썬 함수와 bitbake 문법을 다룬다. 그리고 oe-pkgdta-util 툴의 사용 방법, PACKAGECONFIG 변수의 사용을 통해 기능 단위로 빌드를 설정하는 방법, 오픈 임베디드 코어에서 제공하는 소스 코드를 배포하는 방법, 이미 만들어져 있는 레이어를 현재 진행하는 프로젝트에 포팅 해 사용하는 방법을 학습한다.

**21장**에서는 devtool에 대해 학습한다. 앞에서는 새로운 패키지를 생성할 때 레이어를 생성하고 레시피 작성, layer.conf 파일에 레시피 추가 그리고 이미지 레시피에 패키지를 추가했다. 이런 과정을 수행하는 데는 어느 정도의 수고와 Yocto에 대한 기반 지식이 필요하다. 그러나 devtool을 사용하면 수고를 덜고 Yocto에 대한 기반 지식이 없더라도 간단하게 애플리케이션이나 커널 모듈을 개발할 수 있다. 따라서 21장에서는 devtool의 개념을 학습하고, 간단한 예제를 통해 devtool의 사용법을 익혀본다.

# CHAPTER 01
# Yocto의 소개와 추상화 개념

**이 장에서 다루는 내용**

- 리눅스 재단은 2010년에 Yocto 프로젝트를 발표했다. Yocto 프로젝트는 임베디드 소프트웨어를 위한 임베디드 소프트웨어의 하부 설계에 독립적인 리눅스 배포판 생성을 가능하게 하는 절차들과 도구를 만들어 내는 목표를 가진 리눅스 재단 작업 그룹이다.

- Yocto 프로젝트는 개발자가 처음부터 광범위한 하드웨어 아키텍처 세트에 내장된 리눅스 배포판을 구축할 수 있게 하는 도구 및 프로세스 모음이다.

- Yocto 프로젝트는 특히 임베디드 공간을 위한 오픈 소스 프로젝트이다. 다른 리눅스 배포판은 엔터프라이즈 서버 및 워크스테이션용으로 빌드된 후 임베디드 사용 사례에 맞게 조정되는 반면에 Yocto 프로젝트는 임베디드 장치용 맞춤형 배포판 빌드를 가능하게 한다. 따라서 Yocto 프로젝트는 하드웨어의 기본 아키텍

처와 독립적인 임베디드 개발을 위한 공통 기반을 정의한다.

간단하게 Yocto의 역사를 소개하면 다음과 같다.

- 2003년 오픈임베디드는 iPAQ, Zaurus 및 SIMpad 모바일 장치를 위한 공통 빌드 시스템 및 코드를 기반으로 탄생했다.

- 2004년 OpenedHand 직원인 리차드 퍼디$^{Richard\ Purdie}$가 오픈임베디드에 기반을 둔 Poky 리눅스를 만들었다.

- 2008년 Intel이 OpenedHand를 인수한다.

- 2010년 인텔과 리눅스 재단이 Poky 리눅스를 기반으로 Yocto 프로젝트를 만들었다.

이 책은 리눅스를 기반으로 작업하는 임베디드 소프트웨어 개발자를 위한 책이다. 기본적인 셸$^{shell}$ 스크립트와 리눅스 구조를 이해하고 리눅스 시스템 프로그램을 해봤다면 이 책을 이해하기가 더 쉬울 수 있다. 초보자도 접근할 수 있도록 집필했으나, 기본적인 임베디드 시스템에 대한 이해가 있어야 한다.

준비물은 다음과 같다.

- 리눅스가 구동되는 서버$^{server}$나 Windows OS의 Oracle VM VirtualBox상에 또는 hyper V상에 리눅스(ubuntu 18.4 버전 권장)를 설치해야 한다.

- 실습은 가상 머신인 QEMU$^{Quick\ Emulator}$로 하기 때문에 따로 타깃$^{target}$ 보드(비글본이나 라즈베리파이 등)가 필요 없다.

- Yocto에서 요구한 4G 이상의 RAM과 100G 이상의 하드디스크(SSD 권장)가 필요하다. 실습을 원활히 하고 싶다면 256G 정도의 하드디스크를 권장한다.

- 학습을 진행해 가며 필요한 소스는 'https://GitHub.com/greatYocto' 사이트를 통해 제공할 것인데 깃$^{git}$을 통해 소스를 받아 각 장에 해당하는 branch를 checkout하는 형태로 제공될 것이다. 참고로 GitHub에서 깃 프로토콜$^{protocol}$을 중단했기 때문에 https 프로토콜을 이용해 clone해야 한다.

- 학습에 필요한 리눅스 서버는 간단하게 Windows PC에서 Oracle VM VirtualBox만 설치하면 사용할 수 있도록 모든 필요한 툴들이 설치된 가상 머신 파일을 공유한다. 따라서 가상 머신 파일을 PC에 추가하기만 하면 된다.

## 1.1 추상화와 Yocto 프로젝트

'추상화'란 무엇일까? 우리가 자동차를 운전할 경우 단순하게 엔진 시동을 걸고 가고자 하는 방향으로 핸들을 조작하면 운전이 가능하다. 그러나 자동차를 움직이게 하는 원리를 이해하고 자동차 부품들이 서로 어떻게 연결됐는지를 알고 운전해야 한다면 아마 운전할 수 있는 사람은 거의 없을 것이다. 복잡한 모든 것을 무시하고 중요한 몇 가지 기능만 알면 우리는 자동차를 운전할 수 있다. 이것이 추상화의 한 예이다.

Yocto 또한 마찬가지이다. Yocto 프로젝트의 일부이면서 리눅스 빌드를 위한 오픈임베디드 빌드 시스템<sup>OpenEmbedded Build System</sup>이 어떻게 동작하는지 다 알고 사용해야한다면 Yocto를 사용해야 할 의미가 없다. 이미 오픈임베디드 빌드 시스템은 충분히 잘 추상화돼 있어 일부 변수나 함수의 사용법만 안다면 쉽게 리눅스를 빌드할 수있다. 그림 1-1은 추상화에 대해 설명한 그림이다.

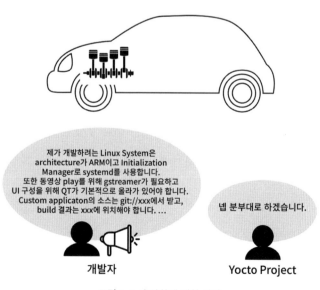

**그림 1-1** 추상화에 대한 설명

개발자들이 흔히 겪는 혼란 중 하나가 '세세함'이다. 가령 리눅스를 통해 개발한다고 했을 때 리눅스 사용법을 빨리 익히고 이를 이용해 빠르게 개발하는 사람이 있는 반면에 커널 코드부터 하나하나 분석해 가며 이해하려는 사람도 있다. 후자의 경우 충분히 칭찬받을 만하지만, 문제는 시간이 너무 많이 걸리고 오픈 소스는 그렇게 쉽게 정복할 수 있는 것이 아니라는 것이다.

마찬가지로 Yocto를 배울 때 가장 큰 문제 중 하나가 Yocto는 리눅스를 빌드하기 위한 툴일 뿐인데 코드가 공개돼 있으므로 모든 것을 알려고 세세한 코드까지 분석하면서 시작한다는 것이다. 앞에서 설명했듯이 자동차를 운전할 때 굳이 엔진의 원리부터 시작해 각 부품에 대해 알아야 할 필요가 없다.

결론적으로 Yocto는 추상화가 잘된 툴이다. 따라서 먼저 알아야 할 것은 세세한 분석보다는 이 툴을 다루는 방법이다.


## 1.2 Yocto와 앞으로의 학습 방법

Yocto는 오픈 소스 프로젝트로 Yocto에서 개발되고 유지 관리되는 프로젝트들을 Yocto 프로젝트라고 한다. Yocto 프로젝트에는 임베디드 리눅스 소프트웨어 개발에 관련된 다양한 프로젝트들이 존재한다. 우리는 이 중에서 리눅스 빌드에 필요한 bitbake<sup>bitbake</sup>, 오픈임베디드 코어<sup>OpenEmbedded Core</sup>, Poky를 다룰 것이다.

흔히 리눅스 빌드를 위해 Yocto를 사용한다고 한다. 그러나 엄밀히 말하면 오픈임베디드 빌드 시스템이 리눅스 소프트웨어 스택<sup>stack</sup>[1]을 빌드하는 데 필요한 모든 정보를 제공하고, 이 정보를 바탕으로 오픈임베디드 빌드 시스템에서 제공된 bitbake라는 빌드 도구가 빌드를 수행한다고 하는 것이 맞다.

---

1    스택이란 특정 시스템에 필요한 소프트웨어 프로젝트의 집합이다.

프로그래밍 관련 책들을 공부하면서 쉽게 좌절을 겪는 이유 중 하나가 처음부터 문법에 너무 매달린 나머지 실제 프로그래밍을 접하기도 전에 문법에 질리기 때문이다. 그래서 이 책에서는 꼭 필요한 문법만 설명하고 상세한 문법 설명은 생략하려고 한다. 앞에서 언급했듯이 Yocto는 개발자가 쉽게 사용할 수 있도록 추상화가 잘된 툴이므로 사용법을 알고 이해하는 것이 더 중요하기 때문이다.

필수적인 문법 내용도 가급적 짧게 다루려고 노력했다. 만약 더 세부적인 분석과 이해가 필요하다면 Yocto 홈페이지에서 레퍼런스 문서를 참조하기를 권장한다. 영어로 돼 있지만, 요즘 번역기가 잘 발달해 그리 큰 문제는 되지 않을 것이다.

또한 쉬운 예제를 통해 Yocto를 이해할 수 있도록 했다. 다른 Yocto 책에서는 잠깐 언급하는 정도로 넘어갔더라도 실제 현업에서 필요한 것들은 자세하게 설명했고, 이해를 도우려고 예제 위주로 책을 구성했다.

필자는 Yocto 전문가는 아니지만, 여러 해 동안 Yocto를 통해 개발을 하면서 이런 저런 것들을 알게 된다면 쉽게 Yocto에 접근할 수 있겠다는 생각을 갖게 됐고 그 내용들을 묶어 책으로 내게 됐다. 한 가지 꼭 당부하고 싶은 말이 있다. 초반에 이해가 가지 않더라도 포기하지 말고 끝까지 읽어보라는 것이다. 용어들이나 개념이 어려울 수 있지만, 내용이 반복되기 때문에 계속 읽다 보면 이해하는 시기가 찾아올 것이다.

## 1.3 Yocto 프로젝트

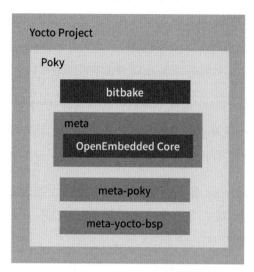

**그림 1-2** Poky 소스의 구성

Yocto 프로젝트는 한마디로 커스텀[custom] 리눅스[2] 배포를 위한 소프트웨어 스택을 구성해 주는 도구 및 템플릿[template]들의 집합이다. 세상에는 다양한 종류의 하드웨어와 아키텍처들(ARM 또는 x86과 같은 것)이 존재한다. 이 각각에 대해 적절하게 리눅스를 구성한다는 것은 매우 힘든 일이다. 그러나 Yocto는 이런 커스텀 리눅스 구성을 쉽게 할 수 있도록 도와준다.

일단 Yocto 홈페이지에서 Poky를 다운로드받으면 많은 '.bb' 파일들이 보일 것이다. 이 파일들은 앞으로 다루겠지만, 빌드를 위해 필요한 소스 코드를 가져오고, 빌드 환경 설정, 컴파일, 생성된 이미지를 설치하는 방법을 기술하고 있다.

소스를 빌드하는 데는 크로스 컴파일러[Cross Compiler], 라이브러리[library] 그리고 여러 툴들이 필요한데 이것들은 Yocto 안에 포함돼 있다. 그렇기 때문에 용량이 매우 커서 Yocto를 구동하려면 최소 50G의 저장 장치가 필요하다.

---

2    커스텀 리눅스란 맞춤 제작한 리눅스를 의미한다. 즉 서로 다른 임베디드 시스템에 맞춰 배포한 리눅스를 의미한다.

먼저 Yocto 공식 홈페이지에서 Poky 소스를 다운로드하면 그림 1-2와 같이 구성 돼 있는 것을 보게 될 것이다. 이 중 가장 중요한 역할을 하는 것은 meta 디렉터리이 다. 이 디렉터리에 오픈임베디드 코어와 bitbake 빌드 도구가 존재한다. 오픈임베디 드 코어를 줄여 Oe-Core라고도 한다.

앞에서 언급했지만, 문법은 간단하게 다루려고 한다. 단순히 문법만 배우려고 한다면 Yocto 홈페이지의 레퍼런스 매뉴얼을 참조하도록 한다. 그리고 Yocto의 내용과 기 능 또한 방대하기 때문에 Yocto를 너무 자세하게 다루는 것도 지양할 것이다.

이 책에서는 실제로 실무에서 사용하는 것, 이미 출간돼 있는 책에서는 잘 다루지 않 았거나 가볍게 다뤘지만 현업에서는 중요한 것들에 대해 중점적으로 다룰 것이다.

## 1.4 실습에 필요한 설치 파일들

이 책의 실습에서는 VirtualBox를 사용할 것이다. 무료 소프트웨어로 사용하기에 편하다. 그러나 VMware Workstation Player를 사용해도 무방하다. 개인 PC에 ubuntu 18.04를 설치해도 동일하게 실습할 수 있다.

먼저 VirtualBox용으로 만들어진 ubuntu 18.04 이미지를 필자의 sourceforge 사이트에서 다운로드한다. 필자의 사이트는 'https://sourceforge.net/projects/ greatyocto/files/'이다.

그림 1-3과 같이 'ubuntu great yocto.ova' 파일을 클릭해 다운로드받는다.

**그림 1-3** 필자의 sourceforge 사이트

VirtualBox 설치와 실습을 위해 Yocto 코드를 다운받아 빌드하기 위한 환경은 표 1-1 과 같다.

**표 1-1** VirtualBox 설치 및 Yocto 실습을 위한 하드웨어 사양

| 구분 | 최소 요구 사양 | 권장 사양 |
|------|----------------|-----------|
| CPU | 64비트 x86 CPU, 1.3GHz 이상 | 64비트를 지원하는 인텔 펜티엄 이상 또는 AMD 동급 |
| RAM | 4GB | 8GB |
| HDD 여유 공간 | 100GB | 256GB 이상 |

## 1. VirtualBox와 확장 팩 다운로드

VirtualBox와 확장 팩을 다운로드하기 위해서는 'https://www.virtualbox. org'에서 그림 1-4와 같이 'Downloads'를 클릭한다. 참고로 필자가 설치한 VirtualBox는 7.0.6이지만, 현재 7.0.8 버전이 나와 있다. 따라서 7.0.8 버전 또는 그 이상의 버전을 설치해도 무방하다.

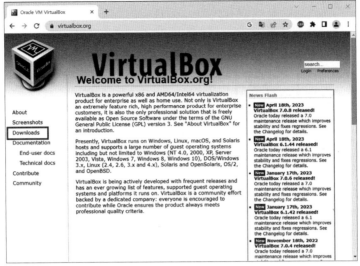

**그림 1-4** VirtualBox 홈페이지

그림 1-5와 같이 'https://www.virtualbox.org/wiki/Downloads' 사이트에서 'Windows hosts'와 'All supported platforms'를 각각 클릭하고 실행 파일을 다운로드받는다.

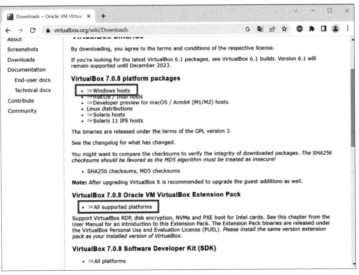

**그림 1-5** VirtualBox 다운로드

다운로드한 파일들은 그림 1-6과 같다.

**그림 1-6** 다운로드받은 Windows hosts, All supported platforms 파일들

## 2. VirtualBox-7.0.6-155176-Win.exe 설치

앞에서 다운로드하는 파일 중에서 VirtualBox-7.0.6-155176-Win.exe 설치 파일을 더블 클릭한다. 물론 이 버전보다 높은 버전을 설치해도 상관없다. 그림 1-7과 같은 설치 화면이 나타나면 **Next** 버튼을 클릭한다.

**그림 1-7** VirtualBox-7.0.6-155176-Win.exe 설치 1

[Custom Setup] 창에서 **Next** 버튼을 클릭한다.

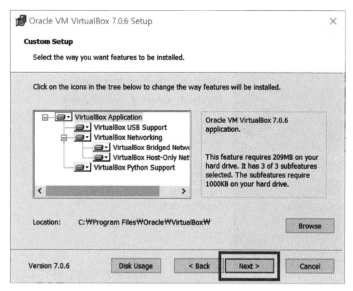

**그림 1-8** VirtualBox-7.0.6-155176-Win.exe 설치 2

[Network Interfaces] 창에서 **Yes** 버튼을 클릭한다.

**그림 1-9** VirtualBox-7.0.6-155176-Win.exe 설치 3

[Missing Dependencies Python Core / win32api] 창에서 **Yes** 버튼을 클릭한다.

**그림 1-10** VirtualBox-7.0.6-155176-Win.exe 설치 4

[Ready to Install] 창에서 **Install** 버튼을 클릭한다.

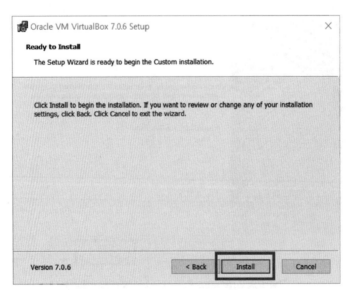

**그림 1-11** VirtualBox-7.0.6-155176-Win.exe 설치 5

그림 1-12와 같이 설치가 진행된다.

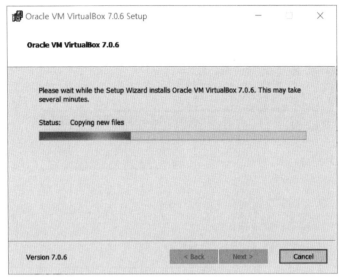

**그림 1-12** VirtualBox-7.0.6-155176-Win.exe 설치 6

설치가 완료된 후 [Oracle VM VirtualBox 7.0.6 installation is complete.] 창
에서 Finish 버튼을 클릭해 설치를 종료한다.

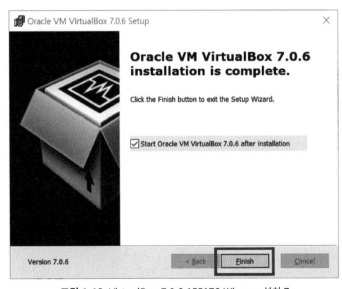

**그림 1-13** VirtualBox-7.0.6-155176-Win.exe 설치 7

설치 후 VirtualBox가 실행되면 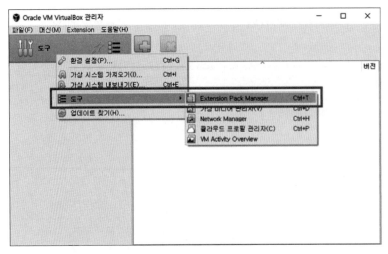도구 에서 마우스 오른쪽 버튼을 클릭한다. 그림 1-14와 같이 메뉴가 나타나면 **도구→Extension Pack Manager**를 선택한다.

**그림 1-14** 확장 팩 설치 1

[Oracle VM VirtualBox 관리자] 창에서 **Install** 버튼을 클릭한다.

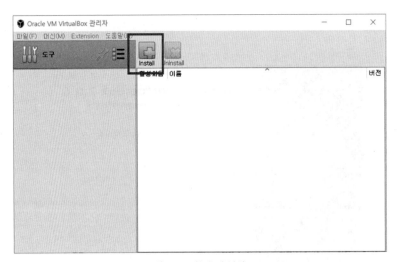

**그림 1-15** 확장 팩 설치 2

확장 팩인 'Oracle_VM_VirtualBox_Extension_Pack-7.0.6a-155176.vbox-extpack' 파일을 더블 클릭한다.

**그림 1-16** 확장 팩 설치 3

[VirtualBox - 질문] 창에서 **설치** 버튼을 클릭한다.

**그림 1-17** 확장 팩 설치 4

[VirtualBox 라이선스] 창에서 **동의합니다(A)** 버튼을 클릭한다.

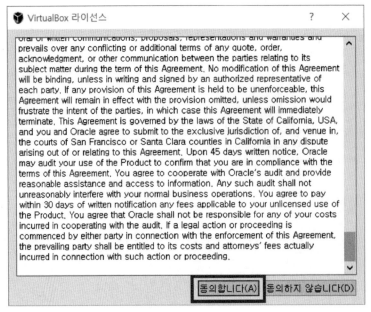

**그림 1-18** 확장 팩 설치 5

확장 팩 설치가 완료되면 그림 1-19와 같은 화면을 볼 수 있다.

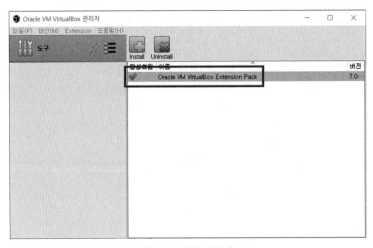

**그림 1-19** 확장 팩 설치 6

앞에서 필자의 sourceforge 사이트에서 다운로드한 가상 시스템 파일을 가져오기 위해 [Oracle VM VirtualBox 관리자] 창에서 **파일 → 가상 시스템 가져오기**를 선택한다.

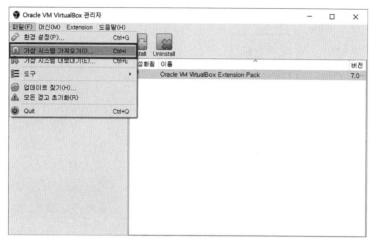

**그림 1-20** 가상 시스템 가져오기 1

[가상 시스템 가져오기] 창에서 **파일 찾기** 버튼을 클릭한다.

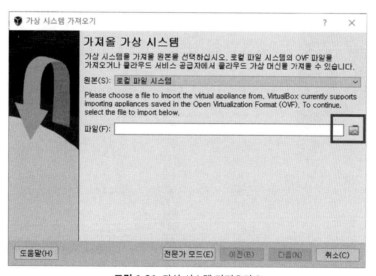

**그림 1-21** 가상 시스템 가져오기 2

필자의 사이트에서 다운로드받은 'ubuntu great yocto.ova' 이미지를 선택한다.

**그림 1-22** 가상 시스템 가져오기 3

[가져올 가상 시스템] 창에서 파일의 경로를 확인하고 **다음** 버튼을 클릭한다.

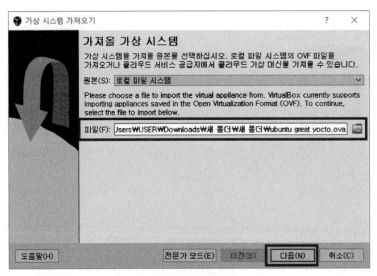

**그림 1-23** 가상 시스템 가져오기 4

[가상 시스템 설정] 창에서 CPU와 RAM을 설정하고 **Finish** 버튼을 클릭한다. 최소 사양은 CPU: 4, RAM: 4096MB이다. 권장 사양은 CPU: 8, RAM: 8192MB이다.

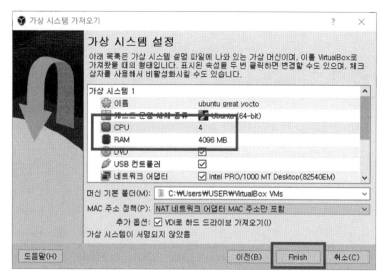

**그림 1-24** 가상 시스템 가져오기 5

그림 1-25와 같이 이미지를 임포팅<sup>importing</sup>한다.

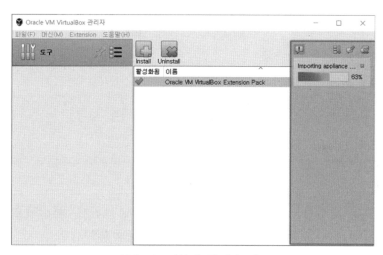

**그림 1-25** 가상 시스템 가져오기 6

이미지의 임포트가 완료되면 그림 1-26과 같이 'ubuntu great yocto' 가상 머신이 만들어진 것을 볼 수 있다.

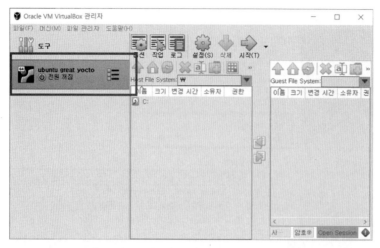

**그림 1-26** ubuntu great yocto 가상 머신 로딩 완료

그림 1-27과 같이 'ubuntu great yocto'를 선택하고 **시작** 버튼을 클릭한다.

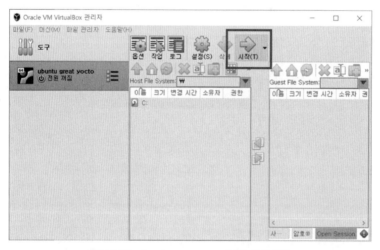

**그림 1-27** ubuntu great yocto 가상 머신 실행

[ubuntu great yocto 터미널] 창이 나타나고 실행된다.

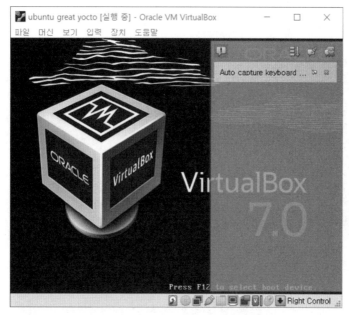

**그림 1-28** ubuntu great yocto 터미널 실행

로그인 창에서 login ID에 "great"를 입력한다.

**그림 1-29** ubuntu great yocto 로그인

로그인 창에서 패스워드에 "great"를 입력하면 최종적으로 그림 1-30과 같은 화면이 출력되는 것을 볼 수 있다.

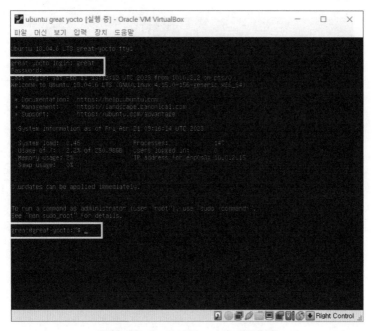

**그림 1-30** ubuntu great yocto 최종 실행

실제로 실습을 하다 보면 VirtualBox에서 제공한 터미널을 이용해 실습을 진행하는 것이 불편하다는 것을 느끼게 될 것이다. 따라서 다양한 기능을 지녔고 2개 이상의 터미널 창을 실행할 수 있는 다른 무료 툴을 설치해 사용하는 것을 권장한다. 책의 별책 부록에 PuTTY라는 툴 설치 가이드를 제공할 것이다. PuTTY는 윈도우에서 리눅스로 터미널 접속을 편리하게 할 수 있는 툴로 매우 가볍고 SSH뿐만 아니라 텔넷, 시리얼 등의 다양한 접속 방법을 제공해 주며 인코딩에도 문제가 없다.

**그림 1-31** 설치 파일을 안내하는 사이트

이 책에서 Yocto dunfell 버전을 사용한다. 최신 버전을 다뤄 보려고 했으나, 필자가 현업에서 주로 다뤄 봤고 익숙한 것을 설명하는 것이 독자들에게도 유익하다고 판단해 dunfell을 선택하게 됐다. 상위 버전으로 가면서 문법적으로 차이가 있으나, 기본적으로 운영하는 방법은 거의 비슷하기 때문에 큰 문제는 없을 것이다. 하지만 18장에서 dunfell과 마찬가지로 Long Term Support 버전이고 최신 버전인 kirkstone에 대해서도 다뤄 볼 것이다.

먼저 실습 준비를 위해 필요한 설치 파일들을 다운로드해 보자. 파일들은 그림 1-31과 같이 Yocto 홈페이지의 설치 파일을 안내하는 사이트(https://docs.yoctoproject.org/3.1.21/ _)에 들어가 보면 잘 나와 있다.

그림 1-31에서 'Quick Build' 하이퍼링크를 클릭하고 들어가 보면 여러 툴을 설치하라고 나오는데 그대로 따라하면 된다. 외부 소스를 가져오려면 SCM 도구인 깃git도 필요하기 때문에 깃 설치도 함께하자. 앞에서 설명했지만, 필자는 ubuntu 18.04호스트 기반에서 작업했다.

**리스트 1-1** ubuntu상에서 설치해야만 하는 패키지들

```
$ sudo apt install gawk wget git-core diffstat unzip texinfo gcc-multilib
build-essential chrpath socat cpio python3 python3-pip python3-pexpect    xz-
utils debianutils iputils-ping python3-git python3-jinja2 libegl1-mesa libsdl1.2-
dev    pylint3 xterm make xsltproc docbook-utils fop dblatex xmlto
```

**리스트 1-2** 추가 설치 패키지들

```
$ sudo apt install git
$ sudo apt install tree
$ sudo apt install python3.8
```

필자와 같이 우분투를 설치한 사용자의 경우 리스트 1-1과 리스트 1-2에 기술된 설치 패키지들을 설치하면 된다.

그림 1-32와 같이 필자의 sourceforge 사이트에는 이미 추가 설치 패키지들이 설치돼 있어 Oracle VM VirtualBox에서 바로 동작할 수 있는 이미지를 따로 제공한다. 'https://sourceforge.net/projects/greatyocto/files/' 사이트에 접속해 'installed ubuntu great yocto.ova' 가상 파일을 다운로드해 사용하면 된다. 그러나 파일 크기가 5GB가 넘기 때문에 다운로드하는 데 많은 시간이 소요되므로 참고하자.

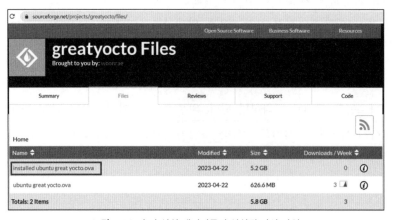

**그림 1-32** 추가 설치 패키지들이 설치된 가상 파일

## 1.5 요약

Yocto 프로젝트는 임베디드 소프트웨어 개발자에게 하드웨어의 독립적인 툴, 프로세스, 템플릿 및 개발 방법을 제공함으로써 리눅스를 적용한 임베디드 장치 개발을 전보다 빠르게 진행할 수 있도록 지원하는 프로젝트이다.

Yocto는 사용자가 쉽게 사용할 수 있도록 추상화가 잘 돼 있다. 때문에 Yocto를 분석 대상으로 보기보다는 Yocto를 어떻게 잘 사용할 것인가에 초점을 맞추고 학습하는 것을 권장한다.

Yocto 프로젝트는 커스텀 리눅스 배포를 위해 소프트웨어 스택을 구성해 주는 도구 및 템플릿들의 집합이다. 복잡한 리눅스 소프트웨어 스택을 쉽게 다룰 수 있게 구성해 주는 툴이라고 보면 된다. Yocto 프로젝트에는 다양한 프로젝트들이 존재한다. 그중에서 우리가 다룰 대상은 Poky, bitbake, 오픈임베디드 코어이다.

이 책에서는 VirtualBox를 사용해 실습을 진행할 것이고, VirtualBox에서 동작할 수 있는 가상 파일을 필자의 사이트를 통해 제공하기 때문에 책과 동일하게 실습할 수 있다.

# CHAPTER 02
# bitbake

bitbake란 무엇일까? Yocto 문서에 따르면 bitbake는 파이썬 및 셸 스크립트 혼합 코드를 분석하는 작업 스케줄러<sup>scheduler</sup>, 임베디드 리눅스의 크로스 컴파일을 위한 패키지 및 관련 파일을 빌드하는 데 사용되는 툴이라고 돼 있다. 이 정의는 추후 자세히 다루기로 한다. 여기서는 그저 'C'나 'C++' 프로그래밍 언어를 빌드하기 위해 Windows에서 사용하는 Visual C++이나 여타 빌드 툴과 같은 빌드 도구 정도로 이해하고 넘어가자.

Yocto를 어느 정도 다뤄 본 경우 bitbake는 Poky 안에 포함된 빌드 도구이며, 단독으로는 동작할 수 없다고 믿기도 한다. 그러나 bitbake는 Poky 안에 딸린 빌드 도구가 아니며, 단독으로도 이런저런 일들을 수행할 수 있는 훌륭한 도구이다.

백문불여일견[1]이라고 이는 스스로 경험해야 쉽게 터득할 수 있다. bitbake의 이해를 위해 간단한 예제를 작성해 볼 것이다. 따라해 보면서 bitbake가 어떤 역할을 수행하는지 이해해 보도록 한다.

## 2.1 bitbake 소스받기

예제 2-1에 기술된 사이트를 통해 bitbake를 다운받아보자.

**예제 2-1** bitbake 소스받기

```
$ wget http://git.openembedded.org/bitbake/snapshot/bitbake-1.46.0.tar.gz
```

다운받은 파일을 예제 2-2와 같이 명령어를 입력해 압축을 풀어본다.

**예제 2-2** bitbake tarball 파일 압축 풀기

```
$ tar -xzf bitbake-1.46.0.tar.gz
```

압축을 풀면 그림 2-1과 같은 모습을 볼 수 있다.

```
bitbake-1.46.0  bitbake-1.46.0.tar.gz
```

**그림 2-1** bitbake-1.46.0.tar.gz 파일의 압축을 푼 화면

'$ cd bitbake-1.46.0/bin' 명령을 입력해 그림 2-2와 같이 bin 디렉터리 내로 들어가 보자.

---

1    百聞不如一見, 백 번 듣는 것보다 한 번 보는 것이 낫다.

```
total 108
drwxrwxr-x  9 woonrae woonrae  4096 Jan  2 09:51 .
drwxrwxr-x  3 woonrae woonrae  4096 Jan  2 09:51 ..
-rw-rw-r--  1 woonrae woonrae   365 Jan  2 09:51 AUTHORS
drwxrwxr-x  2 woonrae woonrae  4096 Jan  2 09:51 bin
-rw-rw-r--  1 woonrae woonrae 16501 Jan  2 09:51 ChangeLog
drwxrwxr-x  2 woonrae woonrae  4096 Jan  2 09:51 classes
drwxrwxr-x  2 woonrae woonrae  4096 Jan  2 09:51 conf
drwxrwxr-x  5 woonrae woonrae  4096 Jan  2 09:51 contrib
drwxrwxr-x  6 woonrae woonrae  4096 Jan  2 09:51 doc
drwxrwxr-x  8 woonrae woonrae  4096 Jan  2 09:51 .git
-rw-rw-r--  1 woonrae woonrae    31 Jan  2 09:51 .gitattributes
-rw-rw-r--  1 woonrae woonrae   392 Jan  2 09:51 .gitignore
drwxrwxr-x 12 woonrae woonrae  4096 Jan  2 09:51 lib
-rw-rw-r--  1 woonrae woonrae  1224 Jan  2 09:51 LICENSE
-rw-rw-r--  1 woonrae woonrae 15394 Jan  2 09:51 LICENSE.GPL-2.0-only
-rw-rw-r--  1 woonrae woonrae  1286 Jan  2 09:51 LICENSE.MIT
-rw-rw-r--  1 woonrae woonrae   229 Jan  2 09:51 MANIFEST.in
-rw-rw-r--  1 woonrae woonrae  2413 Jan  2 09:51 README
-rw-rw-r--  1 woonrae woonrae    43 Jan  2 09:51 toaster-requirements.txt
-rw-rw-r--  1 woonrae woonrae  2887 Jan  2 09:51 TODO
```

**그림 2-2** 압축을 푼 후의 bitbake 소스

참고로 레퍼런스 문서에서 bitbake에 대한 정의는 다음과 같다.

"BitBake is a make-like build tool with the special focus of distributions and packages for embedded Linux cross compilation."

bitbake에 대해 좀 더 세세하게 알고 싶다면 다음 사이트(https://docs.yoctoproject.org/bitbake/bitbake-user-manual/bitbake-user-manual-intro.html)를 읽어보면 도움이 될 것이다.

우리가 앞으로 다루려고 하는 Yocto 버전은 dunfell로 이 버전과 일치하는 bitbake 소스를 받아야 한다. bitbake 버전은 그림 2-3에서 보듯이 1.46을 사용해야 하기 때문에 앞에서 1.46 버전의 bitbake 소스를 다운로드했다.

| Codename | Yocto Project Version | Release Date | Current Version | Support Level | Poky Version | BitBake branch | Maintainer |
|---|---|---|---|---|---|---|---|
| Mickledore | 4.2 | April 2023 | | Future - Support for 7 months (until October 2023) | N/A | | Richard Purdie <richard.purdie@linuxfoundation.org> |
| Langdale | 4.1 | October 2022 | 4.1.1 (November 2022) | Support until May 2023 | N/A | 2.2 | Steve Sakoman <steve@sakoman.com> |
| Kirkstone | 4.0 | May 2022 | 4.0.6 (December 2022) | Long Term Support (minimum Apr. 2024) | N/A | 2.0 | Steve Sakoman <steve@sakoman.com> |
| Honister | 3.4 | October 2021 | 3.4.4 (May 2022) | EOL | N/A | 1.52 | Anuj Mittal <anuj.mittal@intel.com> |
| Hardknott | 3.3 | April 2021 | 3.3.6 (April 2022) | EOL | N/A | 1.50 | Anuj Mittal <anuj.mittal@intel.com> |
| Gatesgarth | 3.2 | Oct 2020 | 3.2.4 (May 2021) | EOL | N/A | 1.48 | Anuj Mittal <anuj.mittal@intel.com> |
| Dunfell | 3.1 | April 2020 | 3.1.21 (November 2022) | Long Term Support (until Apr. 2024) | 23.0 | 1.46 | Steve Sakoman <steve@sakoman.com> |

그림 2-3 Yocto release(출처: https://wiki.yoctoproject.org/wiki/Releases)

'bitbake-1.46.0/bin' 디렉터리로 이동해 보면 그림 2-4와 같이 디렉터리 아래 우리가 배워야 하는 핵심이자 실행 파일인 bitbake 실행 파일이 존재한다.

그림 2-4 bitbake 소스의 bin 디렉터리

## 2.2 메타데이터

bitbake는 빌드 툴로 빌드 수행을 위해 메타데이터를 사용한다. 메타데이터는 소프트웨어를 어떻게 빌드할지 그리고 빌드하려는 소프트웨어들 간에는 어떤 의존성이 있는지를 기술하고 있다. 가령 A라는 소프트웨어가 있는데 이것은 B 소프트웨어에서 빌드돼 나온 라이브러리를 이용해 빌드를 해야 한다. 이 경우 당연히 B 소프트웨어가 먼저 빌드되고 난 후에 A 소프트웨어가 빌드돼야 한다. 따라서 이런 빌드에 필요한 내용들과 빌드에 영향을 주는 변수들을 기술해 준 파일을 메타데이터라고 보면 된다.

메타데이터에는 크게 두 종류가 있다. 변수와 실행이 가능한 함수 또는 태스크task가 그것이다. 실행이 가능한 함수라는 것은 bitbake가 실행하는 셸 함수 또는 파이썬 함수를 가리킨다. 메타데이터는 다섯 종류의 파일에서 사용되는데 이것들을 메타데이터 파일이라고 한다. 그러나 보통 메타데이터라고 하면 앞에서 언급한 변수와 실행이 가능한 함수 또는 태스크를 가리키는 것이 아니라 메타데이터 파일 자체를 가리키는 경우가 많다. 따라서 이 책에서는 '메타데이터 파일'을 줄여서 '메타데이터'라고 부르는 경우를 종종 보게 될 것이다. 메타데이터 파일에는 환경 설정 파일, 레시피 파일, 클래스 파일, 레시피 확장 파일, 인클루드 파일이 있다.

우선 bitbake는 메타데이터 파일들을 분석parsing하고 그 내용에 기반해 빌드를 수행하고 최종 이미지를 생성하게 된다.

변수는 모든 메타데이터 파일들에서 사용할 수 있다. 그러나 실행이 가능한 메타데이터인 함수 또는 태스크는 환경 설정 파일에서 사용할 수 없다. 그림 2-5는 각 메타데이터 파일들이 사용할 수 있는 메타데이터의 종류를 보여주고 있다.

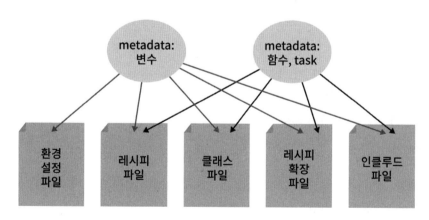

**그림 2-5** 각 메타데이터 파일에서 사용이 가능한 메타데이터의 종류들

## 2.3 메타데이터 파일들

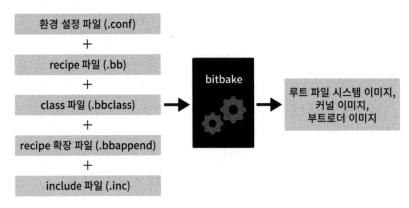

**그림 2-6** 메타데이터 파일과 bitbake

앞에서 언급했듯이 메타데이터 파일은 그림 2-6과 같이 총 5개가 있다.

각각의 메타데이터 파일을 설명하면 다음과 같다.

- 환경 설정 파일: 변수의 집합이라고 생각하면 된다. 실행이 가능한 태스크나 함수 는 여기에 존재하지 않는다. 중요한 것은 환경 설정 파일에서 선언한 변수는 전역 변수의 특징을 갖는다. 따라서 다른 메타데이터 파일에서 사용할 수 있다. 환경 설 정 파일의 확장자는 '.conf'이다.

- 레시피 파일: 소프트웨어를 어디서 다운로드받아야 하고, 받은 소프트웨어는 어떻 게 빌드돼야 하며, 빌드된 산출물은 어디에 위치해야 하는지 등의 빌드 전반에 걸 친 내용을 기술한다. 이 파일에서는 bitbake가 실행할 수 있는 함수들이 정의될 수 있다. Yocto에서는 이런 함수를 태스크라고 부른다. 레시피 파일의 확장자는 '.bb'이다.

- 클래스 파일: 빌드를 위해 사용되는 기능들을 추상화해 레시피 파일들이 사용이 가능하게 하는 파일이다. 여기에 선언된 변수, 함수는 해당 클래스 파일을 상속한 레시피에서만 사용할 수 있다. 레시피 파일에서 클래스 파일의 기능을 사용하려면 inherit라는 지시자를 사용해 클래스 파일을 상속받는다. 클래스 파일의 확장자 는 '.bbclass'이다.

- 레시피 확장 파일: 레시피 파일에서 선언된 변수나 태스크를 재정의할 수 있도록 해준다. 이 파일은 비슷한 기능을 하는 메타데이터끼리 모아 놓은 레이어라는 개념을 알아야 설명할 수 있기 때문에 5장에서 다룰 것이다. 레시피 확장 파일의 확장자는 '.bbappend'이다.

- 인클루드 파일: 클래스 파일이나 인클루드 파일 모두 메타데이터를 다른 메타데이터 파일과 공유할 수 있도록 해주는 파일이다. 차이가 있다면 클래스 파일이 공식적인 기능을 제공하는 반면에 인클루드 파일은 비공식적인 내용을 공유할 때 사용한다. 인클루드 파일의 확장자는 '.inc'이다.


## 2.4 bitbake 문법 첫 번째

사실 메타데이터라는 것을 이 시점에서 설명하면 초보자 입장에서는 어려울 수 있다. 따라서 여기서는 bitbake가 빌드를 위해 이런 파일들을 이런 식으로 사용한다 정도로만 이해하면 될 것 같다. 자주 사용되는 메타데이터와 메타데이터 파일들은 예제에서 반복적으로 나오고 또 다룰 것이기 때문에 이 책의 중반 정도를 학습하게 되면 메타데이터에 대한 어려움은 사라지게 될 것이다.

bitbake를 설명하기에 앞서 bitbake 메타데이터 문법을 몇 가지 알아야 한다.

여기서는 가장 간단한 문법 몇 가지만 알고 가도록 한다.

- bitbake는 변수에 대한 타입이 없다. 즉 C, C++ 언어에서 사용하는 int, char와 같은 변수 타입이 없다. bitbake는 변수에 할당된 값을 문자열로 인식한다.

- bitbake는 변수 이름에 크게 제약을 두지 않는다. 다만, 모든 변수 이름을 대문자로 시작하도록 하고 있다.

- bitbake는 모든 변수를 문자열로 인식하기 때문에 bitbake가 변수에 값을 할당할 때는 예제 2-3과 같이 큰따옴표 또는 작은따옴표를 사용해 값을 할당한다. 가능한 한 일관성 있는 것이 좋기 때문에 필자는 큰따옴표만을 사용하라고 권장한다. 그러나 이것은 어디까지나 본인의 자유이다.

```
BITBAKE_VAR = "value"      또는      BITBAKE_VAR = 'value'
```

- 메타데이터 파일 내에서 주석은 hash symbol인 '#'을 줄의 맨 앞에 넣으면 된다. 주석은 셸 스크립트 함수 또는 파이썬 함수 내에서 사용하지 않는 한 줄의 맨 앞에서 시작해야 한다.

2장에서는 딱 이 정도의 문법만 알도록 하자. 나머지 bitbake 문법은 그때그때 관련 내용을 진행하면서 다루도록 하겠다.

## 2.5 bitbake 실행

bitbake 실행 파일이 어떤 경로에서나 실행이 가능하도록 하려면 실행 파일의 패스 PATH 설정이 필요하다. 먼저 현재 설정된 패스를 출력해 본다. 현재 설정된 패스를 출력해 보려면 예제 2-4와 같이 입력한다. 결과는 PC 환경에 따라 차이가 있기 때문에 필자와 다를 수 있다.

예제 2-4 현재 설정된 패스 출력

```
$ echo $PATH
/usr/local/sbin:/usr/local/bin:/usr/sbin:/usr/bin:/sbin:/bin:/usr/games:/usr/
local/games:/snap/bin:/home/woonrae/.fzf/bin
```

bitbake 실행 파일의 경로를 PATH 환경 변수에 추가해 bitbake 실행 파일이 어떤 경로에서도 실행이 가능하도록 만들자. 이를 위해 bitbake 실행 파일이 존재하는 'bitbake/bin' 디렉터리의 절대 경로를 PATH 환경 변수에 추가한다.

필자의 경우 '/home/woonrae/bitbake_src/'라는 디렉터리 아래 다운로드받은 bitbake tarball 파일을 'bitbake-1.46.0'이라는 이름으로 압축을 풀었다. 따라서 이 경우 예제 2-5와 같이 bitbake 실행 파일의 경로를 환경 변수 PATH에 추가한다. 각자 자신의 PC 환경에 맞춰 bitbake 실행 파일의 경로를 환경 변수 PATH에 추가하도록 한다.

**예제 2-5** PATH에 bitbake 실행 파일의 경로 추가

```
$ export PATH=/home/woonrae/bitbake_src/bitbake-1.46.0/bin:$PATH
```

이후 환경 변수 PATH를 출력해 보면 예제 2-6과 같이 'bitbake-1.46.0/bin' 경로가 패스에 추가된 것을 볼 수 있다.

**예제 2-6** PATH에 추가된 bitbake 실행 파일의 경로

```
$ echo $PATH

/home/woonrae/bitbake_src/bitbake1.46.0/bin:/usr/local/sbin:/usr/local/bin:/usr/
sbin:/usr/bin:/sbin:/bin:/usr/games:/usr/local/games:/snap/bin:/home/woonrae/.
fzf/bin
```

참고로 PATH 변수에 기술된 각각의 경로들은 앞에 위치한 경로가 뒤에 위치한 경로보다 우선순위가 더 높다.

bitbake 실행 파일의 경로가 환경 변수 PATH에 정상적으로 추가됐다면 bitbake가 어떤 경로에서든 잘 실행돼야 한다. 따라서 예제 2-7과 같이 home 디렉터리로 이동하고 bitbake의 버전을 묻는 명령을 입력해 본다. 버전이 정상적으로 출력됐다면 패스 설정이 정상적으로 된 것이다.

**예제 2-7** bitbake 버전 출력

```
$ bitbake --version

BitBake Build Tool Core version 1.46.0
```

## 2.6 bitbake로 "Hello! bitbake world!" 출력

이제부터 간단한 bitbake 실습을 진행한다. 만약 예제를 따라할 여유가 없다면 실습할 코드를 필자의 GitHub를 통해 제공하고 있으니 다음과 같이 다운로드받으면 된다.

```
$ git clone https://GitHub.com/greatYocto/bitbake_test.git
```

다만, 이 저장소는 코드를 보거나 로컬에서 수정하는 것은 가능해도 쓰기 권한이 없기 때문에 직접 깃에 푸시push하는 등의 작업은 불가능하다.

여기서는 간단한 예제를 만들기 위해 그림 2-7과 같이 기존에 받은 bitbake의 소스 디렉터리와 동일 위치에 'bitbake_test'라는 디렉터리를 만든다.

woonrae@woonrae:~$ ls
bitbake_src
bitbake_test

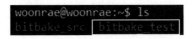

**그림 2-7** bitbake_test 디렉터리 생성

그런 다음 그림 2-8과 같이 bitbake를 실행해 본다.

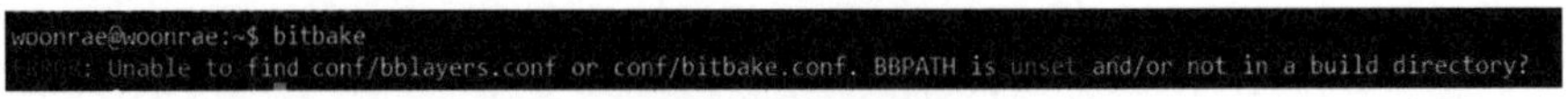

woonrae@woonrae:~$ bitbake
: Unable to find conf/bblayers.conf or conf/bitbake.conf. BBPATH is unset and/or not in a build directory?

**그림 2-8** bitbake 실행

무슨 뜻인지는 모르겠지만, 이런저런 에러가 뜨는 것을 볼 수 있다. 내용상 보면 conf라는 디렉터리 아래 bblayers.conf와 bitbake.conf라는 파일을 찾을 수 없고 BBPATH라는 것이 unset돼 있다고 출력하고 있다. 한편으론 '이 에러들을 해결하면 bitbake를 실행할 수 있지 않을까?'라는 생각이 들 것이다.

현 상태에서 무슨 말인지 이해가 되지 않아도 큰 문제는 없다. 지금은 bitbake에 대한 이해를 돕고자 하는 것이기 때문에 우선 따라해 보자. 이 예제가 끝날 즈음이면 "아! bitbake가 이런 걸 하는 것이구나." 정도는 이해하게 된다.

우선 에러의 제거를 위해 에러 메시지에서 지적한 내용들을 하나씩 추가하거나 수정해 보자. 이를 위해 우리는 몇 개의 메타데이터 파일들을 생성할 것이다.

## 1. BBPATH 설정하기

bitbake 실행 파일이 특정 디렉터리에 만들어진 메타데이터들을 인식할 수 있도록 하려면 bitbake에 메타데이터들이 위치한 경로를 알려줘야 한다. bitbake가 인식하는 경로는 BBPATH라는 변수가 갖고 있다. 따라서 예제 2-8과 같이 앞에서 만든 bitbake_test 디렉터리 경로를 BBPATH에 추가해 준다.

**예제 2-8** BBPATH에 bitbake_test 디렉터리의 경로 추가

```
$woonrae@woonrae:~/bitbake_test$ export BBPATH=/home/woonrae/bitbake_test/
```

참고로 bitbake는 BBPATH 변수에 저장된 경로들 아래의 conf 디렉터리에서 '.conf' 파일들을 찾고, classes 디렉터리에서 '.bbclass' 파일들을 찾는다. 이 내용은 뒤에서 다시 다룰 것이다.

## 2. bitbake.conf 파일 만들기

앞에서 만든 'bitbake_test' 디렉터리 아래 conf라는 이름으로 디렉터리를 만든다. 그런 다음 'bitbake_test/conf' 디렉터리 내에서 vi 편집기(편집기는 자신이 쓰고 싶은 것을 써도 됨)를 이용해 그림 2-9와 같이 bitbake.conf 파일을 생성하고 리스트 2-1의 내용을 bitbake.conf 파일에 입력한다.

**리스트 2-1** bitbake.conf 파일

```
PN = "${bb.parse.vars-from_file(d.getVar('FILE', False),d)[0] or 'defaultpkgname'}"
TMPDIR = "${TOPDIR}/tmp"
CACHE = "${TMPDIR}/cache"
STAMP = "${TMPDIR}/${PN}/stamps"
T     = "${TMPDIR}/${PN}/work"
B     = "${TMPDIR}/${PN}"
```

예제에서 파일의 위치: bitbake_test/conf/bitbake.conf

**그림 2-9** bitbake.conf 파일 생성

## 3. bblayers.conf 파일 만들기

bitbake_test 디렉터리 아래 그림 2-10과 같이 mylayer라는 디렉터리를 만든다.

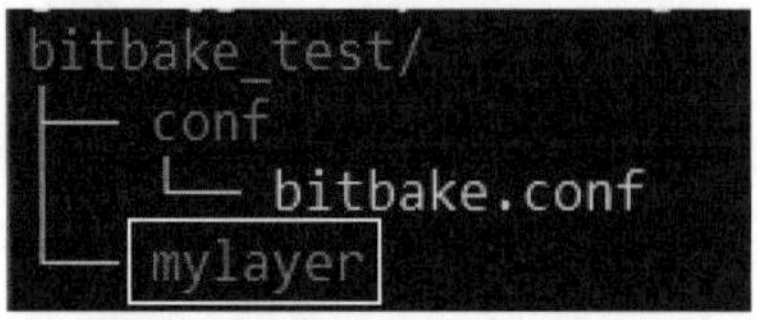

**그림 2-10** mylayer 디렉터리 생성

그런 다음 'bitbake_test/conf' 디렉터리 아래 그림 2-11과 같이 bblayers.conf 파일을 만들고 리스트 2-2의 내용을 입력한다. 리스트에서 mylayer 디렉터리의 경로는 현재 작업하고 있는 PC상에 절대 경로로 입력한다. 리스트 2-2에서의 경로는 필자 PC에서 mylayer 디렉터리의 절대 경로이다.

**리스트 2-2** bblayers.conf 파일

```
BBLAYERS ?= " \
    /home/woonrae/bitbake_test/mylayer \
"
```

예제에서 파일의 위치: bitbake_test/conf/bblayers.conf

**그림 2-11** bblayers.conf 파일 생성

다시 한 번 '$ bitbake' 명령을 실행해 보자. 명령을 실행해 보면 그림 2-12와 같은 실행 화면을 볼 수 있다. 에러가 뜨는 것은 여전한데 이전과는 다르다. bitbake 서버 server를 시작할 수 없다고 나오고, 제일 아래에 앞에서 우리가 만든 mylayer 디렉터리 아래의 conf라는 디렉터리에 layer.conf라는 파일을 분석할parse 수 없다고 나오는 것을 볼 수 있다.

```
woonrae@woonrae:~/bitbake_test$ bitbake
ERROR: Unable to start bitbake server (None)
ERROR: Server log for this session (/home/woonrae/bitbake_test/bitbake-cookerdaemon.log):
--- Starting bitbake server pid 6908 at 2023-01-03 14:30:16.446586 ---
ERROR: Traceback (most recent call last):
  File "/home/woonrae/bitbake_src/bitbake-1.46.0/lib/bb/cookerdata.py", line 168, in wrapped
    return func(fn, *args)
  File "/home/woonrae/bitbake_src/bitbake-1.46.0/lib/bb/cookerdata.py", line 193, in parse_config_file
    return bb.parse.handle(fn, data, include)
  File "/home/woonrae/bitbake_src/bitbake-1.46.0/lib/bb/parse/__init__.py", line 107, in handle
    return h['handle'](fn, data, include)
  File "/home/woonrae/bitbake_src/bitbake-1.46.0/lib/bb/parse/parse_py/ConfHandler.py", line 121, in handle
    abs_fn = resolve_file(fn, data)
  File "/home/woonrae/bitbake_src/bitbake-1.46.0/lib/bb/parse/__init__.py", line 131, in resolve_file
    raise IOError(errno.ENOENT, "file %s not found" % fn)
FileNotFoundError: [Errno 2] file /home/woonrae/bitbake_test/mylayer/conf/layer.conf not found

ERROR: Unable to parse /home/woonrae/bitbake_test/mylayer/conf/layer.conf: [Errno 2] file /home/woonrae/bitbake_test/mylayer/conf/layer.conf not found
```

**그림 2-12** bitbake 명령 실행

이제 거의 다 왔다. 그림 2-12에서 새롭게 나온 에러들만 해결한다면 bitbake는 정상적으로 에러 없이 동작할 수 있을 것이다.

### 4. layer.conf 파일 만들기

그림 2-13과 같이 'bitbake_test/mylayer' 디렉터리 아래 conf라는 디렉터리를 만든다. 그런 다음 conf 디렉터리 아래 layer.conf 파일을 만들고 리스트 2-3의 내용을 입력한다.

**리스트 2-3** layer.conf 파일

```
BBPATH .= ":${LAYERDIR}"
BBFILES += "${LAYERDIR}/*.bb"
BBFILE_COLLECTIONS += "mylayer"
BBFILE_PATTERN_mylayer := "^${LAYERDIR}/"
```

예제에서 파일의 위치: bitbake_test/mylayer/conf/layer.conf

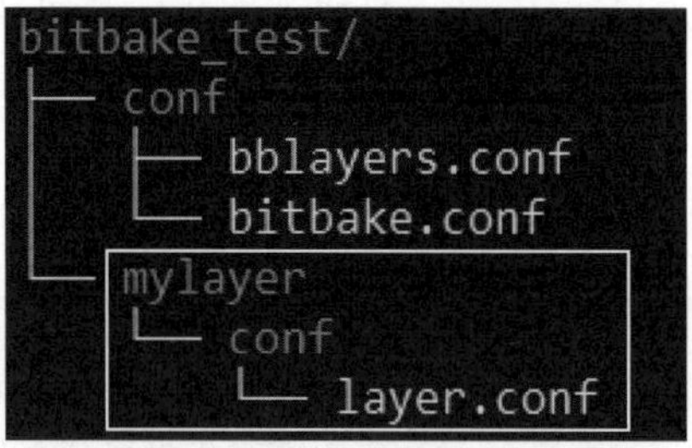


**그림 2-13** layer.conf 파일 생성

이제 다시 '$ bitbake' 명령을 입력한다.

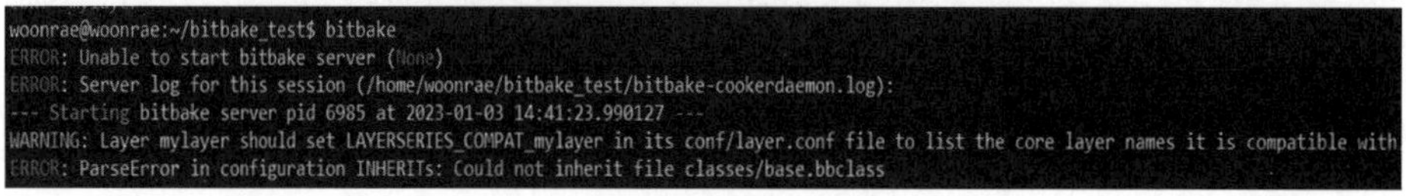


**그림 2-14** bitbake 실행

그림 2-14를 보면 이전과 다른 에러가 뜨는 것을 볼 수 있다. 제일 하단을 보면 'classes/base.bbclass' 파일을 inherit할 수 없다고 출력되는 것을 볼 수 있다. 따라서 앞에서 만든 bitbake_test 디렉터리 아래 classes라는 디렉터리를 만들고, classes 디렉터리 아래 base.bbclass 파일을 만들어 본다.

## 5. base.bbclass 파일 만들기

bitbake_test 디렉터리 아래 그림 2-15와 같이 classes라는 디렉터리를 만든다. 그런 다음 생성된 디렉터리 아래 base.bbclass 파일을 만들고 리스트 2-4의 내용을 입력한다.

**리스트 2-4** base.bbclass 파일

```
addtask do_build
```

예제에서 파일의 위치: bitbake_test/classes/base.bbclass

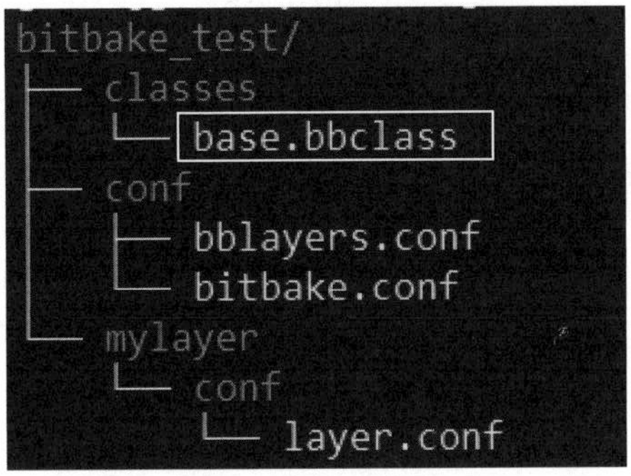

**그림 2-15** base.bbclass 파일 생성

다시 '$ bitbake' 명령을 입력하면 그림 2-16과 같이 출력되는 것을 볼 수 있다.

**그림 2-16** bitbake 실행

아직 잘 모르겠지만, 이제 최소한 에러는 보이지 않는다. 그리고 bitbake가 할 일이 아무것도 없다고 출력되는 것을 볼 수 있다. 이제 bitbake에게 할 일을 줘보자. 여기서는 간단하게 "Hello! bitbake world!"라는 문자열을 화면에 출력해 보도록 한다.

## 6. hello.bb 파일 만들기

그림 2-17과 같이 mylayer 디렉터리 아래 hello.bb 파일을 만든다. hello.bb 파일의 내용은 리스트 2-5와 같다. 이 내용을 파일에 입력한다. 내용은 파이썬 함수로 "Hello! bitbake world!"라고 화면에 출력하는 것이 전부이다.

앞에서 bitbake는 파이썬 및 셸 스크립트를 분석할 수 있다고 했다. 파이썬 코드의 경우 리스트 2-5와 같이 함수 이름 앞에 python이라는 지시자를 붙여주면 bitbake는 이 함수를 파이썬 함수로 인식한다. 파이썬 함수에 대해서는 20장에서 다룰 것이다.

**리스트 2-5** hello.bb 파일

```
DESCRIPTION = "hello world example"
PN = "hello"
PV = "1"
python do_build() {
        bb.warn("Hello! bitbake world!")
}
```

예제에서 파일의 위치: bitbake_test/mylayer/hello.bb

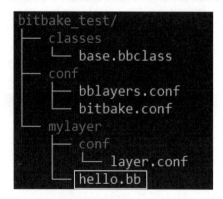

**그림 2-17** hello.bb 파일 생성

앞에서 "레시피 파일은 bitbake가 실행이 가능한 함수를 가질 수 있다."라고 했다. 따라서 리스트 2-5에서 정의한 'do_build' 함수가 bitbake에 의해 실행되는 함수이다. 우선 실행 결과를 보기 위해 '$ bitbake hello -c build' 또는 '$ bitbake hello -f'라고 입력해 본다.

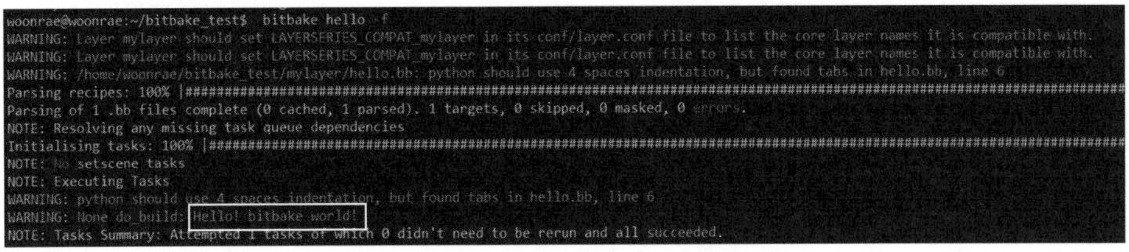

**그림 2-18** hello.bb 레시피 파일 실행 결과

실행해 보면 그림 2-18과 같이 "Hello! bitbake world!"라고 출력되는 것을 볼 수 있다. 이것은 우리가 레시피 파일을 통해 bitbake에게 할 일을 줬기 때문이다.

여기서 bitbake가 실행이 가능한 함수 또는 태스크를 갖고 있는 레시피 파일을 실행하는 방법을 알아보자. 함수와 태스크의 용어가 혼동될 수 있는데 우선은 같다고 생각하자.

**예제 2-9** bitbake를 통한 레시피 파일 실행

```
$ bitbake <recipe file name>

$ bitbake <recipe file name> -c <task name>
```

예제 2-9와 같이 bitbake가 레시피 파일을 실행하는 방법에는 두 가지가 있다. 첫 번째 방법은 단순히 '$ bitbake' 명령어 다음에 레시피 파일의 이름을 적어주면 된다. 두 번째 방법은 레시피 파일 내에서 정의한 태스크 이름을 특정해 실행한다. 이 경우 예제 2-9와 같이 '-c' 옵션과 함께 특정 태스크의 이름을 적어주면 된다.

뒤에서 자세히 배우겠지만, bitbake의 특징 중 하나가 이미 수행한 태스크를 다시 수행하면 이전 태스크 변경 여부와 실행 이력을 체크한다는 것이다. 만약 태스크의 코드 변경이 없고 실행이 완료된 이력이 있으면 동일 태스크를 실행하지 않도록 한

다. 태스크가 이전에 실행됐고 코드 변경이 없는데도 불구하고 태스크를 다시 수행해야만 한다면 예제 2-10과 같이 입력하면 태스크를 다시 강제로 실행하게 된다.

**예제 2-10** bitbake를 통한 레시피 파일 내의 특정 태스크 강제 수행

```
$ bitbake <recipe file name> -c <task name> -f
```

'-f' 옵션은 강제로라도 특정 태스크를 동작시키겠다는 의미이다.

bitbake가 갖고 있는 옵션은 매우 다양하므로 관련 옵션은 그때그때 다루도록 하겠다.

실습을 진행하다 보면 파이썬 코드 indentation 룰 때문에 그림 2-19와 같이 "WARNING: python should use 4 spaces indentation,xxx"와 같은 경고를 보게 될 것이다. 이 에러가 보기 싫다면 예제 2-11과 같이 '~/.vimrc' 파일에서 tab의 크기를 '4'로 정하는 명령어를 추가해 주면 된다.

**예제 2-11** vi editor에서 tab 간격 조절 방법

```
set expandtab ts=4 sw=4
```

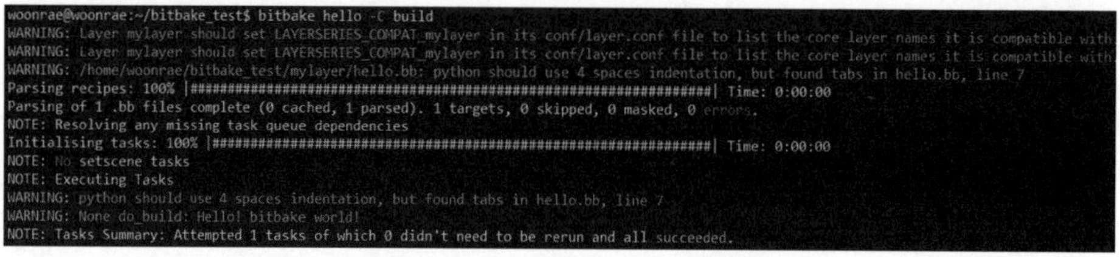

**그림 2-19** 파이썬 indentation 경고

## 2.7 지금까지 생성한 메타데이터 해석

이제 앞서의 예제를 정리해 보자. 무조건 따라했기 때문에 많은 의문이 드는 것은 당연하다. 우선은 가볍게 이해해 보도록 하자.

지금까지 한 작업의 전체적인 내용은 그림 2-20과 같다. 그림에서 언급된 메타데이터 파일들은 bitbake가 동작하는 데 필요한 최소한의 파일들이다. 정리해 보면 bitbake에게 몇 가지 메타데이터(bitbake.conf, bblayers.conf, base.bbclass, layer.conf)를 알려주고 bitbake가 수행하기를 원하는 태스크가 있는 레시피 파일(hello.bb)을 실행했더니 원하는 결과가 나온다는 것이다.

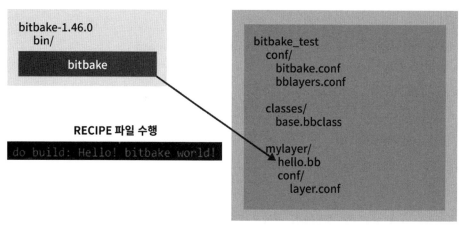

**그림 2-20** bitbake의 동작을 위해 필요한 메타데이터들

이제 그림 2-20에 있는 메타데이터 파일들에 대해 좀 더 자세하게 설명할 것이다. 이 내용을 100% 이해하지 않아도 된다. 초보자의 경우 아직은 이해하지 못하는 것이 당연하다. 우선 bitbake가 무엇인지에 대한 최소한의 궁금증을 해결해 보도록 한다.

### 2.7.1 bblayers.conf 파일

bitbake가 수행되면 제일 먼저 찾는 파일이 bblayers.conf 파일이다. bitbake는 BBPATH라는 변수에 저장된 경로들 아래에서 conf라는 디렉터리가 있는지 찾는다. 그리고 conf 디렉터리 내에서 bblayers.conf 파일을 찾는다. bblayers.conf 파일은 bitbake에게 빌드 수행을 위해 어떤 레이어[2]들이 존재하고 있는지 알려준다. 리스트 2-6에서 파일 내의 BBLAYERS 변수는 메타데이터들이 위치하고 있는 레이어

---

2    레이어라는 것은 연관된 메타데이터들을 포함하는 저장소(여기서는 디렉터리)라고 할 수 있다. 이 저장소에는 bitbake
    가 어떻게 빌드를 수행할지에 대한 정보들이 존재한다.

의 디렉터리 경로를 저장하고 있다.

**리스트 2-6** bblayers.conf 파일

```
BBLAYERS ?= " \
    /home/woonrae/bitbake_test/mylayer \
"
```

예제에서 파일의 위치: bitbake_test/conf/bblayers.conf

참고로 리스트 2-6에서의 '\'는 이어서 줄바꿈을 한다는 의미이다.

## 2.7.2 layer.conf 파일

앞에서 bitbake는 bblayers.conf 파일로부터 레이어들의 경로를 알아냈다. 이 경로 정보를 기반으로 bitbake는 각각 레이어 경로 아래에서 conf 디렉터리를 찾고, 다시 conf 디렉터리 아래에서 layer.conf 파일을 찾는다. 모든 레이어는 리스트 2-7과 같은 레이어 고유의 환경 설정 파일인 layer.conf 파일을 갖고 있다. layer. conf 파일은 bitbake에게 현재 레이어의 경로와 레이어 내에 있는 레시피 파일들 (.bb, .bbappend)의 경로를 알려준다.

**리스트 2-7** layer.conf 파일

```
BBPATH .= ":${LAYERDIR}"
BBFILES += "${LAYERDIR}/*.bb"
BBFILE_COLLECTIONS += "mylayer"
BBFILE_PATTERN_mylayer := "^${LAYERDIR}/"
```

예제에서 파일의 위치: bitbake_test/mylayer/conf/layer.conf

리스트에서 사용된 변수들에 대해 살펴보면 다음과 같다.

- BBPATH: BBPATH 변수는 layer.conf 파일을 포함하는 레이어의 경로를 저장한다. 이 변수는 콜론으로 구분된 디렉터리 경로 목록을 갖는다. bitbake는 이 변수에 저장된 경로의 하위 디렉터리 classes에서 클래스 파일(.bbclass), 디렉터리 conf에서 환경 설정 파일(.conf)을 찾아낸다. 리스트 2-7에서 BBPATH 변수는 레이어의 최상위 디렉터리 경로를 저장하고 있는 LAYERDIR값을 추가한다. 여기서 LAYERDIR 변수가 가진 값은 mylayer 디렉터리의 절대 경로이다.

- BBFILES: BBFILES 변수는 레이어에서 레시피 및 레시피 확장 파일들이 위치하고 있는 경로를 저장한다. 리스트 2-7에서 BBFILES 변수는 ${LAYERDIR}/*.bb 값을 저장했다. 이렇게 값을 지정한 이유는 그림 2-21에서 보면 mylayer 디렉터리 아래 hello.bb 파일이 존재하기 때문에 BBFILES 변수에 레시피 파일 hello.bb가 위치한 정보를 저장한 것이다. 결론적으로 bitbake는 BBFILES 변수에 지정된 경로에서 레시피 파일들을 찾아낸다.

**그림 2-21** mylayer의 구조

- BBFILE_COLLECTIONS: BBFILE_COLLECTIONS 변수는 layer.conf 파일을 포함하고 있는 레이어의 이름을 갖는다. 가끔 레이어 최상위 디렉터리의 이름을 이 변수에 꼭 넣어야 한다고 알고 있는 경우도 있다. 가령 레이어 최상위 디렉터리 이름이 meta-test라고 했을 때 BBFILE_COLLECTIONS 변수의 값을 이 디렉터리 이름, 즉 meta-test로 할당하는 경우이다. 그러나 이 변수의 값은 자유롭게 넣을 수 있다. 보통은 레이어의 최상위 디렉터리 이름에서 meta를 빼고 나머지 이름을 BBFILE_COLLECTIONS 변수에 넣는다. 따라서 meta-test 디렉터리 이름에서 test라는 이름을 BBFILE_COLLECTIONS 변수에 할당한다.

- BBFILE_PATTERN_〈레이어 이름〉: BBFILE_PATTERN_〈레이어 이름〉 변수는 bitbake가 실행되면서 분석을 시작할 때 각 레이어별로 분석을 하게 된다. 이 변수는 존재하는 모든 레이어의 레시피 파일이 저장된 경로들을 갖고 있다. 따라서 저장된 경로 정보들 가운데 현재 레이어에 속한 레시피 파일들만 찾아 분석하는 데 사용한다. 리스트 2-8에서는 mylayer라는 레이어 내부에 존재하는 레시피 파일들만 찾으려고 BBFILE_PATTERN_mylayer라고 변수의 이름을 만들었다. 이 변수의 정확한 역할은 5장에서 다시 자세히 설명한다.

리스트 2-8 BBFILE_PATTERN 변수의 값 할당

```
BBFILE_PATTERN_mylayer := "^${LAYERDIR}/"
```

참고로 BBFILE_PATTERN_mylayer 변수에 할당된 문자열 값의 '^' 기호는 찾고자 하는 문자열을 줄의 시작되는 문자열과의 비교를 통해 찾아내겠다는 의미이다. 따라서 "^${LAYERDIR}/"의 의미는 레이어의 최상위 디렉터리 이름으로 시작되는 문자열들을 검색 패턴으로 사용하겠다는 것이다.

### 2.7.3 bitbake.conf 파일

bitbake는 bitbake.conf 파일로부터 기본적인 환경 설정을 읽어들인다. 여기서 무슨 환경을 읽어들이는지 의문이 갈 것이다. bitbake는 빌드를 하면서 중간중간 산출물을 만들어 낸다. 다시 말해 최종 이미지를 바로 만들어 내는 것이 아니라 복잡한 단계를 거쳐 최종 이미지를 만들어 낸다. 따라서 각 단계에서 산출물들이 저장되는 디렉터리를 bitbake에게 알려줘서 각 단계에서 만들어진 산출물들을 지정한 디렉터리에 저장하도록 한다. 참고로 '.conf' 파일은 bitbake가 사용하는 빌드 환경에 필요한 변수들을 설정한다고 해 이 파일을 환경 설정 파일이라고 부른다. 뒤에서 다시 다루겠지만, 환경 설정 파일에서 정의한 변수들은 필요에 따라 다른 환경 설정 파일에서 재정의할 수 있다.

리스트 2-9의 코드를 보면 각각의 변수에 특정 디렉터리 경로를 할당해 bitbake에게 산출물의 위치를 알려준다. 리스트의 변수들은 bitbake가 특정 목적으로 사용하도록 예약된 변수들이다.

```
PN = "${bb.parse.vars-from_file(d.getVar('FILE',False),d)[0]or 'defaultpkgname'}"
TMPDIR = "${TOPDIR}/tmp"
CACHE = "${TMPDIR}/cache"
STAMP = "${TMPDIR}/${PN}/stamps"
T      = "${TMPDIR}/${PN}/work")
B      = "${TMPDIR}/${PN}"
```

예제에서 파일의 위치: bitbake_test/conf/bitbake.conf

리스트 2-9에서 TOPDIR 변수의 값은 bitbake_test 디렉터리를 가리킨다. 참고로 3장에서 다루겠지만, TOPDIR 변수의 값은 Poky가 포함된 빌드 시스템에서는 build 디렉터리를 가리킨다. TMPDIR 변수의 값은 tmp 디렉터리를 가리킨다. TOPDIR가 가리키는 디렉터리는 tmp 디렉터리를 포함하고, tmp 디렉터리는 빌드 시스템에서 만들어진 산출물들이 위치하는 디렉터리이다. 위에서 정의된 각각의 변수는 앞으로 학습을 하며 계속 쓰일 것이고 중요한 변수들이기 때문에 이 변수들에 대해 자세히 알아보도록 하자.

- PN: 레시피 파일의 이름이 여기에 들어간다. 앞에서 예제를 실행하면서 우리는 '$ bitbake hello' 명령을 입력했다. 여기서 hello는 레시피 파일 hello.bb의 이름이고, 이 값이 PN 변수에 할당된다. 이 PN 변수를 패키지 이름Package Name이라고 한다.

- TMPDIR: bitbake가 빌드 작업을 진행하면서 나오는 산출물들을 저장하는 디렉터리의 경로이다. 그림 2-22는 '$ bitbake hello -c build' 명령 실행 후 bitbake가 만든 bitbake 작업 디렉터리를 보여준다. 그림에서 tmp라는 디렉터리가 생성된 것을 볼 수 있다. TMPDIR 변수는 tmp 디렉터리의 절대 경로를 갖고 있다. bitbake는 빌드를 진행하면서 그때그때 만들어진 산출물들을 TMPDIR 변수가 지정한 디렉터리에 저장한다.

**그림 2-22** bitbake 빌드 산출물들이 만들어지는 tmp 디렉터리

앞에서 PN 변수를 패키지 이름이라고도 했다. 앞으로 패키지라는 용어를 자주 접하게 될 것이다. 패키지는 처음 Yocto를 접했을 때 가장 혼동스러웠던 용어 중 하나이다. 패키지가 의미하는 것이 소프트웨어를 가리키는 것인지, 아니면 레시피 파일 자체를 가리키는 것인지 혼동이 갔기 때문이다. 따라서 필자는 이 혼동을 다음과 같이 정리해 본다.

패키지란 어떤 일을 하는 데 필요한 소프트웨어나 프로그램을 지칭하며, 레시피 파일이란 실행이 가능한 메타데이터가 모인 파일이다. bitbake는 레시피 파일을 실행함으로써 빌드 과정을 수행한다. 보통 레시피 파일의 이름을 정할 때 자신이 만들고자 하는 소프트웨어나 프로그램 이름을 레시피 파일의 이름으로 정하므로 일반적으로 소프트웨어 이름과 레시피 파일 이름이 동일한 경우가 많다. 따라서 패키지 이름을 레시피 파일의 이름으로 생각해도 무방하다는 것이 필자의 생각이다. 뒤에서 패키지를 다루면서 학습하겠지만, 하나의 레시피 파일은 하나 이상의 패키지를 만들 수 있다.

- CACHE: bitbake는 메타데이터를 분석하고 그 결과를 캐시<sup>cache</sup>에 기록한다. 이후 메타데이터가 변경되지 않는 한 bitbake는 이 캐시에서 실제적인 메타데이터를 읽게 된다. 캐시가 저장되는 디렉터리 위치를 갖고 있는 변수가 CACHE이다.

  추가적으로 아직 배우지는 않았지만, Poky를 이용해 빌드를 하게 되면 캐시 디렉터리에 sanity_info 파일이 존재한다. 그림 2-23과 같이 이 파일은 중요한 빌드 정보를 갖고 있는 TMPDIR, SSTATE_DIR, NATIVELSBSTRING 변수의 값을 갖고 있다. 단, 현재 예제에서 이 파일은 생성되지 않는다.

```
SANITY_VERSION 1
TMPDIR /home/great/github/poky_src/build/tmp
SSTATE_DIR /home/great/github/poky_src/build/sstate-cache
NATIVELSBSTRING ubuntu-18.04
```

**그림 2-23** cache/sanity_info 파일의 내용

- STAMP: 앞에서 bitbake가 실행할 수 있는 함수를 태스크라고 했다. bitbake는 각각의 태스크가 수행 완료되면 stamp라는 파일을 만든다. 이 파일은 bitbake가 태스크 실행이 필요한지 결정하는 데 사용된다. 재빌드 시 코드가 변경되지 않은 동일 태스크를 실행하려고 할 때 해당 태스크에 대한 유효한 stamp 파일이 존재하면 이미 실행된 태스크로 간주하고 해당 태스크를 다시 실행하지 않고 건너뛰게 된다. 그림 2-24를 보면 stamps.do_build라는 파일이 생성돼 있는 것을 볼 수 있다. 이는 앞에서 do_build 태스크를 실행했기 때문에 생성된 것이다. STAMP 변수는 stamp 파일이 생성되는 위치를 지정한다. 17장에서 배우겠지만, 원래 stamp 파일 생성 시 파일 이름의 접미어로 입력 파일과 변수들에 대해 계산한 checksum<sup>checksum</sup>값을 붙인다. 현 수준에서 이를 상세하게 설명하는 것은 무리가 있기 때문에 차후 다시 다루기로 한다.

```
tmp
 └ cache
     ├ bb_cache.dat -> bb_cache.dat.7f379ef25beb0470056c0f6f351f62fdfad58c9477531862918bf01d85e3ba84
     ├ bb_cache.dat.7f379ef25beb0470056c0f6f351f62fdfad58c9477531862918bf01d85e3ba84
     ├ bb_codeparser.dat
     ├ bb_persist_data.sqlite3
     └ local_file_checksum_cache.dat
 hello
     stamps.do_build
     temp
     ├ log.do_build -> log.do_build.7801
     ├ log.do_build.7801
     ├ log.task_order
     ├ run.do_build -> run.do_build.7801
     └ run.do_build.7801
```

**그림 2-24** stamp 파일

- T: bitbake가 레시피를 빌드할 때, 임시적으로 생성되는 파일들이 존재한다. 이러한 임시 파일들은 태스크 실행 로그와 태스크 스크립트 파일 등이다. 이러한 파일들은 빌드 진행시에 필요하지만 빌드가 완료되면 더 이상 필요하지 않은 파일들이다. T 변수는 임시 파일들을 저장할 디렉터리 경로를 가리킨다. 리스트 2-9에서 T 변수는 'tmp' 디렉터리를 가리킨다. 참고로 태스크 실행 로그와 태스크 스크립트 파일은 6장에서 다룬다.

- B: bitbake가 레시피의 빌드 과정에서 함수를 실행하는 디렉터리를 가리킨다. bitbake는 B 변수를 사용해 특정 레시피의 빌드 과정이 진행되는 디렉터리를 지정한다. 이 디렉터리는 레시피를 빌드할 때 필요한 다양한 태스크와 함수들을 실행하는 장소이다. 빌드 과정에서 생성되는 임시 파일들 그리고 빌드 결과물 및 관련 파일들이 이 디렉터리에 저장된다. 리스트 2-9에서는 'T'변수와 마찬가지로 'tmp' 디렉터리를 가리킨다.

### 2.7.4 base.bbclass

앞에서 우리는 bblayers.conf, layer.conf, bitbake.conf와 같은 환경 설정 파일들에 대해 알아봤다. 이 환경 설정 파일들은 변수만을 가질 수 있는 메타데이터이다. 그러나 클래스 파일은 변수와 실행이 가능한 함수를 모두 가질 수 있다.

리스트 2-10의 코드를 보면 addtask라는 지시어로 bitbake에 do_build라는 함수를 추가했다. 이렇게 addtask 지시어로 추가된 함수를 태스크라고 부른다. 참고로 bitbake가 실행되려면 적어도 하나의 클래스 파일이 존재해야 한다. 예제에서는 base.bbclass 파일이 존재한다. 예제에서 base.bbclass 파일은 간단하게 하나의 태스크만을 추가했지만, 실제로 나중에 보게 될 Poky 내에서의 base.bbclass 클래스 파일에는 많은 태스크와 변수가 존재한다.

**리스트 2-10** base.bbclass 파일

```
addtask do_build
```

예제에서 파일의 위치: bitbake_test/classes/base.bbclass

## 2.7.5 hello.bb 파일

레시피 파일은 실제로 bitbake가 실행하는 주체이다. bitbake는 파싱 과정에서 환경 설정 파일들과 클래스 파일에서 분석한 내용을 레시피 파일에 배치하고 이를 바탕으로 만들어진 레시피 파일의 태스크를 실행한다.

리스트 2-11에서 hello.bb 파일은 do_build라는 태스크를 갖고 있다. 이 태스크는 base.bbclass 클래스 파일에서 addtask라는 지시자를 통해 태스크에 추가됐다. bitbake는 레시피 파일의 do_build라는 태스크를 실행할 수 있다.

**리스트 2-11** hello.bb 파일

```
DESCRIPTION = "hello world example"
PN = "hello"
PV = "1"
python do_build() {
        bb.warn("Hello! bitbake world!")
}
```

예제에서 파일의 위치: bitbake_test/mylayer/hello.bb

- PN: PN 변수는 패키지 이름으로 레시피 파일 내에서 따로 이 값을 할당하지 않으면 레시피 파일의 이름을 PN값으로 갖게 된다.

- PV: PV 변수는 패키지 버전$^{version}$이다. 만약 기존에 만든 레시피가 수정돼 이전 레시피와 구별해야 할 필요가 있다면 이 버전의 값을 증가시켜 주면 된다.

레시피 파일의 이름은 다음과 같은 규칙을 따른다.

〈package name〉_〈package_version〉_〈package_revision〉.bb

가령 레시피 파일의 이름이 'linux-yocto_5.4_r0.bb'일 경우 패키지 이름인 PN은 'linux-yocto'이고, 패키지 버전인 PV는 '5.4' 그리고 'r0'은 리비전$^{revison}$을 나타낸다. 만약 레시피 파일 이름에 리비전이 생략된다면 리비전은 기본값으로 'r0'을 갖는다. bitbake는 패키지 리비전을 가리키는 변수로 PR을 사용한다. 여기서 주의할 점은 패키지 이름과 패키지 버전은 언더스코어(\_)를 통해 분리되고, 패키지 버전과 패키지 리비전도 언더스코어(\_)를 통해 분리된다는 사실이다.

## 2.8 예제에서 bitbake의 실행 절차

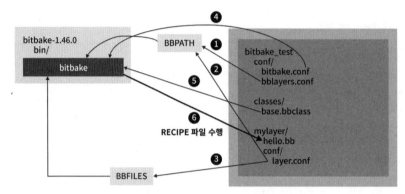

**그림 2-25** bitbake의 실행 절차

정리해 보면 bitbake가 실행되는 절차는 그림 2-25와 같다.

1. 먼저 bitbake는 BBPATH 변수에 저장된 경로들 아래의 conf 디렉터리에서 bblayers.conf 환경 설정 파일을 찾는다. 우리는 예제에서 그림 2-26과 같이 수작업으로 BBPATH를 설정했다.

```
woonrae@woonrae:~/tmp$ echo $BBPATH
/home/woonrae/bitbake_test
```

**그림 2-26** 예제에서 설정한 BBPATH 출력

따라서 bitbake는 BBPATH 변수에 저장된 경로 아래의 conf 디렉터리에서 bblayers.conf 파일을 찾게 된다. 앞에서 bitbake는 BBPATH에 저장된 경로 아래 conf 디렉터리에서 환경 설정 파일(.conf)을 찾는다고 설명했다.

2. bitbake는 bblayers.conf에 기술된 BBLAYERS 변수로부터 현재 어떤 레이어
들이 존재하는지 알게 된다. 예제에서는 mylayer만 존재한다.

이처럼 bitbake는 BBLAYERS 변수에 저장된 각각의 레이어들의 디렉터리 아래
에서 conf 디렉터리를 찾으며, 찾은 conf 디렉터리 아래에서 layer.conf 파일을
찾아 분석한다.

layer.conf 파일에서는 예제 2-12와 같이 BBPATH 변수에 현재 레이어의 최상
위 디렉터리 경로가 할당된다. 예제의 '.=' 연산자는 5장에서 설명한다.

**예제 2-12** BBPATH 변수에 레이어 최상위 디렉터리 경로 할당

```
BBPATH .= ":${LAYERDIR}"
```

실제 BBPATH에 어떤 값들이 들어가 있는지 확인을 위해 그림 2-27과 같이 명령어
를 입력해 본다.

```
woonrae@woonrae:~/tmp$ bitbake hello -e | grep ^BBPATH
BBPATH="/home/woonrae/bitbake_test:/home/woonrae/bitbake_test/mylayer"
```

**그림 2-27** 예제의 BBPATH 변수의 값 추적

그림 2-27에서 bitbake 실행 시 '-e' 옵션은 bitbake가 특정 레시피를 빌드하면서
사용하는 환경 변수들을 출력해 주는 명령어이다. 현재 BBPATH 변수에는 mylayer
의 최상위 디렉터리의 절대 경로가 저장돼 있다.

3. bitbake는 예제 2-13과 같이 layer.conf 파일에서 BBFILES 변수를 통해 레
시피 파일들이 존재하는 경로를 알아낸다. 예제에서는 mylayer 디렉터리 아래
hello.bb 레시피 파일이 존재한다. LAYERDIR 변수는 레이어의 최상위 디렉터
리를 가리키기 때문에 LAYERDIR 변수는 mylayer 디렉터리를 가리키게 된다.
이 디렉터리 아래 hello.bb 레시피 파일이 위치하고 있다.

**예제 2-13** 레시피 파일의 경로를 갖고 있는 BBFILES 변수

```
BBFILES += "${LAYERDIR}/*.bb"
```

4. bitbake는 BBPATH 변수에 할당된 경로들 아래의 conf 디렉터리 아래에서 bitbake.conf 파일을 찾는다. 예제 2-13에서 bitbake.conf 파일은 bitbake가 빌드를 진행하며 만든 산출물들이 저장되는 디렉터리 설정밖에는 없다. 뒤에서 배우게 될 Poky에서 배포한 bitbake.conf 파일을 보면 수많은 변수들이 선언되고 정의돼 있다.

5. bitbake는 BBPATH 변수에 저장된 경로들 아래의 classes 디렉터리에서 classes 디렉터리에서 클래스 파일(.bbclass)을 찾아 분석하고 배치한다. 그리고 base.bbclass 파일은 필수적으로 존재해야 하는 파일이다.

6. bitbake는 분석한 메타데이터들을 기반으로 레시피 파일을 분석한다. 이 과정에서 클래스 파일에서 정의된 태스크와 레시피 파일에서 정의된 태스크는 태스크 체인Task Chain으로 형성돼 실행 순서가 정해지는데 bitbake는 태스크를 순서대로 실행한다.

지금까지의 bitbake 실행 과정을 그림 2-28을 통해 다시 한 번 정리해 본다.

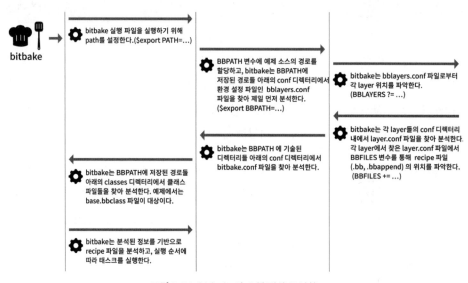

**그림 2-28** bitbake의 수행 절차 도식화

## 2.9 addtask 지시어를 통한 태스크 추가

addtask라는 지시어는 태스크를 추가하는 명령어로 before, after 지시어를 사용해 태스크들 간의 실행 순서를 나타낼 수 있다. 가령 do_test라는 태스크를 do_build 태스크 다음에, do_install 태스크 이전에 실행하고 싶다면 예제 2-14와 같이 표현할 수 있다.

**예제 2-14** 태스크 실행 순서

```
addtask test after do_build before do_install
```

예제 2-14에서 addtask 다음에 추가되는 태스크 이름은 접두어 'do_'를 빼고 넣어도 된다.

리스트 2-12는 addtask 지시어를 사용해 3개의 태스크를 만들고, before, after 지시어를 사용해 태스크들 간의 실행 순서를 지정했다. 기존 예제인 hello.bb 파일에 리스트 2-12의 내용을 추가해 보자. 실습 코드는 다음과 같이 GitHub에서 다운로드할 수 있다.

```
$ git clone https://GitHub.com/greatYocto/bitbake_test.git -b addtask
```

**리스트 2-12** hello.bb 파일

```
DESCRIPTION = "hello world example"
PN = "hello"
PV = "1"

python do_build() {
    bb.warn("Hello! bitbake world!");
}
addtask build

python do_preprebuild() {
    bb.warn("Add preprebuild")
}
```

```
addtask preprebuild before do_build

python do_prebuild() {
    bb.warn("Add prebuild")
}
addtask prebuild after do_preprebuild before do_build
```

변경된 레시피 파일의 결과를 보려고 '$ bitbake hello -C preprebuild' 명령을 입력하면 그림 2-29와 같은 결과를 볼 수 있다. addtask 지시어와 함께 after, before 지시어를 사용해 태스크 간의 실행 순서를 설정했다. 따라서 bitbake는 태스크 실행 체인에 근거해 태스크들을 실행한다.

**그림 2-29** 변경된 hello.bb 파일 실행 결과

레시피 파일에서 태스크 체인을 설명하면 다음과 같다.

'do_build' 태스크 앞에는 'do_prebuild'라는 태스크가 위치하고, 'do_prebuild' 태스크 앞에는 'do_preprebuild' 태스크가 위치한다. 따라서 우리가 bitbake에게 prebuild 태스크를 실행하라고 하면 태스크 체인상에 먼저 'do_preprebuild' 태스크가 수행되고 난 후 'do_prebuild' 태스크가 수행된다. 그림 2-30은 예제에서의 태스크 체인을 나타낸다.

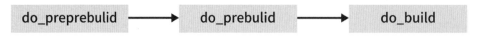

**그림 2-30** 예제에서의 태스크 체인

## 2.10 요약

2장에서는 bitbake에 대해 설명했다. bitbake는 파이썬과 셸 스크립트로 만들어진
태스크 스케줄러로 메타데이터 파일에서 정의한 태스크를 실행한다.

bitbake는 빌드를 수행할 때 메타데이터를 사용한다. 이 메타데이터는 소프트웨어
를 어떻게 빌드할지 그리고 빌드하려는 소프트웨어들 간에 어떤 의존성이 있는지를
기술한다.

메타데이터에는 크게 두 종류가 있다. 변수와 실행이 가능한 함수 또는 태스크가 그
것이다. 이 메타데이터는 다섯 종류의 파일에서 사용된다. 이것들을 메타데이터 파일
이라고 하는데 종류에는 환경 설정 파일, 레시피 파일, 레시피 확장 파일, 클래스 파
일, 인클루드 파일이 있다.

bitbake는 메타데이터를 분석하는 순서를 갖고 있으며, 그 순서는 그림 2-31과 같다.

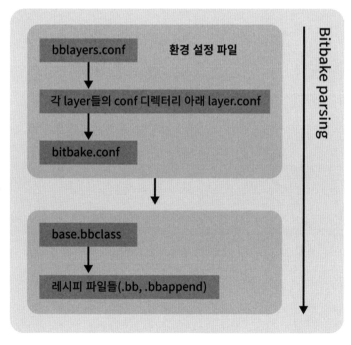

**그림 2-31** bitbake 분석 과정

bitbake는 요리사에 비유할 수 있다. 그림 2-31은 요리사가 요리책을 읽고 어떻게 요리하는지를 이해하는 부분이라고 생각하면 된다. 그래서 이 과정을 bitbake 분석 parsing이라고 한다. 그리고 요리사가 실제로 요리하는 과정과 마찬가지로, bitbake 쿠킹cooking이라는 과정을 통해 앞선 분석 절차에 기반해 bitbake가 태스크들을 정해진 순서로 실행하게 된다.

태스크는 addtask라는 지시어에 의해 추가되는데 이 지시어와 함께 after, before 지시어는 태스크들 간의 실행 순서를 정할 수 있다.

정리해 보면 bitbake는 매우 강력하고 유연한 빌드 도구로 메타데이터를 읽어 분석하고 이를 바탕으로 태스크들의 스케줄링을 관리하고 실행한다.

# CHAPTER 03
# Poky

3장에서는 Poky에 대해 알아본다. Yocto 문서에 따르면 Poky는 Yocto 프로젝트에 대해 참조가 되는 배포판이라고 나와 있다. "'참조'라는 용어를 왜 썼을까?" 하고 머리를 싸매고 생각해 본 적이 있다. 사전적으로 '참조'란 '참고로 비교하고 대조해 봄'이라는 뜻이다. 결론적으로 Poky는 참고해 Yocto를 다루는 데 도움이 될 만한 재료로 삼으라고 배포한 것이다.

Poky를 사용해 궁극적으로 하고자 하는 것은 커스텀 리눅스를 구축하고 빌드하는 것이다. 커스텀 리눅스를 구축하고 빌드하는 데는 많은 소프트웨어들과 툴이 필요하고, 각각의 소프트웨어들 간의 연관 관계에 따라 빌드 의존성도 고려돼야 한다. 한마디로 대단히 복잡하다. 이런 복잡함을 해결할 수 있도록 Poky 내에는 커스텀 리눅스를 쉽게 구축하고 빌드할 수 있는 메타데이터들(.conf, .bb, .class, .inc)이 존재한다. 이 메타데이터들을 기반으로 필요한 메타데이터를 추가 변경함으로써 커스텀 리눅스를 구축하고 빌드할 수 있다.

Poky는 기본적인 리눅스 스택 빌드가 되도록 Yocto가 배포한 참조 배포이다. 하지만 서로 다른 아키텍처와 하드웨어 플랫폼을 지원하기 위해서는 리눅스를 구성하는 소프트웨어 스택도 달라져야 한다. 따라서 Poky를 참고해 우리의 타깃 시스템에 맞는 커스텀 리눅스를 빌드할 수 있도록 구성해야 한다.

Yocto 프로젝트는 단일 공개 프로젝트가 아니다. Yocto 아래에서 개발되고 유지 관리되는 프로젝트는 여러 가지가 있다. 그중 Poky를 이해한다는 것은 bitbake와 오픈임베디드 코어를 이해한다는 것과 같다.

그림 3-1은 Poky의 구조를 간단하게 나타내고 설명한 것이다. 우리에게는 친숙한 계층형 아키텍처<sup>Layered Architecture</sup>로 돼 있다.

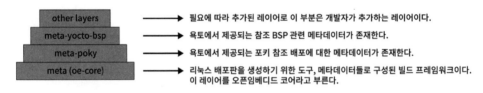

**그림 3-1** Poky의 계층형 아키텍처

앞으로 Poky를 빌드 시스템 관점에서 말할 때 오픈임베디드 빌드 시스템<sup>OpenEmbedded Build System</sup>이라고 부를 것이다. 다운로드받은 Poky 소스에는 bitbake를 포함해 여러 편리한 스크립트들, 다양한 툴, 오픈임베디드 코어, 참조 메타데이터들이 들어 있다. 참고로 어떤 white paper상에서는 오픈임베디드 빌드 시스템을 bitbake로 부르는 경우도 종종 봤다. 그러나 정확히 말해 오픈임베디드 빌드 시스템은 bitbake와 오픈임베디드 코어를 뜻하는 용어이다.

사전적으로 'Poky'는 '매우 작은'이라는 뜻이다. 그래서 작게 빌드 시스템을 구성해 상대적으로 크기가 작은 임베디드 시스템에 리눅스를 적용하기 때문에 Poky라고 이름 지었다고 생각했다. 그러다 우연히 유럽의 Yocto 관련 세미나 유튜브 동영상을 보게 됐고 이를 통해 Poky라는 이름이 Pocky라는 과자에서 유래됐다는 것을 알게 됐다.

생각해 보니 Yocto와 관련된 이름은 음식과 관련된 것이 많았다. cooker, toaster, recipe 등이 그러하다. 그림 3-2가 실제 Pocky라는 초콜릿 과자인데 과자 봉투를 보면 국내에서 판매되는 ○빼로와 비슷한 과자인 듯하다. 재미있는 사실은 이 이름을 그대로 사용하면 문제가 되기 때문에 철자를 변경해 Pocky가 Poky가 됐고 발음은 유지됐다고 한다.

**그림 3-2** Pocky 과자(출처: www.pocky.com)

## 3.1 오픈임베디드

Poky에서 가장 핵심적인 역할을 하는 레이어는 meta 레이어[1]이다. 이것을 다른 말로 오픈임베디드 코어$^{OpenEmbedded-Core}$라고 부른다. 여기서 오픈임베디드$^{OpenEmbedded}$는 임베디드 장치용 리눅스 배포판을 만드는 데 사용되는 빌드 자동화 프레임워크 및 크로스 컴파일러 환경을 말한다. 오픈임베디드 코어를 줄여서 Oe-Core라고 부르기도 한다.

---

1  레이어는 오픈임베디드 빌드 시스템에 대상을 빌드하는 방법을 알려주는 관련 메타데이터가 포함된 리포지터리이다. Yocto 프로젝트의 레이어 모델은 Yocto 프로젝트 개발 환경 내에서 협업, 공유, 사용자 정의 및 재사용을 용이하게 한다. 또한 레이어는 프로젝트에 대한 정보를 논리적으로 구분하게 한다. 가령 레이어를 사용해 특정 하드웨어에 대한 모든 구성을 만들 수 있고 하드웨어별로 구성을 따로 가져가면 여러 하드웨어에서 공통으로 사용할 수 있는 메타데이터를 분류해 레이어로 만들고 서로 공유할 수 있다.

권장하는 빌드 시스템으로 빌드 도구인 bitbake를 사용하는데 bitbake는 레시피를 기반으로 빌드를 진행한다. 즉 오픈임베디드는 레시피를 사용해 소스 코드를 저장소에서 가져오고 필요할 경우 패치를 적용하며 소스 코드를 컴파일 및 링크하고 패키지(ipk, deb, rpm) 및 부팅이 가능한 이미지[2]를 생성한다.

오픈임베디드 코어는 오픈임베디드의 현재 버전을 위한 코어 메타데이터를 포함하고 있는 레이어를 뜻한다. 오픈임베디드 코어는 플랫폼 독립적이고 배포 독립적인 메타데이터를 포함하는 레이어인데 glibc, gcc 컴파일러, 시스템, 일부 타깃을 지원하는 BSP[Board Support Package] 그리고 여러 툴들과 서비스들을 갖고 있다. 결국 Poky에서 제공하는 메타데이터들은 bitbake의 기능을 확장하는 데 사용된다고 보면 된다.

가끔 오픈임베디드 레이어와 오픈임베디드 코어 레이어를 혼동하는 경우가 있어 추가적으로 설명한다. Yocto에서 오픈임베디드 레이어는 meta-openembedded 디렉터리를 가리키고, 오픈임베디드 코어 레이어는 meta 디렉터리를 가리킨다. 오픈임베디드 프로젝트 초기에 레시피들의 집합은 meta-openembedded 하나의 레이어에 모두 포함돼 있었다. 그런데 이 레이어는 시간이 지나면서 엄청난 크기의 메타데이터를 갖게 됐고, 이것이 문제가 됐다. 따라서 Yocto 프로젝트가 시작되면서 레시피들을 유용하고 유지 관리하기 쉽게 분할하기 시작했으며 마침내 오픈임베디드 코어가 나오게 됐다. 여기에 작고 유용한 임베디드 장치를 구축하는 데 필요한 레시피들을 모아 놨다. 따라서 오픈임베디드 레이어는 오픈임베디드 코어 레이어보다 훨씬 많은 수의 레시피를 포함하고 있으며 더 많은 소프트웨어 빌드를 위해 레시피의 수를 늘려 오픈임베디드 코어의 기능을 확장하는 데도 사용된다. 그림 3-3은 오픈임베디드 로고이다.

---

2    압축된 바이너리(binary) 파일을 가리킨다. 주로 커널 이미지와 루트 파일 시스템 이미지를 그냥 이미지라고 부른다. 이 책에서 이미지라는 용어는 루트 파일 시스템 이미지를 가리킨다고 생각하면 된다.

**그림 3-3** OpenEmbedded 로고

정리해 보면 그림 3-4와 같이 표현할 수 있다. 오픈임베디드 빌드 시스템은 "리눅스를 빌드하기 위해 제공된 메타데이터(요리책)를 갖고 bitbake(요리사)가 빌드해(요리하다) 최종 결과물인 artifact(요리)를 만들어 낸다."라고 생각하면 된다. 우리는 이 일련의 과정을 이 책을 통해 배우게 될 것이다.

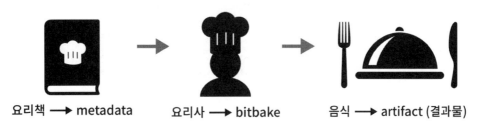

요리책 ➞ metadata        요리사 ➞ bitbake        음식 ➞ artifact (결과물)

**그림 3-4** 오픈임베디드 빌드 시스템

## 3.2 Poky 소스를 다운로드하고 빌드 실행

Poky 소스를 다운로드 받아보자. 먼저 Poky 소스를 다운로드 받을 디렉터리를 만든다. 여기서는 poky_src라는 이름으로 디렉터리를 만든 후 poky_src 디렉터리로 이동해 예제 3-1과 같이 Poky를 깃<sup>git</sup>을 통해 받는다.

**예제 3-1** git으로부터 Poky 소스 가져오기

```
$ git clone git://git.yoctoproject.org/poky
```

우리는 실습에 dunfell 브랜치를 사용할 것이기 때문에 예제 3-2와 같이 dunfell 브랜치로 체크아웃<sup>checkout</sup>한다.

```
$ git checkout dunfell
Branch 'dunfell' set up to track remote branch 'dunfell' from 'origin'.
Switched to a new branch 'dunfell'
```

다운로드가 완료되면 그림 3-5와 같은 디렉터리 구조를 볼 수 있다.

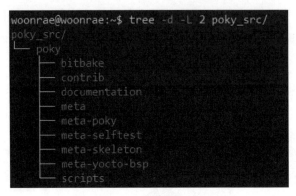

**그림 3-5** Poky 소스의 디렉터리 구조

디렉터리를 간단하게 설명하면 다음과 같다.

- meta: 오픈임베디드 코어 레이어

- meta-poky: Yocto 배포 참조 레이어

- meta-selftest: oe-selftest 스크립트가 사용하는 bitbake 테스트 레이어

- meta-skeleton: 커스텀 레이어를 생성하는 데 사용되는 템플릿 레이어

- meta-yocto-bsp: Yocto 프로젝트의 BSP 레이어

Poky 내부에는 오픈임베디드 빌드 시스템인 빌드 도구 bitbake와 오픈임베디드 코어가 존재하며, 참고를 위한 다른 메타데이터들도 존재한다. 전체적으로 Poky의 구성은 그림 3-6과 같다. meta-poky, meta-yocto-bsp, bitbake, meta 디렉터리들은 앞으로 우리가 유용하게 사용할 레이어들이다.

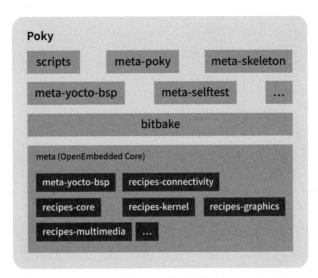

그림 3-6 Poky의 내부

다운로드가 완료됐으면 Poky 소스를 빌드해 보자. 예제 3-3과 같이 먼저 빌드를 위해 빌드 환경 초기화 스크립트를 실행한다.

**예제 3-3** 빌드 환경 초기화 스크립트

```
woonrae@woonrae:~/poky_src$ source poky/oe-init-build-env
```

예제 3-3과 같이 입력하면 그림 3-7과 같은 결과를 화면에서 볼 수 있다.

oe-init-build-env 스크립트는 빌드에 필요한 셸 환경 변수를 설정한다. 주의할 점은 '$. /oe-init-build-env'와 같이 명령어를 실행하면 안 되고, '$ source oe-init-build-env'와 같이 실행해야 한다는 것이다. '$. /oe-init-build-env'와 같이 실행하면 oe-init-build-env 스크립트 내에 선언되고, 정의된 변수를 현재 셸에서 사용할 수 없다. 그러나 '$ source oe-init-build-env'와 같이 실행하면 스크립트 내에서 선언되고 정의된 변수를 현재 셸에서 사용할 수 있다. 즉 빌드 시에 사용할 수 있다는 뜻이다. oe-init-build-env 스크립트를 실행하면 현재의 작업 디렉터리 위치가 build 디렉터리로 바뀌는 것을 볼 수 있다.

**그림 3-7** 초기화 스크립트 oe-init-build-env 실행 화면

oe-init-build-env 스크립트를 실행해 기본 빌드 환경이 초기화됐다면 이제 빌드를 진행해 본다. 예제 3-4는 Yocto에서 제공된 커스텀 리눅스 이미지를 만드는 명령이다.

**예제 3-4** 커스텀 리눅스 이미지 빌드

```
$ bitbake core-image-minimal -k
```

core-image-minimal은 레시피 파일의 이름이다. 이 레시피 파일은 Poky에서 배포된 것으로 빌드 이후 타깃 머신(여기서는 QEMU)이 부팅되도록 지원하는 이미지를 얻을 수 있다. 차후 core-image-minimal 레시피 파일의 빌드 산출물인 이미지를 QEMU 에뮬레이터emulator를 통해 간단하게 실행해 보도록 하겠다. 참고로 '-k' 옵션은 중간에 에러가 나더라도 끝까지 빌드를 계속하라는 옵션이다.

오픈임베디드 코어는 다양한 예제 이미지들을 생성하는 레시피 파일들을 포함하고 있다. 명령행 프롬프트만 나오는 장치부터 X 윈도우 시스템(X11) 서버와 그래픽 사용자 인터페이스를 지원하는 이미지까지 다양하다. 우리는 실습을 하면서 UI 작업과 같은 화려한 화면이 필요 없기 때문에 이 책에서는 core-image-minimal 레시피

만을 사용한다. core-image-minimal 레시피는 가장 기본적인 이미지를 생성한다. 장치를 부팅하면 간단한 명령행 프롬프트와 함께 로그인 화면이 뜨는 것을 볼 수 있다.

처음에는 core-image-sato와 같은 X11을 제공하는 이미지 레시피를 고려했으나, 기본적으로 그래픽 인터페이스를 PC에서 가상화로 구동하게 되면 실행 속도가 늦고 불필요하게 빌드에 많은 시간이 소모되고 core-image-minimal보다 더 큰 메모리를 소모하기 때문에 core-image-minimal을 선택하게 됐다.

### 3.2.1 oe-init-build-env 스크립트

oe-init-build-env 스크립트는 기본 빌드 환경을 설정한다. 앞으로 보게 될 명령들이 올바르게 동작하려면 oe-init-build-env가 제공하는 빌드 환경 내에서 실행돼야 한다. 스크립트를 실행하면 현재의 작업 디렉터리 위치가 build 디렉터리로 바뀌고 build 디렉터리 아래 conf라는 디렉터리가 생성된다. 'build/conf' 디렉터리 내로 들어가 보면 그림 3-8과 같이 3개의 파일이 생성돼 있는 것을 볼 수 있다.

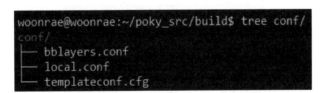

**그림 3-8** conf 디렉터리 내부 파일들

생성된 3개의 파일에 대해 설명하면 다음과 같다.

- bblayers.conf: 이 파일은 생성된 레이어들의 정보를 bitbake에게 알려주는 역할을 한다. 레이어들의 경로는 BBLAYERS 변수에 할당된다. oe-init-build-env 스크립트를 실행해 빌드 환경을 생성할 때 이 스크립트는 meta, meta-poky, meta-yocto-bsp 3개의 기본 레이어를 포함하는 bblayers.conf 파일을 생성한다.

- local.conf: 이 파일은 환경 설정 파일로 bitbake.conf 파일에서 이 파일을 인클루드해 사용한다. local.conf 파일의 주요 역할은 다음과 같다.

  ◦ 타깃 머신을 지정한다(머신이라는 것은 빌드돼 나온 최종 산출물인 이미지가 다운로드돼 동작할 타깃이라고 이해하면 된다).

  ◦ 크로스 툴체인Cross Toolchain**3**을 지정한다.

  ◦ 전역적으로 필요한 전역 변수에 대한 처리를 이 파일에 넣을 수 있다.

- templateconf.cfg: 이 파일은 프로젝트를 생성하는 데 사용되는 템플릿 환경 설정 파일(.conf)을 포함하는 디렉터리를 포함하고 있다. 기본값으로 'meta-poky/conf'를 갖는다. 이 파일에 대해서는 9장에서 자세하게 다룬다.

참고로 오픈임베디드 코어에서 기본적으로 지원되는 머신은 그림 3-9와 같다.

| MACHINE= 'target machine' | description |
|---|---|
| qemuarm | QEMU ARM 에뮬레이터 |
| qemuarm64 | QEMU ARM64 에뮬레이터 |
| qemumips | QEMU MIPS 에뮬레이터 |
| qemumips64 | QEMU MIPS64 에뮬레이터 |
| qemuppc | QEMU PowerPC 에뮬레이터 |
| qemux86-64 | QEMU x86 64bit 에뮬레이터 |
| qemux86 | QEMU x86 에뮬레이터 |

**그림 3-9** 오픈임베디드 코어에서 지원되는 머신

우리는 앞으로 실습을 진행하며 qemux86-64 머신을 사용할 것이다.

---

3  toolchain이란 컴퓨터 프로그램을 제작하는 데 필요한 개발 도구의 모음을 뜻한다. 여기서 'chain'이라는 뜻은 한 개발 도구의 출력이 다른 개발 도구의 입력이 되기 때문에 붙인 것이다. toolchain을 간단하게 설명하면 소스 코드 편집을 위한 편집기, 소스 코드를 실행 프로그램으로 변환하는 컴파일러, 링커 및 운영체제의 기능을 제공하는 라이브러리로 구성된다고 보면 된다. 따라서 Cross Toolchain의 의미는 컴파일러, 링커 등의 개발 도구는 x86(PC)에서 동작하지만, 실제 그 산출물이 실행되는 곳은 x86이 아니라 다른 플랫폼이다. 따라서 타깃 시스템 빌드를 위해 호스트(PC)에서 동작하는 개발 도구라고 보면 된다.

참고로 meta-yocto-bsp 레이어도 여러 참고할 수 있는 머신들이 존재한다. 가령 Beaglebone, EdgeRouter 등이 그것이다. 우리는 meta-yocto-bsp 레이어를 사용하지 않기 때문에 이 레이어에서 제공하는 머신들에 대해서는 따로 언급하지 않는다.

그림 3-10은 core-image-minimal 실행 화면이다. 정상적으로 명령이 실행됐다면 그림과 같이 실행되는 것이 확인돼야 한다.

```
woonrae@woonrae:~/poky_src/build$ bitbake core-image-minimal
Parsing recipes: 100% |##########################################################
Parsing of 775 .bb files complete (0 cached, 775 parsed). 1330 targets, 39 skipped, 0 masked, 0 errors.
NOTE: Resolving any missing task queue dependencies

Build Configuration:
BB_VERSION            = "1.46.0"
BUILD_SYS             = "x86_64-linux"
NATIVELSBSTRING       = "ubuntu-18.04"
TARGET_SYS            = "x86_64-poky-linux"
MACHINE               = "qemux86-64"
DISTRO                = "poky"
DISTRO_VERSION        = "3.1.21"
TUNE_FEATURES         = "m64 core2"
TARGET_FPU            = ""
meta
meta-poky
meta-yocto-bsp        = "dunfell:d0a8cd82f6b28bf08280af82f1ab19c4fb8c4f91"
```

**그림 3-10** core-image-minimal 실행 화면

## 3.3 빌드 결과를 QEMU 에뮬레이터로 실행

3장에서는 core-image-minimal.bb 이미지 생성 레시피를 통해 빌드한 결과를 QEMU를 통해 실행해 볼 것이다.

QEMU는 가상화 소프트웨어 가운데 하나이다. Fabrice Bellard가 만들었으며, x86 이외의 기종을 위해 만들어진 소프트웨어 스택 전체를 가상 머신 위에서 실행할 수 있다는 특징이 있다. 처음 이 책을 구상하며 라즈베리파이나 비글본을 실습 도구로 사용하려 했으나, 따로 비용을 들이지 않고 쉽게 접할 수 있는 도구가 더 편할 것 같아 QEMU라는 가상화 도구를 사용하게 됐다. QEMU 에뮬레이터는 실제 만들고자 하는 머신에 이미지를 올리기 전에 테스트할 때 쉽고 빠른 방법을 제공해 준다.

QEMU를 실행하는 명령어는 '$ runqemu'이다. runqemu는 스크립트 파일로 'poky/scripts/runqemu'에 위치하고 있다. runqemu 명령 형식은 '$ runqemu ⟨recipe name⟩'이다. 단, 반드시 빌드 환경 초기화 명령어인 '$ source oe-init-build-env'를 먼저 실행한 후 '$ bitbake runqemu' 명령어를 입력해야 동작한다는 것을 명심하자. 옵션으로는 'nographic'을 입력한다. 이 옵션은 비디오 콘솔을 따로 생성하지 않게 한다. 우리가 만든 루트 파일 시스템 이미지는 디스플레이 출력을 사용하지 않고, 단순히 커맨드 라인의 콘솔창을 지원한다. 따라서 'nographic' 옵션을 추가해 QEMU를 실행한다. 예제 3-5와 같이 명령어를 입력한다.

예제 3-5 QEMU 에뮬레이터 구동

```
$ runqemu core-image-minimal nographic
```

명령어를 입력하면 그림 3-11과 같은 결과를 볼 수 있다. 화면이 출력되고 로그인 화면이 나오면 "root"라고 입력하고 로그인해 본다.

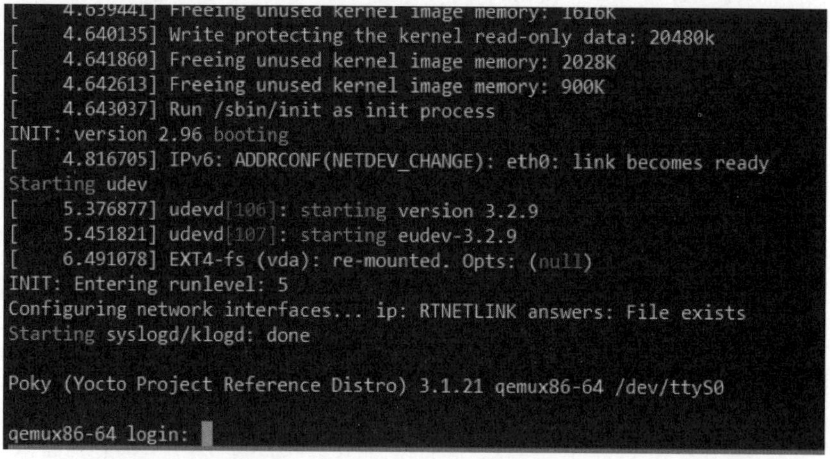

```
[    4.639441] Freeing unused kernel image memory: 1616K
[    4.640135] Write protecting the kernel read-only data: 20480k
[    4.641860] Freeing unused kernel image memory: 2028K
[    4.642613] Freeing unused kernel image memory: 900K
[    4.643037] Run /sbin/init as init process
INIT: version 2.96 booting
[    4.816705] IPv6: ADDRCONF(NETDEV_CHANGE): eth0: link becomes ready
Starting udev
[    5.376877] udevd[106]: starting version 3.2.9
[    5.451821] udevd[107]: starting eudev-3.2.9
[    6.491078] EXT4-fs (vda): re-mounted. Opts: (null)
INIT: Entering runlevel: 5
Configuring network interfaces... ip: RTNETLINK answers: File exists
Starting syslogd/klogd: done

Poky (Yocto Project Reference Distro) 3.1.21 qemux86-64 /dev/ttyS0

qemux86-64 login:
```

그림 3-11 QEMU 에뮬레이터 구동 화면

종료 시에는 예제 3-6과 같이 입력하면 QEMU상에서 리눅스가 종료된다. QEMU 실행은 sudo 권한을 요구할 수도 있다. 이 경우 'runqemu'를 통해 QEMU가 실행될 때 sudo 패스워드를 요구할 수 있음을 참고하자.

예제 3-6 QEMU상에 구동 중인 리눅스 종료

```
# poweroff
```

## 3.4 bitbake 환경 변수 옵션을 통한 변숫값 확인

앞으로 실습을 하면서 오픈임베디드 빌드 시스템에서 정의한 변수를 확인해야 하는 경우가 많다. 오픈임베디드 빌드 시스템에서는 어떤 기능 사용을 위해 inherit라는 지시어를 통해 클래스 파일을 상속하고 클래스 파일에서 정의된 변수에 특정한 값을 넣기만 하면 원하는 기능을 쉽게 구현할 수 있다. 이는 추상화가 잘 돼 있기에 가능한 일로 실습 중간중간 사전에 정의된 변수를 추적하고 확인해야 하는 일들이 자주 발생한다. 따라서 여기서는 변수를 추적할 수 있는 방법을 학습한다. 예제 3-7과 예제 3-10의 두 가지 명령어는 변수를 쉽게 추적할 수 있도록 돕는다.

**예제 3-7** bitbake의 환경 변수 옵션을 통한 변숫값 확인

```
$ bitbake core-image-minimal -e > env.txt
```

예제 3-7과 같이 명령어를 입력하면 이미지를 생성하는 레시피 파일인 core-image-minimal.bb에서 사용하는 모든 환경 변수를 출력할 수 있다. '-e' 옵션은 environment의 약자이다. 명령이 실행되면 bitbake는 메타데이터 분석 절차를 수행한 결과로 얻어진 변수, 함수를 env.txt로 저장한다. env.txt 파일을 열어보면 예제 3-8과 같은 화면을 볼 수 있다.

**예제 3-8** bitbake -e 명령어를 통한 메타데이터 출력의 일부

```
…

#
# $SSTATE_DIR [2 operations]
#   set /home/woonrae/poky_src/poky/meta/conf/documentation.conf:395
#     [doc] "The directory for the shared state cache."
#   set? /home/woonrae/poky_src/poky/meta/conf/bitbake.conf:781
#     "${TOPDIR}/sstate-cache"
# pre-expansion value:
#   "${TOPDIR}/sstate-cache"
SSTATE_DIR="/home/woonrae/poky_src/build/sstate-cache"

…
```

예제 3-8은 출력의 일부만 보여줬다. SSTATE_DIR 변수가 어디서 선언됐고, 어떤 값이 최종적으로 할당됐는지 볼 수 있다.

만약 특정 변수만 찾아보려고 할 때는 예제 3-9와 같은 방법을 사용한다. 예제 3-9는 DL_DIR라는 변수의 값을 추적한 예제이다.

**예제 3-9** 특정 변수의 값을 출력하는 방법

```
$ bitbake core-image-minimal -e | grep ^DL_DIR
```

이 명령은 앞의 예제에서 저장한 env.txt 파일에서 DL_DIR로 시작하는 모든 줄을 찾아 출력하라는 뜻이다. 따라서 그림 3-12와 같이 DL_DIR 변수에 최종 할당된 값이 출력된다.

```
woonrae@woonrae:~/poky_src/build$ bitbake core-image-minimal -e | grep ^DL_DIR
DL_DIR="/home/woonrae/poky_src/build/downloads"
```

**그림 3-12** DL_DIR 변수에 최종 할당된 값 출력

예제 3-10에서 '$ bitbake-getvar' 명령은 필자가 변수를 찾을 때 주로 사용하는 방법이다. 앞의 명령어와 용도는 비슷하지만, 개인적으로는 이 명령어를 더 많이 사용한다.

**예제 3-10** bitbake-getvar 명령을 통한 변수의 값을 출력하는 방법

```
$ bitbake-getvar -r core-image-minimal DL_DIR
```

그림 3-13을 보면 변수 DL_DIR가 어떤 변화를 거쳐 최종 값을 할당받았는지 과정까지 상세하게 나오는 것을 볼 수 있다.

```
woonrae@woonrae:~/poky_src/build$ bitbake-getvar -r core-image-minimal DL_DIR
#
# $DL_DIR [2 operations]
#   set /home/woonrae/poky_src/poky/meta/conf/documentation.conf:150
#     [doc] "The central download directory used by the build process to store downloads
. By default, the directory is 'downloads' in the Build Directory."
#   set? /home/woonrae/poky_src/poky/meta/conf/bitbake.conf:780
#     "${TOPDIR}/downloads"
# pre-expansion value:
#   "${TOPDIR}/downloads"
DL_DIR="/home/woonrae/poky_src/build/downloads"
woonrae@woonrae:~/poky_src/build$
```

**그림 3-13** bitbake-getvar 명령을 통한 변수 출력

## 3.5 리눅스 호스트를 위한 소프트웨어 빌드 과정과 오픈임베디드 빌드 시스템의 빌드 과정 비교

오픈임베디드 빌드 시스템에 대해 더 깊숙이 살펴보기 전에 리눅스 호스트를 위한 소프트웨어 빌드 과정에 대해 살펴보겠다. 리눅스 호스트에서 소스로부터 바이너리를 생성하는 빌드 과정은 그림 3-14와 같다.

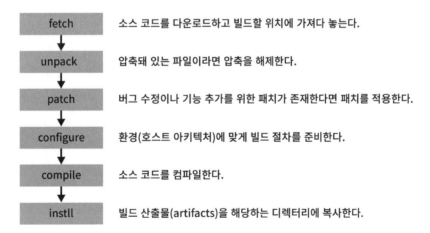

| | |
|---|---|
| fetch | 소스 코드를 다운로드하고 빌드할 위치에 가져다 놓는다. |
| unpack | 압축돼 있는 파일이라면 압축을 해제한다. |
| patch | 버그 수정이나 기능 추가를 위한 패치가 존재한다면 패치를 적용한다. |
| configure | 환경(호스트 아키텍처)에 맞게 빌드 절차를 준비한다. |
| compile | 소스 코드를 컴파일한다. |
| instll | 빌드 산출물(artifacts)을 해당하는 디렉터리에 복사한다. |

**그림 3-14** 리눅스 빌드 과정

오픈임베디드 빌드 시스템도 그림 3-14와 비슷한 과정을 거쳐 최종 산출물을 만들어 낸다. 그러나 큰 차이가 한 가지 있다. 크로스 툴체인에서도 설명했지만, 대부분 빌드를 진행할 때 타깃 시스템에서 진행하는 것이 아니라 리눅스 PC(x86)에서 진행

한다는 것이다. 만약 호스트를 위해 소프트웨어를 빌드한다면 빌드 결과물인 이미지를 호스트에 설치하기만 하면 된다. 그러나 여러분이 만든 이미지는 호스트가 아니라 타깃 시스템에 설치돼야 한다. 대부분의 경우 이 타깃 시스템은 호스트와 다른 아키텍처(ARM, PowerPC 등)를 갖는다.

따라서 호스트에서 빌드를 진행하려면 크로스 툴체인이 필요하고, 빌드 결과물인 이미지를 타깃 시스템에 설치하고 사용할 때는 패키지 관리 시스템$^{Package Management System}$을 사용해야 한다. 패키지 관리 시스템 관련 내용은 15장에서 자세히 다루도록 한다.

참고로 Yocto에서 타깃 빌드에 사용되는 컴파일러는 우선 호스트 PC 환경의 빌드 패키지를 사용해 실제 타깃 빌드에 사용될 컴파일러를 빌드한다. 따라서 호스트에는 항상 빌드 패키지가 설치돼 있어야 한다. 이것이 1장의 리스트 1-1에서 ubuntu 호스트에 필수 패키지를 설치한 이유이다.

ubuntu에서 C, C++ 등을 개발하려고 컴파일할 때 다음과 같은 에러 메시지가 나타나는 경우가 있다.

```
stdio.h: No such file or directory
```

이런 경우는 개발에 필요한 stdio.h 등의 기본 라이브러리가 없어 발생하는 문제이다. 다음과 같이 빌드 패키지인 build-essential 패키지를 설치하면 이 문제는 해결된다. build-essential 패키지는 개발에 필요한 기본 라이브러리와 헤더 파일 등을 갖고 있기 때문이다.

```
$ sudo apt install build-essential
```

이미지 생성 빌드 명령어인 '$ bitbake core-image-minimal' 명령을 입력하고 나서 어떤 일이 일어나는지 보자.

먼저 bitbake는 메타데이터들을 분석해 어떤 일을 해야 하는지 파악하고 Yocto 프로젝트에서 제공한 커스텀 리눅스를 빌드하는 데 필요한 소스들을 외부에서 받아온다. 받아온 소스를 컴파일하고 그 결과물을 패키지로 만든다. 최종적으로 루트 파일 시스템 이미지가 만들어진다. 이 과정을 간단하게 그려보면 그림 3-15와 같다.

앞으로 우리는 그림 3-15에 기술된 오픈임베디드 빌드 시스템의 빌드 과정을 하나하나 살펴보며 Yocto에 대한 이해를 높여갈 것이다.

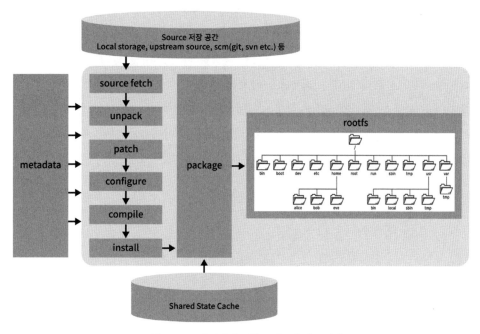

**그림 3-15** 오픈임베디드 빌드 시스템 빌드 과정

## 3.6 요약

3장에서는 Poky에 대해 다뤘다. Poky는 크게 오픈임베디드 빌드 시스템인 bitbake 빌드 도구, 오픈임베디드 코어와 함께 추가적인 메타데이터들과 빌드 스크립트로 이뤄져 있다. 아직 다루지는 않았지만, 배포 정책을 포함하고 있는 Poky 레이어와 참조 BSP 레이어도 함께 존재한다.

Poky는 커스텀 리눅스 빌드를 할 수 있도록 많은 메타데이터를 갖고 있다. 이 메타데이터를 이용해 bitbake는 커스텀 리눅스 빌드를 진행하게 된다. 메타데이터가 모여 있는 핵심 디렉터리인 meta는 오픈임베디드 코어라고 불린다. 오픈임베디드 코어는 플랫폼 독립적이고 배포 독립적인 메타데이터를 포함하는 레이어로 glibc, gcc

컴파일러, 시스템, 일부 타깃을 지원하는 BSP 그리고 툴들과 서비스들을 갖고 있다.

리눅스 빌드 과정과 오픈임베디드 빌드 시스템 빌드 과정의 가장 큰 차이점은 다음과 같다. 리눅스 빌드의 경우 컴파일과 실행을 동일한 기계에서 수행하는 것이 가능하지만, 오픈임베디드 빌드 시스템의 경우 컴파일은 호스트(x86)에서 하더라도 실제 실행은 타깃 시스템에서 해야 하는 크로스 컴파일 환경을 갖고 있다. 따라서 호스트(x86)는 타깃 시스템에 맞는 툴체인을 사용해 컴파일, 링크 등을 수행해야 하는데 이 툴체인을 크로스 툴체인이라고 한다. 최종적으로 나온 이미지들을 패키지로 만들어 루트 파일 시스템에 설치한다. 최종 루트 파일 시스템 이미지는 커널, 부트로더 이미지와 함께 타깃 시스템에 프로그래밍돼 타깃을 실행한다.

# CHAPTER 04
# 빌드 속도 개선을 위한 작업들

이 장에서 다루는 내용

» 4.1 소스받기
» 4.2 자신만의 소스 저장소 PREMIRRORS 구성
» 4.3 자신만의 공유 상태 캐시(Shared State Cache) 생성
» 4.4 요약

앞에서 '$ bitbake core-image-minimal' 명령어로 루트 파일 시스템 이미지를 생성해 봤다. 혹시 해보지 않았다면 꼭 해봐야 한다. 이 책은 작은 예제로부터 계속 확장해 가며 학습을 진행할 것이기 때문에 앞부분을 놓치면 따라오기 힘들 수 있다.

일단 해봤다면 빌드를 하는 데 매우 오랜 시간이 걸린다는 것을 느꼈을 것이다. 개인 PC로 1시간 이상 소요된다. 물론 사용하고 있는 PC 사양에 따라 다를 수 있다. 가장 시간을 많이 소모하는 부분이 소스를 페치fetch하는 과정과 빌드를 진행하는 과정이다.

처음 빌드를 진행한다면 대부분의 소스가 외부에 존재하므로 소스를 외부 저장소에서 가져오는 데 오랜 시간이 걸리는 것은 당연하다. 또한 Yocto는 단순히 리눅스 커널 소스만을 빌드하는 것이 아니라 리눅스 소프트웨어 스택을 구성하는 모든 패키지들에 대해서도 빌드를 진행한다. 따라서 이 모든 패키지들을 빌드하는 데 오랜 시간이 소요된다.

앞으로 학습을 진행하며 매번 필요한 소스를 외부 저장소에서 받는 데 많은 시간을 소모하는 것은 시간 낭비이다. 그래서 우리는 로컬 소스 저장소를 구축해 외부 저장 소로부터의 다운로드 시간을 단축해 보도록 하겠다. 그리고 Yocto에서 제공하는 공 유 상태 캐시Shared State Cache라는 캐시 저장소를 구축해 빌드 시간을 획기적으로 줄일 것이다.

이제 로컬 소스 저장소를 구축해 보자. Yocto에서는 이런 저장소를 미러mirror라고 부 른다. 미러를 생성하는 것은 장점이 많다. 특히 팀으로 하는 프로젝트의 경우 팀원 각 자가 외부 네트워크에 접근해 소스를 받아오는 부하를 최소화할 수 있다.

## 4.1 소스받기

먼저 오픈임베디드 빌드 시스템이 어떻게 필요한 소스를 받아오는지 살펴보자. 그림 4-1은 오픈임베디드 빌드 시스템이 소스를 페치fetch하는 방법을 나타낸 것이다. 앞 에서 다운로드한 Poky 소스 코드를 보면 메타데이터들과 bitbake 툴이 코드의 전 부이다. 실제로 빌드에 필요한 소스는 빌드할 때 실시간으로 받는다. 우리가 리눅스 소프트웨어 스택 빌드를 위해서는 먼저 필요한 소프트웨어 패키지들을 받아야 한다. 각 오픈 소스들은 웹사이트website, 파일 서버File Server 등 다양한 경로에서 받을 수 있 다. 다운로드 프로토콜로는 http, https, ftp, sftp 등 다양한 프로토콜이 지원돼야 한다. 어떤 소프트웨어 패키지들은 깃, 서브버전subversion과 같은 SCM(버전 관리 시스 템)을 통해 소프트웨어를 제공받아야 한다.

오픈임베디드 빌드 시스템은 이런 모든 것을 자동화해 제공하는 빌드 시스템이기 때문에 우리는 단순히 몇 가지 방법을 익혀 이 모든 것을 쉽게 해볼 수 있다.

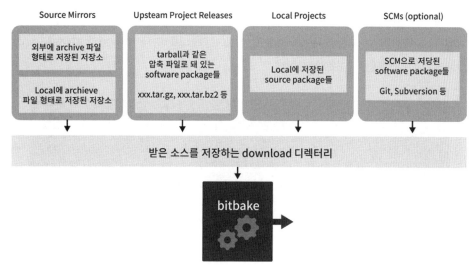

**그림 4-1** 오픈임베디드 빌드 시스템의 소스 fetch 방법들

레시피 파일(.bb, .bbappend)에서는 그림 4-2와 같이 SRC_URI 변수에 URI[1]값을 넣어주는 것으로 소스의 받을 위치를 정의한다. 제일 처음 Poky를 다운로드하고 빌드를 진행하면 bitbake는 레시피에 정의된 do_fetch 태스크를 실행하고 SRC_URI 변수에 정의된 장소에서 소스를 받아온다.

```
SRC_URI = "git://git.yoctoproject.org/linux-yocto.git;name=machine;branch=${KBRANCH}; \
          git://git.yoctoproject.org/yocto-kernel-cache;type=kmeta;name=meta;branch=yocto-5.4;destsuffix=${KMETA}"
```

**그림 4-2** SRC_URI를 통한 소스 fetch

그림 4-2에서 SRC_URI의 값은 '/poky/meta/recipes-kernel/linux/linux-yocto_5.4.bb' 파일에 기술된 내용으로 커널 소스를 깃으로부터 받아오도록 한다.

---

1   URI(Uniform Resource Identifier)는 하나의 리소스를 다른 리소스와 구별하는 일련의 문자열이다. 가령 'https://yoctoexample.com:1004/there?name=greatyocto'와 같은 URI는 'https://yoctoexample.com/there'라는 리소스의 실제 위치를 갖고 있고, port로 '1004', 'name=greatyocto'와 같은 쿼리 식별자를 갖고 있다. 즉 URI는 프로토콜, 권한, 경로, 쿼리 등을 포함한다. 정리해 보면 URL이 갖고 있는 모든 정보를 URI는 다 갖고 있다.
"그렇다면 URI와 URL은 어떤 차이점이 있나?"라고 물을 수 있다. 정리해 보면 URI는 리소스 식별자이고, URL은 위치 지정자로 리소스가 어디에 있는지 알려준다.
다음 사이트를 참고하자.
'https://blog.hubspot.com/website/uri-vs-url'

일단 SRC_URI에 정의된 장소에서 받은 소스는 DL_DIR 변수가 가리키는 경로에 저장된다. DL_DIR 변수가 기본값으로 갖는 값은 build 디렉터리 아래 downloads 디렉터리이다. 그림 4-3을 참고한다.

```
woonrae@woonrae:~/poky_src/build$ bitbake-getvar -r core-image-minimal DL_DIR
#
# $DL_DIR [2 operations]
#   set /home/woonrae/poky_src/poky/meta/conf/documentation.conf:150
#     [doc] "The central download directory used by the build process to store downloads
. By default, the directory is 'downloads' in the Build Directory."
#   set? /home/woonrae/poky_src/poky/meta/conf/bitbake.conf:780
#     "${TOPDIR}/downloads"
# pre-expansion value:
#   "${TOPDIR}/downloads"
DL_DIR="/home/woonrae/poky_src/build/downloads"
woonrae@woonrae:~/poky_src/build$
```

**그림 4-3** 변수 DL_DIR의 기본값

DL_DIR 변수의 값은 그림 4-3에서 보듯이 bitbake.conf 파일 780 라인에 '{TOPDIR}/downloads'라고 정의돼 있다. TOPDIR 변수는 build 디렉터리를 가리킨다. 이 위치는 우리가 임의로 바꿀 수 있다. 가령 local.conf 파일에서 DL_DIR 변수에 자신이 원하는 디렉터리의 경로를 할당하면 된다. 우리 예제에서 downloads 디렉터리는 그림 4-4와 같이 위치하고 있다.

```
woonrae@woonrae:~/poky_src/build$ ls
bitbake-cookerdaemon.log   cache   conf   downloads   sstate-cache   tmp
```

**그림 4-4** DL_DIR 변수가 가리키는 디렉터리

downloads 디렉터리로 이동해 내용을 보면 그림 4-5와 같이 tar.gz, tar.xz와 같은 압축 파일들과 확장자 .done으로 끝나는 파일들이 존재한다.

```
tzdata2022d.tar.gz
tzdata2022d.tar.gz.done
unifdef-2.12.tar.xz
unifdef-2.12.tar.xz.done
uninative
unzip60.tar.gz
unzip60.tar.gz.done
util-linux-2.35.1.tar.xz
util-linux-2.35.1.tar.xz.done
```

**그림 4-5** downloads 디렉터리 내의 파일들

그림 4-6은 downloads 디렉터리 내에 있는 디렉터리들만 출력한 것이다. git2라는 디렉터리가 있고 그 아래 '.git' 디렉터리들과 uninative 디렉터리를 볼 수 있다. 깃을 통해 소스를 받는 경우 git2 디렉터리에 받은 소스가 저장된다.

참고로 uninative는 C 라이브러리인 glibc를 말한다. 호스트 배포판의 라이브러리로부터 빌드 시스템을 격리하는 데 사용된다. 즉 네이티브 레시피가 호스트 배포판에서 제공하는 glibc 버전이 아니라 Yocto 프로젝트에서 배포하는 glibc 버전으로 컴파일된다는 의미이다. 이것은 Yocto가 통일된 glibc를 제공해 줌으로써 호스트 환경에 따른 차이가 발생하지 않게 해준다.

```
downloads/
├── git2
│   ├── github.com.besser82.libxcrypt.git
│   ├── github.com.fedora-modularity.libmodulemd
│   ├── github.com.file.file.git
│   ├── github.com.kraj.localedef
│   ├── github.com.libexpat.libexpat.git
│   ├── github.com.ninja-build.ninja.git
│   ├── github.com.openSUSE.libsolv.git
│   ├── github.com.rpm-software-management.createrepo_c
│   ├── github.com.rpm-software-management.dnf.git
│   ├── github.com.rpm-software-management.libcomps.git
│   ├── github.com.rpm-software-management.libdnf
│   ├── github.com.rpm-software-management.librepo.git
│   ├── github.com.rpm-software-management.rpm
│   ├── github.com.thkukuk.libnsl
│   ├── git.kernel.org.pub.scm.fs.ext2.e2fsprogs.git
│   ├── git.kernel.org.pub.scm.linux.kernel.git.kdave.btrfs-progs.git
│   ├── git.kernel.org.pub.scm.utils.dtc.dtc.git
│   ├── git.kernel.org.pub.scm.utils.kernel.kmod.kmod.git
│   ├── gitlab.com.procps-ng.procps.git
│   ├── gitlab.freedesktop.org.pkg-config.pkg-config.git
│   ├── gitlab.freedesktop.org.xdg.shared-mime-info.git
│   ├── gitlab.gnome.org.GNOME.gnome-desktop-testing.git
│   ├── git.savannah.gnu.org.git.config.git
│   ├── git.yoctoproject.org.linux-yocto.git
│   ├── git.yoctoproject.org.prelink-cross.git
│   ├── git.yoctoproject.org.pseudo
│   ├── git.yoctoproject.org.ptest-runner2
│   ├── git.yoctoproject.org.update-rc.d
│   ├── git.yoctoproject.org.yocto-kernel-cache
│   ├── git.yoctoproject.org.yocto-kernel-tools.git
│   ├── salsa.debian.org.debian.ca-certificates.git
│   ├── salsa.debian.org.debian.ncurses.git
│   ├── sourceware.org.git.binutils-gdb.git
│   └── sourceware.org.git.glibc.git
└── uninative
    └── b110bf2e10fe420f5ca2f3ec55f048ee5f0a54c7e34856a3594e51eb2aea0570
```

**그림 4-6** git으로부터 받은 소스들

downloads 디렉터리에서 확장자 '.done'은 소스를 전부 다운로드했다는 표시로 생성되는 파일이다. 받은 파일 이름과 이름은 동일하고 확장자 '.done'을 갖는다.

깃으로부터 소스를 받는 경우 다 받은 소스는 그림 4-7과 같이 받은 깃 주소와 동일한 이름에 확장자 '.done'으로 생성된다. 나중에 다루겠지만, 빌드 과정에서 '.done' 파일이 확인되면 레시피에서 지정한 'S' 변수가 가리키는 위치로 받은 소스가 복사된다.

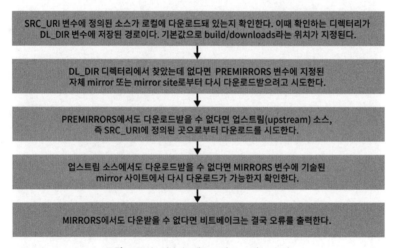

**그림 4-7** git으로부터 받은 소스와 '.done' 파일

do_fetch 태스크가 어떻게 소스를 가져오는지 그림 4-8을 통해 이해해 보자.

SRC_URI 변수에 정의된 소스가 로컬에 다운로드돼 있는지 확인한다. 이때 확인하는 디렉터리가 DL_DIR 변수에 저장된 경로이다. 기본값으로 build/downloads라는 위치가 지정된다.

DL_DIR 디렉터리에서 찾았는데 없다면 PREMIRRORS 변수에 지정된 자체 mirror 또는 mirror site로부터 다시 다운로드받으려고 시도한다.

PREMIRRORS에서도 다운로드받을 수 없다면 업스트림(upstream) 소스, 즉 SRC_URI에 정의된 곳으로부터 다운로드를 시도한다.

업스트림 소스에서도 다운로드받을 수 없다면 MIRRORS 변수에 기술된 mirror 사이트에서 다시 다운로드가 가능한지 확인한다.

MIRRORS에서도 다운받을 수 없다면 비트베이크는 결국 오류를 출력한다.

**그림 4-8** do_fetch 태스크의 소스받는 순서

DL_DIR에 지정된 경로나 미러에서 지정한 경로에서 받고자 하는 소스 다운로드에 성공했다면 다음 단계로 do_unpack 태스크에서 S 변수가 가리키는 디렉터리로 받은 소스를 다운로드한다. 깃을 통해 리모트 리포지터리repository에서 소스를 받는다면 do_unpack 태스크에서는 체크아웃이 일어난다. 여기서 체크아웃은 깃에서 특정 브랜치, 태그, 해시, 커밋 등으로 이동하는 것을 말한다. 참고로 S 변수는 압축 해제, 패치, 컴파일이 진행되는 디렉터리이다.

그림 4-9는 MIRRORS 변수에 할당된 사이트들의 정보이다.

**그림 4-9** MIRRORS 변수의 값들

## 4.2 자신만의 소스 저장소 PREMIRRORS 구성

앞에서 언급했듯이 빌드에 필요한 소스들을 저장하는 저장소를 만든다면 팀 프로젝
트의 경우 팀원들 각각이 외부 네트워크에 접근하는 것을 최소화할 수 있다. 따라서
프로젝트 소스를 받아 빌드를 완료할 때까지의 전체 시간이 단축된다.

이제 우리만의 소스 미러를 로컬에 구성해 보겠다. 우리는 3장에서 Poky 소스를 다
운로드받아 빌드를 완료했기 때문에 필요한 소스들이 이미 DL_DIR 변수에서 지정
된 디렉터리에 다운로드돼 있다.

참고로 빌드를 진행하지 않고도 필요한 소스만 DL_DIR에 받을 수 있는 방법이 있다.
예제 4-1과 같이 명령을 입력하면 빌드에 필요한 소스만 다운로드되고 빌드는 진행
되지 않는다.

**예제 4-1** 빌드를 생략하고 소스만 받는 명령어

```
$ bitbake core-image-minimal --runall=fetch
```

예제 4-1에서의 '--runall=⟨task⟩'는 bitbake가 core-image-minimal 레시피를
수행하면서 core-image-minimal과 연관돼 있는 레시피를 do_fetch 태스크까지
만 수행한다는 뜻이다.

깃 리포지터리<sup>Git Repository</sup>에서 받은 파일들을 tarball로 생성해 보도록 하겠다. 통일
성이나 디스크에서 차지하는 크기를 줄이기 위해서도 이 방법이 필요하다. 앞에서 설
명했듯이 깃으로부터 받아온 파일은 디렉터리 git2에 저장된다. 이 파일들도 '.tar.

gz'로 보관하자. 이를 위해 'build/local.conf' 파일을 열어 리스트 4-1과 같이 BB_GENERATE_MIRROR_TARBALLS 변수의 값을 "1"로 설정해 준다. local.conf 파일의 위치는 그림 4-10과 같이 'poky_src/build/conf/' 디렉터리 내에 존재한다.

```
woonrae@woonrae:~/poky_src/build/conf$ ls
bblayers.conf  local.conf  templateconf.cfg
```

**그림 4-10** local.conf 파일의 위치

실습에 사용되는 local.conf 파일은 GitHub 페이지(https://github.com/greatYocto/local_conf.git)을 통해 받을 수 있다.

**리스트 4-1** local.conf 파일의 변경

```
…

# compress tarballs for mirrors
BB_GENERATE_MIRROR_TARBALLS = "1"
```

예제에서 파일의 위치: ~/poky_src/build/conf/local.conf

변경이 완료됐다면 새로 다운로드를 진행한다. 새롭게 다운로드된 파일들 중에서 깃으로부터 받은 파일들이 tarball로 생성된 것을 확인할 수 있다. 나머지 파일들은 레시피 파일에 정의된 대로 '.tar.gz', '.tar.bz2', '.zip'과 같은 압축 파일로 저장될 수 있다.

GENERATE_MIRROR_TARBALLS 변수의 효과를 확인하기 위해 기존에 다운로드 받은 소스를 삭제하고 다시 fetch를 받는다. 따라서 DL_DIR 변수에서 지정된 디렉터리를 삭제한다. 예제 4-2와 같이 '~/poky_src/build/' 디렉터리 아래의 downloads 디렉터리를 삭제하고 다시 소스를 fetch한다.

**예제 4-2** DL_DIR 디렉터리 삭제 및 새로 소스 fetch

```
woonrae@woonrae:~/poky_src/build$ rm –rf downloads
woonrae@woonrae:~/poky_src/build$ core-image-minimal --runall=fetch -f
```

참고로 명령에서 '-f' 옵션은 강제 수행을 뜻한다. 빌드가 이미 수행됐기 때문에 똑똑한 bitbake는 이미 수행한 태스크를 다시 수행하지 않으려고 한다. 이렇게 되면 우리가 의도한 대로 다시 소스를 fetch하지 않는 문제가 발생하기 때문에 "강제로라도 받아라"라는 명령을 bitbake에게 전달하려고 '-f' 옵션을 추가한 것이다.

이제 fetch가 완료된 후 다시 생성된 downloads 디렉터리에 들어가 보자. 그림 4-11과 같은 결과를 볼 수 있다.

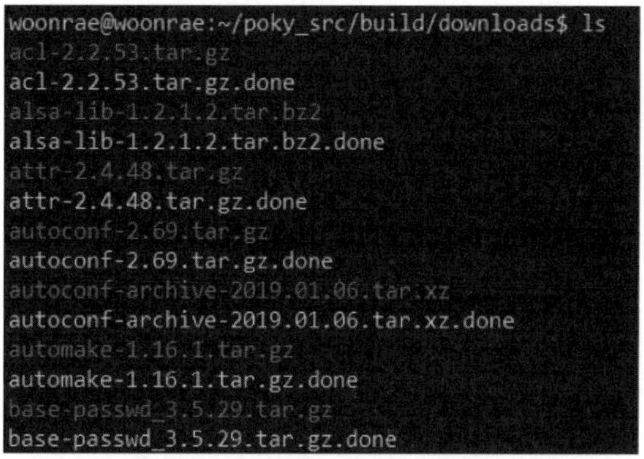

**그림 4-11** downloads 디렉터리의 내용

그림 4-12에서 보듯이 깃으로부터 받은 소스는 'downloads/git2'에 저장되는 것이 아니라 downloads 디렉터리에 '.tar.gz'로 압축돼 저장된다. 그리고 git2 디렉터리에는 더이상 소스가 저장되지 않는다.

**그림 4-12** downloads 디렉터리 내에 git으로부터 받은 소스들

이제 자체 소스 미러 구축을 위해 다음과 같이 따라해 본다.

1. build/downloads 디렉터리에서 '.done' 파일을 모두 삭제한다.

2. downloads 디렉터리 내에서 그림 4-12에서 볼 수 있는 git2 디렉터리를 삭제한다.

만약 svn 파일이 있다면 이 파일도 삭제한다. 예제 4-3은 1, 2 과정 수행을 위한 명령어들이다.

**예제 4-3** downloads 디렉터리 내에서 삭제해야 하는 디렉터리 및 파일들

```
$ rm -rf *.done

$ rm -rf git2
```

간혹 downloads 디렉터리 내에 그림 4-13과 같이 "xxx_bad-checksum.."과 같은 파일이 남아 있는 경우가 있다. 이것은 정상적으로 받지 못한 파일이 있다는 것을 나타낸다. 이때는 다시 fetch 명령어를 시도해 보면 대부분 해결된다. 필요한 모든 파일을 잘 받았는지 확인하려면 받은 파일과 쌍으로 존재하는 같은 이름의 '.done' 파일을 확인한다. 그리고 "xxx_bad-checksum.."과 같은 파일들은 모두 삭제한다.

**그림 4-13** 정상적으로 받지 못한 파일

3. 지금까지 잘 따라왔다면 프로젝트 최상위 디렉터리인 poky_src 내에 source-mirrors라는 디렉터리를 그림 4-14와 같이 생성한다. 이 디렉터리는 자체 저장소인 PREMIRRORS 용도로 사용될 것이다.

**그림 4-14** 자체 PREMIRRORS 디렉터리로 사용될 source-mirrors 디렉터리 생성

4. build 디렉터리 아래의 downloads 디렉터리에 받은 소스들을 예제 4-4와 같이 source-mirrors 디렉터리로 복사한다.

**예제 4-4** downloads 디렉터리 내의 파일들을 source-mirrors 디렉터리로 복사

```
woonrae@woonrae:~/poky_src/source-mirrors$ cp -r ../build/downloads/* .
```

5. 환경 설정 파일인 local.conf 파일 하단에 리스트 4-2와 같이 own-mirrors 클래스 파일을 INHERIT 변수에 할당하고, SOURCE_MIRROR_URL 변수를 사용한다. SOURCE_MIRROR_URL 변수는 own-mirrors.bbclass 클래스 파일에서 선언된 변수이고, 이 변수는 자체 PREMIRRORS의 디렉터리 경로를 할당받는다. 자체 PREMIRRORS는 앞에서 생성한 source-mirrors 디렉터리이기 때문에 이 디렉터리의 절대 경로를 'file://' 프로토콜과 함께 SOURCE_MIRROR_URl 변수에 할당한다.

**리스트 4-2** local.conf 파일의 변경

```
…

# Specify own PREMIRRORS location

INHERIT += "own-mirrors"

SOURCE_MIRROR_URL = "file://${COREBASE}/../source-mirrors"
```

> 예제에서 파일의 위치: ~/poky_src/build/conf/local.conf

리스트 4-2에서는 INHERIT 변수가 사용됐다. INHERIT 변수는 상속받고자 하는 클래스 파일의 이름을 넣는 변수이고, 이 변수에 할당된 클래스 파일은 모든 레시피에서 전역적으로 상속된다. 참고로 리스트에서 own-mirrors.bbclass 클래스 파일은 'poky/meta/classes/own-mirrors.bbclass'에 위치한다.

리스트에서의 'file://' 표현은 프로토콜 지시자를 나타낸다. 빌드 시스템이 파일이나 디렉터리를 찾을 때 빌드 호스트, 즉 로컬에서 파일을 찾으라는 뜻이다

COREBASE 변수는 meta 디렉터리의 부모 디렉터리를 가리킨다. 즉 poky 디렉터리의 절대 경로를 갖고 있는 변수이다.

결론적으로 리스트에서 SOURCE_MIRROR_URL 변수는 source-mirrors 디렉터리의 절대 경로를 갖는다.

6. 자체 소스 미러인 PREMIRRORS가 준비됐으므로 PREMIRRORS가 정상적으로 동작하는지 확인해 본다. 예제 4-5와 같이 build 디렉터리 아래의 downloads 디렉터리를 삭제하고 다시 소스를 fetch한다.

**예제 4-5** downloads 디렉터리 삭제와 소스 fetch

```
woonrae@woonrae:~/poky_src/build$ rm –rf downloads
woonrae@woonrae:~/poky_src/build$ bitbake core-image-minimal –f --runall= fetch
```

예제 4-5와 같이 명령을 수행하면 그림 4-15와 같은 화면을 볼 수 있다. 소스를 외부 네트워크를 사용해 다운로드받지 않고 로컬에 있는 PREMIRRORS를 사용하기 때문에 매우 빠르게 소스 fetch가 끝나는 것을 볼 수 있다.

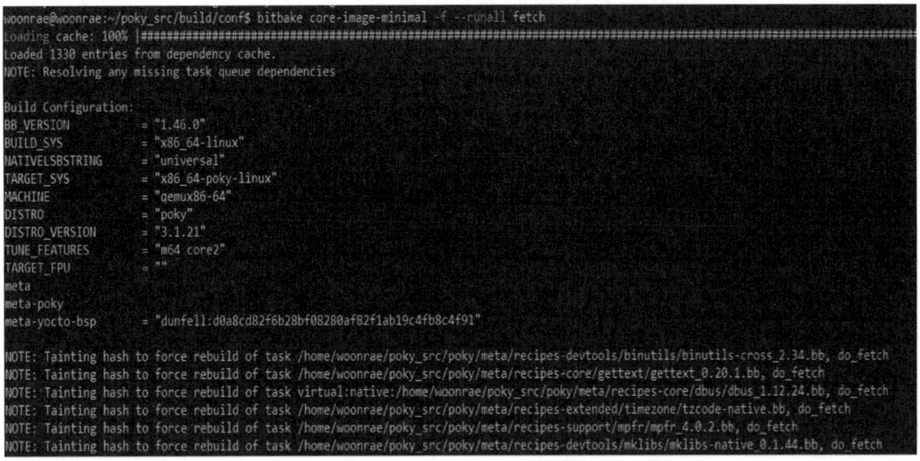

**그림 4-15** 소스 fetch 화면

우리는 예제를 통해 자체 소스 미러인 PREMIRRORS를 구축했다. 소스 저장소가 외부 네트워크에서 내부로 바뀌었기 때문에 fetch 태스크에서 소요되는 시간이 이전보다 크게 줄어든 것을 확인할 수 있었다.

여러 개발자가 동일 프로젝트로 함께 일할 때 사전에 PREMIRRORS를 구축하고 이를 내부적으로 공유하면 팀원들이 소스를 외부로부터 다시 받을 필요가 없게 된다. 따라서 빌드를 하는 데 많은 시간을 절감하게 한다.

참고로 GitHub나 비트버킷bitbucket과 같은 깃 저장소 호스팅을 지원하는 서비스가 사내에 존재한다면 PREMIRRORS를 깃의 리포지터리로 만들어 공유한다.

PREMIRRORS에 대해 좀 더 확실한 테스트를 위해 네트워크를 끊고 다시 fetch를 시도해 보자. 네트워크를 끊으려면 local.conf 파일의 제일 하단에 리스트 4-3과 같이 한 줄을 추가한다.

**리스트 4-3** local.conf 파일의 변경

```
...
BB_NO_NETWORK = "1"
```

예제에서 파일의 위치: ~/poky_src/build/conf/local.conf

BB_NO_NETWORK 변수를 "1"로 설정하면 소스 fetch를 수행하는 bitbake 페처가 network에 접근할 수 없기 때문에 자체 소스 저장소인 PREMIRRORS가 제대로 동작하는지 확인할 수 있다.

참고로 BB_NO_NETWORK 변수를 "1"로 설정해 네크워크 접근을 막고, 특정 호스트들로만 소스를 얻고 싶을 때는 BB_ALLOWED_NETWORKS 변수를 사용한다. 가령 BB_ALLOWED_NETWORKS = "*.google.com"과 같이 값을 할당하면 소스를 받기 위한 호스트는 "*.google.com"으로 제한된다.

예제 4-6과 같이 다시 소스를 받도록(fetch) 명령어를 입력해 보면 네크워크에 접근하지 않고도 빠르게 소스 fetch가 이뤄지는 것을 볼 수 있다.

**예제 4-6** network를 끊고 소스 fetch

```
$ bitbake core-image-minimal -f --runall=fetch
```

귀찮을 수 있지만, 확실한 테스트를 위해 build 디렉터리를 삭제하고 다시 해보는 것도 추천한다.

이제 최종 확인을 위해 build 디렉터리 아래의 downloads 디렉터리로 가보자. 네트워크를 끊고 했는데도 불구하고 그림 4-16과 같이 소스가 정상적으로 다운로드된 것을 확인할 수 있다.

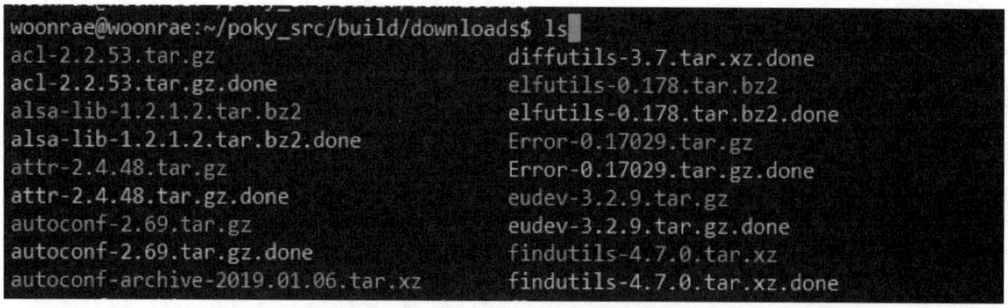

**그림 4-16** downloads 디렉터리

자체 소스 저장소인 PREMIRRORS를 구성했기 때문에 downloads 디렉터리 내에 있는 소스들은 실제 다운로드받은 파일들이 아니다. 이 파일들은 PREMIRRORS 디렉터리 내에 있는 소스들을 참조하는 심볼릭 링크 파일들이다.

downloads 디렉터리에서 '$ ls -al' 명령을 입력하면 그림 4-17과 같이 모든 파일들이 심볼릭 링크로 연결된 것을 볼 수 있다. 이 파일들은 PREMIRRORS 디렉터리의 파일들을 가리키고 있다.

```
total 1212
drwxrwxr-x  3 woonrae woonrae 20480 Jan  8 11:46 .
drwxrwxr-x  7 woonrae woonrae  4096 Jan  8 11:46 ..
lrwxrwxrwx  1 woonrae woonrae    63 Jan  8 11:46 acl-2.2.53.tar.gz -> /home/woonrae/poky_src/poky/../source-mirrors/acl-2.2.53.tar.gz
-rw-rw-r--  1 woonrae woonrae   463 Jan  8 11:46 acl-2.2.53.tar.gz.done
lrwxrwxrwx  1 woonrae woonrae    70 Jan  8 11:46 alsa-lib-1.2.1.2.tar.bz2 -> /home/woonrae/poky_src/poky/../source-mirrors/alsa-lib-1.2.1.2.tar.bz2
-rw-rw-r--  1 woonrae woonrae   463 Jan  8 11:46 alsa-lib-1.2.1.2.tar.bz2.done
lrwxrwxrwx  1 woonrae woonrae    64 Jan  8 11:46 attr-2.4.48.tar.gz -> /home/woonrae/poky_src/poky/../source-mirrors/attr-2.4.48.tar.gz
-rw-rw-r--  1 woonrae woonrae   463 Jan  8 11:46 attr-2.4.48.tar.gz.done
lrwxrwxrwx  1 woonrae woonrae    66 Jan  8 11:46 autoconf-2.69.tar.gz -> /home/woonrae/poky_src/poky/../source-mirrors/autoconf-2.69.tar.gz
-rw-rw-r--  1 woonrae woonrae   463 Jan  8 11:46 autoconf-2.69.tar.gz.done
lrwxrwxrwx  1 woonrae woonrae    80 Jan  8 11:46 autoconf-archive-2019.01.06.tar.xz -> /home/woonrae/poky_src/poky/../source-mirrors/autoconf-archive-2019.01.06.tar.xz
-rw-rw-r--  1 woonrae woonrae   463 Jan  8 11:46 autoconf-archive-2019.01.06.tar.xz.done
lrwxrwxrwx  1 woonrae woonrae    68 Jan  8 11:46 automake-1.16.1.tar.gz -> /home/woonrae/poky_src/poky/../source-mirrors/automake-1.16.1.tar.gz
-rw-rw-r--  1 woonrae woonrae   463 Jan  8 11:46 automake-1.16.1.tar.gz.done
lrwxrwxrwx  1 woonrae woonrae    71 Jan  8 11:46 base-passwd_3.5.29.tar.gz -> /home/woonrae/poky_src/poky/../source-mirrors/base-passwd_3.5.29.tar.gz
-rw-rw-r--  1 woonrae woonrae   463 Jan  8 11:46 base-passwd_3.5.29.tar.gz.done
lrwxrwxrwx  1 woonrae woonrae    56 Jan  8 11:46 bash50-001 -> /home/woonrae/poky_src/poky/../source-mirrors/bash50-001
```

**그림 4-17** downloads 디렉터리에서 ls al 명령을 통한 정보 출력

## 4.3 자신만의 공유 상태 캐시(Shared State Cache) 생성

앞에서 자체 소스 저장소인 PREMIRRORS 구축을 통해 소스 fetch 시간이 절감되는 것을 봤다. 여기서는 빌드 시간을 절감할 수 있는 두 번째 방법으로 공유 상태 캐시를 사용하는 방법을 학습한다. 공유 상태 캐시를 이해하려면 그림 4-18을 먼저 이해해야 한다.

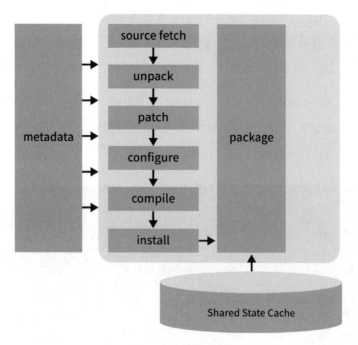

**그림 4-18** 공유 상태 캐시

bitbake는 레시피의 각 태스크 수행 시 시그니처<sup>signature</sup>값을 만든다. 시그니처값은 태스크 코드, 변수 등 입력 메타데이터로부터 생성된다. 일부 책이나 사이트에서는 이 값을 checksum<sup>checksum</sup>값이라고도 부른다. 이 시그니처와 함께 빌드의 결과를 오브젝트<sup>object</sup> 형태인 공유 상태 캐시를 만들어 특정 디렉터리에 저장한다.

따라서 이미 빌드 과정에서 실행이 완료된 태스크를 다시 수행하려고 할 때 bitbake 는 앞서 계산된 시그니처값과 현재 시그니처값을 비교해 값이 동일하거나 이미 수행된 오브젝트가 존재하고 재사용이 가능하다고 판단되면 해당 태스크를 건너뛴다. 이는 기존과 대비해 입력이 변경되지 않는 한 시그니처값이 변경되지 않기 때문이다.

시그니처값이 동일하다는 것은 이미 수행돼 공유 상태 캐시에 저장된 태스크의 결과를 그대로 사용해도 된다는 뜻이다. 시그니처값이 동일해 공유 상태 캐시에서 수행된 태스크의 결과를 그대로 가져오는 태스크를 setscene 태스크라고 한다. setscene 태스크는 do_⟨taskname⟩_setscene과 같은 형식의 이름을 갖는다.

그림 4-18을 보면 제일 하단에 공유 상태 캐시가 위치돼 있다. 만약 특정 레시피에 대해 이전 빌드에서 패키지를 생성하는 do_package_write_rpm 태스크까지 완료했고, 레시피 코드 및 관련 소스 수정이 없다고 하자. 이 경우 재빌드 시 fetch 태스크부터 시작한다면 당연히 시간 낭비이고 불필요한 일을 중복으로 하는 것이다. 따라서 bitbake는 특정 레시피를 빌드하기 전에 공유 상태 캐시를 먼저 확인해 재활용이 가능한 태스크가 존재한다면 setscene 태스크를 실행해 결과를 가져온다.

실행되는 모든 태스크가 setscene 태스크를 갖고 있지는 않다. setscene 태스크가 지원되는 태스크의 목록은 표 4-1과 같다. 열거된 각각의 태스크는 뒤에서 자세히 다루기 때문에 이런 역할을 하는 태스크가 있다는 정도로만 이해해도 된다.

표 4-1 setscene 태스크가 지원되는 태스크 목록

| 태스크 / setscene 태스크 | 설명 |
|---|---|
| do_packagedata /<br>do_packagedata_setscene | 최종 패키지 생성을 위해 빌드 시스템에 의해 사용되는 패키지 메타데이터를 생성한다. |
| do_package /<br>do_package_setscene | do_install 태스크에 의해 생성된 파일들을 이용할 수 있는 패키지들과 파일들에 근거해 나눈다. |
| do_package_write_rpm /<br>do_package_write_rpm_setscene | RPM 패키지를 생성하고 패키지 피드에 패키지들을 배치시킨다. |
| do_populate_lic /<br>do_populate_lic_setscene | 이미지가 생성될 때 모아 놓은 레시피를 위한 라이선스 정보를 생성한다. |
| do_populate_sysroot /<br>do_populate_sysroot_setscene | 다른 레시피들에 의해 이용될 수 있도록 do_install 태스크에 의해 설치된 파일들을 sysroot로 복사한다. |
| do_package_qa /<br>do_package_qa_setscene | 패키지로 만들어진 파일들에 대해 QA 검증이 실시된다. |

이해를 위해 실습을 해보도록 한다.

그림 4-19와 같이 build 디렉터리 아래에서 sstate-cache 디렉터리를 확인할 수 있다. 이 디렉터리는 공유 상태 캐시가 저장되는 곳으로 이 디렉터리의 경로를 지정하는 변수는 SSTATE_DIR이다.

```
woonrae@woonrae:~/poky_src/build$ ls
bitbake-cookerdaemon.log  cache  conf  downloads  sstate-cache  tmp
```

그림 4-19 공유 상태 캐시 디렉터리

앞에서 배운 '$ bitbake-getvar -r core-image-minimal SSTATE_DIR' 명령을 통해 SSTATE_DIR 변수의 값을 확인해 보면 그림 4-20과 같다. 따로 SSTATE_DIR 변수를 변경하지 않았다면 기본값은 bitbake.conf에서 정의한 build 디렉터리 아래의 sstate-cache 디렉터리를 가리킨다.

```
woonrae@woonrae:~/poky_src/build$ bitbake-getvar -r core-image-minimal SSTATE_DIR
#
# $SSTATE_DIR [2 operations]
#   set /home/woonrae/poky_src/poky/meta/conf/documentation.conf:395
#     [doc] "The directory for the shared state cache."
#   set? /home/woonrae/poky_src/poky/meta/conf/bitbake.conf:781
#     "${TOPDIR}/sstate-cache"
# pre-expansion value:
#   "${TOPDIR}/sstate-cache"
SSTATE_DIR="/home/woonrae/poky_src/build/sstate-cache"
```

그림 4-20 SSTATE_DIR 변수의 값 출력

이제 자체 소스 저장소인 PREMIRRORS를 구축한 것과 동일한 방법으로 자체 공유 상태 캐시 저장소를 만들어 보자. 자체 공유 상태 캐시 저장소를 만들기 위해서는 오픈임베디드 빌드 시스템에서 제공하는 SSTATE_DIR 변수와 SSTATE_MIRRORS 변수에 대해 이해해야 한다.

- SSTATE_DIR: 레시피의 각 태스크 수행 시마다 시그니처와 빌드 결과에 대한 오브젝트가 만들어지고, 이 결과물들은 SSTATE_DIR 변수가 지정한 디렉터리에 저장된다.

- SSTATE_MIRRORS: SSTATE_MIRRORS 변수는 공유 상태 캐시의 저장소로 사용되는 디렉터리의 경로를 갖고 있다. 이 변수가 설정되면 빌드 시 이미 수행된 태스크인지 식별하기 위해 이 저장소를 제일 먼저 확인하게 된다.

공유 상태 캐시 생성을 위해 예제 4-7과 같이 프로젝트를 최종 빌드까지 수행해 본다.

예제 4-7 core-image-minimal 이미지 레시피 빌드

**예제 4-7** core-image-minimal 이미지 레시피 빌드

```
$ bitbake core-image-minimal
```

빌드가 완료되면 시그니처와 빌드 결과에 대한 오브젝트가 저장된 sstate_cache 디렉터리의 역할을 이해하기 위해 그림 4-21과 같이 tmp 디렉터리를 삭제한다. 혹시 어렵게 빌드한 결과물이 사라질까 걱정하지 말고 삭제하자. 참고로 tmp 디렉터리는 오픈임베디드 빌드 시스템이 빌드 결과물을 저장하는 디렉터리이다. 이 디렉터리의 경로는 TMPDIR라는 변수에 저장된다.

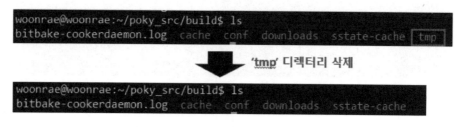

**그림 4-21** build 디렉터리 아래의 tmp 디렉터리 삭제

재빌드를 위해 '$ bitbake core-image-minimal' 명령어를 입력한다. 빌드가 시작되면 빌드 시작 초기에 그림 4-22와 같이 "Sstate summary: xxx(94% match xx)"라는 화면 출력을 볼 수 있다. 이 의미는 bitbake가 빌드를 수행하기 전에 공유 상태 캐시 저장소인 sstate-cache 디렉터리를 확인해 보니 현재 빌드 과정에서 수행하려는 레시피들의 태스크 시그니처값이 94% 일치하기 때문에 94%는 sstate-cache 디렉터리의 결과를 그대로 사용한다는 뜻이다. 그리고 나머지 6%만 빌드를 진행한다. 따라서 빌드가 몇 분 만에 끝나는 것을 볼 수 있다.

또한 그림에서 'xxx_setscene'이라는 태스크가 실행되는 것을 중간중간 볼 수 있다. 이 태스크는 공유 상태 캐시에 재활용이 가능한 태스크의 결과가 존재할 때 그 결과를 가져오는 태스크를 말하기 때문에 이미 수행했던 태스크를 건너뛰게 해주는 역할을 하는 태스크라고도 한다.

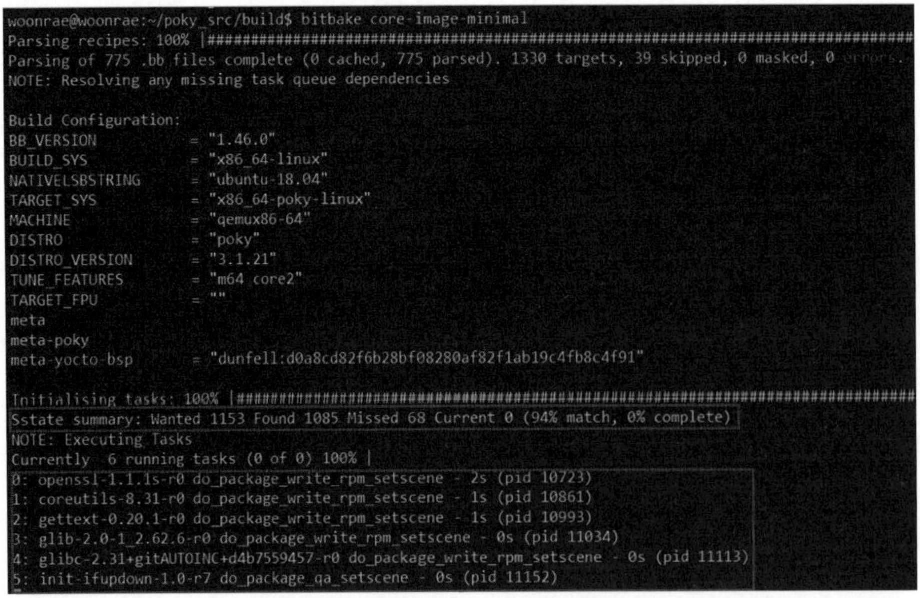

**그림 4-22** 공유 상태 캐시의 재사용과 setscene 태스크

결과적으로 빌드 결과에 대한 오브젝트가 sstate-cache 디렉터리에 이미 저장돼 있기 때문에 tmp 디렉터리를 삭제하고 빌드해도 빌드에 걸리는 시간은 매우 짧다.

지금부터는 자체 공유 상태 캐시 저장소를 구축해 본다. 먼저 프로젝트 최상위 디렉터리에 그림 4-23과 같이 sstate-cache라는 이름으로 디렉터리를 만든다.

**그림 4-23** 공유 상태 캐시 저장소 디렉터리인 sstate-cache 디렉터리 생성

이제 예제 4-8과 같이 build 디렉터리 아래 sstate-cache 디렉터리에 있는 모든 파일들을 프로젝트 최상위 디렉터리에 만든 sstate-cache 디렉터리 내로 복사한다.

**예제 4-8** 이미 생성된 공유 상태 캐시를 지금 만든 sstate-cache 디렉터리로 복사

```
woonrae@woonrae:~/poky_src/sstate-cache$ cp -r ../build/sstate-cache/* .
```

그런 다음 local.conf 파일 제일 하단에 리스트 4-4와 같은 내용을 추가한다. 여기서 주의할 점은 SSTATE_MIRRORS 변수에서 경로를 지정하면서 마지막에 '/PATH'를 꼭 추가해 줘야 한다는 것이다. 빌드 시에 'PATH'는 빌드 시스템에 의해 자동으로 hash의 처음 두 문자로 이름 지어진 디렉터리로 대체된다.

**리스트 4-4** local.conf 파일의 변경

```
...

# make shared state cache mirror
SSTATE_MIRRORS = "file://.* file://${COREBASE}/../sstate-cache/PATH"
```

예제에서 파일의 위치: ~/poky_src/build/conf/local.conf

참고로 공유 상태 캐시 저장소는 외부 서버에도 구축할 수 있다. 예제 4-9는 로컬 호스트와 외부 서버에 공유 상태 캐시를 지정하는 방법이다. 주의할 점은 외부 서버 경로 지정 시 끝에 '/n'을 빠뜨리면 안 된다는 것이다. 그러나, kirkstone 버전의 경우 '\n'을 삭제하고 사용하도록 한다.

**예제 4-9** 외부 서버 또는 로컬에 공유 상태 캐시 저장소를 지정하는 방법

```
SSTATE_MIRRORS ?= "\
file://.* http://<server>/share/ssate/PATH;downloadfilename=PATH  \n \
file://.* file://<local directory>/local/dir/sstate/PATH"
```

이번에는 자체 공유 상태 캐시 저장소의 효과 확인을 위해 build 디렉터리를 삭제해 본다. build 디렉터리를 삭제하면 한 가지 문제가 있다. 리스트 4-4의 수정 내용은 local.conf 파일에 작성되기 때문에 삭제 시 build 디렉터리 아래의 conf 디렉터리가 삭제돼 우리가 수정한 local.conf 파일도 삭제된다.

이 문제 해결을 위해 예제 4-10과 같이 build 디렉터리를 삭제한 후 빌드 환경을 초기화하는 '$ oe-init-build-env' 스크립트를 프로젝트 최상위 디렉터리에서 수행

한다. 이 스크립트를 실행하게 되면 build 디렉터리 아래의 conf 디렉터리에 local. conf 파일이 다시 생성된다.

**예제 4-10** build 디렉터리 삭제 및 빌드 환경 초기화

```
woonrae@woonrae:~/poky_src$ rm -rf build
woonrae@woonrae:~/poky_src$ source poky/oe-init-build-env
```

사실 oe-init-build-env 스크립트를 실행하는 순간 bitbake는 어디선가 local. conf 파일을 복사해 conf 디렉터리 아래에 배치한다. local.conf 파일의 원형 파일은 그림 4-24와 같은 위치에 존재한다.

'poky/meta-poky/conf' 디렉터리 아래의 local.conf.sample 파일은 oe-init-build-env 스크립트가 실행되면 build 디렉터리 아래의 conf 디렉터리 내에 local.conf라는 이름으로 복사된다. 따라서 이 파일을 수정하고 oe-init-build-env 스크립트를 실행하면 수정된 local.conf 파일이 build 디렉터리 내의 conf 디렉터리 아래에 생성된다.

```
woonrae@woonrae:~/poky_src/poky/meta-poky/conf$ ls
bblayers.conf.sample  conf-notes.txt  distro  layer.conf  local.conf.sample  local.conf.sample.extended  site.conf.sample
```

**그림 4-24** local.conf 파일의 원본이 저장된 장소

이제 'poky/meta-poky/conf' 디렉터리로 이동해 local.conf.sample 파일을 열어 파일 하단에 리스트 4-5와 같이 입력한다.

**리스트 4-5** local.conf.sample 파일의 변경

```
…
# Specify own PREMIRRORS location
INHERIT += "own-mirrors"
SOURCE_MIRROR_URL = "file://${COREBASE}/../source-mirrors"

# compress tarballs for mirrors
BB_GENERATE_MIRROR_TARBALLS = "1"

# make shared state cache mirror
SSTATE_MIRRORS = "file://.* file://${COREBASE}/../sstate-cache/PATH"
```

```
SSTATE_DIR = "${TOPDIR}/sstate-cache"
```

예제에서 파일의 위치: ~/poky_src/poky/meta-poky/conf/local.conf.sample

이전에 진행했던 자체 소스 저장소 PREMIRRORS 구축 내용도 이번에 진행할 자체 공유 상태 캐시 저장소 내용과 함께 여기에 추가한다.

예제 4-11과 같이 build 디렉터리를 삭제한다. build 디렉터리 내의 sstate-cache 라는 디렉터리가 이전에 빌드한 cache를 저장하고 있다. 그러므로 새로 만든 공유 상태 캐시 저장소가 정상적으로 동작하는지 보려면 build 디렉터리 아래의 sstate-cache 디렉터리를 삭제해야 한다.

**예제 4-11** build 디렉터리 삭제

```
woonrae@woonrae:~/poky_src$ rm -rf build
```

그림 4-25는 build 디렉터리를 삭제한 후의 최상위 디렉터리 모습이다.

```
woonrae@woonrae:~/poky_src$ ls
poky   source-mirrors   sstate-cache
```

**그림 4-25** build 디렉터리 삭제 후의 프로젝트 최상위 디렉터리 모습

이제 예제 4-12와 같이 명령을 입력해 다시 빌드를 진행해 본다.

**예제 4-12** 빌드 환경 초기화 및 빌드 진행

```
woonrae@woonrae:~/poky_src$ source poky/oe-init-build-env
woonrae@woonrae:~/poky_src/build$ bitbake core-image-minimal
```

다시 빌드를 해보면 그림 4-26과 같이 화면에 sstate가 95% 일치한다고 출력된다. 여기서는 bitbake가 빌드를 수행하기 전에 자체 공유 상태 캐시 저장소인 sstate-cache 디렉터리를 확인해 보니 현재 빌드 과정에서 수행하려는 레시피들의 태스크 시그니처값이 95% 일치하기 때문에 95%는 자체 공유 상태 캐시 저장소에서 결과를 가져와 사용한다는 뜻이다. 또한 자체 공유 상태 캐시 저장소에서 결과를 가져오는 태스크는 setscene이기 때문에 그림에서 setscene 태스크가 빈번하게 실행되는 것을 볼 수 있다.

```
woonrae@woonrae:~/poky_src/build$ bitbake core-image-minimal
Parsing recipes: 100% |###############################################
Parsing of 775 .bb files complete (0 cached, 775 parsed). 1330 targets, 39 skipped, 0
NOTE: Resolving any missing task queue dependencies

Build Configuration:
BB_VERSION           = "1.46.0"
BUILD_SYS            = "x86_64-linux"
NATIVELSBSTRING      = "ubuntu-18.04"
TARGET_SYS           = "x86_64-poky-linux"
MACHINE              = "qemux86-64"
DISTRO               = "poky"
DISTRO_VERSION       = "3.1.21"
TUNE_FEATURES        = "m64 core2"
TARGET_FPU           = ""
meta
meta-poky
meta-yocto-bsp       = "dunfell:d0a8cd82f6b28bf08280af82f1ab19c4fb8c4f91"

NOTE: Fetching uninative binary shim http://downloads.yoctoproject.org/releases/uninat
eck PREMIRRORS first)
Initialising tasks: 100% |###############################################
Checking sstate mirror object availability: 100% |###########################
Sstate summary: Wanted 1153 Found 1099 Missed 54 Current 0 (95% match, 0% complete)
NOTE: Executing Tasks
Currently  5 running tasks (0 of 0) 100% |
0: glibc-locale-2.31-r0 do_package_write_rpm_setscene - 0s (pid 30509)
1: netbase-2_6.1-r0 do_package_qa_setscene - 0s (pid 30773)
2: ncurses-6.2-r0 do_package_write_rpm_setscene - 0s (pid 30750)
3: netbase-2_6.1-r0 do_package_write_rpm_setscene - 0s (pid 30775)
4: ncurses-6.2-r0 do_populate_lic_setscene - 0s (pid 30762)
```

**그림 4-26** 빌드 실행 화면

계속 프로젝트를 진행하며 빌드하면 공유 상태 캐시의 크기가 커지기 때문에 중복되거나 필요 없어진 공유 상태 캐시는 삭제해 줘야 한다. 공유 상태 캐시 최적화에 대한 주제는 좀 더 많은 배경 지식이 필요하기 때문에 17장에서 다시 다루도록 한다.

회사 내에서 자체 소스 저장소 PREMIRRROS나 자체 공유 상태 캐시를 만들어 팀원들끼리 공유해 사용하는 것은 빌드를 빠르게 할 수 있는 유용한 방법이지만, 혼자서 프로젝트를 수행할 때도 매우 유용하다. 가령 2개 이상의 동일 프로젝트를 동일 호스트에 저장하고 있다고 가정하자. 이때 각각의 프로젝트가 자체 소스 저장소 PREMIRRORS와 자체 공유 상태 캐시를 갖게 된다면 디스크 공간의 낭비이다. 이 경우 하나의 자체 소스 저장소 PREMIRRORS와 자체 공유 상태 캐시를 프로젝트들이 공유해 사용할 수 있는 방법이 있다.

BB_ENV_EXTRAWHITE라는 변수는 셸 환경 변수를 bitbake 전역 환경 변수로 만들 수 있는 방법을 제공해 준다. SOURCE_MIRROR_URL 변수와 SSTATE_MIRRORS 변수를 셸 환경 변수로 만들고, bitbake가 이 변수를 사용할 수 있도록 셸 초기화 파일인 '~/.bashrc'에 예제 4-13의 내용을 추가해 준다.

**예제 4-13** '.bashrc' 파일의 수정

```
…

export BB_ENV_EXTRAWHITE="${BB_ENV_EXTRAWHITE} SOURCE_MIRROR_URL SSTATE_MIRRORS"
export SOURCE_MIRROR_URL="file://${HOME}/data/source-mirrors"
export SSTATE_MIRRORS="file://.* file://${HOME}/data/sstate-cache/PATH"
```

예제에서 파일의 위치: ~/.bashrc

그런 다음 local.conf.sample 파일에서 예제 4-14와 같이 SOURCE_MIRROR_URL 변수와 SSTATE_MIRRORS 변수를 주석 처리한다.

**예제 4-14** local.conf.sample 파일

```
…

# SOURCE_MIRROR_URL = "file://${COREBASE}/../source-mirrors"

…

# SSTATE_MIRRORS = "file://.* file://${COREBASE}/../sstate-cache/PATH"

…
```

예제에서 파일의 위치: ~/poky_src/poky/meta-poky/conf/local.conf.sample

예제 4-13, 예제 4-14와 같이 수정하고 기존의 자체 소스 저장소 PREMIRRORS를 '/home/data/source-mirros'로, 자체 공유 상태 캐시를 '/home/data/sstate-cache'로 복사해 주면 된다.

만약 Yocto kirkstone 버전을 사용한다면 BB_ENV_EXTRAWHITE 변수는 BB_ENV_PASSTHROUGH_ADDITIONS로 바꿔야 한다.

수정을 마치고 bitbake 실행 시 예제 4-15와 같이 에러가 발생할 경우에는 local.conf 파일에서 CONNECTIVITY_CHECK_URIS = ""와 같이 CONNECTIVITY_CHECK_URIS 변수를 공백으로 처리해 준다.

**예제 4-15** bitbake 실행 시 에러

```
Oe-core's config sanity checker detected a potential misconfiguration

…

Please ensure your host's network is configured correctly

…
```

BB_ENV_EXTRAWHITE 변수를 통한 방법은 참고로만 알아 둔다. 이 방법은 셸 초기화 파일인 '.bashrc'를 수정해야 하고, 자칫 같은 호스트에서 다른 프로젝트를 함께 빌드할 경우 문제를 일으킬 수 있다.

공유 상태 캐시를 깊게 이해하기 위해서는 좀 더 많은 기반 지식들이 필요하다. 따라서 4장에서는 공유 상태 캐시를 사용하면 빌드 시간을 줄일 수 있다는 정도만 알면 될 것 같다. 공유 상태 캐시에 대한 자세한 내용은 17장에서 다시 다루기로 한다.

끝으로 4장까지 학습했다면 그림 4-27에 나열된 bitbake 빌드 작업 디렉터리인 build 아래 생성되는 디렉터리들에 대해 간단하게 정리할 필요가 있다. 차후 이 디렉터리들은 이 책 전반에 걸쳐 계속 나오기 때문에 확실하게 알아 두자.

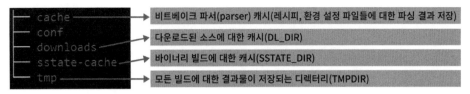

**그림 4-27** build 디렉터리에 포함된 중요 디렉터리들

## 4.4 요약

오픈임베디드 빌드 시스템은 빌드에 필요한 소스를 빌드할 때마다 실시간으로 받아 온다. 각 소스들은 웹사이트, 파일 서버 등 다양한 경로에서 받을 수 있는데 다운로드 시 http, https, ftp, sftp 등 다양한 프로토콜이 지원돼야 한다. 어떤 소프트웨어 패 키지들은 깃, 서브버전과 같은 SCM(버전 관리 시스템)을 통해 소프트웨어를 제공받아 야 한다. 오픈임베디드 빌드 시스템은 이런 모든 것들을 자동화해 제공하는 빌드 시 스템이다.

리눅스 소프트웨어 스택을 구성하고 있는 많은 소프트웨어를 fetch하는 데는 많은 시간이 소모된다. 따라서 우리는 4장에서 자신만의 소스 저장소인 PREMIRRORS를 구성해 소스 fetch에 걸리는 시간을 줄이는 방법에 대해 알아봤다. 또한 받은 소프트 웨어들을 빌드하는 데도 많은 시간이 소모된다. 따라서 우리는 자신만의 공유 상태 캐시 저장소를 만들어 빌드 시간을 단축해 봤다. 이 두 가지 방법은 빌드 시간을 획 기적으로 줄이는 방법인데 실습을 통해 그 효과를 확인했다.

# CHAPTER 05
# 새로운 레이어를 만들고 레시피 생성

**이 장에서 다루는 내용**

» 5.1 문법을 실습할 예제 작성
» 5.2 bitbake 문법 두 번째
» 5.3 hello 애플리케이션 레시피 작성
» 5.4 라이선스
» 5.5 레시피 확장 파일
» 5.6 BBFILE_COLLECTIONS, BBFILE_PATTERN 변수의 역할
» 5.7 요약

5장에서는 새로운 레이어를 만들어 보고 레이어 내에 간단한 레시피 파일을 작성해 볼 것이다. 실제적으로 지금까지 배운 내용에 대한 이해도가 5장에서 많이 높아질 것이다.

실습에 앞서 몇 가지 문법을 간단한 예제와 함께 익히고 "hello world!" 애플리케이션을 만들어 볼 예정이다. 또한 만든 애플리케이션을 실제 이미지(루트 파일 시스템)에 넣을 수 있도록 레시피 확장 파일에 대해서도 학습할 것이다.

## 5.1 문법을 실습할 예제 작성

문법을 학습하기에 앞서 간단한 예제를 만들 것이다. 이 예제는 bitbake에서의 예제와 동일하다. 차이가 있다면 앞에서 만든 예제는 Poky를 받지 않은 상태에서 bitbake만 사용한 것이고, 여기서는 Poky 내에 새로운 레이어를 생성하고 예제 레시피를 만들어 진행한다는 것이다. 예제 소스는 필자의 GitHub(https://github.com/greatYocto/poky_src.git)에서 다운로드받을 수 있다.

먼저 그림 5-1과 같이 poky 디렉터리 아래에 새로운 레이어 추가를 위해 meta-hello 디렉터리를 생성한다. 참고로 metadata가 모여 있는 레이어를 meta 레이어라고 한다.

**그림 5-1** poky 디렉터리에 meta-hello 디렉터리 생성

1. 생성된 meta-hello 디렉터리 아래에 그림 5-2와 같이 conf, recipes-hello 디렉터리를 각각 만든다.

**그림 5-2** meta-hello 디렉터리 아래 conf, recipes-hello 디렉터리 생성

2. 생성된 conf 디렉터리 아래에 layer.conf라는 이름으로 파일을 만들고 리스트 5-1의 내용을 입력한다.

**리스트 5-1** layer.conf 파일

```
BBPATH                    =. "${LAYERDIR}:"
BBFILES                   += "${LAYERDIR}/recipes*/*.bb"
BBFILE_COLLECTIONS        += "hello"
BBFILE_PATTERN_hello      = "^${LAYERDIR}/"
BBFILE_PRIORITY_hello     = "10"
LAYERSERIES_COMPAT_hello  = "${LAYERSERIES_COMPAT_core}"
```

예제에서 파일의 위치: poky/meta-hello/conf/layer.conf

3. 그림 5-3과 같이 recipes-hello 디렉터리 아래 hello.bb라는 레시피 파일을
   만들고 리스트 5-2와 같이 입력한다. 참고로 recipes-xxx와 같은 디렉터리를
   레시피를 위한 작업 디렉터리라고 한다. bitbake는 레시피 파일의 인식을 위해
   layer.conf 파일 내에서 BBFILES 변수의 경로를 참고한다. 현재 hello.bb 파일은
   'meta-hello/recipes-hello/' 디렉터리 아래 위치한다. 그래서 리스트 5-1과
   같이 BBFILES 변수에 "${LAYERDIR}/recipes*/*.bb"의 경로가 추가된 것이다.

**리스트 5-2** hello.bb 파일

```
DESCRIPTION = "Simple hello example"
LICENSE = "CLOSED"

do_printhello(){
        bbwarn "hello world!"
}
addtask do_printhello after do_compile before do_install
```

예제에서 파일의 위치: poky/meta-hello/recipes-hello/hello.bb

**그림 5-3** hello.bb 파일 생성

레시피와 빌드할 소프트웨어 패키지에 대한 정보 제공을 위해 다음 변수들을 사용할
수 있다.

• SUMMARY: 패키지에 대한 간단한 소개이다. 한 줄로 써야 하며 최대 80자이다.

- DESCRIPTION: 패키지와 그것이 제공하는 바에 대한 자세한 설명이다. 여러 줄이 가능하다.

- AUTHOR: 소프트웨어 패키지 저자의 이름과 이메일 주소를 제공한다. 가령 AUTHOR = "woonrae cho <woonrae@greatyocto.com>"과 같이 제공할 수 있다.

- HOMEPAGE: 'http://'로 시작되는 URL로 소프트웨어 패키지가 제공되는 곳이다.

- BUGTRACKER: 'http://'로 시작되는 URL로 프로젝트 버그 추적 시스템의 주소이다.

4. bitbake는 빌드 진행 시 환경 설정 파일인 bblayers.conf 내의 BBLAYERS 변수를 통해 레이어들을 파악한다. 따라서 새로 추가된 레이어인 meta-hello를 bitbake가 알 수 있도록 리스트 5-3과 같이 추가된 레이어의 경로를 BBLAYERS 변수에 추가한다.

**리스트 5-3** bblayers.conf 파일

```
# POKY_BBLAYERS_CONF_VERSION is increased each time build/conf/bblayers.conf
# changes incompatibly
POKY_BBLAYERS_CONF_VERSION = "2"
BBPATH = "${TOPDIR}"
BBFILES ?= ""
BBLAYERS ?= " \
  /home/woonrae/poky_src/poky/meta \
  /home/woonrae/poky_src/poky/meta-poky \
  /home/woonrae/poky_src/poky/meta-yocto-bsp \
  /home/woonrae/poky_src/poky/meta-hello \
      "
```

예제에서 파일의 위치: ~/poky_src/build/conf/bblayers.conf

5. 만든 예제를 실행해 보자. 실행 방법은 '$ bitbake <recipe-name>'이다. 따라서 예제 5-1과 같이 입력해 준다.

**예제 5-1** hello.bb 레시피 실행

```
$ bitbake hello
```

명령을 실행하면 그림 5-4와 같이 하단에 "hello world!"라고 출력되는 것을 볼 수 있다.

**그림 5-4** "hello world!" 실행 화면

앞으로 '$ bitbake xxx'와 같이 명령을 실행했을 때 그림 5-5와 같이 bitbake 명령어를 발견할 수 없다는 경고 메시지가 보인다면 예제 5-2와 같이 빌드 환경 초기화 스크립트를 프로젝트 최상위 디렉터리에서 실행한다.

**그림 5-5** bitbake 명령이 실행되지 않은 예

**예제 5-2** 환경 설정 초기화 스크립트 실행

```
woonrae@woonrae:~/poky_src$ source poky/oe-init-build-env
```

이 수행 내용은 앞에서 bitbake를 배우며 실습한 예제와 거의 동일하기 때문에 결과에 대해서는 따로 설명하지 않는다.

"hello world!"를 출력하는 데 사용한 bbwarn이라는 지시어는 bitbake를 설명하며 만든 예제에서도 사용했다. 좀 더 자세히 설명하면 이 지시어는 로그를 출력하는 함수이다. 디버그 메시지 출력을 위해 코드상에 삽입하는데 C 언어에서 printf와 비슷하다고 생각하면 된다. 표 5-1은 로그 출력표이다.

**표 5-1** 로그 출력표

| Log Level | 파이썬 함수 | 셸 함수 |
|-----------|-------------|---------|
| plain | bb.plain(message) | bbplain message |
| debug | bb.debug(message) | bbdebug level message |
| note | bb.note(message) | bbnote message |
| warn | bb.warn(message) | bbwarn message |
| error | bb.error(message) | bberror message |
| fatal | bb.fatal(message) | bbfatal message |

Log Level은 plain에서 fatal로 내려갈수록 높아진다. 보통 필자는 디버깅 시 warn 메시지를 사용하는데 각자의 용도에 맞춰 사용하면 된다. 단, fatal 함수를 통해 메시지를 출력하면 메시지를 출력한 후 bitbake는 빌드를 멈추게 되니 참고하기를 바란다.

여기서 유용한 bitbake 명령어를 하나 알아보자. 우리는 이번 예제에서 새로운 레이어를 추가했다. 이 새로운 레이어가 정상적으로 추가됐는지를 확인하려면 예제 5-3과 같은 bitbake 명령어를 사용한다.

**예제 5-3** 레이어들을 출력해 주는 bitbake 명령어

```
$ bitbake-layers show-layers
```

명령의 결과는 그림 5-6과 같다. 새로 추가된 meta-hello 레이어를 볼 수 있다.

```
layer              path                                              priority
========================================================================
meta               /home/great/github/poky_src/poky/meta             5
meta-poky          /home/great/github/poky_src/poky/meta-poky         5
meta-yocto-bsp     /home/great/github/poky_src/poky/meta-yocto-bsp    5
meta-hello         /home/great/github/poky_src/poky/meta-hello        10
```

**그림 5-6** bitbake 명령어 실행 결과

## 5.2 bitbake 문법 두 번째

앞의 예제에서는 bitbake 문법을 아직 잘 알지 못해 metadata 파일 내에 입력한 내용들을 이해하기 힘들었을 것이다. 가령 BBPATH .= ":${LAYERDIR}" 구문에서 '.='은 어떤 의미이고, BBLAYERS ?=에서 물음표는 왜 나왔는지…. 이제 이런 기본적인 문법들에 대해 알아보도록 한다.

### 5.2.1 변수의 범위

앞에서 환경 설정 파일(.conf 확장자를 갖는 파일)에서 정의된 변수는 전역 변수라고 언급했다. 따라서 환경 설정 파일에서 선언된 변수는 모든 레시피 파일(.bb, .bbappend)에서 사용이 가능하다. 그러나 레시피 내에서 선언된 변수는 해당 레시피에서만 사용할 수 있다. 즉 로컬 변수와 동일하게 취급된다는 점을 명심한다.

리스트 5-4~5-6은 변수의 범위[namespace]를 보여주는 예이다. 기존의 예제에서 layer.conf 파일과 hello.bb 파일을 수정하고 새로 hello2.bb 파일을 만든다.

예제 소스를 보려면 기존에 GitHub로부터 받은 소스를 다음과 같이 checkout해 브랜치를 바꾼다.

```
$ git checkout variable_scope
```

```
BBPATH  =. "${LAYERDIR}:"
BBFILES += "${LAYERDIR}/recipes*/*.bb"
BBFILE_COLLECTIONS += "hello"
BBFILE_PATTERN_hello = "^${LAYERDIR}/"
BBFILE_PRIORITY_hello = "10"
LAYERSERIES_COMPAT_hello = "${LAYERSERIES_COMPAT_core}"
GLOBAL_VAR = "global var"
```

예제에서 파일의 위치: poky/meta-hello/conf/layer.conf

**리스트 5-5** hello.bb 파일

```
DESCRIPTION = "Simple hello example"
LICENSE = "CLOSED"
LOCAL_VAR = "local var"
do_printhello(){
        bbwarn "hello world!"
        bbwarn "${GLOBAL_VAR}"
}
addtask do_printhello after do_compile before do_install
```

예제에서 파일의 위치: poky/meta-hello/recipes-hello/hello.bb

**리스트 5-6** hello2.bb 파일

```
DESCRIPTION = "Simple hello2 example"
LICENSE = "CLOSED"

do_printhello2(){
        bbwarn "hello world second"
        bbwarn "LOCAL_VAR is ${LOCAL_VAR}"
}
```

```
addtask do_printhello2 after do_compile before do_install
DEPENDS = "hello"
```

예제에서 파일의 위치: poky/meta-hello/recipes-hello/hello2.bb

예제는 간단하다. layer.conf 파일에서는 GLOBAL_VAR라는 변수를 선언하고 "global var"라는 값을 할당했고, hello.bb 파일에서는 GLOBAL_VAR 변수를 출력했다. 또한 hello.bb 파일에서는 LOCAL_VAR 변수를 선언하고 "local var"라는 값을 할당했고, hello2.bb 파일에서는 LOCAL_VAR 변수를 출력했다.

결과를 보기 위해 '$ bitbake hello2'의 명령어를 실행해 보자. 실행 결과는 그림 5-7과 같다. 환경 설정 파일(layer.conf)에서 선언된 GLOBAL_VAR 변수는 레시피 파일에서도 여전히 값이 유효하다. 그러나 레시피 파일에서 선언된 LOCAL_VAR 변수는 다른 레시피 파일에서 출력한 결과 아무 값도 출력되지 않는 것을 확인할 수 있다.

```
hello-1.0-r0 do_printhello: hello world!
hello-1.0-r0 do_printhello: GLOBAL_VAR is global var
hello-1.0-r0 do_printhello: LOCAL_VAR is local var
hello2-1.0-r0 do_printhello2: hello world second
hello2-1.0-r0 do_printhello2: LOCAL_VAR is
```

그림 5-7 변수의 값들 출력

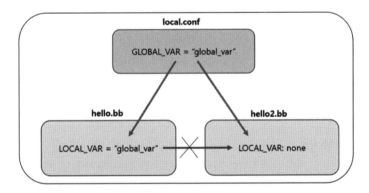

그림 5-8 환경 설정 파일, 레시피 파일 변수들의 namespace

결론적으로 그림 5-8과 같이 환경 설정 파일에서 선언된 변수는 전역 변수와 같이 다뤄진다. 따라서 환경 설정 파일에서 선언된 변수는 레시피 파일, 레시피 확장 파일, 클래스 파일, 인클루드 파일에서 사용할 수 있으나, 레시피 파일, 레시피 확장 파일에서 선언된 변수는 선언된 파일 내에서만 사용할 수 있다. 그리고 클래스 파일에서 선언된 변수는 클래스 파일을 상속한 레시피 파일 내에서만 사용할 수 있다.

참고로 hello2.bb 레시피 파일에서 DEPENDS라는 지시어는 레시피 파일 간의 의존성을 설정한 것이다. hello2.bb 파일이 빌드되려면 hello.bb 파일이 먼저 빌드돼야 한다는 뜻이다. 이 내용은 8장에서 상세하게 다룬다.

앞으로의 예제들은 hello.bb 단일 파일을 수정하면서 진행한다. 단일 파일을 수정하고 빌드하기 때문에 기존 빌드 결과물로 인해 잘못된 결괏값을 얻을 수 있으므로 이의 방지를 위해 예제 5-4와 같이 기존 빌드 결과물을 삭제하고 빌드를 진행할 것이다.

**예제 5-4** 예제를 빌드하는 방법

```
$ bitbake hello -c cleanall
$ bitbake hello

또는
$ bitbake hello -c cleanall && bitbake hello
```

## 5.2.2 기본값 할당

'?=' 할당 연산자를 이용하면 기본값을 할당할 수 있다. hello.bb 파일을 열어 리스트 5-7과 같이 입력해 보자. 예제 소스는 다음과 같이 확인할 수 있다.

```
- $ git checkout default_var
```

**리스트 5-7** hello.bb 파일

```
DESCRIPTION = "Simple hello example"
LICENSE = "CLOSED"

A_VAR ?= "yocto1"
B_VAR ?= "yocto2"
```

```
B_VAR ?= "yocto3"
C_VAR ?= "yocto4"
C_VAR = "yocto5"

do_printhello(){
        bbwarn "hello world!"
        bbwarn "A_VAR: ${A_VAR}"
        bbwarn "B_VAR: ${B_VAR}"
        bbwarn "C_VAR: ${C_VAR}"
}
addtask do_printhello after do_compile before do_install
```

변경된 hello.bb 레시피 파일을 예제 5-4와 같이 실행해 보면 그림 5-9와 같다.

**그림 5-9** hello.bb 레시피 파일 실행

- A_VAR 변수의 경우 변수가 이전에 정의되지 않아 초기에 설정한 값으로 설정된다.

- B_VAR 변수는 동일 변수에 대해 기본값 연산이 두 번 이상 사용되면 첫 번째 기본값 연산자에 할당된 값이 최종적으로 할당된다.

- C_VAR 변수의 경우 '=' 연산자는 기본값 할당과 상관없이 '=' 연산자에 넣은 값으로 대체된다.

## 5.2.3 약한 기본값 할당(??=)

약한 기본값 할당 연산자인 '??='을 사용할 때 값 할당은 분석[parsing] 절차가 끝날 때까지 이뤄지지 않는다. 간단히 설명하면 첫 번째 '??=' 연산자에 할당된 값은 무시되고, 나중에 실행된 '??=' 연산자에 할당된 값이 최종 반영된다. 기본값 할당과 반대이다. hello.bb 파일을 열어 리스트 5-8과 같이 입력해 보자. 예제 소스는 다음과 같이 확인할 수 있다.

```
- $ git checkout weak_default_var
```

```
DESCRIPTION = "Simple hello example"
LICENSE = "CLOSED"

A_VAR ??= "yocto1"
B_VAR ??= "yocto2"
B_VAR ??= "yocto3"
C_VAR ?= "yocto4"
C_VAR ??= "yocto5"
D_VAR = "yocto6"
D_VAR ??= "yocto7"

do_printhello(){
        bbwarn "hello world!"
        bbwarn "A_VAR: ${A_VAR}"
        bbwarn "B_VAR: ${B_VAR}"
        bbwarn "C_VAR: ${C_VAR}"
        bbwarn "D_VAR: ${D_VAR}"
}

addtask do_printhello after do_compile before do_install
```

변경된 hello.bb 파일을 실행해 보면 결과는 그림 5-10과 같다.

**그림 5-10** 실행 결과

- A_VAR 변수는 이전에 할당된 적이 없기 때문에 "yocto1"값을 갖는다.

- B_VAR 변수는 두 번 다 약한 기본값 할당이 일어났기 때문에 두 번째로 넣은 값이 할당된다. 따라서 "yocto3"값을 갖는다.

- C_VAR, D_VAR 변수의 경우 '??=' 연산자는 '=', '?=' 연산자보다 우선순위가 낮기 때문에 각각 "yocto4"와 "yocto6"값을 갖게 된다.

### 5.2.4 변수 확장

bitbake에서 변수는 다른 변수 내에서 참조할 수 있다. 따라서 리스트 5-9는 이를
보여주는 예제이다. 예제 소스는 다음과 같이 확인할 수 있다.

```
- $ git checkout var_extend
```

**리스트 5-9** hello.bb 파일

```
DESCRIPTION = "Simple hello example"
LICENSE = "CLOSED"

VAR1 = "hello!"
VAR2 = "${VAR1} my name is yocto"

do_printhello(){
        bbwarn "hello world!"
        bbwarn "VAR2: ${VAR2}"
}

addtask do_printhello after do_compile before do_install
```

변경된 hello.bb 파일을 빌드하면 그림 5-11과 같다. VAR2 변수의 결괏값은 결국
VAR1의 결과를 참조해 출력되는 것을 볼 수 있다.

```
VAR2: hello! my name is yocto
```

**그림 5-11** 실행 결과

hello.bb 레시피 파일에서 VAR2 변수는 VAR1 변수를 포함했고, 최종 출력 시
VAR2에 VAR1 변수가 해석돼 출력됐다. 우리는 이를 확장이라고 한다. 확장은 다음
과 같은 경우에 이뤄진다.

* 데이터 파싱 절차의 제일 마지막

* 조건부 할당이 이뤄질 때

* 선입과 후입 직전

## 5.2.5 즉시 변수 확장

변수 확장은 변수가 실제로 사용되기 전까지는 발생되지 않는다. 그러나 할당 연산자인 ':='은 할당 즉시 확장이 일어난다. 리스트 5-10의 예제를 통해 이해해 보자. 예제 소스는 다음과 같이 확인할 수 있다.

```
- $ git checkout immediate_var
```

**리스트 5-10** hello.bb 파일

```
DESCRIPTION = "Simple hello example"
LICENSE = "CLOSED"

VAR1 = "jumps over"
VAR2 = "${VAR1} the lazy dog."
VAR1 = "talls on"
VAR3 = "The rain in spain ${VAR1} the plain"
VAR4 := "The quick brown for ${VAR2}"

do_printhello(){
        bbwarn "hello world!"
        bbwarn "VAR4: ${VAR4}"
}

addtask do_printhello after do_compile before do_install
```

변경된 hello.bb 파일을 실행해 보자. 실행 결과인 그림 5-12를 보면 변수 VAR4를 출력했을 때 출력되는 값이 이상할 것이다. VAR2 변수에 참조된 VAR1 변수의 값이 실제 VAR2 변수가 사용되는 시점, 즉 ':=' 연산자가 사용된 시점에 할당된다. 따라서 VAR2 변수의 값은 "jumps over the lazy dog."이 아니라 "talls on the lazy dog."이 된다.

```
VAR4: The quick brown for talls on the lazy dog.
```

**그림 5-12** 실행 결과

## 5.2.6 변수의 후입과 선입

변수를 합칠 때 변수의 앞이나 뒤에 추가할 수 있다. 후입은 '+=', 선입은 '=+'와 같이 표현된다. '+='과 '=+' 연산자는 두 값 사이에 공백을 추가하며, 두 값을 각각 앞이나 뒤에 붙인다. 리스트 5-11의 예제를 통해 이해해 보자. 예제 소스는 다음과 같이 확인할 수 있다.

```
- $ git checkout last_first_var
```

**리스트 5-11** hello.bb 파일

```
DESCRIPTION = "Simple hello example"
LICENSE = "CLOSED"

VAR1 = "12"
VAR1 += "34"
VAR2 = "89"
VAR2 =+ "67"
VAR3 = "5"
VAR3 =+ "${VAR1}"
VAR3 += "${VAR2}"


do_printhello(){
        bbwarn "hello world!"
        bbwarn "VAR1: ${VAR1}"
        bbwarn "VAR2: ${VAR2}"
        bbwarn "VAR3: ${VAR3}"
}

 addtask do_printhello after do_compile before do_install
```

변경된 hello.bb 파일의 빌드 결과는 그림 5-13과 같다.

**그림 5-13** 실행 결과

## 5.2.7 공백 없는 후입(.=)과 선입(=.)

후입(.=)과 선입(=.) 연산자는 '+=' 후입이나 '=+' 선입 연산자와 다르게 두 값 사이에 공백이 없고 각각 두 값을 앞에 붙이거나 뒤에 붙인다. 리스트 5-12의 예제를 통해 이해해 보자. 예제 소스는 다음과 같이 확인할 수 있다.

```
- $ git checkout no_space
```

**리스트 5-12** hello.bb 파일

```
DESCRIPTION = "Simple hello example"
LICENSE = "CLOSED"

VAR1 = "12"
VAR1 .= "34"
VAR2 = "89"
VAR2 =. "67"
VAR3 = "5"
VAR3 =."${VAR1}"
VAR3 .= "${VAR2}"

do_printhello(){
        bbwarn "hello world!"
        bbwarn "VAR1: ${VAR1}"
        bbwarn "VAR2: ${VAR2}"
        bbwarn "VAR3: ${VAR3}"
}

addtask do_printhello after do_compile before do_install
```

변경된 hello.bb 파일의 빌드 결과는 그림 5-14와 같다.

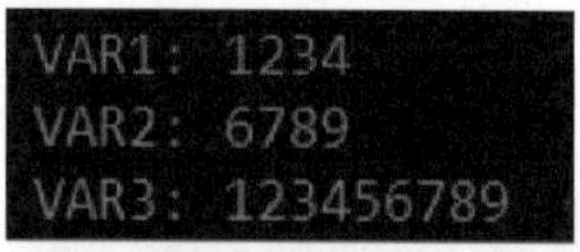

VAR1: 1234
VAR2: 6789
VAR3: 123456789

**그림 5-14** 실행 결과

## 5.2.8 _append와 _prepend 연산자를 이용한 선입과 후입

이 연산자들 또한 후입(.=)과 선입(=.) 연산자와 마찬가지로 공백을 추가하지 않는다. 리스트 5-13의 예제를 통해 이해해 보자. 예제 소스는 다음과 같이 확인할 수 있다.

```
- $ git checkout var_pend
```

**리스트 5-13** hello.bb 파일

```
DESCRIPTION = "Simple hello example"
LICENSE = "CLOSED"

VAR1 = "12"
VAR1_append = "34"
VAR2 = "89"
VAR2_prepend = "67"
VAR3 = "5"
VAR3_prepend ="${VAR1}"
VAR3_append = "${VAR2}"

do_printhello(){
        bbwarn "hello world!"
        bbwarn "VAR1: ${VAR1}"
        bbwarn "VAR2: ${VAR2}"
        bbwarn "VAR3: ${VAR3}"
}

addtask do_printhello after do_compile before do_install
```

변경된 hello.bb 파일을 빌드하면 실행 결과는 그림 5-15와 같다. 결과를 보면 '.='은 '_append'와 처리하는 방식이 동일하고, '=.'는 '_prepend'와 동일하다. 즉 둘 다 공백을 추가하지 않는다.

```
VAR1: 1234
VAR2: 6789
VAR3: 123456789
```

**그림 5-15** 실행 결과

간혹 코드에서 SRC_URI_append += "xxxx"와 같은 표현을 마주할 때가 있다.

'_append' 연산자와 '+=' 연산자를 함께 사용해 혼동스러울 수 있다. '_append' 연산자의 경우에는 공백 문자를 자동으로 붙여주지 않기 때문에 보통 SRC_URI_append = " xxx"와 같이 값을 할당하는데 SRC_URI_append += "xxx"는 공백 문자 없이도 사용할 수 있어 종종 사용되는 경우가 있다.

'+=' 연산자 대신에 _append 연산자, '=+' 연산자 대신에 _prepend 연산자를 사용하는 이유가 있다. _append 연산자와 _prepend 연산자는 모든 레시피와 환경 설정 파일이 처리되고 난 후 치리되기 때문이다. 리스트 5-14를 보자. 예제 소스는 다음과 같이 확인할 수 있다.

```
- $ git checkout var_pend2
```

**리스트 5-14** hello.bb 파일

```
DESCRIPTION = "Simple hello example"
LICENSE = "CLOSED"

VAR4 = "123"
VAR4_append = "456"
VAR4 += "789"

do_printhello(){
        bbwarn "hello world!"
        bbwarn "VAR4: ${VAR4}"
}
addtask do_printhello after do_compile before do_install
```

hello.bb 레시피를 빌드하기 전에 예측해 보면 VAR4의 값은 "123456 789"일 것이다. 그러나 결과는 그림 5-16과 같이 "123 789456"이다. 이유는 _append 연산자는 모든 처리가 완료되고 마지막에 처리되기 때문이다.

**그림 5-16** 실행 결과

_append 연산자와 _prepend 연산자는 Yocto honister 버전 이상에서는 문법이 바뀌었다. 변수와 연산자를 사용할 때 '_append'가 아니라 ':append'로 해야 한다. 가령 IMAGE_INSTALL_append = " openssh"는 이미지에 openssh 패키지를 설치하겠다는 것인데 honister 버전부터는 IMAGE_INSTALL:append = " openssh"와 같이 사용해야 한다.

## 5.2.9 _remove 연산자를 이용한 삭제

변수에서 '_remove' 연산자를 사용하면 변수에 할당된 문자열에서 일치하는 문자열을 삭제할 수 있다. 단, 이 연산자는 공백으로 구분된 일치하는 문자열만 삭제한다. 리스트 5-15를 통해 이해를 높여보자. 예제 소스는 다음과 같이 확인할 수 있다.

```
- $ git checkout remove
```

**리스트 5-15** hello.bb 파일

```
DESCRIPTION = "Simple hello example"
LICENSE = "CLOSED"

VAR1 = "123 456 789 123456789 789 456 123"
VAR1_remove = "123"

do_printhello(){
        bbwarn "hello world!"
        bbwarn "VAR1: ${VAR1}"
}
addtask do_printhello after do_compile before do_install
```

변경된 hello.bb 파일을 빌드하면 그림 5-17과 같은 결과를 얻을 수 있다. 여기서 혼동스러울 수 있는 것이 연속된 문자열인 "123456789"에서 왜 "123"이 삭제되지 않았는가 하는 점이다. 앞에서 언급했듯이 '_remove' 연산자는 공백으로 구분된 일치하는 문자열만 삭제한다.

```
VAR1:    456 789 123456789 789 456
```

**그림 5-17** 실행 결과

_remove 연산자의 경우도 honister 버전부터는 ':remove'로 문법이 바뀌었다. 이 바뀐 문법은 18장 'kirkstone'에서 다시 상세하게 다루도록 하겠다.

## 5.2.10 함수의 선입과 후입

bitbake는 실행이 가능한 메타데이터인 함수도 변수와 동일하게 취급하기 때문에 함수도 변수와 마찬가지로 선입이나 후입이 가능하다. 함수 이름에 _append, _prepend 연산자를 붙여 기존 함수에 내용을 선입하거나 후입한다. 리스트 5-16을 통해 확인해 보자. 예제 소스는 다음과 같이 확인할 수 있다.

```
- $ git checkout function_change
```

**리스트 5-16** hello.bb 파일

```
DESCRIPTION = "Simple hello example"
LICENSE = "CLOSED"

do_printhello(){
        bbwarn "hello world!"
}

do_printhello_prepend(){
        bbwarn "this is prepend"
}

do_printhello_append(){
        bbwarn "this is append"
}

addtask do_printhello after do_compile before do_install
```

변경된 hello.bb 파일을 보면 기존에 존재했던 태스크인 do_printhello() 함수에 _prepend, _append 연산자를 사용해 내용이 추가된 것을 볼 수 있다. 보통 이 문법은 레시피 확장 파일이나 다른 레이어에서 기존의 레시피를 재정의하는 데 주로 사용된다. 기존의 코드는 그대로 두고 앞뒤로 내용을 추가해 사용한다. 결과를 출력해 보면 그림 5-18과 같다.

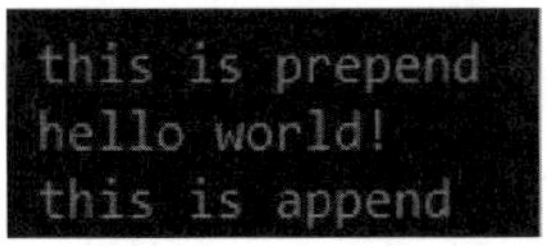

그림 5-18 실행 결과

## 5.2.11 레시피 파일에서 전역 변수의 범위

레시피 파일 내에서 정의된 전역 변수는 태스크 내에서 읽기와 쓰기가 가능하다. 그러나 태스크 내에서 변수의 쓰기는 태스크 내에서만 변경된 값이 유효하다. 즉 지역 변수와 같은 역할을 한다. 또한 태스크 내의 코드는 셸 스크립트이기 때문에 bitbake 문법이 통하지 않는다. 실제적으로 코드상에는 보이지 않지만, bitbake는 셸 함수를 실행할 때 인터프리터인 '/bin/sh'를 호출한다. 따라서 간혹 태스크 내에서 bitbake 문법을 사용해 코드를 작성하고, 왜 에러가 발생하는지 모르는 경우가 있다.

리스트 5-17을 통해 레시피 내에서의 전역 변수의 범위를 이해해 보자. 예제 소스는 다음과 같이 확인할 수 있다.

```
- $ git checkout recipe_name
```

리스트 5-17 hello.bb 파일

```
DESCRIPTION = "Simple hello example"
LICENSE = "CLOSED"

RECIPE_VAR = "This is variable in recipe"


do_printhello(){
        RECIPE_VAR="This var is changed in printhello"
        bbwarn "hello world!"
}

addtask do_printhello after do_compile before do_install

do_recipe_namespace(){
        bbwarn "RECIPE_VAR: ${RECIPE_VAR}"
}
```

```
addtask do_recipe_namespace after do_printhello before do_install
```

변경된 hello.bb 파일을 빌드하면 그림 5-19와 같은 결과를 얻을 수 있다.

```
do_printhello: hello world!
do_recipe_namespace: RECIPE_VAR: This is variable in recipe
```

**그림 5-19** 실행 결과

레시피에서 태스크 체인상 do_printhello 태스크가 먼저 실행되고, 이후 do_recipe_namespace 태스크가 실행된다. 전역 변수 RECIPE_VAR의 값을 do_printhello 태스크에서 변경하면 이후 실행되는 태스크인 do_recipe_namespace에서 RECIPE_VAR값을 출력한다. 일반적으로 do_recipe_namespace에서는 변경된 RECIPE_VAR값이 출력될 것이라고 생각할 수 있으나, 실제 결과는 변경되지 않은 값이 출력된다.

이와 같은 결과가 나오는 이유는 다음과 같다. bitbake는 여러 메타데이터를 바탕으로 레시피의 특정 태스크를 다시 구성한다. 이때 태스크 내의 변수는 이미 확장된 상태로 셸 스크립트에 기술돼 있기 때문에 변수가 특정 태스크 내에서 변경되더라도 다른 태스크에서의 변숫값에 영향을 미치지 않는다.

### 5.2.12 연산자의 적용 우선순위

앞에서 후입(.=), 선입(=.), _append, _prepend와 같은 연산자들을 다뤘다. 그러나 이 연산자들 간에도 우선순위가 존재한다. 여기서의 우선순위는 bitbake가 파싱하고 확장하면서 발생하는 우선순위이지, 하나의 라인에서 2개 이상의 연산자가 사용됐을 때의 우선순위를 말하는 것이 아니다. 연산자의 적용 순위는 그림 5-20과 같다. 기본적으로 =, :=, ?= 등과 같은 연산자들이 먼저 적용되고, _append, _prepend, _remove 연산자가 나중에 적용된다.

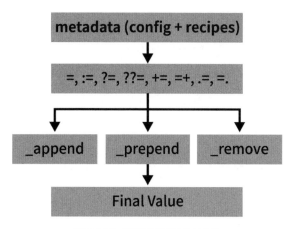

**그림 5-20** 연산자의 적용 우선순위

연산자의 적용 우선순위에 대한 이해를 위해 예제 5-5를 확인해 보자.

**예제 5-5** 연산자 적용 우선순위의 예

```
OPERATOR_PRIORITY = "1"              → (1)
OPERATOR_PRIORITY_append = "2"       → (2)
OPERATOR_PRIORITY_append = "3"       → (3)
OPERATOR_PRIORITY += "4"             → (4)
OPERATOR_PRIORITY .= "5"             → (5)
```

예제 5-5와 같이 돼 있는 경우 최종적으로 OPERATOR_PRIORITY를 출력하면 어떤 결과가 나올지 먼저 생각해 보기를 바란다. 결과를 먼저 말하면 "1 4523"이다. 이유는 연산자의 우선순위에 따라 (1) → (4) → (5)까지 먼저 처리되고, _append 연산자들은 계속 뒤로 밀려 실행되기 때문이다. 즉 _append 연산자는 최종 사용 시점에 파싱되면서 (1) → (4) → (5) → (2) → (3)의 순서로 실행되게 된다.

_append, _prepend, _remove와 같은 연산자는 최종 사용 시점에 파싱된다는 특징 때문에 주로 실행 순서에 영향을 주는 경우에 사용된다. 그래서 '.bbclass', '.inc', '.conf'와 같은 메타데이터 파일들에서 이 연산자들을 많이 사용하는 것을 볼 수 있다.

## 5.3 hello 애플리케이션 레시피 작성

이제 조금이나마 구색을 갖춘 레시피 파일을 만들어 볼 차례이다. 여기서 bitbake로 간단한 c 파일을 빌드하고, 빌드 결과로 나온 이미지를 루트 파일 시스템에 넣어 수행하는 방법을 배울 것이다. 예제 소스는 기존에 GitHub에서 받은 소스에서 다음과 같이 확인할 수 있다.

```
$ git checkout hello_first
```

또는 다음과 같이 GitHub에서 새로 받을 수 있다.

```
$ git clone https://GitHub.com/greatYocto/poky_src.git -b hello_first
```

예제는 "hello world!"와 같은 간단한 화면 출력으로 시작해 예제를 계속 발전시켜 라이선스license, 프로비저닝provisioning, 다중 제공자, externalsrc, 초기화 관리자Initialization Manager인 systemd와 레시피 확장 파일 등을 추가할 것이다.

우선 기존에 만들었던 recipes-hello라는 디렉터리 아래 source라는 디렉터리를 만들고 hello.c라는 간단한 파일을 만들어 보자. 전체 디렉터리 구조는 그림 5-21과 같다.

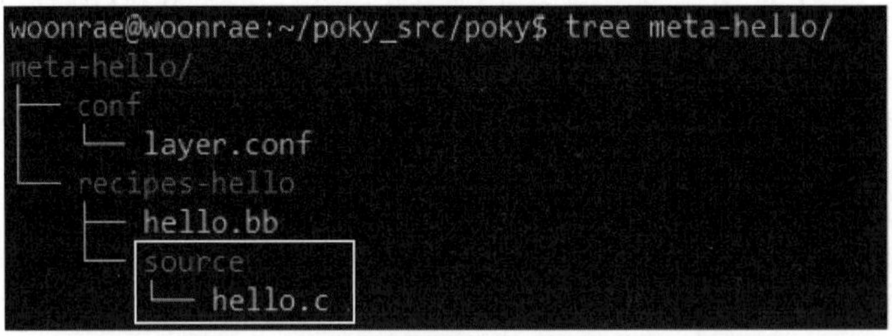

**그림 5-21** hello world 애플리케이션의 전체 디렉터리 구조

hello.c 소스는 리스트 5-18과 같다.

**리스트 5-18** hello.c 파일

```
# include <stdio.h>
# include <unistd.h>

int main(){
    int i = 0;
    while (i < 10) {
            printf ("Hello world!\n");
            sleep(1);
    }
    return 0;
}
```

여기서는 임의의 라이선스 파일도 함께 만들어 본다. 테스트 용도로 만들기 때문에 내용은 임의로 입력해도 상관없다. hello.c 파일과 동일 위치에 COPYING이라는 이름의 파일을 만들고 리스트 5-19와 같이 입력한다. COPYING 파일의 위치는 그림 5-22와 같다.

**리스트 5-19** COPYING 파일

```
EXAMPLE LICENSE FILE
            January 2023
Copyright (C) 2023, Woonrae, Inc.
This is example license file.
```

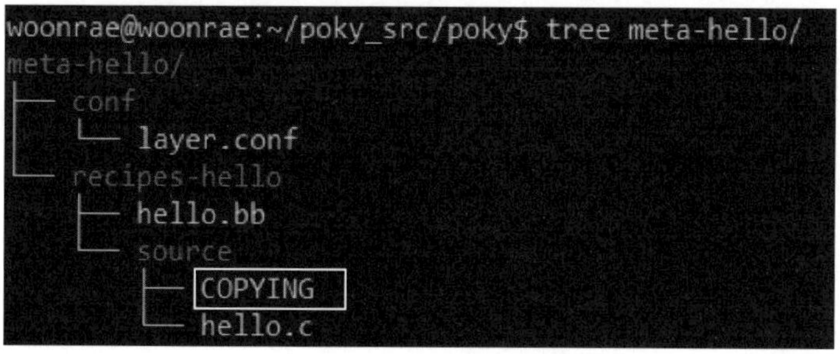

**그림 5-22** COPYING 파일 추가

참고로 새로운 레시피 파일이 생성되면 적절한 라이선스와 라이선스 설명 파일에 대한 checksum을 지정하는 것이 필수이기 때문에 그 예를 보여주려고 COPYING 파일을 만들었다.

리스트 5-20은 hello.c 애플리케이션 실행을 위해 새롭게 작성된 hello.bb 레시피 파일이다.

**리스트 5-20** hello.bb 파일

```
DESCRIPTION = "Simple helloworld application example"
LICENSE = "MIT"
LIC_FILES_CHKSUM = "file://COPYING;md5=80cade1587e04a9473701795d41a4f0c"

SRC_URI = "file://hello.c"                                     → (1)
SRC_URI_append = " file://COPYING"                             → (2)
S = "${WORKDIR}"                                               → (3)

do_compile() {                                                 → (4)
        ${CC} hello.c ${LDFLAGS} -o hello
}

do_install() {                                                 → (5)
        install -d ${D}${bindir}
        install -m 0755 hello ${D}${bindir}
}

FILESEXTRAPATHS_prepend := "${THISDIR}/source:"
FILES_${PN} += "${bindir}/hello"                               → (6)
```

bitbake는 모든 일반적인 종류의 업스트림[upstream1] 리포지터리를 지원하기 위한 페처[fetcher]를 제공한다. 리스트에서 (1)은 로컬 파일을 사용하는 페처를 나타낸다. 형식은 다음과 같다.

---

1  git을 사용할 때 네트워크상의 서버에 있는 저장소를 리모트(remote) 리포지터리라고 하고, 로컬에 있는 저장소를 로컬(local) 리포지터리라고 하는데 네트워크상 서버에 있는 저장소를 업스트림(upstream)이라고도 한다. 따라서 리모트와 업스트림은 같은 뜻이다. 업스트림은 우리말로 '강의 상류'를 뜻한다. 소스가 수정되고 배포되는 곳의 위치를 강의 상류로 비유한 표현이다.

```
SRC_URI = "file://URI"
```

URI는 상대 경로, 절대 경로가 다 가능한데 상대 경로를 얻으려면 bitbake에게 파일이 위치하는 경로를 알려줘야 한다. 이를 위해 예제 5-6과 같은 처리가 필요하다.

**예제 5-6** FILESEXTRAPATHS 변수

```
FILESEXTRAPATHS_prepend := "${THISDIR}/source:"
```

THISDIR 변수는 bitbake가 현재 파싱하는 파일이 위치하고 있는 디렉터리를 가리킨다. 즉 예제에서 THISDIR 변수는 레시피 파일이 위치하는 절대 경로 값을 갖고 있다. 따라서 THISDIR 변수는 recipes-hello 디렉터리의 경로를 값으로 갖는다.

FILESEXTRAPATHS 변수는 FILESPATH를 확장하고 'poky/meta/classes/base.bbclass' 클래스 파일에 정의돼 있는데 오픈임베디드 빌드 시스템이 패치 및 파일을 검색할 때 사용하는 디렉터리 리스트들을 갖고 있다.

예제를 수행하기 전에 FILESPATH 변수를 추적해 보면 예제 5-7과 같다.

**예제 5-7** FILESPATH 변수 추적

```
$ bitbake-getvar -r hello FILESPATH

...
/home/woonrae/poky_src/poky/meta-hello/recipes-hello/hello-1.0/poky
/home/woonrae/poky_src/poky/meta-hello/recipes-hello/hello/poky
/home/woonrae/poky_src/poky/meta-hello/recipes-hello/files/poky
/home/woonrae/poky_src/poky/meta-hello/recipes-hello/hello-1.0/qemux86-64
/home/woonrae/poky_src/poky/meta-hello/recipes-hello/hello/qemux86-64
/home/woonrae/poky_src/poky/meta-hello/recipes-hello/files/qemux86-64
/home/woonrae/poky_src/poky/meta-hello/recipes-hello/hello-1.0/qemuall
/home/woonrae/poky_src/poky/meta-hello/recipes-hello/hello/qemuall
/home/woonrae/poky_src/poky/meta-hello/recipes-hello/files/qemuall
/home/woonrae/poky_src/poky/meta-hello/recipes-hello/hello-1.0/x86-64
/home/woonrae/poky_src/poky/meta-hello/recipes-hello/hello/x86-64
/home/woonrae/poky_src/poky/meta-hello/recipes-hello/files/x86-64
/home/woonrae/poky_src/poky/meta-hello/recipes-hello/hello-1.0/
```

```
/home/woonrae/poky_src/poky/meta-hello/recipes-hello/hello/
/home/woonrae/poky_src/poky/meta-hello/recipes-hello/files/
```

예제는 오픈임베디드 빌드 시스템에서 기본적으로 설정된 경로들이다. bitbake는 이 경로에서 SRC_URI에 추가한 파일이나 패치를 찾는다. 따라서 패치나 파일을 SRC_URI에 추가할 때 예제에서 설정된 경로 중 하나에 넣어주면 된다. 그러나 설정된 경로가 아니라 새로 추가되는 경로에 파일을 추가하고 싶다면 FILESPATH 변수에 경로를 추가해 줘야 한다.

우리는 source라는 디렉터리 내에 hello.c 파일을 만들었다. 기본적으로 설정된 경로에 source라는 디렉터리가 포함되지 않았기 때문에 source 디렉터리의 경로를 추가하고 FILESPATH 변수에 새로 추가된 경로를 추가해 줘야 한다. FILESEXTRAPATHS 변수는 FILESPATH 변수를 확장해 주기 때문에 FILESEXTRAPATHS 변수에 새로 추가된 경로를 할당하면 된다. 참고로 필자의 경우에는 새로 디렉터리를 만들어 FILESEXTRAPATHS 변수에 추가하기가 귀찮아 이미 기본적으로 설정된 경로인 files라는 디렉터리를 레시피 파일이 있는 곳에 만들고 패치나 새로 추가되는 파일을 SRC_URI = "file://xxx"와 같이 추가한다.

앞에서 'file://'는 프로토콜 지시자라고 설명했다. SRC_URI에 'file://'를 할당하게 되면 빌드 시스템은 빌드 호스트, 즉 로컬에서 파일을 찾게 된다. FILESPATH 변수는 예제 5-7에서 보듯이 여러 경로 정보를 포함하고 있다. bitbake는 이 경로들 중 SRC_URI에서 지정된 파일이나 패치가 가장 먼저 발견되는 첫 경로를 사용하게 된다.

실제로 페처가 하는 일은 리스트 5-20에서 보듯이 hello.c 파일을 FILESPATH에 저장된 경로에서 찾아 이 파일을 S 변수에 지정된 경로로 복사한다. S 변수의 값은 (3)과 같이 WORKDIR 변수의 값을 갖는다.

LICENSE 변수가 LICENSE = "CLOSED"라고 정의돼 있지 않다면 따로 라이선스 파일과 라이선스 파일의 checksum 값을 준비해 줘야 한다. 우리는 임의로 COPYING이라는 라이선스 파일을 만들었다.

COPYING 파일에 대한 checksum 값을 계산해 보자. 보통 checksum 값은 md5sum 이나 sha256sum 중 하나만 있으면 된다. 예제에서는 md5sum만 사용하도록 한다.

checksum 값을 구하는 방법은 그림 5-23과 같다. 라이선스 파일인 COPYING 파일이 있는 곳으로 가서 '$ md5sum' 명령을 입력한다.

```
woonrae@woonrae:~/poky_src/poky/meta-hello/recipes-hello/source$ md5sum COPYING
80cade1587e04a9473701795d41a4f0c  COPYING
```

**그림 5-23** md5sum 툴로 checksum값 계산

그림에서 계산된 값을 예제 5-8과 같이 hello.bb 파일에서 LIC_FILES_CHKSUM 변수에 복사해 넣는다.

**예제 5-8** 라이선스 파일의 checksum을 레시피 파일 hello.bb에 추가

```
LIC_FILES_CHKSUM = "file://COPYING;md5=80cade1587e04a9473701795d41a4f0c"
```

LIC_FILES_CHKSUM 변수는 라이선스 파일의 checksum을 확인하는 변수이다. 보통 외부 오픈 소스를 받아보면 최상위 디렉터리에 COPYING이나 LICENSE라는 이름의 라이선스 파일이 존재한다.

(3)의 WORKDIR 변수는 bitbake가 주어진 레시피를 빌드하면서 생성된 각종 정보를 저장하는 디렉터리의 경로이다. '$ bitbake-getvar' 명령을 사용해 그림 5-24와 같이 WORKDIR 변수를 출력해 보자.

```
woonrae@woonrae:~/poky_src/poky/meta-hello/recipes-hello/source$ bitbake-getvar -r hello WORKDIR
#
# $WORKDIR [2 operations]
#   set /home/woonrae/poky_src/poky/meta/conf/bitbake.conf:370
#     "${BASE_WORKDIR}/${MULTIMACH_TARGET_SYS}/${PN}/${EXTENDPE}${PV}-${PR}"
#   set /home/woonrae/poky_src/poky/meta/conf/documentation.conf:467
#     [doc] "The pathname of the working directory in which the OpenEmbedded build system builds
uilt."
# pre-expansion value:
#   "${BASE_WORKDIR}/${MULTIMACH_TARGET_SYS}/${PN}/${EXTENDPE}${PV}-${PR}"
WORKDIR="/home/woonrae/poky_src/build/tmp/work/core2-64-poky-linux/hello/1.0-r0"
```

**그림 5-24** hello.bb 레시피의 WORKDIR 변수의 값

hello.bb 레시피 파일에서는 (3)과 같이 S 변수의 값에 WORKDIR 변수의 값을 할당했다. S 변수는 bitbake가 빌드 시 압축된 소스를 해제해 위치시키는 디렉터리이고, SRC_URI에서 로컬 소스 지정 시 해당 소스가 빌드를 진행할 때 복사돼 위치하는 디렉터리이기도 하다.

(4), (5)에서 정의된 do_compile과 do_install 태스크는 사전에 base.bbclass에서 정의된 태스크이다. 여기서는 해당 태스크들을 재정의<sup>override</sup>해 사용한 것이다. 리스트 5-21은 예제에서 사용된 install 태스크이다.

**리스트 5-21** install 태스크

```
do_install() {
        install -d ${D}${bindir}
        install -m 0755 hello ${D}${bindir}
}
```

'install -d xxx'는 xxx 디렉터리를 만들겠다는 뜻이고, 'install -m 0755 hello ${D}${bindir}'는 hello 실행 파일 권한을 '0755'로 주고 최종적으로 hello 파일을 '${D}${bindir}' 디렉터리로 복사하겠다는 뜻이다.

D 변수는 빌드의 결과물로 생성된 바이너리가 위치하는 경로를 나타내고, bindir 변수는 사전에 정의된 디렉터리 이름이다. 사전에 정의된 디렉터리는 표 5-2를 참고하자.

**표 5-2** 사전 정의된 디렉터리를 가리키는 변수

| 변수 이름 | 가리키는 곳 |
| --- | --- |
| bindir | /usr/bin |
| sbindir | /usr/sbin |
| libdir | /usr/lib |
| libexecdir | /usr/lib |
| sysconfdir | /etc |
| datadir | /usr/share |
| mandir | /usr/share/man |
| includedir | /usr/include |

install 태스크는 바이너리, 라이브러리, 헤더 파일, 문서들을 타깃 시스템의 루트 파일 시스템과 같은 구조를 갖는 변수 D가 가리키는 디렉터리에 복사한다. 변수 D가 가리키는 디렉터리는 ${WORKDIR}/image이고 프로그램 파일은 일반적으로 다음과 같은 위치에 설치된다.

- 사용자 프로그램: /usr/bin

- 시스템 관리 프로그램: /usr/sbin

- 라이브러리: /usr/lib

- 환경 설정 파일: /etc

(6)의 FILES_${PN} += "${bindir}/hello" 부분은 패키지에 대한 이해가 있어야 이해할 수 있는 부분이기 때문에 15장에서 다시 다룬다.

이제 우리가 만든 레시피 파일을 빌드해 보자. 예제 5-9와 같이 명령을 실행한다.

**예제 5-9** hello.bb 레시피 빌드

```
$ bitbake hello -c cleanall
$ bitbake hello
```

예제에서 '-c' 옵션은 cleanall 태스크만을 수행하라는 명령어이다. 즉 WORKDIR 변수가 가리키는 레시피의 빌드 작업 디렉터리에 있는 모든 결과물을 삭제한다.

'$ bitbake hello' 명령은 실행해야 하는 태스크를 지정하지 않았다. 따라서 레시피의 어떤 태스크를 수행하는지 의문이 들 수 있다. bitbake는 기본$^{default}$ 태스크라는 것을 갖고 있기 때문에 따로 수행해야 하는 태스크를 지정해 주지 않으면 기본 태스크를 수행한다. 기본 태스크를 나타내는 변수는 BB_DEFAULT_TASK이다. 이 변수의 값을 수정하지 않았다면 이 변수는 그림 5-25와 같이 "build"를 기본값으로 갖는다. 참고로 do_build라는 태스크는 실제로 존재하는 태스크가 아니라 태스크 체인상에서 제일 마지막에 실행되는 태스크로 이 태스크에 대한 자세한 내용은 의존성을 다루는 8장에서 따로 학습한다. 따라서 기본 태스크인 build를 실행한다는 것은 빌드를 끝까지 진행한다는 뜻과 같다.

```
woonrae@woonrae:~/poky_src/poky$ bitbake-getvar -r hello BB_DEFAULT_TASK
#
# $BB_DEFAULT_TASK
#   set? /home/woonrae/poky_src/poky/meta/classes/base.bbclass:1
#     "build"
BB_DEFAULT_TASK="build"
```

**그림 5-25** BB_DEFAULT_TASK 변수의 값

빌드가 완료됐다면 실행 결과를 보고 싶을 것이다. 그러나 아쉽게도 지금 빌드한 애플리케이션은 호스트에서 동작하는 것이 아니라 타깃 시스템에서만 동작한다. 이 애플리케이션이 동작하는 것을 보려면 애플리케이션 바이너리를 타깃의 루트 파일 시스템에 포함시켜야 한다. 이 방법은 뒤의 레시피 확장 파일에서 다룬다.

여기서 각 태스크 실행 시 결과물들이 저장되는 디렉터리를 정리해 보자. bitbake는 태스크 체인상에 태스크들을 실행하면서 각 태스크의 결과물들을 정해진 디렉터리에 저장한다. 앞에서 do_install 태스크는 D라는 변수에 결과물들을 저장했다. 그림 5-26은 각 태스크 실행 시 그 결과물을 저장하는 디렉터리들을 정리한 것이다.

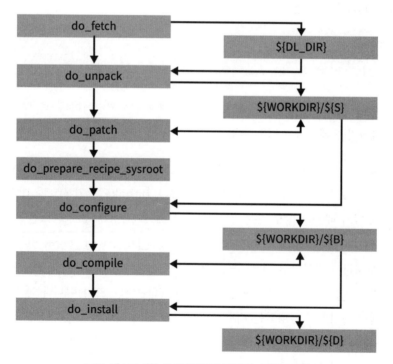

**5-26** 태스크 실행 시 결과물들이 저장되는 디렉터리들

## 5.4 라이선스

리눅스 소프트웨어 스택은 수많은 공개 소프트웨어 패키지로 구성돼 있다. 이 소프트웨어 패키지들은 다양한 오픈 소스 라이선스에 의거해 배포된다. 일부 오픈 소스 라이선스, 특히 GPL 라이선스 같은 경우 소프트웨어 패키지를 빌드하는 데 사용한 소스 코드를 공개해야 한다. 이는 상업용 제품을 만드는 회사에서는 큰 문제가 될 수 있다.

오픈 소스 라이선스는 크게 두 가지로 분류된다.

- GPL<sup>General Public License</sup>: GPL은 카피레프트<sup>copyleft</sup> 라이선스이다. 참고로 카피레프트 라이선스는 지식 재산권을 일컫는 카피라이트의 반대 개념이다. 즉 카피라이트가 배타적인 지식 재산권의 보호를 의미하는 반면에 카피레프트는 지식 재산의 보호를 고집하지 않고 이를 공유하고 널리 유통시켜 기업의 이익을 극대화한다. 카피레프트는 1984년 미국 MIT 리처드 스톨먼 교수가 소프트웨어의 상업화에 반대하면서 프로그램을 자유롭게 사용하자는 운동을 펼치면서 시작됐다.

- BSD<sup>Berkeley Software Distribution</sup>: BSD는 아파치 재단 등에서 나온 좀 더 허용적인 라이선스를 가리킨다. 허용적인 라이선스는 본질적으로 라이선스의 조건을 변경하지 않는 한 소스 코드를 수정하고 사용하는 것을 허용한다.

이와 같이 GPL 라이선스는 소스 코드를 공유해야 하는 조항이 있다. 라이브러리라고 할지라도 GPL 라이선스로 돼 있다면 해당 라이브러리와 링크된 모든 프로그램도 GPL이 된다. 따라서 대부분의 라이브러리는 LGPL<sup>Lesser General Public License</sup>로 라이선스된다. 참고로 LGPL은 GPL보다 훨씬 완화된 조건의 라이선스이다. LGPL 라이선스의 경우 코드를 정적 또는 공유 라이브러리로 사용한 프로그램을 개발해 판매나 배포할 때 프로그램의 소스 코드를 공개하지 않아도 된다.

제품에 포함된 모든 코드를 제품을 만드는 조직에서 완전히 개발한 경우라면 라이선스 문제는 걱정할 필요가 없다. 그러나 리눅스와 같은 오픈 소스를 사용하는 경우 라이선스 문제는 결코 간과하기 쉬운 문제가 아니다. 대부분 오픈 소스 라이선스이지만, 일부 소프트웨어 패키지들은 상업 라이선스인 경우도 있다.

Yocto 프로젝트는 몇 가지 라이선스 관리 방법을 갖고 있는데 이 방법들을 간단하게 살펴본다.

우선 라이선스와 관련해 두 가지 중요한 변수에 대해 설명한다.

- LICENSE: 모든 레시피들은 레시피가 빌드하는 소프트웨어 패키지에 적용된 라이선스 목록을 LICENSE 변수에 할당해야 한다. 만약 LICENSE를 사용하지 않을 경우에는 값을 'CLOSED'로 넣는다. LICENSE 변수가 'CLOSED'가 아니라면 해당 레시피는 라이선스 파일이 있다는 뜻이다. 라이선스 파일과 checksum 값은 LIC_FILES_CHKSUM 변수에 기술해 줘야 한다.

- LIC_FILES_CHKSUM: 라이선스 파일과 checksum을 갖고 있는 변수로 보통 checksum으로 md5, sha256을 사용한다.

그림 5-27은 LICENSE, LIC_FILES_CHKSUM 변수를 사용한 예제이다.

```
# bzip2 applet in busybox is based on lightly-modified bzip2-1.0.4 source
# the GPL is version 2 only
LICENSE = "GPLv2 & bzip2-1.0.4"
LIC_FILES_CHKSUM = "file://LICENSE;md5=de10de48642ab74318e893a61105afbb \
                    file://archival/libarchive/bz/LICENSE;md5=28e3301eae987e8cfe19988e98383dae"
```

**그림 5-27** poky/meta/recipes-core/busybox/busybox.inc 코드의 라이선스

LICENSE 변수는 소프트웨어 패키지마다 다른 라이선스를 부여할 수 있고, 여러 개의 라이선스 목록을 가질 수도 있다.

라이선스를 제공하는 방법에는 크게 세 가지가 있다. 오픈임베디드 코드에서 기본적으로 제공하는 라이선스를 사용하는 방법, 라이선스를 가진 오픈 소스를 사용하는 방법, 자체적으로 라이선스를 부여하는 방법이다. 이 세 가지 방법에 대해 간단하게 알아본다.

## 5.4.1 오픈임베디드 코어에서 기본적으로 제공하는 라이선스

오픈임베디드 코어 레이어 아래의 'meta/files/common-licenses' 디렉터리에는 공통으로 사용할 수 있는 라이선스 텍스트들이 모여 있다. 이 디렉터리를 가리키는 변수는 사전에 정의돼 있는데 COMMON_LICENSE_DIR 변수가 바로 그것이다. 가

령 MIT 라이선스[2]를 사용하고자 한다면 그림 5-28과 같이 사용할 수 있다.

```
LICENSE = "MIT"
LIC_FILES_CHKSUM = "file://${COMMON_LICENSE_DIR}/MIT;md5=0835ade698e0bcf8506ecda2f7b4f302"
```

**그림 5-28** MIT 라이선스 사용 예

실제적으로 소프트웨어 패키지가 따로 라이선스 텍스트를 갖고 있지 않고 특정 라이선스를 준수해야 하는 경우 오픈임베디드 코어에서 제공한 라이선스 텍스트들을 사용하면 된다.

## 5.4.2 라이선스를 갖는 오픈 소스를 사용하거나 자체적으로 라이선스 부여하기

레시피에서 라이선스가 부여된 오픈 소스 패키지를 사용하거나 자신이 만든 소프트웨어 패키지에 라이선스를 부여하고 싶은 경우에는 LICENSE, LIC_FILES_CHKSUM 변수에 적절한 값을 넣어줘야 한다. 보통 오픈 소스의 경우 소스 최상위 디렉터리에 COPYING이나 LICENSE 파일이 존재하고 해당 파일을 열어 읽어보면 그림 5-29 와 같이 어떤 라이선스를 준수하는지 나와 있다.

```
            GNU GENERAL PUBLIC LICENSE
              Version 3, 29 June 2007

Copyright (C) 2007 Free Software Foundation, Inc. <http://fsf.org/>
Everyone is permitted to copy and distribute verbatim copies
of this license document, but changing it is not allowed.

                    Preamble

The GNU General Public License is a free, copyleft license for
software and other kinds of works.
```

**그림 5-29** 공개 라이선스 사용 예

---

2   MIT(매사추세츠 공과대학)에서 만든 라이선스로 MIT 라이선스를 따르는 소프트웨어 패키지를 사용한 제품은 반드시 소스를 공개 배포해야 한다는 규정이 없다. 따라서 GPL 라이선스와 같은 소스 공개에 대한 부담을 피하려는 사람들에게 인기가 많다.

그림 5-29는 nano editor 패키지 내에 포함된 라이선스 파일의 일부를 발췌한 것이다.

필자가 예제로 작성한 리스트 5-20의 hello.bb 레시피 파일은 라이선스 파일로 COPYING이라는 파일을 참고하고 있다. 이 파일은 소스의 라이선스를 위해 임의로 만든 파일로 md5sum 툴을 사용해서 COPYING 파일의 checksum값을 계산해 LIC_FILES_CHKSUM에 할당했다.

참고로 SRC_URI에 하나 이상의 파일을 넣는 경우 SRC_URI 변수 밖에서 예제 5-10과 같이 긱긱의 파일에 대한 checksum 값을 제공할 수 있다.

**예제 5-10** SRC_URI 변수 밖에서 각 파일에 대한 checksum 값 제공

```
SRC_URI = "file://hello.c;name=hello \
      http://test.org/downloads/test.tar.gz;name=test \
    "
SRC_URI[hello.md5sum] = "11111"
SRC_URI[test.md5sum] = "22222"
```

SRC_URI에서 각 URI마다 'name=xxx'라는 매개변수를 추가해 xxx의 값으로 SRC_URI 변수 밖에서 각각의 파일에 대한 checksum 값을 제공할 수 있다.

## 5.4.3 빌드된 레시피의 라이선스 정보 확인

빌드가 완료된 레시피의 라이선스 정보는 'build/tmp/deploy/licenses' 디렉터리에 저장된다. 레시피마다 각각 따로 보관된다. 가령 우리가 앞에서 만든 hello.bb 레시피 파일의 경우 예제 5-11과 같은 라이선스 정보를 갖고 있다.

**예제 5-11** hello.bb 레시피 파일의 라이선스 정보

```
woonrae@woonrae:~/poky_src/build/tmp/deploy/licenses/hello$ ls
COPYING  generic_MIT  recipeinfo
```

만약 빌드가 완료된 레시피가 core-image-minimal.bb와 같은 루트 파일 시스템 이미지를 생성하는 레시피라면 라이선스 정보가 저장된 디렉터리의 이름은 타임스 탬프를 이용해 예제 5-12와 같이 만들어진다.

**예제 5-12** core-image-minimal.bb 레시피 파일의 라이선스 정보

```
woonrae@woonrae:~/poky_src/build/tmp/deploy/licenses/core-image-minimal-
qemux86-64-20230217160457$ ls
image_license.manifest  license.manifest  package.manifest
```

예제 5-12에 나열된 파일들을 간단하게 살펴보자.

```
- package.manifest
```

package.manifest 파일은 그림 5-30과 같이 최종 이미지에 포함된 패키지 이름을 포함하고 있다.

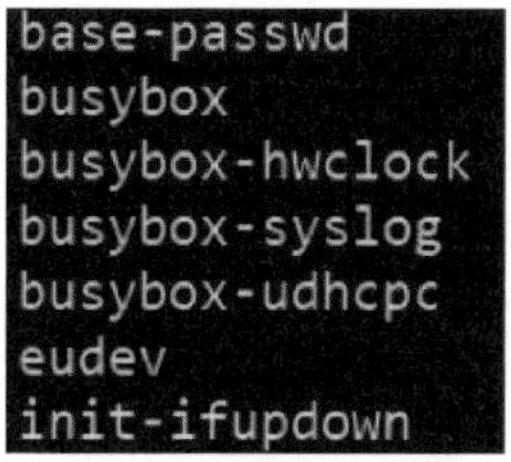

**그림 5-30** package.manifest 파일 내용의 일부

```
- license.manifest
```

license.manifest 파일은 그림 5-31과 같이 패키지 이름, 패키지 버전, 레시피 이름, 라이선스 내용을 포함하고 있다.

```
PACKAGE NAME: busybox
PACKAGE VERSION: 1.31.1
RECIPE NAME: busybox
LICENSE: GPLv2 & bzip2-1.0.4

PACKAGE NAME: busybox-hwclock
PACKAGE VERSION: 1.31.1
RECIPE NAME: busybox
LICENSE: GPLv2 & bzip2-1.0.4

PACKAGE NAME: busybox-syslog
PACKAGE VERSION: 1.31.1
RECIPE NAME: busybox
LICENSE: GPLv2 & bzip2-1.0.4
```

**그림 5-31** license.manifest 파일 내용의 일부

## 5.5 레시피 확장 파일

앞에서는 hello.bb 레시피 파일을 bitbake로 빌드하는 것까지 수행했다. 그러나 빌드의 결과로 나온 실행 파일을 실행할 수 없었다. 왜냐하면 실행 파일을 호스트가 아니라 특정 타깃 시스템에서 실행되도록 만들었기 때문이다.

이제 생성된 실행 파일을 타깃에서 실행해 보도록 한다. 타깃에서 실행 파일이 실행되려면 생성된 실행 파일이 루트 파일 시스템에 포함돼야 한다. 실행 파일을 루트 파일 시스템에 추가하기 위해서는 실행 파일을 생성하는 레시피 이름을 IMAGE_INSTALL 변수에 추가해야 한다. 실제적으로는 IMAGE_INSTALL에 할당되는 값은 패키지 이름이다. 그러나 여기서는 레시피 이름이라고 해도 무방하기 때문에 레시피 이름이라고 하겠다.

IMAGE_INSTALL 변수는 루트 파일 시스템 이미지를 생성하는 레시피인 core-image-minimal.bb 파일 내에서만 사용해야 한다. 그러나 오픈임베디드 코어 디렉터리인 meta에 존재하는 core-image-minimal.bb 파일을 수정하는 것은 바람직하지 않다. 따라서 우리는 레시피 확장 파일을 만들어 사용할 것이다.

레시피 확장 파일은 특정 레이어의 레시피 내용을 현재 레이어나 다른 레이어에 추가하거나 수정하려고 할 때 원래의 레시피 파일을 건드리지 않고 변경하는 방법이다. 레시피 파일과 구별 짓기 위해 레시피 확장 파일이라고 부르는데 확장자는 '.bbappend'이다.

먼저 레이어의 개념을 살펴보고 가자. 보통 레이어란 meta-xxx와 같이 meta로 시작하는 디렉터리를 가리킨다. meta-xxx와 같이 이름을 짓는 것은 Yocto의 규약으로 meta-xxx에서 xxx는 레이어의 이름이다. 그림 5-32와 같이 레이어는 내부에 메타데이터를 갖고 있고, 각각의 레이어들은 우선순위$^{priority}$를 갖고 있다. 이 우선순위에 따라 특정 레이어의 레시피 파일이 다른 레이어에서 같은 이름의 레시피 파일을 갖고 있다면 레이어의 우선순위가 높은 레시피 파일의 내용이 반영된다.

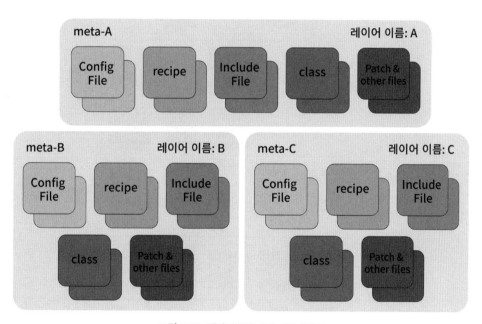

**그림 5-32** 레이어들과 내부 메타데이터

앞에서 언급했듯이 bitbake는 우선순위에 따라 처리한다. 특정 레이어의 레시피 파일과 다른 레이어에 같은 이름을 가진 레시피 파일이 있는 경우 우선순위가 높은 레이어의 레시피 파일이 실행되며 이것을 재정의$^{override}$라고 부른다.

또한 특정 레이어의 레시피 파일을 변경하지 않고 수정하거나 추가하려고 할 때 새로운 레이어를 만든다. 그리고 특정 레이어의 레시피 파일과 동일한 이름을 갖는 레시피 확장 파일을 만들어 기존 레시피 파일의 내용을 추가 또는 수정한다.

이 경우 레시피 확장 파일을 갖고 있는 레이어의 우선순위는 원본 레시피 파일을 갖고 있는 레이어보다 높아야 한다. 경우에 따라서는 원본 레시피 파일을 가진 레이어가 있고, 2개 이상의 레이어에서 원본 레시피를 수정 또는 추가하는 확장 레시피 파일을 가질 수도 있다. 그림 5-33은 레이어의 우선순위에 따른 레시피 파일의 재정의 및 레시피 파일과 레시피 확장 파일 간의 관계를 도식화한 것이다.

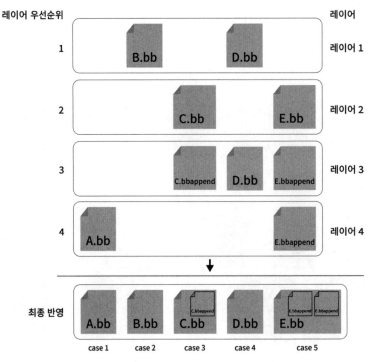

**그림 5-33** 레이어 우선순위에 따른 레시피 파일의 재정의 및 레시피 파일과 레시피 확장 파일 간의 관계(참고 출처: https://dornerworks.com/blog/building-linux-with-the-yocto-project-is-it-really-worth-the-trouble/)

그림 5-33에 대해 자세히 설명하면 다음과 같다.

- case 1의 경우 전체 레이어에서 A.bb 파일이 유일하기 때문에 bitbake는 A.bb 레시피 파일을 사용한다.

- case 2의 경우 레이어 1에 존재하는 B.bb 레시피 파일이 다른 레이어에서 재정의 되지 않았기 때문에 case1과 마찬가지로 B.bb 레시피 파일을 그대로 사용한다.

- case 3의 경우 레시피 확장 파일인 C.bbappend 파일이 존재하는 레이어의 우선순위가 C.bb보다 높기 때문에 C.bbappend 파일에서 원본 파일인 C.bb 레시피 파일의 코드를 추가 또는 수정한다.

- case 4의 경우 이름이 동일한 D.bb 레시피 파일이 각기 다른 레이어에 존재한다. 이 중에서 레이어 3의 우선순위가 더 높기 때문에 레이어 3의 D.bb 레시피 파일이 최종적으로 사용된다.

- case 5의 경우 원본 레시피 파일인 E.bb에서 수정 또는 추가된 내용이 레이어 3의 레시피 확장 파일인 E.bbappend 파일에 담겨 있다. 그리고 레이어 4에 존재하는 레시피 확장 파일인 E.bbappend 파일에서는 원본 레시피 파일뿐만 아니라 레이어 3의 레시피 확장 파일인 E.bbappend 파일을 수정하거나 추가할 수 있다.

case 5의 이해를 위해 그림 5-34와 같이 간단한 코드를 통해 레시피 파일과 레시피 확장 파일 간의 관계 및 레이어의 우선순위를 그림으로 나타냈다.

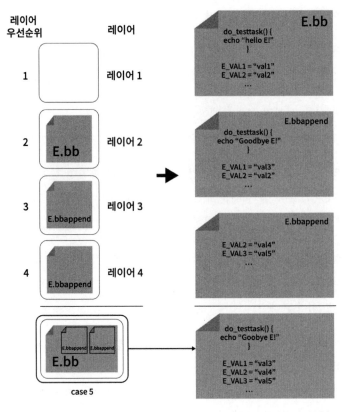

**그림 5-34** 레시피 파일과 레시피 확장 파일 간의 관계 및 레이어의 우선순위

- 원본 E.bb 레시피 파일에는 do_testtask라는 태스크가 존재한다. 이 태스크는 레이어 우선순위가 더 높은 레이어 3의 레시피 확장 파일인 E.bbappend에서 재정의된다. 최종적으로는 레이어 3에 있는 E.bbappend 레시피 확장 파일의 do_testtask가 반영된다.

- 원본 E.bb 레시피 파일에 정의된 E_VAL1, E_VAL2 변수는 레이어 우선순위가 더 높은 레이어 3, 레이어 4의 E.bbappend 레시피 확장 파일에서 재정의돼 최종 값이 변경된다. 따라서 최종적으로 E_VAL1 변수는 레이어 3의 레시피 확장 파일에서 할당한 값을 따라가고, E_VAL2 변수는 레이어 4의 레시피 확장 파일에서 할당한 값을 따라간다.

- E_VAL3 변수는 레이어 4의 E.bbappend 레시피 확장 파일에서 최초로 정의됐고, 다른 레이어에서는 재정의되지 않았기 때문에 최초의 E_VAL3 변숫값이 최종 값에 반영된다.

### 5.5.1 레시피 확장 파일을 통한 hello 실행 파일 추가

이제 우리가 실습하려는 코드로 돌아와 본다. 우리는 최종적으로 이미지 생성 레시피 파일인 core-image-minimal.bb의 빌드 결과물인 루트 파일 시스템에 새롭게 만든 hello라는 실행 파일이 들어가게 해야 한다. core-image-minimal.bb 파일은 예제 5-13의 위치에 존재한다. 예제 소스는 기존에 GitHub에서 받은 소스에서 다음과 같이 확인할 수 있다.

```
$ git checkout hello_second
```

**예제 5-13** core-image-minimal.bb 레시피 파일의 위치

```
poky/meta/recipes-core/images/core-image-minimal.bb
```

hello 실행 파일을 루트 파일 시스템에 추가하는 방법은 이미지 생성 레시피 파일에서 IMAGE_INSTALL += "hello"와 같이 처리하면 된다.

최종 루트 파일 시스템에 설치될 패키지들의 목록은 IMAGE_INSTALL 변수에 나열된 패키지들과 IMAGE_FEATURES 변수에 나열된 패키지들을 합친 결과물이다. 자세한 내용은 9장에서 패키지를 설명하며 다뤄질 것이다.

core-image-minimal.bb 레시피 파일을 수정하지 않고 IMAGE_INSTALL 변수 사용을 위해 다른 레이어에 core-image-minimal.bb 레시피 파일의 레시피 확장 파일을 만들어 보자. 그리고 최종적으로 그림 5-35와 같이 hello 실행 파일을 루트 파일 시스템에 추가해 보도록 한다.

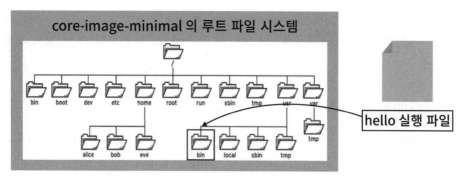

**그림 5-35** 루트 파일 시스템에 새로 만들어진 hello 실행 파일 추가

먼저 meta-hello 디렉터리 아래에 그림 5-36과 같이 'recipes-core/images'라는 디렉터리를 만들고 이 디렉터리에 레시피 확장 파일 core-image-minimal.bbappend를 생성한다. 참고로 생성하려고 하는 디렉터리의 부모 디렉터리까지 한번에 생성하려면 '$ mkdir -p recipes-core/images'를 입력한다.

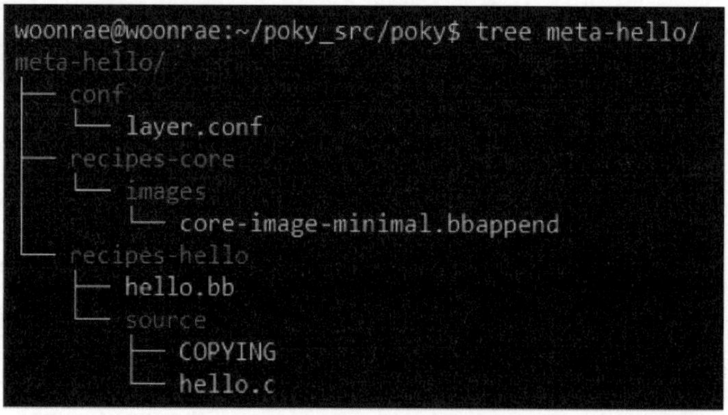

```
woonrae@woonrae:~/poky_src/poky$ tree meta-hello/
meta-hello/
├── conf
│   └── layer.conf
├── recipes-core
│   └── images
│       └── core-image-minimal.bbappend
└── recipes-hello
    ├── hello.bb
    └── source
        ├── COPYING
        └── hello.c
```

**그림 5-36** 새로운 레시피 확장 파일 생성

새로 만든 레시피 확장 파일인 core-image-minimal.bbappend의 내용은 리스트 5-22와 같다.

**리스트 5-22** core-image-minimal.bbappend 파일

```
IMAGE_INSTALL_append =" hello"
```

새로운 레시피 확장 파일을 만들었으나, 현재 이 레시피 확장 파일은 bitbake가 인식할 수 없다. bitbake는 BBFILES 변수에 저장된 경로들에서 레시피 및 레시피 확장 파일을 찾는다. 그러나 현재 core-image-minimal.bbappend 레시피 확장 파일의 경로가 BBFILES 변수의 경로들에 포함되지 않았다. 따라서 'meta-hello/conf' 디렉터리 아래의 layer.conf 파일을 리스트 5-23과 같이 수정한다.

**리스트 5-23** layer.conf 파일

```
BBPATH  =. "${LAYERDIR}:"
BBFILES += "${LAYERDIR}/recipes*/*.bb \
            ${LAYERDIR}/recipes*/*/*.bbappend"
BBFILE_COLLECTIONS += "hello"
BBFILE_PATTERN_hello = "^${LAYERDIR}/"
BBFILE_PRIORITY_hello = "10"
LAYERSERIES_COMPAT_hello = "${LAYERSERIES_COMPAT_core}"
```

참고로 리스트에서는 긴 변수 목록을 분리해 가독성을 높이고자 줄 연속 심볼symbol인 '\'를 사용했다. 단, 줄 연속 SYMBOL 이후에는 어떤 공백도 넣으면 안 된다.

리스트를 보면 BBFILES 변수에 새로 생성한 레시피 확장 파일의 경로가 추가됐다.

이제 예제 5-14와 같이 hello.bb 레시피를 재빌드하고 이미지 생성 레시피 파일인 core-image-minimal.bb에서 루트 파일 시스템을 새로 생성해 주는 태스크인 rootfs를 실행하도록 한다.

**예제 5-14** 루트 파일 시스템 새로 생성

```
$ bitbake hello -c cleanall && bitbake hello

$ bitbake core-image-minimal -C rootfs
```

bitbake에서 '-C' 옵션은 스탬프를 무효화함으로써 지정한 태스크를 무조건 다시 실행하게 하는 옵션이다. '$ bitbake core-image-minimal -c rootfs -f'와 동일하게 동작한다고 보면 된다.

이제 실행 파일인 hello가 실제 루트 파일 시스템에 잘 들어갔는지 다음 디렉터리를 통해 확인해 보자.

```
poky_src/build/tmp/work/qemux86_64-poky-linux/core-image-minimal/1.0-r0/rootfs/usr/bin
```

디렉터리에 그림 5-37과 같이 hello 파일이 생성된 것을 확인할 수 있다.

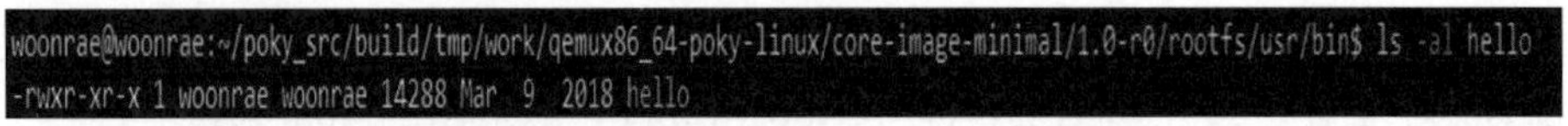


**그림 5-37** 루트 파일 시스템 내에 추가된 hello 파일

실제 타깃 시스템인 QEMU에서 hello 실행 파일이 실행되도록 '$ runqemu core-image-minimal nographic'과 같이 명령어를 입력한다. 부팅이 완료되면 로그인 아이디로 'root'를 입력한다. 참고로 runqemu에서 'nographic' 옵션을 넣지 않으면 runqemu 실행 시 새로운 창이 뜨고 그 새로운 창에서 QEMU가 실행되는 것이 매우 느리다. 그러므로 가능한 한 nographic 옵션을 넣도록 한다.

정상적으로 로그인됐다면 그림 5-38과 같이 hello 실행 파일을 실행해 본다.

**그림 5-38** hello 실행 파일 실행 화면

bitbake 명령어에는 레시피 확장 파일들만 추적할 수 있는 명령어가 존재한다. '$ bitbake-layers show-appends' 명령어를 입력하면 모든 레시피 확장 목록을 확인할 수 있다. 앞에서 만든 core-image-minimal 레시피의 레시피 확장 파일을 예제 5-15와 같이 확인해 보자.

**예제 5-15** 'bitbake-layers show-appends' 명령

```
$ bitbake-layers show-appends | grep "core-image-minimal"

core-image-minimal.bb:
 ~/poky_src/poky/meta-hello/recipes-core/images/core-image-minimal.bbappend
```

예제에서의 결과를 보면 우리가 추가한 레시피 확장 파일인 core-image-minimal. bbappend 파일이 존재하고, core-image-minimal.bb 파일에서 확장됐음을 확인할 수 있다

bitbake 명령어 한 가지를 더 살펴보도록 하자. 예제에서는 hello 실행 파일을 루트 파일 시스템 이미지에 추가했고, 이를 위해 루트 파일 시스템 이미지 생성을 담당하는 레시피 파일인 core-image-minimal.bb를 변경해야만 했다. 따라서 meta-hello라는 레이어에 core-image-minimal.bbappend라는 레시피 확장 파일을 만들어 원본 레시피 파일인 core-image-minimal.bb 파일을 변경하지 않고 hello 실행 파일을 추가했다.

그러나 실제 빌드 진행 시 bitbake는 파싱 과정을 통해 레시피 확장 파일의 수정 사항을 원본 레시피 파일에 반영해 하나의 파일로 인식한다. '$ bitbake-layers flatten'이라는 명령어를 사용해 이를 확인해 보자. 예제 5-16과 같이 명령을 입력해 본다.

**예제 5-16** 'bitbake-layers flatten' 명령

```
$ bitbake-layers flatten result_recipes
```

명령어의 형식은 다음과 같고, 명령의 수행에 따른 결과가 추출되는 디렉터리는 result_recipes이다.

```
$ bitbake-layers flatten <결과가 저장되는 디렉터리>
```

명령을 수행하면 그림 5-39와 같은 결과를 얻을 수 있다. 여러 레이어에서 사용된 메타데이터들을 단일 계층 디렉터리로 만들어 준다. 다시 말해 여러 레이어 계층을 합쳐 평면화했다고 생각하면 된다.

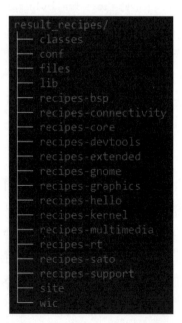

**그림 5-39** bitbake-layers flatten 명령의 결과

우리가 수정한 파일은 core-image-minimal.bbappend 파일이지만, 평면화[flatten]
된 결과에서는 변경된 부분들이 최종적으로 core-image-minimal.bb 레시피 파
일에 반영돼 있다. 그림 5-40은 평면화된 core-image-minimal.bb 레시피 파
일이다. 파일의 경로는 명령을 통해 생성한 결과 디렉터리 아래 '/result_recipes/
recipes-core/images/core-image-minimal.bb'와 같이 위치하고 있다.

```
SUMMARY = "A small image just capable of allowing a device to boot."

IMAGE_INSTALL = "packagegroup-core-boot ${CORE_IMAGE_EXTRA_INSTALL}"

IMAGE_LINGUAS = " "

LICENSE = "MIT"

inherit core-image

IMAGE_ROOTFS_SIZE ?= "8192"
IMAGE_ROOTFS_EXTRA_SPACE_append = "${@bb.utils.contains("DISTRO_FEATURES", "systemd", " + 4096", "" ,d)}"

##### bbappended from meta-hello #####
IMAGE_INSTALL += "hello"
```

**그림 5-40** 평면화된 core-image-minimal.bb 레시피 파일

그림을 보면 레시피 확장 파일인 core-image-minimal.bbappend에서 넣은
IMAGE_INSTALL += "hello"가 이 파일에 반영돼 있는 것을 볼 수 있다. 이 과정을
간단하게 나타내면 그림 5-41과 같다.

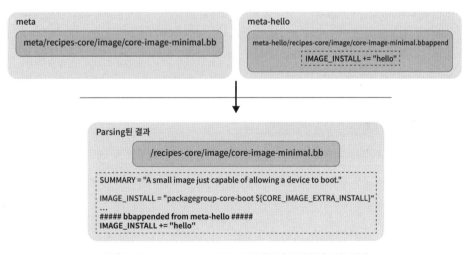

**그림 5-41** core-image-minimal 레시피의 평면화에 따른 결과

## 5.6 BBFILE_COLLECTIONS, BBFILE_PATTERN 변수의 역할

앞에서는 다루지 못했지만, 이제 여러분이 문법을 어느 정도 이해할 수 있기 때문에 다루게 되는 부분이다.

layer.conf 파일에서는 BBFILE_COLLECTIONS, BBFILE_PATTERN 변수가 사용됐다. 대략적인 설명은 이미 했으나, 좀 더 깊이 있게 이 두 변수를 설명해 본다.

BBFILE_COLLECTIONS 변수에는 현재 레이어의 이름이 할당된다. BBFILE_PATTERN 변수에는 차후 bitbake가 특정 레이어에 포함된 레시피 파일들(.bb, .bbappend)을 검색하는 데 사용되는 정규 표현Regular Expression3식으로 레이어의 최상위 디렉터리 이름이 할당된다.

그림 5-42를 보면 3개의 레이어가 존재한다. 이 경우 bitbake가 어떻게 각각의 레이어에 해당하는 레시피 파일을 분류하는지에 대해 BBFILE_COLLECTIONS, BBFILE_PATTERN 변수들을 통해 설명한다.

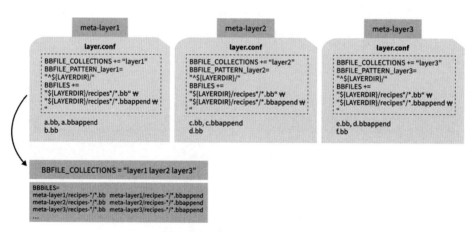

**그림 5-42** BBFILE_COLLECTIONS, BBFILE_PATTERN 변수를 통한 레시피 파일 분류

---

3   정규 표현식은 특정한 규칙을 가진 문자열의 집합을 표현하는 데 사용하는 형식 언어이다. 정규 표현식은 많은 텍스트 편집기와 프로그래밍 언어에서 문자열의 검색과 치환을 지원하고 있다.

bitbake는 파싱 단계에서 각각의 레이어에 위치하는 레시피 및 레시피 확장 파일을 따로 모아 놓는다. 각각의 레이어가 우선순위$^{priority}$를 갖기 때문에 레시피 파일들을 각 레이어별로 따로 분리해 놔야 다른 레이어에서 동일한 이름의 레시피가 발견됐을 때 우선순위에 따라 먼저 처리해야 하는 레시피를 결정할 수 있다.

bitbake는 먼저 BBFILE_COLLECTIONS 변수에서 특정 레이어 이름을 가져온다. 그리고 특정 레이어에 해당하는 레시피 파일들을 찾아내려고 BBFILES 변수에 저장된 경로들을 참조하는데 현재 작업을 진행하려는 레이어에 속한 경로만 필터링한다. 이때 사용되는 변수가 BBFILE_PATTERN인데 앞에서 이 변수가 정규 표현식을 저장하고 있다고 언급했다. BBFILE_PATTERN 변수는 각각의 레이어 layer.conf 파일에서 "^${LAYERDIR}"라는 값을 갖고, LAYERDIR 변수는 레이어의 최상위 디렉터리 이름을 갖는다. 따라서 특정 레이어에 속한 레시피 파일들의 경로를 BBFILES 변수에서 필터링$^{filtering}$하는 데 BBFILE_PATTERN 변수가 사용된다.

지금까지 Poky를 기반으로 새로운 레이어를 만들고 레시피를 작성했다. 그러므로 Poky 기반의 구성에서 bitbake는 어떤 순서에 따라 파싱을 하는지 잠깐 언급하고 넘어가는 것이 앞으로의 학습에 도움이 될 것이다.

2장에서 bitbake의 실행 과정에 대해 설명했지만, Poky를 사용하지 않은 상태에서의 과정이었다. 따라서 여기서는 Poky를 사용하는 경우의 bitbake의 실행 과정에 대해 그림 5-43을 통해 확인해 본다. 기본적인 파싱 순서는 2장에서 언급한 순서와 비슷하나, 오픈임베디드 코어 사용에 따른 변경 사항들이 존재한다.

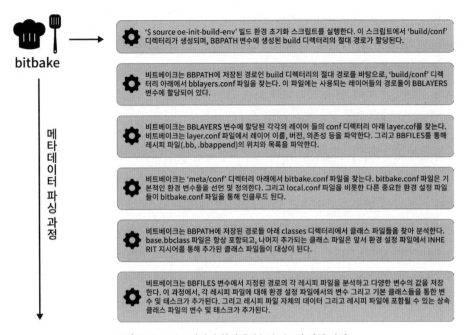

**메타데이터 파싱 과정**

'$ source oe-init-build-env' 빌드 환경 초기화 스크립트를 실행한다. 이 스크립트에서 'build/conf' 디렉터리가 생성되며, BBPATH 변수에 생성된 build 디렉터리의 절대 경로가 할당된다.

비트베이크는 BBPATH에 저장된 경로인 build 디렉터리의 절대 경로를 바탕으로, 'build/conf' 디렉터리 아래에서 bblayers.conf 파일을 찾는다. 이 파일에는 사용되는 레이어들의 경로들이 BBLAYERS 변수에 할당되어 있다.

비트베이크는 BBLAYERS 변수에 할당된 각각의 레이어 들의 conf 디렉터리 아래 layer.cof를 찾는다. 비트베이크는 layer.conf 파일에서 레이어 이름, 버전, 의존성 등을 파악한다. 그리고 BBFILES를 통해 레시피 파일(.bb, .bbappend)의 위치와 목록을 파악한다.

비트베이크는 'meta/conf' 디렉터리 아래에서 bitbake.conf 파일을 찾는다. bitbake.conf 파일은 기본적인 환경 변수들을 선언 및 정의한다. 그리고 local.conf 파일을 비롯한 다른 중요한 환경 설정 파일들이 bitbake.conf 파일을 통해 인클루드 된다.

비트베이크는 BBPATH에 저장된 경로들 아래 classes 디렉터리에서 클래스 파일들을 찾아 분석한다. base.bbclass 파일은 항상 포함되고, 나머지 추가되는 클래스 파일은 앞서 환경 설정 파일에서 INHERIT 지시어를 통해 추가된 클래스 파일들이 대상이 된다.

비트베이크는 BBFILES 변수에서 지정된 경로의 각 레시피 파일을 분석하고 다양한 변수의 값을 저장한다. 이 과정에서, 각 레시피 파일에 대해 환경 설정 파일에서의 변수 그리고 기본 클래스들을 통한 변수 및 태스크가 추가된다. 그리고 레시피 파일 자체의 데이터 그리고 레시피 파일에 포함될 수 있는 상속 클래스 파일의 변수 및 태스크가 추가된다.

**그림 5-43** Poky 기반의 환경에서 bitbake의 파싱 과정

## 5.7 요약

5장에서는 새로운 레이어를 만들고 레시피를 작성해 봤다. 새로운 bitbake 문법 학습을 통해 기존에 다뤘던 layer.conf, bblayers.conf 등의 환경 설정 파일의 내용을 좀 더 깊게 이해해 볼 수 있었다.

애플리케이션을 위한 레시피 작성은 단순한 작업이다. 그러나 새로 레시피를 만드는 과정을 따라가며 라이선스 및 레시피 확장 파일의 개념을 이해할 수 있었다.

리눅스 소프트웨어 스택은 수많은 오픈 소스 소프트웨어 패키지로 이뤄져 있고 상당수가 오픈 소스 라이선스에 따라 작성자들에 의해 배포된 것이다. 특히 GPL 라이선스는 소프트웨어 패키지 바이너리를 빌드하는 데 사용한 모든 소스 코드를 공개해야 하는 문제가 있다. 따라서 오픈 소스 라이선스를 관리하는 것은 중요한 일이며 부하가 많이 걸리는 일이 될 수 있다. 그러나 Yocto는 오픈 소스 라이선스 정보 및 소스 코드 관리를 쉽게 처리할 수 있는 방법을 제공해 이런 불편함을 감소시킨다.

레시피 확장 파일의 경우 기존에 오픈임베디드 코어에서 제공하는 레시피 파일을 추가 또는 변경하는 데 주로 사용된다. 레시피 확장 파일은 앞으로의 실습에서 자주 사용할 것이고, 실제적으로 현업에서도 자주 사용하게 되기 때문에 그 개념을 확실하게 이해하도록 한다.

# CHAPTER 06
# 초기화 관리자 추가 및 로그 파일을 통한 디버깅

## 이 장에서 다루는 내용

6장에서는 5장에서 만든 hello 이미지를 초기화 관리자$^{Initialization\ Manager}$에 추가하는 방법을 다룰 것이다. 초기화 관리자란 리눅스 시스템의 부팅 후 가장 먼저 생성되고 다른 프로세스를 실행하는 init 역할을 하는 데몬$^{daemon}$을 뜻한다. 이 init 역할을 하는 데몬으로는 System V Init과 systemd가 존재한다. 최근 대부분의 리눅스 시스템들이 init 데몬으로 System V Init에서 systemd로 전환을 마쳤거나 전환 중이기 때문에 여기서는 systemd에 대해서만 다루도록 한다.

빌드가 실패했을 때 이를 해결할 수 있는 방법이 있어야 한다. 실패의 원인을 찾는 것이 그 첫 번째 단계이다. 따라서 bitbake가 생성하는 로그 파일을 통해 실패의 원인을 찾는 것이 가장 유용하고 쉬운 방법이다. 6장에서는 오픈임베디드 빌드 시스템에서 제공하는 로그 파일 생성에 대해 알아보고 디버깅 스킬을 학습한다.

## 6.1 systemd 초기화 관리자 추가

앞에서 만든 hello 예제를 좀 더 발전시켜 보자. 앞에서는 hello라는 실행 파일을 만들어 루트 파일 시스템에 추가하고 타깃 시스템을 부팅시켜 콘솔창에서 "hello"를 입력해 실행 파일을 실행하고 그 결과를 봤다.

그러나 실제 이렇게 애플리케이션을 만들고 실행하는 경우는 테스트 용도가 아니라면 정식 방법은 아니다. 리눅스 시스템에서 애플리케이션은 초기화 관리자라고 하는데, System V Init이나 systemd에 의해 실행된다.

Yocto의 경우 기본 초기화 관리자로 System V Init을 사용한다. System V Init은 서비스service들을 갖고 시스템 컴포넌트를 다룬다. 이 서비스들은 '/etc/init.d/' 디렉터리에 저장된 셸 스크립트에 의해 유지된다. 또한 이 서비스들은 다른 Run Level들로 구성되고, 그 구성은 '/etc/rcN.d/' 디렉터리들 내에서 서비스들을 링크link해놓는 것에 의해 유지된다. 여기서 'N'은 '0', '1', '2', '3', '4', '5', '6'의 값을 가질 수 있다. 각각의 Run Level은 이전 Run Level과 의존성을 갖는다. 이 의존성은 서비스들이 적합하게 동작하도록 한다.

필자의 경우 현업에서 systemd를 사용하고 있고, 현재 대부분의 리눅스 시스템들이 systemd로 넘어가고 있거나 이미 넘어가 2015년을 기준으로 수많은 배포판들이 systemd를 자신들의 기본 init 시스템으로 채택하고 있다. 따라서 6장에서는 systemd만을 다룰 것이고 이후의 내용에서도 systemd를 기반으로 설명을 진행할 것이다.

이제 systemd에 대해 알아보자.

그림 6-1에서 보듯이 systemd는 System V Init과 다르게 컴포넌트들을 유닛unit으로 다룬다. 유닛은 앞에서 언급한 서비스보다 훨씬 큰 개념을 담고 있다. System V Init의 Run Level은 systemd에서 target이라는 개념으로 사용된다.

System V Init과 systemd의 가장 큰 차이점은 System V Init은 서비스들이 순차적으로 실행되는 데 반해 systemd는 병렬로 실행된다는 것이다. 그리고 systemd는 시스템이 시작될 때 최소한의 서비스만 실행되고, 필요한 것은 필요 시마다 실행된다. 따라서 systemd가 시스템을 시작할 때 System V Init과 비교해 실행 시간이 짧은 것은 당연하다.

systemd는 매우 복잡하고 많은 기능을 갖고 있기 때문에 이 책에서 systemd를 상세하게 다루는 데는 한계가 있다. 따라서 systemd와 관련해서는 이 책에서 소개하는 Yocto 예제를 이해할 수 있는 수준에서의 내용만 다루도록 하겠다.

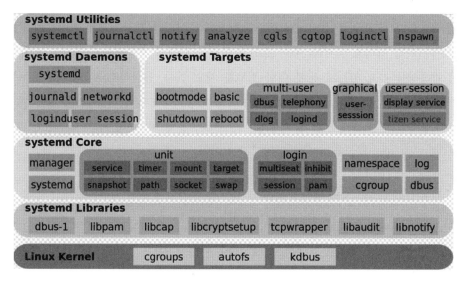

**그림 6-1** systemd의 구조(출처: https://ko.wikipedia.org/wiki/Systemd)

참고로 systemd에서 'd'로 끝나는 것은 데몬daemon을 의미한다. 데몬은 백그라운드에서 실행되는 프로세스다. 즉 메모리에 머물고 있으면서 특정 요청이 오면 바로 대응할 수 있도록 대기 중인 프로세스를 말한다. 데몬은 부모 프로세스를 갖지 않으며, 대부분 프로세스 트리에서 init 바로 아래 위치한다. 다시 말해 시스템의 첫 프로세스인 systemd의 하위 프로세스가 된다. 따라서 이런 데몬들을 실행하고 관리해 주는 데몬이 바로 systemd이다. 기존 리눅스에서의 init 데몬을 systemd가 대체했기 때문에 이전 init과 동일하게 PID '1'을 갖는다. 또한 부모 프로세스가 없기 때문에 PPID 또한 '1'이다.

systemd는 리소스를 unit이라고 불리는 단위로 관리하며, 예제 6-1과 같은 타입의 유닛들이 존재한다.

```
.service, .socket, .device, .mount, .automount, .swap, .target, .path, .timer,
.snapshot, .slice, .scope
```

우리는 systemd에 대해 자세히 다루지 않을 예정이므로 여기서는 '.service' 유닛에 대해서만 다루겠다.

'.service' 유닛 파일은 서비스나 애플리케이션을 서버상에서 어떻게 관리할지를 기술한다. 가령 서비스의 시작, 중지 그리고 어떤 상황에서 자동적으로 실행되는지, 어떤 종속성을 갖고 있는지 등에 대한 정보를 갖고 있다. 일반적으로 '.service' 유닛 파일은 '/lib/systemd/system' 아래에 복사해 동작하도록 한다. 따라서 실습 예제에서 실행 파일을 실행하는 데 사용할 '.service' 유닛 파일인 hello. service 파일도 '/lib/systemd/system/'에 위치시킬 것이다.

## 6.1.1 유닛 파일 내에서의 섹션의 종류

유닛 파일 내에서 'Unit', 'Service', 'Install'과 같은 지시자를 섹션[section]이라고 한다. 여기서 꼭 알아야 하는 기본적인 섹션들은 다음과 같다.

## 1. Unit 섹션

최초로 동작하는 섹션이다. 다른 unit 간의 관계를 설정한다.

• Description: unit에 대한 설명을 갖고 있다.

• Documentation: 서비스에 대한 문서가 있는 URI 또는 main 페이지를 제공한다. 이 정보는 '$ systemctl status hello'와 같은 명령어를 통해 볼 수 있다.

• After: 현재 유닛보다 먼저 실행돼야 하는 유닛들을 나열한다.

• Before: 현재 유닛보다 나중에 실행돼야 하는 유닛들을 나열한다.

• Requires: 현재 유닛이 의존하는 모든 유닛들을 나열한다. 단, 여기서 나열된 유닛들은 전부 문제 없이 실행되고 있어야 한다.

- Wants: Requires와 동일한 기능을 한다. 차이는 Requires는 의존하는 유닛들 중에 실행되지 않는 것이 있다면 현재 유닛을 실행하지 않고, Wants는 의존 유닛들의 실행 유무와 상관없이 실행된다는 것이다.

- BindsTo: 여기에 나열된 유닛들이 종료되면 현재 서비스도 같이 종료된다.

## 2. Service 섹션

이 섹션은 '.service' 유닛 파일에만 적용할 수 있다.

- Type: 서비스가 어떤 형태로 동작되는지 설정한다. 다음 나열한 것 중 하나로 동작된다.

  - simple: Type을 따로 기술하지 않았다면 이 방식으로 동작한다. 이 경우 ExecStart가 기술돼야 한다. 해당 유닛이 시작되면 systemd는 유닛의 시작이 완료됐다고 판단한다.

  - forking: 서비스가 자식 프로세스를 생성할 때 사용한다. PIDFile값에 PID 파일을 지정해야 한다. 이는 부모 프로세스를 추적하는 데 필요하다.

  - oneshot: 서비스가 시작되면 상태를 activating으로 바꾸고 끝날 때까지 기다린다. 따라서 프로세스가 오래 실행되지 않을 때 사용해야 한다. 그래야 systemd가 다음 유닛을 실행할 수 있기 때문이다.

  - dbus: DBUS에 지정된 BusName이 준비될 때까지 대기하며, DBUS가 준비되면 서비스가 실행된다.

  - notify: 서비스가 startup이 끝날 때 systemd에 시그널signal을 보낸다. 이 시그널을 받은 systemd는 다음 유닛을 실행한다.

  - idle: 모든 서비스가 실행된 이후에 실행된다.

  - ExecStart: 서비스를 시작하기 위한 전체 경로이며, 서비스 시작 전에 이 명령어를 실행해야 한다.

- ExecStartPre: 서비스가 시작되기 전에 실행할 명령을 설정한다.

- ExecStartPost: 서비스가 시작되고 나서 실행할 명령을 설정한다.

- Restart: 서비스가 종료됐을 때 자동으로 재시작하게 한다. always, on-success, on-failure, on-abnormal, on-abort, on-watchdog과 같은 값을 사용할 수 있다.

- TimeoutStartSec: 서비스 시작 시 대기하는 시간이다.

이외에도 많은 필드가 존재한다. 여기서는 꼭 필요한 것들만 설명했다.

### 3. Install 섹션

유닛이 활성화되거나 비활성화될 때 유닛의 행동을 정의한다.

- WantedBy: '# systemctl enable' 명령어로 유닛을 등록할 때 등록에 필요한 유닛을 지정한다.

- Also: '# systemctl enable', '# systemctl disable' 명령어로 유닛을 등록 및 해제할 때 함께 enable, disable할 유닛들을 지정한다.

- Alias: 유닛의 별칭을 나타낸다.

### 6.1.2 systemd를 통한 hello 애플리케이션 실행

이제 systemd를 사용해 우리가 만든 hello 애플리케이션을 실행하는 예제를 만들도록 하겠다. 그림 6-2와 같이 5장에서 사용했던 예제에서 hello.bb 레시피 파일이 수정되고, hello.service 파일이 새롭게 추가될 것이다. 예제 소스는 기존에 GitHub에서 받은 소스에서 다음과 같이 확인할 수 있다.

```
$ git checkout systemD
```

또는 다음과 같이 GitHub에서 새로 받을 수 있다.

```
$ git clone https://GitHub.com/greatYocto/poky_src.git -b systemD
```

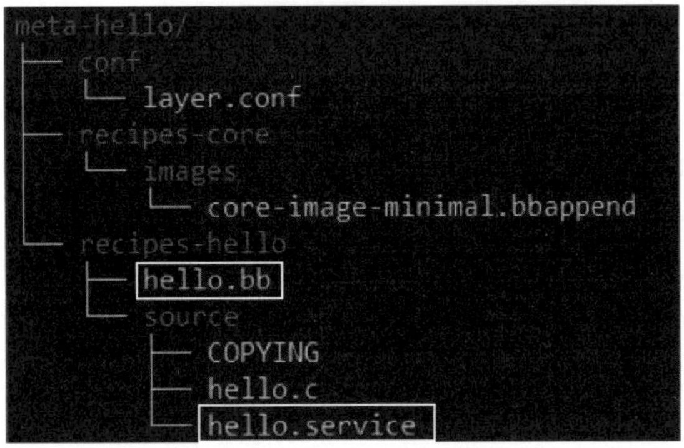

**그림 6-2** 실습에 사용된 파일들

기존에 만든 hello.bb 파일을 리스트 6-1과 같이 수정한다.

**리스트 6-1** hello.bb 파일

```
DESCRIPTION = "Simple helloworld application example"
LICENSE = "MIT"
LIC_FILES_CHKSUM = "file://COPYING;md5=80cade1587e04a9473701795d41a4f0c"

SRC_URI = "file://hello.c"
SRC_URI_append = " file://COPYING"
SRC_URI_append = " file://hello.service"                          → (1)
inherit system                                                     → (2)
S = "${WORKDIR}"
SYSTEMD_SERVICE_${PN} = "hello.service"                            → (3)
SYSTEMD_AUTO_ENABLE = "enable"                                     → (4)

do_compile(){
    ${CC} hello.c ${LDFLAGS} -o hello
}

do_install() {
    install -d ${D}${bindir}
    install -m 0755 hello ${D}${bindir}
    install -d ${D}${systemd_unitdir}/system                       → (5)
    install -m 0644 hello.service ${D}${systemd_unitdir}/system    → (6)
}
FILESEXTRAPATHS_prepend := "${THISDIR}/source:"
FILES_${PN} += "${bindir}/hello"
FILES_${PN} += "${systemd_unitdir}/system/hello.service"           → (7)
```

예제에서 파일의 위치: ~/poky_src/poky/meta-hello/recipes-hello/hello.bb

리스트 6-1에서 작성한 코드를 설명하면 다음과 같다.

(1)의 SRC_URI_append = " file://hello.service"는 systemd가 실행할 서비스 파일을 추가한 부분이다. 이 서비스 파일의 내용은 리스트 6-2와 같다. 서비스 파일이 실행하는 파일은 앞의 예제에서 만든 hello 실행 파일이다.

**리스트 6-2** hello.service 파일

```
[Unit]
Description=Hello World startup script

[Service]
ExecStart=/usr/bin/hello

[Install]
WantedBy=multi-user.target
```

예제에서 파일의 위치: ~/poky_src/poky/meta-hello/recipes-hello/source/hello.service

(3), (4)에서 사용한 변수들은 systemd.bbclass 클래스 파일에서 정의된 변수들이다. (2)와 같이 systemd.bbclass 클래스 파일을 상속받았기 때문에 이 변수들을 사용할 수 있다.

SYSTEMD_SERVICE 변수는 우리가 만든 '.service' 파일을 등록하는 데 필요하고, SYSTEMD_AUTO_ENABLE 변수는 부팅 시 systemd에 우리가 추가한 서비스 파일이 자동적으로 실행되도록 등록한다. 자동적으로 실행되기를 원하지 않는다면 "disable"로 하면 된다.

(5), (6)은 우리가 만든 '.service' 파일을 '/lib/systemd/system'에 위치시키기 위한 구문들이다. 표 6-1은 Yocto에서 사전 정의된 systemd 관련 디렉터리를 가리키는 변수를 나타낸다.

**표 6-1** 사전 정의된 systemd 관련 디렉터리를 가리키는 변수들

| 변수 이름 | 가리키는 곳 |
|---|---|
| systemd_unitdir | /lib/systemd |
| systemd_system_unitdir | /lib/systemd/system |
| systemd_user_unitdir | /usr/lib/systemd/user |

참고로 (5), (6)에서 '${systemd_unitdir}/system'과 같이 표현한 것을 '${systemd_system_unitdir}'로 간단하게 나타낼 수 있다.

(7)은 패키지에 대해 알아야 이해할 수 있기 때문에 15장에서 다시 다루겠다.

앞에서 언급했듯이 Yocto는 기본 초기화 관리자로 System V Init을 갖고 있기 때문에 이것을 systemd로 바꿔야 한다. 이를 위해서는 local.conf 파일을 수정해 줘야 한다.

리스트 6-3과 같이 local.conf 환경 설정 파일 제일 하단에 systemd 관련 내용을 추가한다.

**리스트 6-3** local.conf 파일

```
...
DISTRO_FEATURES_append = " systemd"
DISTRO_FEATURES_remove = "sysvinit"
VIRTUAL-RUNTIME_init_manager = "systemd"
VIRTUAL-RUNTIME_initscripts = "systemd-compat-units"
DISTRO_FEATURES_BACKFILL_CONSIDERED = "sysvinit"
VIRTUAL-RUNTIME_initscript = "systemd-compat-units"
```

예제에서 파일의 위치: ~/poky_src/build/conf/local.conf

예제의 local.conf 파일은 필자의 GitHub에서 다운로드받을 수 있다.

https://GitHub.com/greatYocto/local_conf.git -b systemD

VIRTUAL-RUNTIME을 접두어로 갖는 변수는 실행 시간 의존성을 나태내는 변수라고도 표현한다. 그러나 VIRTUAL-RUNTIME_〈something〉은 단순히 변수로 취급하면 된다. 〈something〉은 메타데이터 파일 내에서 정의되고, VIRTUAL-RUNTIME_〈something〉 변수는 패키지를 값으로 갖는다.

VIRTUAL-RUNTIME_init_manager 변수를 추적해 보면 그림 6-3과 같다. 그림에서 RDEPENDS라는 지시어를 볼 수 있는데 RDEPENDS는 실행 시간 의존성을 나타내는 지시어이다. 참고로 그림의 파일의 경로는 "poky/meta/recipes-extended/packagegroups/packagegroup-core-full-cmdline.bb"이다.

아직 패키지 그룹Package Group과 의존성을 배우지 않았기 때문에 앞의 모든 구문들은 systemd를 사용하는 데 필요한 것들이라고만 이해하자. 참고로 의존성과 패키지 그룹은 8장과 9장에서 따로 다룬다.

```
RDEPENDS_packagegroup-core-full-cmdline-initscripts = "\
    ${VIRTUAL-RUNTIME_initscripts} \
    ${VIRTUAL-RUNTIME_init_manager} \
    ethtool \
    ${VIRTUAL-RUNTIME_login_manager} \
    ${VIRTUAL-RUNTIME_syslog} \
    "
```

**그림 6-3** VIRTUAL-RUNTIME의 사용 예

hello.c 파일을 리스트 6-4와 같이 변경한다. sleep 함수가 QEMU 타깃에서 실행될 때 오랜 시간 멈춰 있는 경우가 가끔 발생하기 때문에 이를 주석 처리한다.

**리스트 6-4** hello.c 파일

```
# include <stdio.h>
# include <unistd.h>
int main(){
    int i = 0;
    while (i < 10) {
        printf ("Hello world!\n");
//      sleep(5);
        i++;
    }
    return 0;
```

```
    }
```

예제에서 파일의 위치: ~/poky_src/poky/meta-hello/recipes-hello/source/
hello.c

수정이 완료되면 예제 6-2와 같이 실행한다.

**예제 6-2** 변경된 코드 실행

```
$ bitbake hello -C fetch
$ bitbake core-image-minimal -C rootfs
$ runqemu core-image-minimal nographic
```

QEMU에서 로그인을 한 이후에 예제 6-3과 같이 실행해 본다. 그림 6-4와 같이
hello 애플리케이션의 로그가 찍히는 것을 볼 수 있다. 이는 5장에서 수작업으로 실
행했던 hello 애플리케이션이 자동으로 실행됐다는 것을 의미한다.

**예제 6-3** runqemu를 통한 시스템 부팅 후 입력 명령들

```
# journalctl -u hello -f &
# systemctl stop hello
# systemctl start hello
```

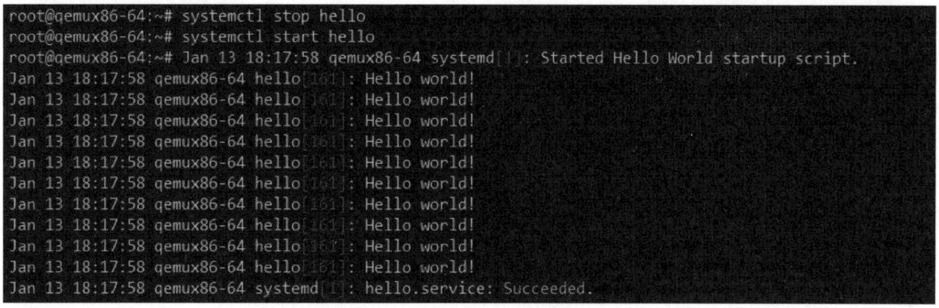

**그림 6-4** systemd를 통한 애플리케이션 실행 화면

참고로 '# journalctl -u hello -f &' 명령어는 hello 서비스에서 출력되는 메시지를 실시간으로 출력하려면 백그라운드에서 동작하라는 명령어다.

앞에서 우리가 만든 hello.service 파일 부팅 시 자동으로 실행되도록 예제 6-4와 같이 SYSTEMD_SERVICE 변수와 SYSTEMD_AUTO_ENABLE 변수를 사용했다.

**예제 6-4** systemd를 통해 서비스 파일을 자동으로 실행

```
SYSTEMD_SERVICE_${PN} = "hello.service"
SYSTEMD_AUTO_ENABLE = "enable"
```

이 변수들은 systemd.bbclass 클래스 파일에 정의돼 있다. 따라서 이 내용에 대해 조금만 더 깊게 들어가 보자. 이해가 가지 않으면 그대로 넘어가도 큰 문제가 없다.

'poky/meta/classes/systemd.bbclass' 파일은 systemd에 대한 처리를 담당하는 오픈임베디드 코어의 클래스 파일이다. 이 파일을 열어보면 리스트 6-5와 같이 systemd_postinst() 함수가 존재한다.

**리스트 6-5** systemd.bbclass 파일

```
…
systemd_postinst() {
if type systemctl >/dev/null 2>/dev/null; then
    OPTS=""
    if [ -n "$D" ]; then
        OPTS="--root=$D"
    fi

    if [ "${SYSTEMD_AUTO_ENABLE}" = "enable" ]; then
        for service in ${SYSTEMD_SERVICE_ESCAPED}; do
            systemctl ${OPTS} enable "$service"
        done
    fi

    if [ -z "$D" ]; then
        systemctl daemon-reload
        systemctl preset ${SYSTEMD_SERVICE_ESCAPED}          → (1)
        if [ "${SYSTEMD_AUTO_ENABLE}" = "enable" ]; then
            systemctl --no-block restart ${SYSTEMD_SERVICE_ESCAPED}
```

```
        fi
    fi
fi
}
…
```

systemd_postinst() 함수는 pkg_postinst라는 스크립트다. pkg_postinst는 루 트 파일 시스템을 생성할 때 실행되거나 타깃이 처음 부팅될 때 실행되는 스크립트를 넣을 때 사용된다. 이 내용은 16장에서 다룬다. 아직 다루지 않은 내용이므로 여기서는 단순히 systemd_postinst는 타깃이 처음 부팅됐을 때 실행되는 스크립트라고 인식하자.

systemd_postinst() 함수를 보면 (1)에서 'systemctl preset xxx' 명령을 볼 수 있다. 사전 설정 파일[preset]은 유닛을 활성화할지, 비활성화할지를 설정하는 데 사용한다. 이 파일의 정보를 사용해 유닛을 활성화 또는 비활성화하는 명령어가 'systemctl preset xxx'이다. 이 명령어는 'systemctl enable' 또는 'systemctl disable'과 동일하다고 보면 된다.

실제로 systemd.bbclass 파일을 보면 SYSTEMD_SERVICE 변숫값에 기반해 98-hello.preset이라는 사전 설정 파일이 do_install 태스크가 완료되면 생성된다. 이 파일은 systemd_postinst() 함수에서 실행되는 구조로 돼 있다. 즉 타깃이 처음 부팅됐을 때 실행된다.

**그림 6-5** hello 애플리케이션 설정을 위해 만들어진 preset 파일

빌드가 완료된 bitbake 작업 디렉터리에서 그림 6-5와 같이 루트 파일 시스템이 만들어지는 디렉터리 아래 '98-hello.preset' 파일이 생성된 것을 볼 수 있다. 파일의 내용은 그림 6-6과 같다.

```
enable hello.service
```

**그림 6-6** 98-hello.preset 파일의 내용

따라서 첫 부팅 시 systemd는 preset 파일을 읽어 hello.service를 활성화해 준다.
이후 타깃 부팅 시 hello.service는 자동적으로 실행된다.

## 6.2 로그를 이용한 디버깅

bitbake는 빌드를 진행하며 메타데이터에 추가한 디버깅 정보나 실행된 모든 명령
의 산출물 그리고 오류 메시지를 기록한다. 또한 태스크 각각에 대해, 전체 빌드 절차
에 대해서도 로그 파일로 기록한다. 실제 현업에서 빌드 문제가 발생했을 때 실패의
원인을 찾고 문제를 식별할 수 있는 능력은 굉장히 중요하다. 많은 경험이 있는 경우
라면 몇 가지 사실만으로도 문제를 파악하고 해결할 수 있다. 그러나 누구나 다 그런
것은 아니기 때문에 문제에 접근할 수 있는 유용한 방법이 필요하다. 그 방법 중 하
나가 바로 로그 파일이다.

6장에서는 로그 파일이 어디에 생성되고, 디버깅 시 로그 파일들을 어떻게 이용해야
하는지에 대해 알아본다.

### 6.2.1 쿠커의 로그 파일 생성

bitbake는 클라이언트-서버client-server 애플리케이션이다. bitbake를 실행할 때 백그
라운드로 서버와 쿠커cooker라고 불리는 백엔드back-end 프로세스를 실행하고, 클라이
언트로 사용자 인터페이스를 위한 프론트엔드front-end 프로세스를 시작한다.

쿠커 백엔드 프로세스는 실제 빌드와 더불어 모든 메타데이터 파일 처리를 수행하고
다수의 스레드thread를 실행한다. 여기서 백엔드와 프론트엔드는 파이프 기반 IPCInter
Process Communication를 이용해 정보를 교환한다. 클라이언트인 사용자 인터페이스는 빌
드 출력, 빌드 상태 및 빌드 진행 상황을 로깅하고 bitbake 이벤트 모듈을 통해 빌드
작업에서 이벤트를 수신하기 위한 메커니즘을 제공한다. 기본적으로 사용되는 사용
자 인터페이스는 bitbake의 콘솔 명령줄 인터페이스인 knotty이다. 그림 6-7은 이

를 도식화한 것이다.

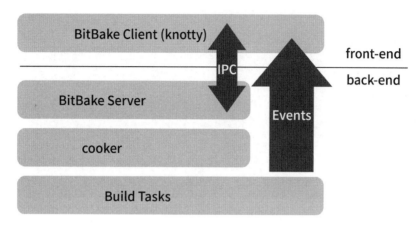

**그림 6-7** bitbake 백엔드, 프론트엔드 구조

여기서 Yocto 쿠커<sup>cooker</sup>가 무엇인지 살펴보자. 빌드가 시작되는 동안 bitbake의 BBCooker 클래스가 시작된다. 관련 파일은 'poky/bitbake/lib/bb/cooker.py' 에 위치하지만, 굳이 분석할 필요는 없다.

bitbake를 실행할 때 대부분의 사용자가 사용하는 기본 서버는 bitbake의 프로세스 서버다. 서버를 불러온 후 bitbake 실행 파일이 쿠커를 실행한다. 쿠커는 bitbake의 핵심 부분이며 Poky 빌드 중에 발생하는 일의 대부분이 처리되는 곳이다. 쿠커는 메타데이터 구문 분석을 관리하고 종속성 및 태스크 체인<sup>chain</sup> 생성을 시작하며 빌드를 관리한다. bitbake 실행 파일에서 쿠커를 실행하면 쿠커는 bitbake 데이터 저장소를 초기화한 후 Poky의 모든 메타데이터 파일을 구문 분석하기 시작한다. 그런 다음 runqueue 객체를 만들고 빌드를 시작한다.

예제 6-5는 쿠커에 의해 만들어진 로그이다. 빌드할 때부터 끝날 때까지 로그가 생성돼 있다.

**예제 6-5** 쿠커 로그

```
woonrae@woonrae:~/poky_src/build/tmp/log/cooker/qemux86-64$ ls
20230227073859.log  20230227073905.log  console-latest.log
```

예제에서 console-latest.log 파일을 열어보면 그림 6-8과 같다.

```
Build Configuration:
BB_VERSION           = "1.46.0"
BUILD_SYS            = "x86_64-linux"
NATIVELSBSTRING      = "universal"
TARGET_SYS           = "x86_64-poky-linux"
MACHINE              = "qemux86-64"
DISTRO               = "poky"
DISTRO_VERSION       = "3.1.23"
TUNE_FEATURES        = "m64 core2"
TARGET_FPU           = ""
meta
meta-poky
meta-yocto-bsp
meta-hello           = "main:9661c8e832df3e1f4d9e078d3548bce97d3512f2"
```

**그림 6-8** console-latest.log 파일

그림 6-8의 로그상에서 몇 가지 유용한 정보에 대해 살펴보자.

- BB_VERSION: bitbake 버전을 나타낸다. 우리가 앞에서 코드네임이 dunfell인 Yocto 버전을 다운로드받았기 때문에 이와 매칭되는 bitbake 버전이 1.46이다.

- BUILD_SYS: 호스트 빌드 시스템을 나타낸다. 호스트 PC상에서 'uname -a'라고 명령어를 입력하면 이 정보를 볼 수 있다.

- NATIVELSBSTRING: 호스트의 배포자를 식별하기 위한 문자열이다. 리눅스 배포판 버전을 확인하는 방법에는 CentOS에서 'cat/etc/redhat-release', ubuntu에서 'cat/etc/issue' 명령을 통해 확인할 수 있다. 하지만 ubuntu의 경우 패키지를 설치할 때 배포판 코드네임까지 확인이 필요할 경우가 있다. 이 경우 '$ lsb_release -a'라는 명령어를 통해 그림 6-9와 같이 확인할 수 있다.

```
No LSB modules are available.
Distributor ID: Ubuntu
Description:     Ubuntu 18.04.6 LTS
Release:        18.04
Codename:       bionic
```

**그림 6-9** ubuntu 배포판 코드 확인

그렇다면 의문이 드는 것이 NATIVELSBSTRING 변수의 값은 'Ubuntu 18.04'가 돼야 할 것 같은데 "universal"이라는 값을 가진 이유는 무엇일까? 이는 네이티브[1] 레시피가 호스트 배포판에서 제공하는 glibc 버전이 아니라 Yocto 프로젝트에서 배포하는 glibc 버전으로 컴파일되고 있음을 의미한다. 이 내용은 4장에서 uninative를 언급하면서 설명했다.

- MACHINE: bitbake가 빌드하기 위한 타깃 머신의 이름이다.

- DISTRO: 타깃 시스템 배포의 이름이다.

## 6.2.2 태스크 로그 파일, 태스크 스크립트 파일 그리고 디버깅 팁

bitbake는 빌드 과정에서 태스크를 수행하며 그에 따른 로그 파일, 스크립트 파일을 생성한다. 태스크의 로그 파일, 스크립트 파일의 저장 위치는 T 변수에 할당돼 있다. T 변수의 값은 기본값으로 T = "${WORKDIR}/temp"를 갖는다.

그림 6-10과 같이 hello 레시피에 대해 '$ bitbake-getvar' 명령을 통해 확인해 보자.

```
woonrae@woonrae:~/poky_src/build$ bitbake-getvar -r hello T
#
# $T [3 operations]
#   set /home/woonrae/poky_src/poky/meta/conf/bitbake.conf:371
#     "${WORKDIR}/temp"
#   set /home/woonrae/poky_src/poky/meta/conf/documentation.conf:414
#     [doc] "This variable points to a directory were BitBake places temporary files, which consist mostly of
task logs and scripts, when building a particular recipe."
#   override[task-clean]:set /home/woonrae/poky_src/poky/meta/classes/utility-tasks.bbclass:22
#     "${LOG_DIR}/cleanlogs/${PN}"
# pre-expansion value:
#   "${WORKDIR}/temp"
T="/home/woonrae/poky_src/build/tmp/work/core2-64-poky-linux/hello/1.0-r0/temp"
```

**그림 6-10** 로그 파일이 저장되는 경로를 갖고 있는 T 변수

태스크 로그 파일은 log.do_⟨taskname⟩.⟨pid⟩와 같은 형식을 갖는다. pid는 bitbake가 실행한 태스크 프로세스의 ID이다. 프로젝트를 빌드하면서 동일한 태스

---

1  네이티브(native)라는 뜻은 영어로 현지인, 토착민을 나타내는데 우리가 리눅스상에서 native란 단어는 보통 호스트를 가리킨다. 따라서 네이티브 레시피라고 하면 호스트 빌드를 위해 만들어지는 레시피라고 생각하면 되고, 이것은 빌드 중에 필요로 하는 호스트 툴을 만드는 데 필요하다. 가령 arm 아키텍처를 사용하는 타깃을 빌드하는 데 arm용 gcc 컴파일러가 필요하다. 그러나 gcc 컴파일러 소스 자체는 호스트인 x86에서 빌드되기 때문에 x86 호스트 컴파일러 툴이 필요하다.

크를 여러 번 수행할 것이기 때문에 그때마다 태스크 프로세스 ID는 바뀔 것이다. 따라서 같은 태스크를 수행한다고 하더라도 매번 다른 이름의 로그 파일이 생성된다.

로그 파일 중에서 log.do_〈taskname〉과 같이 .〈pid〉 확장자를 갖지 않은 파일은 심볼릭 링크 파일이다. 예제 6-6과 같이 이 파일은 현재 수행되거나 바로 직전에 수행된 출력 로그를 가리킨다.

**예제 6-6** log.do_compile 로그 파일

```
woonrae@woonrae:~/poky_src/build/tmp/work/core2-64-poky-linux/hello/1.0-r0/temp$
ls -l log.do_compile

lrwxrwxrwx 1 woonrae woonrae 19 Apr  6 17:35 log.do_compile -> log.do_compile.4442
```

bitbake는 태스크 실행 중에 수행하는 명령어를 스크립트 파일로 만든다. 이 태스크 스크립트 파일은 run.do_〈taskname〉.〈pid〉와 같은 형식을 갖고 있고, 태스크 로그 파일과 동일한 경로에 저장된다. 현재 실행 중이거나 직전에 수행된 태스크 스크립트 파일은 run.do_〈taskname〉과 같은 이름을 갖는다.

실제적으로 temp 디렉터리에서 필자가 가장 중요하다고 생각하는 파일은 log.task_order 파일이다. 이 파일은 최근 실행된 프로세스 ID와 함께 실행된 태스크의 순차적 목록을 갖고 있다. 우선 이 파일을 확인하기 전에 기존에 빌드한 이력이 너무 많기 때문에 log.task_order 파일을 분석하기 힘들다. 따라서 예제 6-7과 같이 temp 디렉터리를 삭제한다.

**예제 6-7** temp 디렉터리 삭제

```
woonrae@woonrae:~/poky_src/build/tmp/work/core2-64-poky-linux/hello/1.0-r0$
rm -rf temp
```

이후 다시 깨끗하게 빌드 수행을 위해 '$ bitbake hello -C fetch' 명령을 입력한다. 그런 다음 'poky_src/build/tmp/work/core2-64-poky-linux/hello/1.0-r0/temp/log.task_order' 파일을 열어보면 그림 6-11과 같이 bitbake가 수행한 태스크 이력을 확인할 수 있다.

```
do_fetch (26346): log.do_fetch.26346
do_prepare_recipe_sysroot (26348): log.do_prepare_recipe_sysroot.26348
do_unpack (26347): log.do_unpack.26347
do_patch (26356): log.do_patch.26356
do_populate_lic (26365): log.do_populate_lic.26365
do_deploy_source_date_epoch (26364): log.do_deploy_source_date_epoch.26364
do_configure (26425): log.do_configure.26425
do_compile (26429): log.do_compile.26429
do_install (26445): log.do_install.26445
do_populate_sysroot (26457): log.do_populate_sysroot.26457
do_package (26456): log.do_package.26456
do_packagedata (26578): log.do_packagedata.26578
do_package_write_rpm (26620): log.do_package_write_rpm.26620
do_package_qa (26621): log.do_package_qa.26621
```

**그림 6-11** log.task_order 파일의 내용

그림에서 do_install 태스크에 해당하는 로그 파일과 스크립트 파일을 예로 보도록 하자. 해당 로그 파일은 그림 6-12와 같다. 앞에서 설명했듯이 log.do_install.26445 파일과 log.do_install 파일이 동일하기 때문에 둘 중 하나의 파일을 열어보면 된다.

```
DEBUG: Python function extend_recipe_sysroot finished
DEBUG: Executing shell function do_install
DEBUG: Shell function do_install finished
DEBUG: Executing shell function remove_libtool_la
DEBUG: Shell function remove_libtool_la finished
DEBUG: Executing python function rm_sysvinit_initddir
DEBUG: Python function rm_sysvinit_initddir finished
DEBUG: Executing python function rm_systemd_unitdir
DEBUG: Python function rm_systemd_unitdir finished
```

**그림 6-12** log.do_install 파일

파일을 보면 수행하면서 발생한 로그가 남아 있다. 따라서 빌드 에러가 발생할 경우 에러가 발생한 태스크의 로그 파일을 열어보면 왜 에러가 발생했는지에 대한 정보를 획득할 수 있다.

그림 6-13은 do_install 태스크 스크립트 파일이다. 마찬가지로 temp 디렉터리 아래 run.do_install 파일을 열어보면 된다. 그림 6-13은 내용 관계상 앞의 변수 선언부는 생략하고 실제 실행되는 do_install 태스크만을 추출한 화면이다.

```
do_install() {
  install -d /home/great/github/poky_src/build/tmp/work/core2-64-poky-linux/hello/1.0-r0/image/usr/bin
  install -m 0755 hello /home/great/github/poky_src/build/tmp/work/core2-64-poky-linux/hello/1.0-r0/image/usr/bin

  install -d /home/great/github/poky_src/build/tmp/work/core2-64-poky-linux/hello/1.0-r0/image/lib/systemd/system
  install -m 0644 hello.service /home/great/github/poky_src/build/tmp/work/core2-64-poky-linux/hello/1.0-r0/image/lib/systemd/system
}
```

**그림 6-13** run.do_install 파일

여기서 중요한 디버깅 팁을 배워보자. 앞에서 run.do_〈taskname〉 파일을 태스크 실행 스크립트 파일이라고 부른다고 했다. 이 파일은 셸 스크립트로 구성돼 있어 바로 실행이 가능하다. 따라서 run.do_install 스크립트가 존재하는 디렉터리에서 '$ ./run.do_install'과 같이 콘솔창에서 실행해 보자. 실행되는 것을 볼 수 있는데 태스크 실행 스크립트 파일 내에 변수를 출력하거나 디버깅을 위한 로그를 넣는 것도 가능하다는 것을 알 수 있다.

그림 6-14와 같이 run.do_install 파일을 변경해 보자. 단순히 문자열 출력과 내부 변수를 출력하도록 변경했다.

```
do_install() {
  install -d /home/great/github/poky_src/build/tmp/work/cor
  install -m 0755 hello /home/great/github/poky_src/build/t

  install -d /home/great/github/poky_src/build/tmp/work/cor
  install -m 0644 hello.service /home/great/github/poky_src

  echo "This is test"
  echo "BUILD_CC is ${BUILD_CC}"
}
```

**그림 6-14** run.do_install 파일의 변경

변경된 스크립트를 '$ ./run.do_install'과 같이 실행해 보면 예제 6-8과 같은 결과를 볼 수 있다.

**예제 6-8** run.do_install 태스크 스크립트 파일 실행

```
woonrae@woonrae:~/poky_src/build/tmp/work/core2-64-poky-linux/hello/1.0-r0/temp$
./run.do_compile

This is test
```

필자는 현업에서 bitbake 수행 도중 원하지 않는 결과가 나오거나 에러가 발생했을 때 태스크 실행 스크립트 파일에 로깅 데이터를 추가해 디버깅을 수행하는 경우가 종종 있다. 이 방법은 실제로 디버깅에 많은 도움이 된다. 독자 여러분도 이 방법을 잘 활용하면 디버깅에 많은 도움이 될 것이라고 생각한다.

## 6.3 요약

현재 대부분의 리눅스 시스템들이 init 프로세스로 systemd를 사용한다. systemd는 PID 1을 차지하고 있는 프로세스인 많은 중요한 기능을 많이 갖고 있다. systemd 이전에는 System V Init이라는 프로세스가 그 역할을 담당했다. 그러나 System V Init 기능의 한계를 극복하려고 systemd가 등장했고 System V Init과 다르게 병렬로 실행돼 부팅 속도의 향상을 가져오는 등 향상된 다양한 기능을 제공하게 됐다.

로그 파일을 이용한 디버깅도 6장에서 다뤘다. 전체 로그를 저장하는 쿠커 로그 파일과 태스크 단위로 생성되는 로그들에 대해서도 다뤘다.

빌드가 실패했을 때 대처할 수 있는 가장 좋은 방법은 실행 로그를 얻어 분석하는 것인데 bitbake는 빌드를 진행하면서 로그 파일을 생성하기 때문에 이 로그 파일을 열어 확인해 보면 왜 문제가 발생했는지를 알 수 있다. 또한 태스크 실행 스크립트 파일도 생성하기 때문에 문제가 발생한 태스크에 로그 메시지를 삽입해 재현 테스트가 가능하다.

# CHAPTER 07

# 유용한 오픈임베디드 코어 클래스 기능을 사용한 빌드 최적화

## 이 장에서 다루는 내용

» 7.1 Autotools를 이용한 nano editor 빌드
» 7.2 빌드히스토리
» 7.3 rm-work를 통한 디스크 크기 절감
» 7.4 externalsrc를 이용한 외부 소스로부터 소스 빌드
» 7.5 요약

GNU Autotools는 GNU 빌드 시스템으로 UNIX 기반 시스템에서 소스 코드를 빌드하는 데 도움을 주는 빌드 툴이다. 따라서 리눅스도 UNIX와 비슷하기 때문에 이 툴의 이용이 가능하다.

세상에는 다양한 플랫폼과 머신이 존재한다. 이에 맞는 애플리케이션을 개발하는 것은 매우 복잡하고 어렵다. Autotools는 서로 다른 환경에도 불구하고 개발자가 그 차이점을 이해하지 않아도 빌드가 가능하도록 환경 설정을 해주는 유용한 툴이다. 그림 7-1은 GNU 로고이다.

**그림 7-1** GNU 로고(출처: https://commons.wikimedia.org/wiki/File:The_GNU_logo.png)

오픈임베디드 빌드 시스템 내에는 Autotools를 다루는 함수들이 클래스 파일에 존재하기 때문에 우리가 Autotools를 세세하게 다루는 방법을 알 필요가 없다. 앞에서 언급했듯이 Yocto는 추상화가 잘 돼 있어 우리가 원하는 기능을 사용하고자 할 때 사용법만 알면 되지 그 세세한 사항까지 알 필요가 없도록 만들어져 있기 때문이다.

여기서는 nano editor 코드를 받아 Autotools에 대한 예제를 진행할 것이다. 또한 nano editor 예제를 갖고 externalsrc.bbclass라는 클래스의 사용법에 대해서도 학습할 것이다. 이것은 변경하고자 하는 소스를 로컬에 저장해 편집할 수 있도록 해준다. 가령 nano editor 패키지의 경우 소스를 외부에서 받아와야만 한다. 만약 우리가 nano editor 소스에 어떤 변경을 해야 할 때 우리는 소스를 다운로드한 build 디렉터리 아래로 가서 수정하고 재빌드를 진행해야 한다. 그런데 이 방법에는 문제가 있다. 실수로 clean, fetch, patch 등의 태스크를 수행하면 다시 소스를 새롭게 받아오기 때문에 수정한 소스가 사라진다. 따라서 우리는 이런 문제를 피할 수 있도록 externalsrc라는 클래스를 사용할 것이다.

## 7.1 Autotools를 이용한 nano editor 빌드

단순하게 소스 파일이 한두 개일 때는 컴파일하고 설치하는 것이 쉽다. 그러나 수만 개의 소스 파일을 컴파일하고 설치하는 것은 매우 어려운 일이다. 또한 세상에는 다양한 아키텍처를 가진 머신이 존재하고 아키텍처에 따라 소스를 컴파일하는 컴파일러도 바뀌어야 한다. 따라서 소프트웨어 패키지를 컴파일하고 설치하는 데 있어서 언급된 불편함들을 최소화할 수 있도록 Autotools 빌드 시스템을 사용한다.

Autotools는 autoconf, automake, libtool 도구들로 구성돼 있는 빌드 시스템이다. 많은 GNU 소프트웨어 패키지들이 Autotools를 사용해 빌드 환경을 구성한다.

- autoconf: configure.ac를 파싱 → configure 스크립트 생성 및 실행 → 최종 Makefile 생성

- automake: Makefile.am을 파싱 → Makefile.in 생성 → configure 파일에서 Makefile 생성 시 참고

- libtool: 라이브러리 생성 처리

이 책에서는 따로 Autotools에 대해 상세하게 다루지는 않을 것이다. 다만, 오픈임베디드 코어에서 제공하는 Autotools 클래스를 이용해 쉽게 빌드하는 방법을 배우는 데 주안점을 두고 진행할 것이다.

Autotools의 이해를 위해 nano editor 패키지 소스를 외부에서 받아 이를 Autotools를 이용해 빌드해 본다. 이를 통해 우리는 Autotools가 왜 유용한 툴인지 그리고 오픈임베디드 빌드 시스템은 어떻게 이 기능을 제공하는지에 대해 알게 될 것이다.

실습 순서는 다음과 같다.

- meta-nano-editor라는 meta layer를 생성한다.

- 깃으로부터 nano editor tarball 파일을 받아 이를 Autotools를 이용해 빌드하는 레시피를 작성한다.

실습 소스는 다음과 같이 받을 수 있다.

- 기존에 GitHub에서 받은 소스상에서 다음의 명령을 입력한다.

```
$ git checkout nano
```

- 다음과 같이 GitHub에서 새로 받을 수 있다.

```
$ git clone https://GitHub.com/greatYocto/poky_src.git -b nano
```

먼저 nano-6.0.tar.gz 파일을 받아보자. 임의의 디렉터리를 생성하고 디렉터리 아래에서 예제 7-1과 같이 명령을 입력해 nano tarball 파일을 받아온다. 필자의 경우 예제와 같이 tmp라는 임시 디렉터리를 생성하고, 이 디렉터리에 파일을 다운로드했다.

**예제 7-1** nano editor 소스받기

```
woonrae@woonrae:~/tmp$ wget https://www.nano-editor.org/dist/v6/nano-6.0.tar.gz
```

소스의 다운로드를 완료했다면 그림 7-2와 같은 화면을 볼 수 있다.

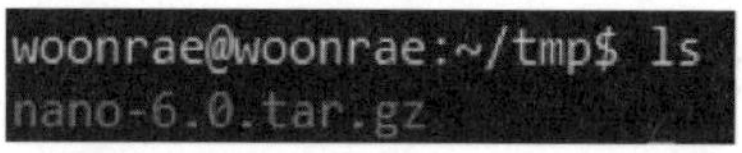

**그림 7-2** nano editor 소스를 받은 화면

레시피 파일을 만들기 전에 사전 작업으로 라이선스 파일 checksum 값 계산을 위해 그림 7-3과 같이 다운로드받은 tarball 파일의 md5sum값을 구한다.

**그림 7-3** nano editor tarball의 checksum 값 계산

다운로드받은 파일의 압축을 풀 경우에는 '$ tar -xvf nano-6.0.tar.gz'와 같이 명령어를 입력한다. 압축이 해제되면 그림 7-4와 같은 nano editor 소스를 볼 수 있다.

**그림 7-4** 다운로드받은 nano editor tarball 파일의 압축 해제

그림 7-5에서는 COPYING, COPYING.DOC 파일의 라이선스 checksum 계산을 위해 이 파일들의 MD5값을 md5sum 툴을 이용해 계산한다.

**그림 7-5** COPYING, COPYING.DOC 파일의 checksum 계산

참고로 checksum을 계산하는 방법은 MD5 외에 SHA256도 있다. 그러나 여기서는 MD5값만 구한다. 실제로 라이선스 checksum을 구하려고 그림 7-5와 같이 일일이 계산을 미리 해둘 필요는 없다. 왜냐하면 라이선스 checksum 값을 레시피 파일에 기입하지 않고 실행시키면 에러가 나면서 친절하게 해당 파일에 대한 checksum 값을 알려주기 때문이다. 굳이 checksum을 계산한 것은 독자 여러분의 이해를 돕기 위한 것이다.

그림 7-6과 같이 새로운 메타 레이어를 하나 만들어 준다. 디렉터리 이름은 meta-nano-editor라고 하자. 디렉터리의 구조와 파일의 배치는 그림 7-6과 같다. 우리가 앞에서 다운로드받은 nano editor의 버전이 6.0이기 때문에 레시피 파일 이름도 이에 맞춰 nano_6.0으로 했다.

**그림 7-6** nano editor를 위한 레이어와 메타데이터 파일 생성

먼저 bitbake가 새롭게 생성된 레이어의 기본 정보를 파악할 수 있도록 환경 설정 파일인 layer.conf 파일을 리스트 7-1과 같이 추가한다. 이 파일의 BBFILES 변수에 새로 추가된 레시피 파일 nano_6.0.bb 경로가 추가됐다.

**리스트 7-1** layer.conf 파일

```
BBPATH =. "${LAYERDIR}:"
BBFILES += "${LAYERDIR}/recipes*/*.bb"
BBFILE_COLLECTIONS += "nano-editor"
BBFILE_PATTERN_nano-editor = "^${LAYERDIR}/"
BBFILE_PRIORITY_nano-editor = "10"
LAYERSERIES_COMPAT_nano-editor = "${LAYERSERIES_COMPAT_core}"
```

예제에서 파일의 위치: ~/poky_src/poky/meta-nano-editor/conf/layer.conf

레시피 파일인 nano_6.0.bb 파일의 내용은 리스트 7-2와 같다.

**리스트 7-2** nano_6.0.bb 파일

```
DESCRIPTION = "Nano editor example"
LICENSE = "GPLv3"
LIC_FILES_CHKSUM = "file://COPYING;md5=f27defe1e96c2e1ecd4e0c9be8967949 \     → (1)
                    file://COPYING.DOC;md5=ad1419ecc56e060eccf8184a87c4285f"

SRC_URI = "https://www.nano-editor.org/dist/v6/nano-6.0.tar.gz"
SRC_URI[md5sum] = "191152bb1d26cefba675eb0e37592c4e"                         → (2)
DEPENDS = "ncurses"                                                         → (3)

inherit gettext pkgconfig autotools                                        → (4)
```

예제에서 파일의 위치: ~/poky_src/poky/meta-nano-editor/recipes-nano/
nano_6.0.bb

bitbake는 checksum을 이용해 다운로드 파일 검증을 한다. MD5나 SHA256 중
하나가 반드시 있어야 한다. 앞에서 다운로드받은 nano-6.0.tar.gz에 대한 MD5
checksum 값을 md5sum 툴을 이용해 구했다. 압축을 풀고 이미 해당 디렉터리 내
에 COPYING, COPYING.DOC 파일의 MD5 checksum 값을 구했기 때문에 그
값을 (1)과 같이 레시피 파일에 넣어주면 된다.

(2)는 SRC_URI 변수 밖에서의 checksum 값 대입이다. 그러나 예제 7-2와 같이 처리해도 된다.

**예제 7-2** SRC_URI 변수 내에서 checksum 제공

```
SRC_URI = "https://www.nano-editor.org/dist/v6/nano-6.0.tar.gz;md5sum=191152bb1d2
6cefba675eb0e37592c4e"
```

(3)은 의존성을 나타낸다. nano 패키지는 ncurses[1]라는 패키지와 의존성을 가졌다는 것을 나타낸다. 다시 말해 nano 패키지를 생성하는 데 ncurses라는 패키지가 앞서 필요하다는 것을 bitbake에게 알려줘 빌드 시 패키지 간의 빌드 우선순위를 정하게 한다.

(4)는 오픈임베디드 코어에서 제공하는 클래스 파일을 사용해 Autotools의 기능을 사용하는 것이다. Yocto에서 제공하는 기능을 사용하고자 할 때는 단순히 Yocto에서 제공하는 클래스 파일을 상속하는 것만으로도 기능을 사용하는 데 충분하다.

nano editor 소프트웨어 패키지를 Autotools로 빌드하면서 단순히 레시피 파일 내에 'inherit autotools'라는 한 줄을 추가했다. 이런 방법이 가능한 것은 빌드의 복잡성을 모두 Autotools 클래스에 숨기고 있기 때문이다.

새로 메타 레이어를 만들었기 때문에 이 레이어를 bitbake가 인식할 수 있도록 bblayers.conf 파일에 새로 만든 레이어의 경로를 리스트 7-3과 같이 추가해야 한다. 단, bblayers.conf 파일에 추가한 경로는 각자 만든 레이어의 위치에 따라 다를 수 있다. 리스트 7-3은 필자 PC상에서의 레이어의 절대 경로이다.

**리스트 7-3** bblayers.conf 파일 추가

```
POKY_BBLAYERS_CONF_VERSION = "2"
BBPATH = "${TOPDIR}"
BBFILES ?= ""
BBLAYERS ?= " \
```

---

1  ncurses(new curses)는 프로그래머가 텍스트 사용자 인터페이스를 터미널 독립 방식으로 기록할 수 있도록 API를 제공하는 프로그래밍 라이브러리다.

```
        /home/woonrae/poky_src/poky/meta \
            /home/woonrae/poky_src/poky/meta-poky \
            /home/woonrae/poky_src/poky/meta-yocto-bsp \
            /home/woonrae/poky_src/poky/meta-hello \
            /home/woonrae/poky_src/poky/meta-nano-editor \
        "
```

예제에서 파일의 위치: ~/poky_src/build/conf/bblayers.conf

이제 새로 생성한 nano 레시피 파일을 '$ bitbake nano' 명령어를 통해 빌드해 본다.

빌드가 완료되면 그림 7-7과 같이 실행 파일이 생성되는 것을 볼 수 있다.

```
woonrae@woonrae:~/poky_src/build/tmp/work/core2-64-poky-linux/nano/6.0-r0/image/usr/bin$ ls
nano   rnano
```

**그림 7-7** nano 레시피 파일 빌드 후 산출물의 위치

우리가 nano editor 소스 빌드를 위해 한 것은 소스의 위치를 레시피 파일에 추가하고 Autotools 클래스 파일을 상속받은 것 외에는 없다. 그러나 bitbake는 nano editor 레시피 빌드 작업을 단순하게 처리한 것이 아니다. 실제로 bitbake가 nano editor 레시피 빌드를 위해 어떤 일을 했는지 6장에서 언급한 빌드 로그를 통해 확인해 보자. 그림 7-8과 같이 log.task_order 파일을 살펴보도록 하겠다. 참고로 log.task_order 파일의 위치는 'poky_src/build/tmp/work/core2-64-poky-linux/nano/6.0-r0/temp/log.task_order'이다.

```
do_fetch (27304): log.do_fetch.27304
do_unpack (27305): log.do_unpack.27305
do_prepare_recipe_sysroot (27306): log.do_prepare_recipe_sysroot.27306
do_patch (27315): log.do_patch.27315
do_deploy_source_date_epoch (27323): log.do_deploy_source_date_epoch.27323
do_populate_lic (27324): log.do_populate_lic.27324
do_configure (27379): log.do_configure.27379
do_compile (31946): log.do_compile.31946
do_install (32329): log.do_install.32329
do_populate_sysroot (32692): log.do_populate_sysroot.32692
do_package (32691): log.do_package.32691
do_packagedata (339): log.do_packagedata.339
do_package_write_rpm (380): log.do_package_write_rpm.380
do_package_qa (381): log.do_package_qa.381
```

**그림 7-8** nano editor 패키지 빌드에 따른 log.

실제로 우리가 한 것은 nano editor의 소스 위치를 bitbake에게 알려줬을 뿐이다. 그런데 bitbake는 우리가 생성하지 않은 여러 태스크를 실행하고 알아서 최종 바이너리까지 생성했다.

이 과정을 간단하게 표현해 보자. 그림 7-9와 같이 bitbake는 wget으로 nano editor 소프트웨어 패키지를 외부로부터 받아오고, 내부적으로는 오픈임베디드 코어에서 Autotools 클래스를 비롯한 메타데이터들을 이용해 빌드를 진행한다. 그리고 최종 결과물인 바이너리를 만들어 낸다.

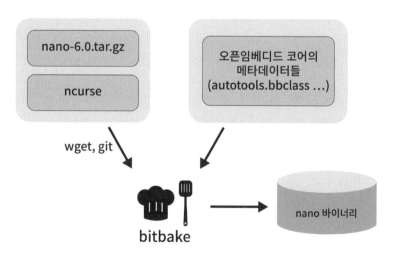

**그림 7-9** nano editor 패키지 빌드와 bitbake

이제 빌드를 통해 만들어진 nano editor 바이너리를 루트 파일 시스템에 넣어 최종 타깃에서 결과를 확인해 본다. hello 예제와 동일하게 이미지를 생성하는 레시피의 레시피 확장 파일을 만들어 진행한다. 최종적인 예제의 디렉터리 구조는 그림 7-10과 같다.

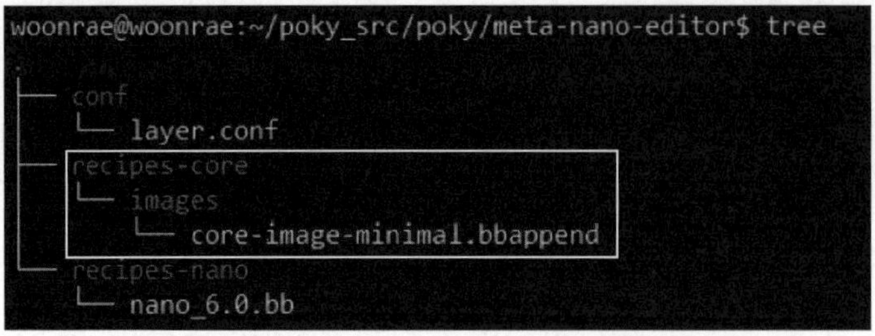

**그림 7-10** nano editor 레이어의 최종 디렉터리 구조

먼저 meta-nano-editor 디렉터리에 예제 7-3과 같이 명령을 입력해 레시피 확장 파일이 위치할 디렉터리를 생성한다. 참고로 이렇게 디렉터리를 생성하는 이유는 core-image-minimal.bb 파일이 'meta/recipes-core/images'에 위치하기 때문에 동일하게 맞추기 위해서다. 디렉터리 형태를 동일하게 꼭 맞출 필요는 없지만, 독자 여러분의 이해를 위해서다.

**예제 7-3** 이미지 추가를 위한 디렉터리 생성

```
$ mkdir -p recipes-core/images
```

그런 다음 images 디렉터리 아래 core-image-minimal.bbappend 레시피 확장 파일을 생성하고 리스트 7-4와 같이 내용을 입력한다.

**리스트 7-4** core-image-minimal.bbappend 파일

```
IMAGE_INSTALL += "nano"
```

예제에서 파일의 위치: ~/poky_src/poky/meta-nano-editor/recipes-core/images/core-image-minimal.bbappend

기존 예제에서는 레시피 확장 파일에서 IMAGE_INSTALL_append = "hello"와 같이 추가하고자 하는 패키지의 레시피 이름에 공백 한 칸을 주고 입력했으나, 여기서는 공백 없이 바로 입력했다. 이는 앞서 두 문자열이 합쳐졌을 때의 공백 문자 유무에 따른 차이로 표 7-1에 정리했다.

**표 7-1** 연산자들의 공백 문자 처리

| 연산자 | 공백 문자에 대한 처리 |
|---|---|
| _append | 공백 없이 추가됨 |
| _prepend | 공백 없이 추가됨 |
| += | _append 연산자와 동일한 기능, 공백과 함께 추가됨 |
| =+ | _prepend 연산자와 동일한 기능, 공백과 함께 추가됨 |
| .= | _append 연산자와 동일한 기능, 공백 없이 추가됨 |
| =. | _prepend 연산자와 동일한 기능, 공백 없이 추가됨 |

또한 새로 추가한 레시피 확장 파일을 bitbake가 인식할 수 있도록 리스트 7-5와 같이 layer.conf 파일에서 BBFILES 변수에 레시피 확장 파일의 경로를 추가한다.

**리스트 7-5** layer.conf 파일

```
BBPATH  =. "${LAYERDIR}:"
BBFILES += "${LAYERDIR}/recipes*/*.bb"
BBFILES += "${LAYERDIR}/recipes*/*/*.bbappend"
BBFILE_COLLECTIONS += "nano-editor"
BBFILE_PATTERN_nano-editor = "^${LAYERDIR}/"
BBFILE_PRIORITY_nano-editor = "10"
LAYERSERIES_COMPAT_nano-editor = "${LAYERSERIES_COMPAT_core}"
```

예제에서 파일의 위치: ~/poky_src/poky/meta-nano-editor/conf/layer.conf

이제 예제 7-4와 같이 실행해 최종 타깃 이미지를 생성하고 최종 결과 확인을 위해 QEMU를 실행시킨다.

**예제 7-4** nano editor 빌드 및 루트 파일 시스템 이미지 생성과 QEMU 실행

```
$ bitbake nano -c cleanall && bitbake nano
$ bitbake core-image-minimal -C rootfs
$ runqemu core-image-minimal nographic
```

QEMU가 부팅되면 로그인을 하고 nano editor 실행을 위해 '# nano'와 같이 입력한다. 입력 결과로 그림 7-11과 같이 nano editor가 실행되는 것을 볼 수 있다.

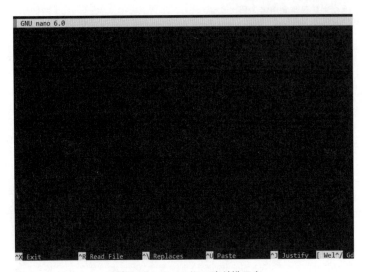

**그림 7-11** nano editor의 실행 모습

## 7.2 빌드히스토리

Yocto에서는 이미지의 변경점을 추적하고 변경된 이미지가 수행한 빌드 절차를 이전과 비교할 수 있는 기능을 제공하는데 이를 빌드히스토리buildhistory라고 한다. 빌드히스토리 기능을 사용하려면 리스트 7-6과 같이 local.conf 파일에 buildhistory.bbclass 클래스 파일과 관련 변수 몇 개만 추가하면 된다.

**리스트 7-6** local.conf 파일

```
...
INHERIT += "buildhistory"                                                        → (1)
BUILDHISTORY_COMMIT = "1"                                                         → (2)
BUILDHISTORY_COMMIT_AUTHOR = "Woonrae rae <woonrae@greatyocto.com>"               → (3)
BUILDHISTORY_DIR ="${TOPDIR}/buildhistory"                                        → (4)
BUILDHISTORY_IMAGE_FILES = "/etc/passwd /etc/group"                               → (5)
```

예제에서 파일의 위치: ~/poky_src/build/conf/local.conf

실습에 사용되는 local.conf 파일은 필자의 GitHub의 'git clone https://GitHub.com/greatYocto/local_conf.git -b buildhistory'에서 받을 수 있다.

리스트 7-6에서 (1)은 buildhistory.bbclass 클래스를 상속해 활성화시킨다.

참고로 클래스를 상속하는 지시자는 두 가지가 존재한다. 여기서는 이 두 가지 지시자 inherit, INHERIT의 차이점에 대해 알아보자.

레시피에서 클래스 파일을 상속받는 데 사용하는 지시자는 inherit이고, 환경 설정 파일에서 클래스 파일을 상속받는 데 사용하는 지시자는 INHERIT이다. 단순히 소문자, 대문자의 차이가 아니라 다음과 같은 차이가 있다.

- inherit: inherit 지시자는 클래스 파일을 상속받는 레시피 파일에 사용한다.

- INHERIT: INHERIT 지시자는 환경 설정 파일에서 사용되며 환경 설정 파일은 전역적인 성격을 지닌다. 따라서 모든 레시피 파일들에서 클래스 파일을 상속받게 해준다. 즉 모든 레시피 파일들이 클래스 파일에서 정의된 함수들과 태스크에 접근이 가능하게 해준다.

정리해 보면 inherit은 클래스를 상속받고자 하는 레시피 파일로 사용 범위가 제한되고, INHERIT은 전역적으로 모든 레시피 파일들에서 클래스를 상속받게 한다.

(2)는 git 리포지터리<sup>repository</sup>에 빌드히스토리를 커밋<sup>commit</sup>하도록 한다. 마지막 빌드에 관련된 정보만을 저장하려면 BUILDHISTORY_COMMIT = "0"으로 설정한다.

(3)은 리포지터리에 커밋할 때 제공되는 사용자 이름이다.

(4)는 buildhistory.bbclass가 빌드히스토리를 저장하는 디렉터리의 경로다.

(5)는 루트 파일 시스템에 설치된 특정 파일에 대한 경로를 할당해 내용을 추적할 수 있도록 해준다. 기본값으로 '/etc/passwd', '/etc/group'값을 갖는데 이는 사용자 및 그룹 항목의 변경을 모니터링하기 위해서다.

빌드히스토리 실습을 위해 두 가지 예제를 진행해 본다. 리스트 7-6과 같이 local.conf 파일을 수정하고, 예제 7-7과 같이 빌드를 진행해 본다.

**예제 7-7** 빌드히스토리를 얻으려고 재빌드 진행

```
$ bitbake hello -c cleanall && bitbake hello
$ bitbake hello -c cleanall && bitbake nano
$ bitbake core-image-minimal -C rootfs
```

```
NOTE: Writing buildhistory
NOTE: Writing buildhistory took: 1 seconds
```

**그림 7-12** 빌드히스토리 디렉터리 생성

빌드가 진행되면 그림 7-12와 같이 빌드히스토리를 만드는 과정을 콘솔창으로 볼 수 있다. 빌드가 완료되면 build 디렉터리 아래 그림 7-13과 같이 buildhistory 디렉터리가 생성된 것을 볼 수 있다.

```
build/buildhistory/
├── images
│   └── qemux86_64
│       └── glibc
└── packages
    └── core2-64-poky-linux
        ├── hello
        └── nano
```

**그림 7-13** 빌드히스토리 디렉터리

각각의 디렉터리 아래 유용한 정보들이 담겨 있는 파일들이 생성된다. 전체 파일을 모두 일일이 설명하기 어렵기 때문에 2개의 중요한 파일만 살펴보자. 각각의 파일들에 대한 설명은 Yocto 레퍼런스 사이트(https://docs.yoctoproject.org/3.1.1/ref-manual/ref-manual.html# structure-build-buildhistory)를 참조하기를 바란다.

- Image-info.txt: 이 파일은 루트 파일 시스템 이미지 내용의 변경을 추적하는 데 사용된다. 그림 7-14를 보면 이미지 생성을 위해 사용된 클래스 목록들, 이미지 생성을 위해 사용된 패키지들과 같은 루트 파일 시스템의 내용 중심으로 기술돼 있다. 이 파일의 경로는 'poky_src/build/buildhistory/images/qemux86_64/glibc/core-image-minimal/image-info.txt'이다.

```
DISTRO = poky
DISTRO_VERSION = 3.1.23
USER_CLASSES = buildstats image-mklibs image-prelink
IMAGE_CLASSES = qemuboot qemuboot license_image
IMAGE_FEATURES = debug-tweaks
IMAGE_LINGUAS =
IMAGE_INSTALL = packagegroup-core-boot hello nano
BAD_RECOMMENDATIONS =
NO_RECOMMENDATIONS =
PACKAGE_EXCLUDE =
ROOTFS_POSTPROCESS_COMMAND = write_package_manifest; license_create_manifest;  ssh_allow_empty_
password;  ssh_allow_root_login;  postinst_enable_logging;  rootfs_update_timestamp ;   write_im
age_test_data ;   set_systemd_default_target; systemd_create_users; empty_var_volatile; sort_pass
wd; rootfs_reproducible;
IMAGE_POSTPROCESS_COMMAND =  buildhistory_get_imageinfo ;
IMAGESIZE = 45868
```

**그림 7-14** image-info.txt 파일

- build-id.txt: 그림 7-15와 같이 이미지 생성을 위해 사용된 빌드 환경에 대한 정보를 제공한다. 이 파일의 경로는 'poky_src/build/buildhistory/images/qemux86_64/glibc/core-image-minimal/build-id.txt'이다.

```
qemux86-64: core-image-minimal configured for poky 3.1.23

Build Configuration:
BB_VERSION            = "1.46.0"
BUILD_SYS             = "x86_64-linux"
NATIVELSBSTRING       = "universal"
TARGET_SYS            = "x86_64-poky-linux"
MACHINE               = "qemux86-64"
DISTRO                = "poky"
DISTRO_VERSION        = "3.1.23"
TUNE_FEATURES         = "m64 core2"
TARGET_FPU            = ""
meta
meta-poky
meta-yocto-bsp
meta-hello
meta-nano-editor      = "systemD:e6776bb5afa2f6a30f9fa8eba74e25351fa439a4"
```

**그림 7-15** build-id.txt 파일

이번에는 좀 더 실용적인 예제를 위해 우리가 사용하고 있는 이미지 레시피인 core-image-minimal에 usbutils라는 패키지를 설치하도록 하겠다. 패키지 추가에 따른 작업을 진행하며 빌드히스토리를 추적해 보자.

리스트 7-8과 같이 local.conf 파일 제일 하단의 설치 이미지에 usbutils 패키지를 추가하자.

**리스트 7-8** local.conf 파일

```
…
CORE_IMAGE_EXTRA_INSTALL += "usbutils"
```

예제에서 파일의 위치: ~/poky_src/build/conf/local.conf

보통 패키지를 루트 파일 시스템에 추가하려고 할 때 이미지를 생성하는 레시피 파일에서는 IMAGE_INSTALL 변수를 사용하고, 환경 설정 파일인 local.conf에서는 CORE_IMAGE_EXTRA_INSTALL 변수를 사용한다. CORE_IMAGE_EXTRA_INSTALL 변수는 core-image.bbclass를 기반으로 하는 이미지에 추가적인 패키지를 추가하려고 할 때 사용할 수 있는 변수이다. CORE_IMAGE_EXTRA_INSTALL

변수는 환경 설정 파일인 local.conf에서 IMAGE_INSTALL 변수를 재정의할 수 있는 문제를 방지하는 데 사용되는 경우가 많다.

현재 우리가 사용하는 이미지 생성 레시피인 core-image-minimal.bb가 core-image.bbclass를 기반으로 하기 때문에 예제와 같이 CORE_IMAGE_EXTRA_INSTALL 변수에 생성된 패키지를 추가해도 된다.

'$ bitbake core-image-minimal' 명령을 통해 재빌드하고 빌드가 완료되면 Poky가 제공한 스크립트인 '$ buildhistory-diff' 명령어를 실행해 본다. 단, '$ buildhistory-diff' 스크립트는 build 디렉터리에서만 실행해야 한다.

```
woonrae@woonrae:~/ poky_src/build$ buildhistory-diff
```

```
Changes to images/qemux86_64/glibc/core-image-minimal (files-in-image.txt):
   /lib/libudev.so.1.6.16 was added
   /lib/libudev.so.1 was added
   /lib/libusb-1.0.so.0.1.0 was added
   /lib/libusb-1.0.so.0 was added
   /usr/bin/lsusb.usbutils was added
   /usr/bin/lsusb was added
   /usr/bin/usb-devices was added
   /usr/bin/usbhid-dump was added
   /usr/lib/opkg/alternatives/lsusb was added
Changes to images/qemux86_64/glibc/core-image-minimal (installed-package-names.txt):
   usbutils was added
   libudev1 was added
   libusb-1.0-0 was added
```

**그림 7-16** buildhistory-diff 스크립트 실행

'$ buildhistory-diff' 스크립트를 실행하면 그림 7-16과 같이 usbutils 패키지가 추가된 것을 볼 수 있다. 추가적으로 의존성이 있는 패키지들도 함께 추가된 것을 확인할 수 있다.

## 7.3 rm-work를 통한 디스크 크기 절감

rm_work.bbclass는 꽤나 유용한 기능을 제공해 주는 클래스 파일이다. 오픈임베디드 빌드 시스템이 빌드 작업을 끝내고 작업한 파일들을 삭제하는 기능을 수행하는 태스크가 rm_work라는 태스크이다. rm_work.bbclass 클래스가 이 태스크를 제공해 준다. 이 기능은 보통 현업에서 디스크 공간 절감을 위해 사용되는 경우가 많다. 빌드 과정에서 생성된 불필요한 파일들을 모두 저장할 필요가 없을 때 이 기능을 사용한다.

rm_work와 관련해 실습해 보자. nano editor 레시피에 이 기능을 추가해 본다. 기능 추가를 위해 이미 만든 레시피 파일인 nano_6.0.bb 파일이 아니라 레시피 확장 파일을 추가해 진행한다. 실습 소스는 다음과 같이 받을 수 있다.

- 기존에 GitHub에서 받은 소스상에서 다음의 명령을 입력한다.

```
$ git checkout rm_work
```

그림 7-17과 같이 nano_6.0.bbappend 레시피 확장 파일을 새로 만들고, 생성된 파일에 리스트 7-9와 같이 내용을 추가한다. 레시피 확장 파일은 appends라는 디렉터리를 새로 만들고 그 아래 위치시킨다.

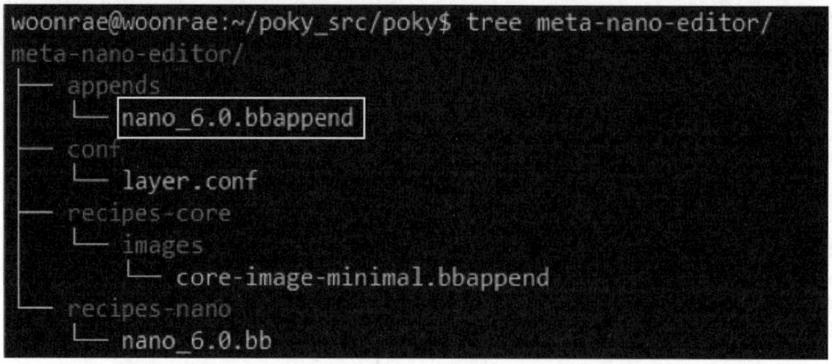

**그림 7-17** nano_6.0.bbappend 레시피 확장 파일 생성

**리스트 7-9** nano_6.0.bbappend 파일

```
inherit rm_work
```

예제에서 파일의 위치: ~/poky_src/poky/meta-nano-editor/appends/nano_6.0
.bbappend

inherit 지시자는 nano_6.0 레시피에서만 rm_work 클래스를 상속받으려고 사용
했다. 만약 모든 레시피들에서 rm_work 클래스를 상속받고자 한다면 local.conf와
같은 환경 설정 파일에 INHERIT += "rm_work"와 같이 넣어줘야 한다.

새로 추가된 레시피 확장 파일인 nano_6.0.bbappend를 bitbake가 인식할 수 있
도록 리스트 7-10과 같이 layer.conf 파일에서 BBFILES 변수에 추가된 파일의 경
로를 추가한다.

**리스트 7-10** layer.conf 파일

```
BBPATH  =. "${LAYERDIR}:"
BBFILES += "${LAYERDIR}/recipes*/*.bb"
BBFILES += "${LAYERDIR}/recipes*/*/*.bbappend"
BBFILES += "${LAYERDIR}/appends/*.bbappend"
BBFILE_COLLECTIONS += "nano-editor"
BBFILE_PATTERN_nano-editor = "^${LAYERDIR}/"
BBFILE_PRIORITY_nano-editor = "10"
LAYERSERIES_COMPAT_nano-editor = "${LAYERSERIES_COMPAT_core}"
```

예제에서 파일의 위치: ~/poky_src/poky/meta-nano-editor/conf/layer.conf

일단 작업이 완료된 nano editor의 레시피를 빌드하기 전에 그림 7-18과 같이 '$
du -sh' 명령어를 이용해 기존 nano editor 빌드 작업 디렉터리의 크기를 확인해
본다. 이는 rm_work에 대한 효과를 비교를 통해 확인하기 위해서다.

```
woonrae@woonrae:~/poky_src/build/tmp/work/core2-64-poky-linux/nano$ du -sh 6.0-r0/
538M    6.0-r0/
```

**그림 7-18** nano editor 빌드 작업 디렉터리의 크기

이제 수정된 레시피에 '$ bitbake nano -c cleanall && bitbake nano'와 같이
명령을 입력해 빌드를 다시 수행한다.

재빌드를 통해 다시 만들어진 빌드 작업 디렉터리의 크기를 전과 비교해 보면 그림
7-19와 같다.

```
woonrae@woonrae:~/poky_src/build/tmp/work/core2-64-poky-linux/nano$ du -sh 6.0-r0/
1.9M    6.0-r0/
```

**그림 7-19** rm_work 클래스 추가 후 빌드 작업 디렉터리의 크기

그림 7-18과 비교하면 250배 정도 차이가 나는 것을 볼 수 있다. 따라서 rm_work
는 디스크 용량의 제한이 있는 경우 사용하면 매우 편리한 기능이 될 것이다.

## 7.4 externalsrc를 이용한 외부 소스로부터 소스 빌드

우리가 앞서 수행했던 nano editor를 빌드하는 데 사용한 소스를 찾아보면 그림
7-20과 같은 위치에 저장이 돼 있다.

```
woonrae@woonrae:~/poky_src/build/tmp/work/core2-64-poky-linux/nano/6.0-r0/nano-6.0$ ls
ABOUT-NLS      ChangeLog      config.h.in~    configure.ac    doc           lib           missing   src
aclocal.m4     compile        config.rpath    COPYING         IMPROVEMENTS  m4            NEWS      syntax
AUTHORS        config.guess   config.sub      COPYING.DOC     INSTALL       Makefile.am   po        THANKS
autom4te.cache config.h.in    configure       depcomp         install-sh    Makefile.in   README    TODO
```

**그림 7-20** nano editor의 실제 소스 위치

참고로 소스 코드를 받는 방법에 따라 로컬에 위치하는 장소가 다르다. 가령 tarball
과 같은 압축 파일은 압축이 풀리면서 '${WORKDIR}/${BP[2]}'에 소스가 위치한다. 그
러나 깃으로부터 소스를 받은 경우는 '${WORKDIR}/git' 디렉터리에 소스가 위치한

---

2   BP: 이 변수는 기본 레시피 이름과 버전이지만, 특별한 레시피 이름 접미어는 없다(예: -native, lib64- 등). 따라서 이
    변수는 ${BPN}-${PV}로 구성된다.

다. 표 7-2를 참고하자.

**표 7-2** 소스를 받는 방법에 따라 다운로드 후 로컬에 위치하는 장소

| 소스를 받는 방법 | SRC_URI에서의 표현 예 | ${S}의 값 |
|---|---|---|
| git에서 받는 경우 | SRC_URI = "git://GitHub.com/greatYocto/\bbexample.git;protocol=https;branch=master" | S = "${WORKDIR}/git" |
| tarball로 다운로드 받는 경우 | SRC_URI = "https://www.nano-editor.org/\dist/v2.7/nano-${PV}.tar.xz" | S = "${WORKDIR}/${BPN[3]}-${PV}" |
| 로컬에서 직접 사용하는 경우 | SRC_URI = "file://ldconfig-native-2.12.1.tar.bz2 | S = "${WORKDIR} |

그림 7-20에서 src 디렉터리 내로 들어가 보면 그림 7-21과 같이 실제 nano editor를 구성하는 소스 파일들이 존재한다.

```
woonrae@woonrae:~/poky_src/build/tmp/work/core2-64-poky-linux/nano/6.0-r0/nano-6.0/src$ ls
browser.c   cut.c         global.c   Makefile.am  nano.c        rcfile.c  utils.c
chars.c     definitions.h help.c     Makefile.in  prompt.c      search.c  winio.c
color.c     files.c       history.c  move.c       prototypes.h  text.c
```

**그림 7-21** nano editor의 실제 코드

nano editor에 특정 기능 추가 또는 변경을 위해 소스를 변경해야만 한다고 가정해 보자. 이 경우 우리는 일부 소스를 수정하거나 추가하고 재빌드를 진행해야 한다.

그런데 이와 같이 빌드를 진행하는 것은 문제가 있다. 현재 소스가 저장된 디렉터리는 bitbake의 작업 디렉터리 아래에 있기 때문에 clean, fetch와 같은 태스크를 수행하면 변경한 소스가 사라질 수 있다.

문제가 되는 것들은 다음과 같다.

- 레시피 내용이 업데이트된 경우 do_fetch 태스크부터 다시 수행해야 하는 경우가 발생한다. 또는 '$ bitbake nano –C fetch'와 같이 강제 수행 명령을 입력한 경우도 마찬가지이다. 이 경우 기존에 변경한 코드는 모두 사라진다.

---

3  BPN: 이 변수는 nativesdk-, –cross, –native 및 multilib의 lib64– 및 lib32–와 같이 공통 접두어 및 접미어가 제거된 PN 변수 버전이다.

- 소스 코드가 바뀐 경우 do_unpack 태스크부터 다시 수행해야 하기 때문에 수정한 코드를 보존하면서 빌드에 적용하려면 반드시 '$ bitbake -C compile'과 같이 명령을 입력해야 한다.

- 코드 수정 후 빌드를 수행하면 필요 없는 태스크들이 추가로 수행되기 때문에 빌드 시간이 오래 걸린다.

- 개발을 하다 보면 의도적으로 또는 실수로 build 디렉터리를 삭제하는 경우가 발생한다. 이 경우 변경한 코드가 사라진다.

앞에서 언급한 문제들을 해결하는 데 사용할 수 있는 방법 중 하나가 바로 externalsrc 클래스이다. 오픈임베디드 코어는 externalsrc.bbclass 클래스 파일을 제공한다. 이 클래스는 빌드 대상인 소스를 build 디렉터리 아래의 작업 디렉터리인 WORKDIR 에서 찾는 것이 아니라 우리가 지정한 로컬 디렉터리에서 찾는 방법을 제공한다. 즉 외부 소스를 빌드 대상으로 삼을 수 있다.

적용 방법은 로컬에 디렉터리를 만들어 소스 코드를 저장하고, externalsrc 클래스 에서 제공한 몇몇 변수에 경로를 설정하고 나면 이 작업은 마무리된다. 소스 코드 저장을 로컬에 했기 때문에 do_fetch, do_unpack, do_patch 태스크 수행을 생략할 수 있다. 그러나 do_patch 태스크 과정이 생략됐기 때문에 로컬에 저장하는 소스는 실제 원본 소스에 패치 파일을 수동으로 적용시킨 후 저장해야 한다.

필자는 externalsrc 클래스를 사용하려는 레시피를 미리 전체 빌드한 후 build 디렉터리에서 패치 반영이 완료된 소스를 지정된 로컬 디렉터리로 복사해 사용한다. 이렇게 하면 패치patch 과정을 생략해도 문제가 없다.

이제 기존에 사용했던 nano editor 예제를 externalsrc 클래스를 적용한 예제로 만들어 보자. 실습 소스는 다음과 같이 받을 수 있다.

- 기존에 GitHub에서 받은 소스상에서 다음의 명령을 입력한다.

```
$ git checkout externalsrc
```

빌드 과정에서 사용된 nano editor 소스를 로컬로 이동한다. 먼저 소스를 로컬에 담을 디렉터리를 생성한다. 그림 7-22와 같이 poky 디렉터리와 동일한 위치에 source라는 디렉터리를 만든다.

```
woonrae@woonrae:~/poky_src$ ls
build   poky   source   source-mirrors   sstate-cache
```

**그림 7-22** nano editor 소스 코드를 저장할 source 디렉터리 생성

그런 다음 새로 생성한 source 디렉터리 아래 그림 7-23과 같이 nano라는 이름의 디렉터리를 만든다.

```
woonrae@woonrae:~/poky_src$ tree source
source
└── nano
```

**그림 7-23** nano 디렉터리 생성

이제 예제 7-5와 같이 build 디렉터리 아래의 nano editor 소스 코드를 그림 7-23에서 생성한 nano 디렉터리로 옮긴다.

**예제 7-5** nano editor 소스 코드를 새로 생성한 디렉터리로 복사

```
woonrae@woonrae:~/poky_src/source/nano$ cp -r
 ~/poky_src/build/tmp/work/core2-64-poky-linux/nano/6.0-r0/nano-6.0/* .
```

참고로 특정 레시피에서 사용된 소스 코드의 위치는 S라는 변수에 저장된다. 그림 7-24를 참고하자.

```
woonrae@woonrae:~/poky_src/source/nano$ bitbake-getvar -r nano S
#
# $S [2 operations]
#   set /home/woonrae/poky_src/poky/meta/conf/bitbake.conf:373
#     "${WORKDIR}/${BP}"
#   set /home/woonrae/poky_src/poky/meta/conf/documentation.conf:366
#     [doc] "The location in the Build Directory where unpacked package source code resides."
# pre-expansion value:
#   "${WORKDIR}/${BP}"
S="/home/woonrae/poky_src/build/tmp/work/core2-64-poky-linux/nano/6.0-r0/nano-6.0"
```

**그림 7-24** nano editor 소스 코드의 위치를 저장한 S 변수

소스 코드 복사가 정상적으로 됐다면 소스가 저장된 nano 디렉터리는 그림 7-25와 같다.

**그림 7-25** 소스 코드가 정상적으로 복사된 모습

이제 externalsrc 기능 사용을 위해 기존에 만든 레시피 확장 파일 nano_6.0.bbappend 에서 리스트 7-11과 같이 입력을 추가한다. 단, rm_work 클래스와 externalsrc 클래스 기능은 기능적으로 상충되기 때문에 기존에 넣은 rm_work 클래스를 주석 처리한다.

**리스트 7-11** nano_6.0.bbappend 파일

```
# Inherit rm_work

inherit externalsrc
EXTERNALSRC = "${COREBASE}/../source/nano"
```

간혹 externalsrc 클래스를 local.conf와 같이 환경 설정 파일에서 설정해야 하는 경우가 있다. 이 경우에는 리스트 7-12와 같이 처리하면 된다.

**리스트 7-12** local.conf 파일에서 externalsrc 클래스 상속

```
INHERIT += "externalsrc"

EXTERNALSRC_pn-nano = "${COREBASE}/../source/nano"
EXTERNALSRC_BUILD_pn-nano = "${COREBASE}/../source/nano"
```

리스트 7-12의 경우 EXTERNALSRC_BUILD 변수를 사용했는데 이 변수는 빌드되면서 생성된 오브젝트 파일들이 위치하는 디렉터리를 지정한다.

이제 externalsrc 클래스 사용을 위한 작업을 마무리했다. '$ bitbake nano -c cleanall && bitbake nano' 명령을 입력해 재빌드를 수행한다.

빌드가 마무리되면 기존에 소스가 저장됐던 디렉터리로 다시 가본다. 그림 7-26과 같이 소스는 사라지고 오브젝트 파일만 위치하는 것을 확인할 수 있다.

```
woonrae@woonrae:~/poky_src/build/tmp/work/core2-64-poky-linux/nano/6.0-r0/nano-6.0/src$ ls
browser.o  color.o  files.o  help.o   Makefile  nano   prompt.o  revision.h  text.o  winio.o
chars.o    cut.o    global.o  history.o  move.o   nano.o  rcfile.o  search.o    utils.o
```

**그림 7-26** externalsrc 적용된 레시피 재빌드 후의 소스 디렉터리

externalsrc 클래스를 상속한 후 실제 bitbake가 어떻게 실행했는지 log.task_order 파일에서 살펴보자. 'poky_src/build/tmp/work/core2-64-poky-linux/ nano/6.0-r0/temp/log.task_order' 파일을 열어보면 그림 7-27과 같다.

```
do_deploy_source_date_epoch (12496): log.do_deploy_source_date_epoch.12496
do_prepare_recipe_sysroot (12497): log.do_prepare_recipe_sysroot.12497
do_populate_lic (12498): log.do_populate_lic.12498
do_configure (12561): log.do_configure.12561
do_compile (17480): log.do_compile.17480
do_install (18121): log.do_install.18121
do_populate_sysroot (18486): log.do_populate_sysroot.18486
do_package (18485): log.do_package.18485
do_packagedata (18601): log.do_packagedata.18601
do_package_write_rpm (18641): log.do_package_write_rpm.18641
do_package_qa (18642): log.do_package_qa.18642
```

**그림 7-27** nano editor의 log.task_order 파일

그림 7-27을 보면 fetch, unpack, patch 태스크 실행이 모두 생략돼 있는 것을 볼 수 있다.

externalsrc를 잘 사용하면 생각보다 개발이 편할 수 있다. 일부 칩 벤더들은 Yocto 를 사용해 소스를 배포할 때 부트로더나 커널과 같은 경우 externalsrc를 사용해 배포하는 경우가 많다. 또한 자신만의 프로젝트를 생성해 만들 때도 생각보다 유용한 점들이 많다.

## 7.5 요약

Poky가 포함하고 있는 meta 디렉터리는 오픈임베디드 코어라고 불리며, 수많은 유용한 메타데이터를 갖고 있다. 특히 오픈임베디드 코어에 포함된 각각의 클래스 파일들은 특정 기능을 포함하고 있는데 여기서는 systemd, Autotools, buildhistory, rm-work 그리고 externalsrc 클래스 파일들에 대해 다뤘다. 이런 클래스 파일들은 단순히 레시피 파일에서 상속만 함으로써 그 기능이 활성화된다. 이는 추상화에 따른 단순화의 예로 볼 수 있다.

# CHAPTER 08
# 의존성

자동차를 만드는 A라는 회사가 있는데 이 회사는 엔진 내연기관 자동차를 만들고 있었다. 그러나 국가 정책에 따라 엔진 내연기관 자동차는 더 이상 팔 수가 없게 됐다. 따라서 이제부터는 모터를 장착한 전기차를 제작해야 한다. 이 경우 내연기관 엔진이 모터로 바뀌면서 자동차를 만드는 방법부터 자동차의 전체적인 구조까지 바뀌어야 한다. 따라서 동력전달장치의 변화가 자동차의 제조 방법부터 전체적인 자동차 구조에 영향을 미쳤기 때문에 "자동차는 동력전달장치에 의존한다."고 말할 수 있다.

소프트웨어 패키지들은 자동차를 제조하는 것과 마찬가지로 제대로 빌드되고 실행되기 위해서는 다른 패키지나 라이브러리의 지원이 필요하다. 이러한 지원을 위해 의존관계가 형성된다. 이 의존관계는 외부에서 사용할 패키지에 대한 레퍼런스를 제공함으로써 구축된다. 우리는 이를 의존성이라고 한다. Yocto에서 사용하는 의존성에는 '빌드 의존성'과 '실행 시간 의존성'이 있다.

## 8.1 의존성의 종류

Yocto 프로젝트는 빌드 환경, 유틸리티, 툴체인을 자체적으로 만들기 때문에 내 작업 환경과의 의존성이 줄어들어 호스트 환경에 따른 차이가 발생하지 않는다. 다시 말해 타깃을 위해 배포된 패키지를 빌드하고 설치하는 데 내 작업 환경이 문제가 되지 않는다.

그런데 의존성은 호스트 환경과 타깃 환경의 차이에만 있는 것이 아니다. 배포된 패키지 빌드에 다른 패키지의 라이브러리가 필요할 수도 있고, 배포된 패키지 실행에 다른 패키지가 사전에 설치돼 있어야 할 수도 있다. 또는 다른 패키지가 삭제돼야 현재 패키지가 설치되는 경우도 있다. 따라서 Yocto는 크게 두 가지의 의존성을 제공한다. 실행 시간 의존성과 빌드 의존성이다.

실행 시간 의존성을 간략하게 말하면 bitbake는 타깃 시스템에 설치될 모든 패키지들이 제대로 실행될 수 있도록 패키지들 간의 의존 관계를 패키지 설치 시에 확인한다. 만약 어떤 패키지가 아직 설치되지 않은 다른 패키지를 필요로 한다면 bitbake는 패키지들 간에 서로 의존성이 있음을 인지하고 의존성에 따라 사전 설치돼야 하는 패키지를 먼저 설치한다.

빌드 의존성을 간략하게 말하면 어떤 소프트웨어 패키지가 빌드될 때 특정 라이브러리를 사용한다고 가정한다. 이 경우 bitbake는 패키지 소프트웨어가 빌드를 시작하기 전에 사전 설치돼야 하는 라이브러리를 생성하는 패키지를 먼저 빌드하게 된다.

### 8.1.1 빌드 의존성

소프트웨어 패키지가 성공적으로 빌드되기 위해서 다른 패키지의 헤더 파일, 정적 라이브러리 등이 필요한 경우가 있다. 이것들은 해당 패키지를 빌드하기 위해 사용되는 자원들이다. 따라서 빌드 의존성은 패키지를 빌드하기 위해 필요한 헤더 파일과 정적 라이브러리를 만들어내는 다른 레시피에 대한 의존성을 의미한다. 빌드 의존성이 필요한 레시피는 DEPENDS라는 변수에 의존성을 제공하는 레시피의 이름 또는 의존성을 제공하는 레시피의 PROVIDES 변수의 값을 할당하면 된다.

빌드 의존성에 대해 좀 더 깊이 들어가 보도록 하자. 앞의 nano editor 예제에서 예제 8-1과 같이 의존성을 표현하는 것을 봤다.

**예제 8-1** nano editor 레시피 파일에서 의존성 표현

```
DEPENDS = "ncurses"
```

DEPENDS = "ncurses"라는 표현은 bitbake 내부적으로 예제 8-2와 같이 nano editor 레시피 파일의 do_prepare_recipe_sysroot 태스크가 ncurses 레시피의 do_populate_sysroot 태스크에 의존하고 있다고 인식하게 된다. 상세한 내용은 meta/classes/staging.bbclass를 참고한다.

**예제 8-2** 변수 플래그를 통한 빌드 시간 의존성

```
do_prepare_recipe_sysroot[deptask] = "do_populate_sysroot"
```

아직 변수 플래그에 대해 다루지 않았지만, 간단하게 설명하면 예제 8-2는 현재 레시피의 do_prepare_recipe_sysroot 태스크가 DEPENDS 변수에 기술된 레시피의 do_populate_sysroot 태스크에 의존성을 갖고 있다는 표현이다. 다시 말해 do_prepare_recipe_sysroot 태스크가 실행되기 전에 의존성이 있는 레시피의 do_populate_sysroot 태스크가 완료돼야 한다는 뜻이다.

참고로 Yocto에서 populate라는 단어가 종종 나온다. 사전상으로는 '살다', '거주하다' 등의 의미이지만, 필자는 이 단어를 '추가하다' 정도로 해석한다. 처음 이 단어를 접했을 때 어떻게 해석해야 적절한지에 대해 고민을 많이 했는데 필자와 같은 고민을 하고 있다면 참고하자.

그림 8-1은 nano editor 레시피를 빌드했을 때 만들어지는 log.task_order 파일이다. 이 파일에 대해서는 6장에서 이미 설명했다. 그림에서 보면 do_prepare_recipe_sysroot라는 태스크가 눈에 띈다. 이 태스크가 실행되면 그림 8-2와 같이 recipe-sysroot, recipe-sysroot-native 디렉터리가 'tmp/work/⟨arch⟩/⟨recipe name⟩/' 아래 생성된다. 따라서 nano editor 레시피의 경우 'build/tmp/work/core2-64-poky-linux/nano/6.0-r0/' 아래 생성된다.

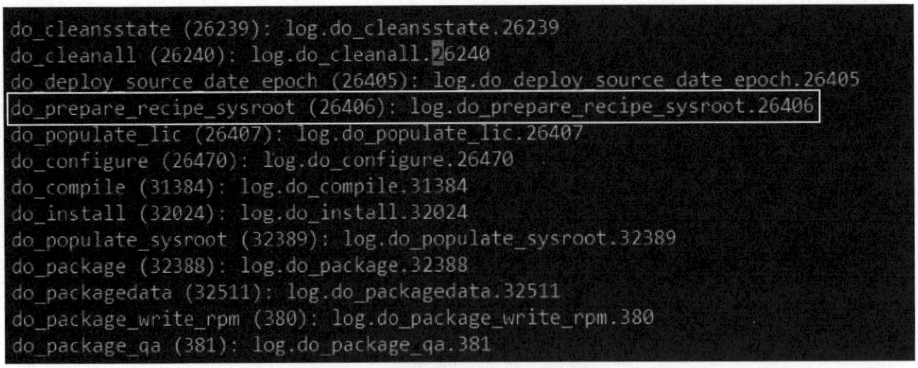

그림 8-1 nano editor 레시피의 log.task_order

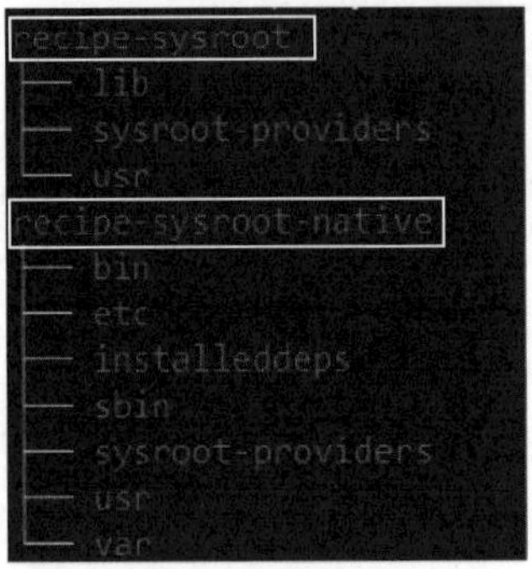

그림 8-2 nano editor 빌드 결과로 생성된 recipe-sysroot 디렉터리

그럼 sysroot 디렉터리란 무엇일까? sysroot는 헤더와 라이브러리를 찾기 위한 루트 디렉터리로 간주되는 디렉터리이다. 레시피 하나당 하나의 sysroot를 갖고 있다. 그림에서 보면 recipe-sysroot와 recipe-sysroot-native 2개의 sysroot 디렉터리가 존재한다. 각각에 대해 설명하면 다음과 같다.

- recipe-sysroot: 타깃 시스템에서 사용하는 헤더, 라이브러리들이 포함돼 있다. 각 레시피에서 이 디렉터리의 위치는 STAGING_DIR_TARGET 변수에 할당돼 있다.

- recipe-sysroot-native: 크로스 컴파일에서 사용되는 컴파일러, 링커, 빌드 스크립트 등이 포함된다. 즉 호스트에서 사용하는 빌드 관련 도구가 여기에 배치된다. 각 레시피에서 이 디렉터리의 위치는 STAGING_DIR_NATIVE 변수에 할당돼 있다.

그림에서 의존성을 다룰 때 꼭 알아야 하는 디렉터리가 바로 sysroot-providers 디렉터리이다. 이 디렉터리에는 sysroot에 설치된 패키지의 이름이 포함된 텍스트 파일이 존재한다. 그림 8-3을 보면 nano editor 레시피가 의존성을 갖는 ncurses 패키지 이름을 가진 텍스트 파일이 존재한다. 그 외 패키지들은 DEPENDS 변수에 할당되지는 않았지만, 빌드 의존성을 갖고 있는 패키지들이다.

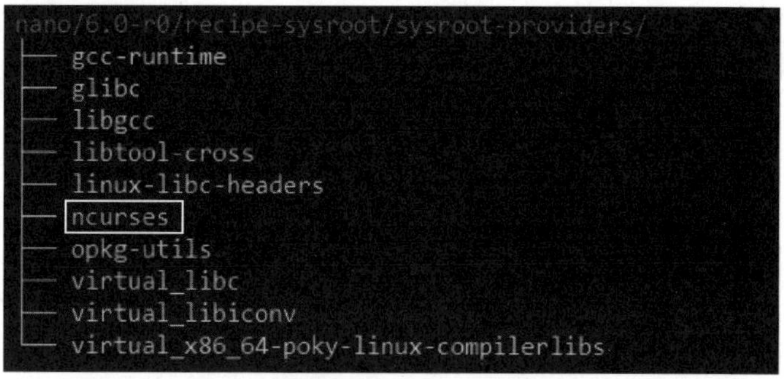

**그림 8-3** nano editor 레시피의 sysroot-providers 디렉터리

그림 8-3에서 ncurses 패키지는 당연히 ncurses 레시피 빌드가 완료돼야 생성된다.

do_populate_sysroot 태스크는 do_install 태스크 실행 후 설치된 파일들을 의존성을 가진 다른 레시피가 사용할 수 있도록 sysroot 디렉터리에 복사한다.

정리해 보면 nano editor 빌드 진행 시 do_prepare_recipe_sysroot 태스크를 실행하기 전에 ncurses 레시피 빌드를 먼저 진행한다. ncurses 레시피의 빌드 진행 중 do_populate_sysroot 태스크를 실행하게 되면 sysroot 디렉터리에 빌드 결과물들이 생성되고 이 결과물들은 다시 nano 레시피의 sysroot 디렉터리로 복사된다. 이후 nano 레시피의 나머지 태스크가 실행되고 최종 이미지가 생성된다. 이를 간략하게 나타내면 그림 8-4와 같다.

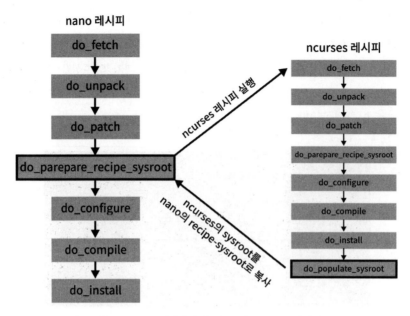

**그림 8-4** nano 레시피의 의존성에 따른 빌드 실행 과정

그림은 독자 여러분의 이해를 위해 nano 레시피의 do_prepare_recipe_sysroot 태스크가 실행되기 바로 전에 ncurses 레시피의 do_fetch 태스크가 실행된다고 명시했다. 그러나 실제적으로는 nano 레시피의 do_fetch 태스크가 실행되고 바로 ncurses 레시피의 do_fetch 태스크가 실행된다. 참고로 bitbake는 여러 태스크들을 동시에 실행시킬 수 있고, nano의 do_patch 태스크 이후에 do_prepare_recipe_sysroot가 실행된다. 그러나 nano의 do_configure 태스크는 do_prepare_recipe_sysroot 태스크가 종료돼야 실행되며, do_prepare_recipe_sysroot 태스크는 ncurses의 do_populate_sysroot가 종료돼야 종료될 수 있다. 따라서 종료를 기준으로 태스크의 실행 순서를 그림과 같이 그린 점을 고려하자.

## 8.1.2 실행 시간 의존성

실행 시간 의존성은 소프트웨어 패키지가 정상적으로 작동하기 위해 다른 패키지가 필요한 경우를 나타낸다. 이것은 소프트웨어 패키지를 빌드하는 과정과는 별개로, 소프트웨어가 실행되는 동안 필요로 하는 외부 패키지들과의 의존성을 의미한다. 즉, 소프트웨어를 실행할 때 다른 패키지들이 필요한 경우를 실행 시간 의존성이라고 한다. 이러한 의존성은 소프트웨어 패키지를 실행하는 시점에서 필요로 하는 라이브러리, 모듈, 실행 파일 등을 포함한다. 소프트웨어 패키지를 빌드하는 과정에서는 해당 의존성들이 포함되지 않더라도, 실행 시에는 외부 패키지들이 필요하므로 이를 고려해야 한다.

실행 시간 의존성이 필요한 레시피는 'RDEPENDS_${PN}'이라는 변수에 의존성을 제공하는 패키지의 이름을 넣거나 의존성을 제공하는 패키지 레시피의 RPROVIDES 변수의 값을 할당하면 된다. 참고로 RPROVIDES 변수는 PROVIDES 변수와 같이 별칭이라고 생각하면 된다. 이 변수에는 레시피 이름이 아니라 패키지 이름이 할당된다. 예제 8-3과 같이 실행 시간 의존성이 필요한 레시피는 RDEPENDS라는 변수에 의존성을 제공하는 패키지 이름을 할당하면 된다. 여기서 꼭 주의할 것이 실행 시간 의존성을 나타내는 변수 RDEPENDS는 'RDEPENDS_${PN}'으로 표현해야 하고 그 값은 레시피의 이름이 아니라 패키지의 이름이라는 것이다. 보통 'xxx_${PN}' 형식으로 돼 있는 변수는 패키징 단계에서 사용되는 이름을 뜻한다. 패키지 관련 내용은 15장에서 다룰 것이다.

**예제 8-3** 레시피상에서 실행 시간 의존성 표현

```
RDEPENDS_${PN} = <package name>
```

아직 패키지에 대해 배우지 않았기 때문에 예제 8-3에서 〈package name〉이라는 것을 이해하지 못할 수 있다. 우선은 레시피 빌드의 결과물이라고 알아 두자.

bitbake는 실행 시간 의존성을 표현하는 데 RDEPENDS와 RRECOMMENDS 변수를 사용한다. 'RDEPENDS_${PN} = 〈package name〉'은 bitbake 내부적으로 예제 8-4와 같이 표현된다. do_build 태스크가 RDEPENDS_${PN} 변수에 할당된 패키지를 생성하는 레시피의 do_package_write_xxx 태스크에 의존성을 갖고 있다는 것을 알려준다. 다시 말해 do_build 태스크가 실행 완료되기 전에 의존성을 갖고 있는 패키지들의 do_package_write_xxx 태스크가 완료돼야 한다. 참고로 예제 8-4는 'meta/classes/' 디렉터리 아래 package_deb.bbclass, package_ipk.bbclass, package_rpm.bbclass 클래스 파일 등에 기술돼 있다.

```
do_build[rdeptask] = "do_package_write_xxx"
여기서 xxx는 ipk, deb, tar, rpm이 될 수 있다.
```

이와 같이 예제 8-4는 do_build 태스크가 실행되기 전에 실행 시간 의존성을 갖고 있는 각각의 패키지들을 생성하는 레시피의 do_package_write_xxx 태스크가 완료돼야 한다는 것을 뜻한다.

우리는 이미 addtask라는 지시어를 배웠다. addtask는 새로 생성된 태스크를 태스크 체인에 넣기 위한 지시어이다. 그렇다면 태스크 체인에 기준이 되는 태스크가 있어야 이 태스크를 기준으로 태스크 체인을 생성할 수 있다. 바로 이때 사용되는 태스크가 do_build 태스크이다. 따라서 addtask 지시어로 생성된 모든 태스크는 do_build 태스크와 의존성을 갖고 있다. do_build 태스크는 모든 addtask로 생성된 태스크들의 제일 끝에 위치한다. 다시 말해 do_build 태스크는 최종적으로 실행되는 태스크이다. 그러나 'poky/meta/classes/' 디렉터리 아래 base.bbclass 클래스 파일을 열어보면 리스트 8-1과 같이 처리된 부분을 볼 수 있다. 즉 do_build 태스크는 실행이 되지 않는 태스크라는 것을 알 수 있다. 따라서 do_build 태스크의 역할은 태스크 체인 구성을 위해 존재하는 태스크라고 정리할 수 있다.

**리스트 8-1** base.bbclass 클래스 파일

```
…

addtask build after do_populate_sysroot
do_build[noexec] = "1"
do_build () {

        :

}

…
```

그리고 아직 배우지는 않았지만, RDEPENDS 변수는 패키징 단계에서 사용된다. 패키징을 수행하는 레시피는 루트 파일 시스템 이미지를 생성하는 core-image-minimal.bb와 같은 레시피를 뜻한다. 이 레시피들은 앞에서 우리가 알던 레시피들과 다른 태스크들을 갖고 있다. 따라서 우리가 알던 레시피의 do_configure, do_compile, do_install 등의 태스크와는 의존성이 없다. 대신 이미지를 생성하는 레시피는 do_rootfs, do_image, do_image_complete 등의 태스크를 갖고 있고, 이 태스크들과 의존성이 발생한다. 이 태스크들의 주요 목적은 루트 파일 시스템을 생성하는 것인데 이 태스크 체인의 끝에 do_build 태스크가 존재한다. 이 내용들은 15장과 16장의 내용을 이해해야 알 수 있기 때문에 여기서는 이 정도만 언급한다.

결론적으로 do_build 태스크와 실행 시간 의존성을 가졌다는 것은 실행 시간 의존성을 필요로 하는 레시피의 빌드와 상관없이 최종 루트 파일 시스템 이미지가 생성되기 전, 즉 do_rootfs 태스크 실행 이전에 의존 관계에 있는 레시피의 do_package_write_xxx가 실행돼야 한다는 것을 뜻한다. 쉽게 말해 최종 루트 파일 시스템 이미지가 생성되기 전에 의존 관계에 있는 패키지가 생성돼 루트 파일 시스템에 추가돼야 한다는 것이다.

RRECOMMENDS 변수를 통한 의존성의 경우 Yocto에서는 이를 부드러운<sup>soft</sup> 실행 시간 의존성이라고 표현하고 있다. RDEPENDS 변수의 경우 의존성을 할당한 패키지가 존재하지 않을 경우 빌드 에러가 발생한다. 그러나 RRECOMMENDS 변수를 통해 의존성을 표현할 경우 설사 해당 패키지가 존재하지 않아도 빌드 에러는 발생하지 않는다.

실행 시간 의존성 관련해서는 9장에서 실제적으로 사용하는 예제들을 보게 될 것이다. 9장에서 다루게 되는 패키지 그룹 자체가 실행 시간 의존성을 사용해 루트 파일 시스템에 필요한 패키지들을 포함하는 좋은 예가 된다. 또한 대체 패키지를 만들면서 실행 시간 의존성을 사용하게 되는데 이에 대한 예제도 9장에서 다루게 될 것이다.

끝으로 실행 시간 의존성을 사용하는 대체 패키지 생성에 대해 설명한다. 오픈임베디드 코어에는 kdb라는 패키지가 있다. 이 패키지는 리눅스 콘솔을 다루기 위한 다양한 툴들을 갖고 있다. 과거에는 console-tools라는 패키지를 사용했으나, 현재는 kdb 패키지가 console-tools를 대체하는 패키지가 됐다. 이와 같이 패키지가 대체되고, 패키지의 이름이 바뀌는 경우에는 다음과 같이 처리한다.

우선 console-tools 패키지와 실행 시간 의존성을 가진 다른 패키지의 레시피 파일은 수정되지 않아야 한다. 만약 업데이트된 패키지 반영을 위해 모든 의존 관계가 있는 레시피를 다 바꿔 줘야 한다면 매우 힘든 일이 될 것이다. kdb 패키지가 이전 패키지인 console-tools와 호환되도록 바꿔야 한다. 그러려면 새로운 패키지를 포함하는 레시피 파일, 여기서는 kdb_2.2.0.bb 레시피 파일에서 몇 가지 실행 시간 의존성 변수를 사용해야 한다. 사용해야 하는 실행 시간 의존성 변수는 다음과 같다.

- RPROVIDES: 패키지 이름의 별칭을 만든다. 특정 패키지를 대체하는 패키지가 만들어질 때 이전 패키지와의 호환성을 위해 이 변수에 이전 패키지의 이름을 넣는다. 이렇게 처리되면 기존에 사용하던 패키지와 의존성을 가진 패키지들의 의존 관계를 바꿀 필요가 없게 된다.

- RCONFLICTS: 현재 패키지가 설치될 때 충돌하는 것으로 알려진 패키지를 이 변수에 할당한다. 여기에는 대체되기 전의 패키지 이름을 넣는다. 그래야 대체되기 전의 패키지가 설치되는 것을 막을 수 있다.

- RREPLACES: 이 변수에는 대체되기 전의 패키지 이름을 넣어 패키지가 대체됐다는 것을 알려준다.

예제로 'poky/meta/recipes-core/kdb/kdb_2.2.0.bb' 파일에서 그림 8-5와 같은 실행 시간 의존성을 나타내는 변수들을 볼 수 있다.

```
RREPLACES_${PN} = "console-tools"
RPROVIDES_${PN} = "console-tools"
RCONFLICTS_${PN} = "console-tools"
```

**그림 8-5** kdb.bb 파일의 실행 시간 의존성 변수들

이 예제는 console-tools 패키지의 대안으로 kdb 패키지를 사용해 이전 패키지인 console-tools가 설치될 때 충돌이 일어나기 때문에 사용할 수 없도록 해준다. 또한 kdb 패키지의 다른 별칭으로 이전 패키지의 이름인 console-tools로 지정한다. 그래서 다른 레시피에서 기존에 실행 시간 의존성을 위해 사용한 console-tools라는 이름을 수정하지 않아도 되도록 해준다.

대체 패키지에 따른 레시피 파일 변경 방법은 9장에서 예제를 통해 알아볼 것이다. 그러나 이 예제의 이해를 위해서는 패키지 그룹에 대한 이해가 있어야 하기 때문에 패키지 그룹을 학습하고 다시 다루도록 하겠다.

## 8.2 의존성을 제공하는 레시피의 PROVIDES 변수

앞에서 빌드 의존성이 필요한 레시피는 DEPENDS라는 변수에 의존성을 제공하는 레시피의 PROVIDES 변수의 값을 할당한다고 언급했다. 레시피 파일은 PROVIDES 라는 변수에 별칭과 같은 이름을 할당해 그 이름을 다른 레시피에 알려준다.

따라서 어떤 레시피에 대한 의존성 표시를 위해 의존하는 레시피가 속한 파일 내에 PROVIDES의 이름을 DEPENDS 변수에 넣으면 된다. bitbake는 다음과 같이 두 가지 종류의 PROVIDES 변수 표현 방식을 제공한다.

### 1. 레시피 파일 이름으로부터 PROVIDES 변수의 값 할당받기

bitbake는 package name, package version, package revision을 나타내는 변수를 다음과 같이 지정하고, 그 값은 레시피 파일상에서 따로 지정해 주지 않는 이상 레시피 파일로부터 얻어낸다.

- 패키지 관련 변수 이름

    ○ PN: package name

    ○ PV: package version

    ○ PR: package revision

앞선 예제에서 nano-6.0.bb 파일의 경우 PN은 'nano', PV는 '6.0', PR은 'r0'으로 할당됐다. PR 관련 정보는 파일 이름에서 따로 얻을 수 없기 때문에 revision 정보가 주어지지 않는다면 bitbake는 PR을 'r0'값으로 할당한다. 만약 굳이 PR 정보를 파일 이름에 주고 싶다면 예제 8-5와 같이 하면 된다.

**예제 8-5** PR 정보를 포함하는 레시피 파일의 이름 예

```
nano_6.0_r0.bb
```

PROVIDES 변수는 따로 레시피 파일에서 정의하지 않아도 기본값으로 PN 변수의 값을 갖는다.

```
PROVIDES = "${PN}"
```

참고로 PN 변수는 레시피 파일 이름에서 버전과 리비전을 제외한 이름과 같다고 생각하면 된다. 그림 8-6은 '$ bitbake-getvar' 명령어를 통해 nano_6.0.bb 레시피의 PROVIDES 변수의 값을 출력한 결과이다. 레시피 파일 이름에서 버전 이름이 제외된 nano가 PROVIDES의 값으로 할당된 것을 볼 수 있다.

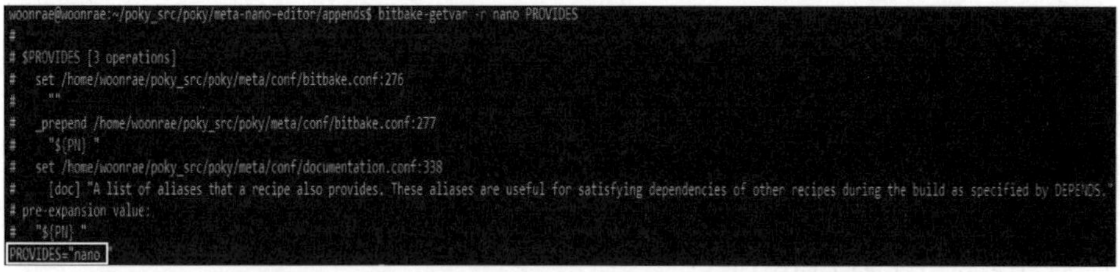


**그림 8-6** nano editor 레시피의 PROVIDES 변수 출력 결과

## 2. 명시적으로 PROVIDES 변수의 값 설정하기

앞에서는 레시피 파일 이름으로부터 PROVIDES값을 할당받았다. 여기서는 레시피 파일 내에서 직접 PROVIDES 변수의 값을 할당하는 방법을 설명한다.

예제 8-6과 같이 PROVIDES 변수에 직접 값을 할당하는 방법이 명시적으로 변숫값을 설정하는 방법이다.

**예제 8-6** 명시적 PROVIDES 변수 제공 방법

```
PROVIDES =+ "nano_alias"
```

nano_6.0.bb 파일에 예제 8-7과 같이 PROVIDES 변수의 값을 입력하고 '$ bitbake-getvar' 명령어를 통해 nano 레시피의 PROVIDES값을 확인해 보면 그림 8-7과 같다.

```
woonrae@woonrae:~/poky_src/poky/meta-nano-editor/recipes-nano$ bitbake-getvar -r nano PROVIDES
#
# $PROVIDES [4 operations]
#   set /home/woonrae/poky_src/poky/meta/conf/bitbake.conf:276
#     ""
#   _prepend /home/woonrae/poky_src/poky/meta/conf/bitbake.conf:277
#     "${PN} "
#   set /home/woonrae/poky_src/poky/meta/conf/documentation.conf:338
#     [doc] "A list of aliases that a recipe also provides. These aliases are useful for satisfying depen
dencies of other recipes during the build as specified by DEPENDS."
#   append /home/woonrae/poky_src/poky/meta-nano-editor/recipes-nano/nano_6.0.bb:9
#     "nano_alias"
# pre-expansion value:
#   "${PN} nano_alias"
PROVIDES="nano nano_alias"
```

**그림 8-7** 명시적 PROVIDES 제공 시 변수의 값 추적

PROVIDES 변수에 "nano nano_alias"값이 할당돼 있는 것을 볼 수 있다. 이 값은 나중에 IMAGE_INSTALL += "nano" 대신 IMAGE_INSTALL += "nano_alias"와 같이 사용하는 것을 가능하게 해준다. 실제로 확인하고 싶다면 nano_6.0.bbappend 파일에서 IMAGE_INSTALL += "nano_alias"와 같이 "nano"를 "nano_alias"로 대체하고 재빌드를 수행해 본다. 빌드가 정상적으로 되는 것을 확인할 수 있을 것이다.

세상에는 많은 소프트웨어 패키지들이 존재한다. 따라서 의도치 않게 패키지를 빌드하는 레시피 이름이 겹칠 수 있다. 이 경우 겹치지 않는 이름을 PROVIDES 변수에 넣어 이름 충돌을 피할 수 있다. 이것이 명시적으로 PROVIDES 변수를 사용하는 이유이다.

결론적으로 PROVIDES 변수는 레시피에 또 다른 이름을 부여해 다른 레시피 파일들이 인지할 수 있도록 한다. 따라서 레시피에서 특정 레시피의 의존성을 나타내고자 할 때 의존하려는 레시피의 PROVIDES 변수에 할당된 이름을 DEPENDS 변수에 할당하면 된다.

## 8.2.1 다중 패키지, 다중 버전을 위한 virtual PROVIDER

PROVIDES 변수의 값을 'virtual/xxx'와 같이 할당할 수 있다. 이와 같은 값을 할당하는 이유는 다중 패키지들을 위해서이다.

가령 현재 프로젝트에 적용된 커널이 Yocto에서 레퍼런스로 제공하는 커널인 linux-yocto.bb 레시피라고 하자. 그런데 어떤 경우에는 리누스 토발즈가 배포한 바닐라[1] 커널 5.19를 사용해야 한다고 하자. 그리고 이 바닐라 커널을 사용하는 레시피가 torvalds-kernel_5.19.bb 레시피 파일로 돼 있다. 이 경우 프로젝트에는 두 가지 커널이 존재하고, 필요에 따라 특정 이미지를 만들 때 선택적으로 한쪽의 커널 레시피가 사용된다.

정리하면, Yocto에서는 하나의 프로젝트 안에 두 개 이상의 커널을 구성할 수 있다. 이를 위해 각각의 커널을 별도의 레시피 파일로 표현한다. 각 커널 레시피 파일은 그림 8-8과 같이 "virtual/kernel"이라는 동일한 이름을 PROVIDES 변수에 할당한다. 그리고 머신 환경 설정 파일에서 PREFERRED_PROVIDER_virtual/kernel = 〈커널 레시피 이름〉 구문을 사용해 최종적으로 사용할 커널 레시피를 지정한다. 그림에서는 머신 환경 설정 파일이 인클루드 하는 qemu.inc 파일에서 실제 사용되는 커널 레시피 파일명을 지정했다.

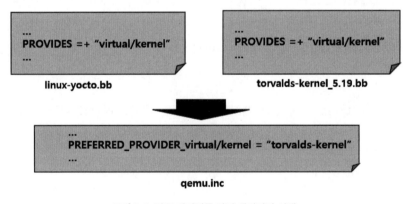

**그림 8-8** 다중 패키지를 가진 패키지의 선택

---

1   바닐라는 아이스크림 세계에서 가장 기본적인 맛을 나타낸다. 따라서 아무것도 추가하지 않거나 고치지 않은 것들을 vanilla라고 한다. 결국 의미상 배포돼 아무 것도 수정되지 않은 정식 커널을 의미한다.

'virtual/' 접두 규칙은 다중의 PROVIDER를 제공하는 데 사용하는 규칙이다. 다중 패키지는 예제와 같이 다중의 커널을 사용하는 경우뿐만 아니라 많은 곳에서 사용되기 때문에 꼭 알아 둬야 한다. 11장에서는 커널 레시피를 학습하고 다중 커널을 사용하는 예제를 다룬다.

각각 다른 버전을 갖고 있는 동일한 소프트웨어 패키지를 다루는 레시피 파일들이 있다고 하자. 이 경우를 다중 버전이라고 표현한다. 가령 다양한 버전의 리눅스 커널이 존재하는데 상황마다 필요로 하는 커널 버전이 다르다. 이 경우 최종적으로 사용하고자 하는 커널 버전은 그림 8-9와 같이 PREFERRED_VERSION_torvalds-kernel 변수에 패키지 버전을 나타내는 PV값을 넣어주면 된다. 그림에서는 torvalds-kernel_5.19.bb 레시피 파일 선택을 위해 이 레시피의 PV값인 5.19를 할당했다. 만약 PREFERRED_VERSION 변수가 할당되지 않았다면 최신 버전이 빌드된다.

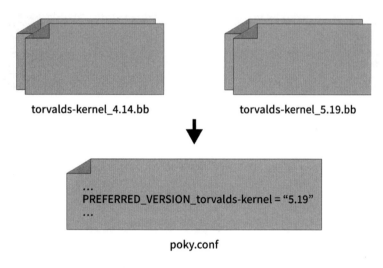

**그림 8-9** 다중 버전을 가진 패키지의 선택

참고로 PREFERRED_VERSION 변수에 버전 이름을 할당할 때 버전 이름을 정확하게 다 표현하지 않고 명확한 버전만 표현하는 방식을 사용할 수 있다. 예제 8-7과 같이 와일드 카드<sup>wildcard</sup>를 사용해 표현할 수 있다. PREFERRED_VERSION_linux-yocto = "5.14%"는 5.14 이후의 버전값은 어떤 것이 오더라도 상관없다는 뜻이다.

**예제 8-7** 와일드 카드를 사용한 버전 표현

```
PREFERRED_VERSION_busybox = "1.20.1"

PREFERRED_VERSION_linux-yocto = "5.14%"
```

'$ bitbake-layers show-cross-depends' 명령은 의존성을 갖고 있는 레시피 파일들을 출력해 주는 명령어이다. 명령에 대한 출력값은 의존 관계에 있는 레시피 파일도 함께 제공한다. 그림 8-10은 nano 레시피와 의존성이 있는 모든 것을 출력해 본 화면이다. 그림에서 nano 레시피는 ncurses 레시피에 의존성이 있다고 출력된 것을 볼 수 있다.

```
$ bitbake-layers show-cross-depends | grep nano
```

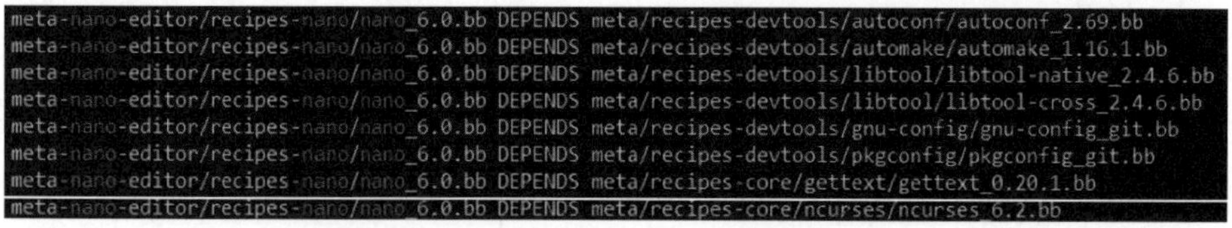


**그림 8-10** bitbake-layers show-cross-depends 명령

## 8.3 요약

오픈임베디드 빌드 시스템은 레시피들 간에 또는 패키지들 간에 의존성을 지정할 수 있으므로 bitbake가 시작되면 의존성을 만족하는 순서로 레시피나 패키지들을 생성한다. 의존성은 빌드 의존성과 실행 시간 의존성으로 분류된다.

빌드 의존성은 빌드 중에 필요한 의존성으로 빌드 시에 필요한 라이브러리가 그 예이다. 의존성이 필요한 레시피에서는 DEPENDS 변수를 통해 빌드 의존성을 나타낸다.

실행 시간 의존성은 실제 패키지가 동작 시에 필요한 의존성이다. 특정 패키지가 동작하려면 다른 패키지가 앞서 설치돼야 하는 것이 그 예이다. 실행 시간 의존성이 필요한 레시피에서는 RDEPNEDS 변수를 통해 실행 시간 의존성을 나타낸다.

특정한 동일 기능을 하는 레시피가 서로 다른 버전이나 다른 이름으로 존재할 수 있다. 예제에서는 커널 레시피를 예로 들었다. 이런 경우 각 레시피는 PROVIDES 변수에 'virtual/kernel'과 같이 virtual 키워드를 사용해 동일한 이름을 할당한다. 그리고 빌드 시 PREFERRED_PROVIDER 변수를 통해 실제 빌드돼야 하는 커널 레시피를 지정한다. 또한 서로 다른 커널 버전의 레시피가 존재하는 경우에는 PREFERRED_VERSION 변수를 통해 실제 빌드돼야 하는 커널 레시피를 지정한다.

# CHAPTER 09
# 패키지 그룹 및 빌드 환경 구축

## 이 장에서 다루는 내용

» 9.1 IMAGE_INSTALL, IMAGE_FEATURES 변수
» 9.2 패키지 그룹
» 9.3 미리 정의된 패키지 그룹
» 9.4 커스텀 빌드 스크립트를 통한 빌드 환경 구축
» 9.5 요약

9장에서는 패키지 그룹을 학습하고 기존 예제에서 이미지 레시피인 core-image-minimal.bb에 패키지 그룹으로 만든 예제 패키지들을 넣어본다.

10장부터는 레이어를 계층별로 쌓아 올라가며 학습을 진행할 것이다. 그런데 커스텀 레이어들을 생성하면서 Yocto에서 제공하는 기본 빌드 스크립트를 그대로 가져가기에는 빌드에 여러 제약 사항이 따른다. 따라서 9장의 마지막 부분에서는 커스텀 빌드 스크립트를 만들어 앞으로 진행할 예제들을 쉽게 빌드할 수 있도록 환경을 구축한다.

## 9.1 IMAGE_INSTALL, IMAGE_FEATURES 변수

IMAGE_INSTALL 변수는 루트 파일 시스템에 설치할 패키지를 나열한 변수이다. 우리는 루트 파일 시스템 이미지를 생성하는 레시피 파일로 core-image-minimal.bb 파일을 사용했다. 그리고 5장에서 루트 파일 시스템 이미지에 우리가 만든 패키지를 넣으려고 IMAGE_INSTALL += "hello nano"와 같이 IMAGE_INSTALL 변수를 확장했다. 참고로 이후로 언급되는 이미지라는 용어는 루트 파일 시스템을 뜻하는 것이다.

이미지를 생성하기 위해서는 IMAGE_INSTALL 변수에 할당된 패키지들과 IMAGE_FEATURES 변수에 할당된 기능들features을 종합해 최종 이미지를 생성하게 된다. 따라서 여기서는 IMAGE_FEATURES 변수에 대해 살펴보도록 한다.

IMAGE_FEATURES 변수에서는 루트 파일 시스템을 생성하는 대상 이미지 레시피 (core-image-minimal.bb 등)에서 상속한 기반 이미지 클래스에 따라 할당할 수 있는 값들이 결정된다. 즉 이미지 클래스는 미리 정의된 기능 목록을 갖고 있으므로 IMAGE_FEATUERS 변수에 기능 목록들 중에서 필요한 기능들을 할당한다.

이미지에 추가되는 기능들을 레시피에서 추가할 때는 IMAGE_FEATURES 변수를 사용한다. 그러나 local.conf와 같은 환경 설정 파일에 추가할 때는 EXTRA_IMAGE_FEATURES 변수를 사용한다. 실제 EXTRA_IMAGE_FEATURES 변수는 최종적으로 IMAGE_FEATURES에 추가된다.

잠시 이미지 클래스에서 미리 정의된 기능 목록을 몇 가지만 살펴보자.

- image.bbclass

    ◦ debug-tweaks: 개발 시에 주로 사용하게 되는 기능으로 가장 큰 특징은 비밀번호가 할당돼 있지 않아 비밀번호 없이 SSH 로그인이 가능하다.

    ◦ package-management: 루트 파일 시스템을 만들 경우 PACKAGE_CLASSES 변수에 설정된 패키지 관리 유형에 따른 패키지 관리 시스템을 설치한다.

- read-only-rootfs: 읽기 전용으로 루트 파일 시스템을 생성한다.

- splash: 부팅 시에 단순한 텍스트 기반의 메시지가 아니라 스플래시 스크린이 동작하도록 한다.

그 외 IMAGE_FEATURES 변수에서 제공되는 기능들은 다음 사이트(https://docs.yoctoproject.org/3.1/ref-manual/ref-manual.html#ref-features-image)를 참고하자.

정리해 보면 IMAGE_FEATURES 변수는 사용하려는 이미지에 대한 특정한 기능들features을 활성화하도록 만드는 데 사용한다. 간단한 테스트를 위해 build/conf/local.conf 파일 제일 하단에 리스트 9-1과 같이 splash 기능을 추가해 본다.

**리스트 9-1** local.conf 파일

```
…
EXTRA_IMAGE_FEATURES += "splash"
```

예제에서 파일의 위치: ~/poky_src/build/conf/local.conf

리스트와 같이 수정한 후 예제 9-1과 같이 실행하면 그림 9-1과 같은 splash 화면이 출력되는 것을 볼 수 있다. 단, runqemu 실행 시 nographic 옵션을 빼야 한다.

**예제 9-1** 수정 코드 재빌드

```
$ bitbake core-image-minimal -C rootfs
$ runqemu
```

**그림 9-1** 부팅 시 splash 화면

이제 IMAGE_INSTALL과 IMAGE_FEATURES 변수의 차이에 대해 살펴보자.

루트 파일 시스템은 IMAGE_FEATURES와 IMAGE_INSTALL 두 변수로 구성된다. 그러나 두 변수에 들어가는 값은 같지 않다. 필자의 경우 처음 Yocto를 접했을 때 두 변수를 구분하기 힘들었다. 가령 IMAGE_FEATURES 변수와 IMAGE_INSTALL 변수에 동일한 splash값을 넣는다고 했을 때 두 표현의 차이는 무엇인가?

```
IMAGE_FEATURES += "splash"

IMAGE_INSTALL += "splash"
```

먼저 IMAGE_FEATURES 변수에 할당되는 값은 사전에 정의된 기능 목록에 있다. 따라서 사전에 정의된 기능 목록에 splash가 존재해야 하고, IMAGE_FEATURES 변수는 FEATURE_PACKAGES 변수와 함께 사용된다. 참고로 FEATURE_PACKAGES 변수는 예제 9-2와 같이 사용된다.

**예제 9-2** FEATURE_PACKAGES 변수의 사용법

```
FEATURE_PACKAGES_feature1 = "package1 package2"
```

예제의 의미는 만약 IMAGE_FEATURES 변수의 할당된 값에 "feature1"이 포함 돼 있다면 FEATURE_PACKAGES 변수에는 package1, package2를 포함하게 된 다는 뜻이다. 포함돼 있지 않다면 이 구문은 실행되지 않는다. 예제에서 FEATURE_ PACKAGES 변수가 나타내는 것은 결국 루트 파일 시스템에 package1, package2 를 설치하겠다는 뜻이다. 따라서 실제 splash가 IMAGE_FEATURES에 할당되면 리스트 9-2와 같이 FEATURE_PACKAGES_splash = "${SPLASH}" 구문이 처리되 고, 루트 파일 시스템에 psplash 레시피에서 만들어지는 패키지가 설치된다.

**리스트 9-2** image.bbclass 파일에서 splash 처리

```
…
SPLASH ?= "psplash"
FEATURE_PACKAGES_splash = "${SPLASH}"
```

IMAGE_INSTALL 변수에 "splash"값을 넣는 경우 원칙적으로는 전혀 문제가 되 지 않는다. 그러나 실제 splash라는 이름을 가진 레시피 파일이나 PROVIDES를 통해 제공된 이름이 없기 때문에 빌드 자체가 실패하게 된다. 굳이 넣고자 한다면 IMAGE_INSTALL += "psplash"와 같이 넣어주면 문제는 되지 않는다. 그러나 이것 은 오픈임베디드 빌드 시스템에서 권고하는 형태가 아니다.

결론적으로 앞에서도 언급했지만, 루트 파일 시스템을 만들어 내는 이미지 레시피들 (core-image, core-image-minimal 등)은 상속한 기본 클래스에 따라 미리 정의된 기 능 목록이 존재한다. IMAGE_FEATURES는 이 기능 목록들 중에서 사용하고자 하 는 기능을 추가할 때 사용하는 변수이고, IMAGE_INSTALL은 레시피에 의해 만들어 지는 패키지를 루트 파일 시스템에 추가하고자 할 때 사용하는 변수이다.

IMAGE_FEATURES 변수들에 대해서는 지면 관계상 splash만을 예제로 들었 다. 이외에도 'tools-sdk'와 같은 기능을 local.conf 파일에서 EXTRA_IMAGE_ FEATURES 변수에 추가하면 이미지에 gcc 컴파일러 등이 설치된다. 따라서 타깃에 서 vim으로 간단한 c 파일을 작성하고 타깃상에서 컴파일을 진행하고 결과도 볼 수 있다.

## 9.2 패키지 그룹

패키지 그룹<sup>Package Group</sup>이라는 주제에 대해 다뤄 보자. 패키지 그룹은 이미지에 포함될 수 있는 패키지들의 집합이다. 기존 예제에서 core-image-minimal의 최종 산출물인 루트 파일 시스템에 nano, hello 실행 파일을 포함시키려고 IMAGE_INSTALL 변수에 패키지 이름을 추가한 것을 기억할 것이다. 실제로 IMAGE_INSTALL 변수는 루트 파일 시스템을 확장하는 데 사용된다. 패키지 그룹의 동작은 이것과 동일하다. 차이는 각각의 패키지를 추가하는 것이 아니라 그룹핑<sup>grouping</sup>해 여러 개의 패키지를 한번에 추가한다는 점이 다르다.

패키지 그룹은 packagegroups.bbclass라는 클래스 파일을 상속함으로써 사용된다. 흥미로운 것은 패키지 그룹을 사용하려고 만든 레시피 파일은 다른 레시피 파일들과 다르다. 패키지 그룹 레시피 파일은 어떤 것도 빌드하지 않고, 어떤 결과물도 만들어 내지 않는다. 단지, 여러 패키지들을 그룹핑해 의존성만을 부여한다.

패키지 그룹의 레시피 파일 이름은 packagegroup-⟨name⟩.bb와 같이 명명된다. 패키지 그룹에 해당하는 레시피 파일들은 레시피를 위한 작업 디렉터리인 recipes-xxx 디렉터리 아래 packagegroups라는 이름으로 디렉터리를 만들고 그 아래에 위치시키면 된다. 우선 예제와 실습을 해보면서 패키지 그룹을 이해해 보자.

### 9.2.1 core-image-minimal 이미지에 패키지 그룹을 통한 패키지들 추가

우리는 앞으로 가칭 great라는 타깃 시스템을 개발할 것이다. 이 시스템 개발을 위해 먼저 루트 파일 시스템 이미지를 만들 메타 레이어로 meta-great라는 디렉터리를 생성한다. 그리고 이전에 수행했던 hello, nano 패키지들을 패키지 그룹으로 만들어 core-image-minimal 이미지에 추가한다.

실습 소스는 다음과 같이 받을 수 있다.

- 기존에 GitHub에서 받은 소스상에서 다음의 명령을 입력한다.

```
$ git checkout packagegroup
```

그림 9-2와 같이 meta-great라는 디렉터리를 poky 디렉터리 아래에 생성한다.

```
woonrae@woonrae:~/poky_src/poky$ ls
bitbake              LICENSE.MIT      meta-nano-editor   oe-init-build-env  scripts
contrib              MEMORIAM         meta-poky          README.hardware
documentation        meta             meta-selftest      README.OE-Core
LICENSE              meta-great       meta-skeleton      README.poky
LICENSE.GPL-2.0-only meta-hello       meta-yocto-bsp     README.qemu
```

**그림 9-2** meta-great 메타 레이어 디렉터리 추가

생성된 meta-great 디렉터리는 최종적으로 그림 9-3과 같은 구조를 가질 것이다.

```
woonrae@woonrae:~/poky_src/poky$ tree meta-great
meta-great
├── conf
│   └── layer.conf
└── recipes-core
    ├── image
    │   └── core-image-minimal.bbappend
    └── packagegroups
        └── packagegroup-great.bb
```

**그림 9-3** meta-great 디렉터리 전체 구조

새로운 레이어를 만들었기 때문에 이 레이어의 conf 디렉터리에 layer.conf 환경 설정 파일을 만들고 리스트 9-3과 같이 내용을 추가한다.

**리스트 9-3** layer.conf 파일

```
BBPATH  =. "${LAYERDIR}:"
BBFILES += "${LAYERDIR}/recipes*/*/*.bb"
BBFILES += "${LAYERDIR}/recipes*/*/*.bbappend"
BBFILE_COLLECTIONS += "great"
BBFILE_PATTERN_great = "^${LAYERDIR}/"
BBFILE_PRIORITY_great = "11"
LAYERSERIES_COMPAT_great = "${LAYERSERIES_COMPAT_core}"
```

예제에서 파일의 위치: ~/poky_src/poky/meta-great/conf/layer.conf

새로 만든 레이어가 최종적으로 반영돼야 할 메타데이터들을 갖고 있을 것이기 때문에 레이어의 우선순위를 기존에 존재하던 레이어들보다 큰 '11'로 할당한다. 그런 다음 패키지 그룹 생성을 위해 recipes-core 디렉터리 내에 packagegroups라는 디렉터리를 만들고 packagegroup-great.bb라는 패키지 그룹 레시피 파일을 생성한다. 패키지 그룹이 최종 만들어질 루트 파일 시스템에 적용되려면 core-image-minimal.bbappend라는 레시피 확장 파일을 만들어 IMAGE_INSTALL 변수에 추가한다.

리스트 9-4와 같이 packagegroup-great.bb로 파일을 만들고 내용을 입력한다.

**리스트 9-4** packagegroup-great.bb 파일

```
DESCRIPTION = "this package group is great's packages"
inherit packagegroup

PACKAGE_ARCH = "${MACHINE_ARCH}"
RDEPENDS_${PN} = "\
                hello \
                nano \
                "
```

예제에서 파일의 위치: ~/poky_src/poky/meta-great/recipes-core/packagegroups/packagegroup.bb

패키지 그룹 레시피 파일에서 전에 만들었던 hello, nano 패키지를 실행 시간 의존성을 나타내는 RDEPENDS 변수에 추가해 준다.

PACKAGE_ARCH 변수는 빌드 후 생성된 이미지가 어떤 아키텍처로 생성돼야 하는지 알려준다. 예제는 가상 머신인 QEMU에서 구동시킬 예정이어서 그림 9-4와 같이 PACKAGE_ARCH가 qemux86_64로 돼 있다. 기존에 만들었던 hello, nano 패키지의 경우에는 intel의 processor인 core2로 PACKAGE_ARCH가 할당돼 있다.

hello, nano와 core-image-minimal의 PACKAGE_ARCH가 다르기 때문에 문제될 것이라고 생각할 수 있다. 그러나 이 분류는 실제 아키텍처를 나타내기보다는

분류에 따른 접근이다. 즉 QEMU 머신에서 사용되는 이미지는 이 머신 이외의 머신에서는 사용될 수 없다. 그래서 우리 머신의 루트 파일 시스템 이미지를 생성하는 core-image-minimal 레시피는 그림 9-4와 같이 가상 머신인 qemux86_64를 PACKAGE_ARCH값으로 갖는다. 그리고 생성된 애플리케이션 패키지들인 hello, nano는 이 머신이 아니더라도 x86에 intel core2-64를 사용하는 머신이라면 호환이 가능하다. 이 패키지들은 core2-64값을 PACKAGE_ARCH값으로 갖는다.

**그림 9-4** PACKAGE_ARCH 변수의 출력

레시피를 만들 때 레시피의 결과물인 패키지가 종속적인 아키텍처를 갖고 있다면 다음 두 가지 방법을 사용할 수 있다.

- 머신에 의존적인 패키지: 패키지가 빌드 대상인 특정 머신에 의존적인 경우라면 다음 구문을 레시피 파일에 추가한다.

```
PACKAGE_ARCH = ${MACHINE_ARCH}
```

앞선 예제에서의 hello 패키지를 빌드하면 core2-64-poky-linux 아래에 빌드 산출물이 저장된다. 그러나 hello.bb 파일에 'PACKAGE_ARCH = ${MACHINE_ARCH}' 구문을 추가하면 산출물은 qemux86_64-poky-linux 디렉터리에 생성된다. 실행에는 큰 차이가 없으나, hello 패키지가 머신에 의존적인 패키지로 바뀌게 된다. 실제 hello는 머신 의존적인 코드가 없기 때문에 머신에 의존적으로 만들 필요는 없다.

- 아키텍처 의존적 패키지: 빌드 대상인 머신과는 관계없이 모든 아키텍처에 적용되는 패키지라면(보통 폰트 패키지가 이와 같이 돼 있음) 레시피 파일에서 다음의 구문을 추가한다.

PACKAGE_ARCH 변수 이야기가 나왔으니 이해를 위해 build 디렉터리 아래의 '/ tmp/work' 디렉터리를 살펴보자. 그림 9-5와 같이 총 4개의 디렉터리를 볼 수 있다. 각각의 디렉터리는 의존성을 바탕으로 만들어진다. all-poky-linux는 아키텍처에 독립적인 패키지들의 빌드 디렉터리이다. qemux86_64-poky-linux는 사용하는 머신을 나타낸다. 그리고 현재 머신이 intel core2를 지원하기 때문에 core2-64-poky-linux 디렉터리가 함께 존재한다.

이렇게 디렉터리를 나눈 기준은 머신에 종속돼 있는 패키지는 머신 디렉터리, 아키텍처에 종속돼 있는 패키지는 아키텍처 디렉터리에 빌드 작업 산출물을 저장하기 위해서이다.

리눅스 소프트웨어 스택상에서 커널과 같은 패키지는 로 레벨 드라이버driver를 포함하기 때문에 머신에 특화돼야 한다. 각각의 머신들은 당연히 갖고 있는 디바이스가 다르기 때문이다. 그러나 그 위에 올라가는 애플리케이션은 머신의 종류와 상관없이 x86의 intel core2를 기반으로 한 머신이라면 호환이 가능하기 때문에 core2-64라는 아키텍처에 의존성을 갖는다. 따라서 그림 9-5와 같이 분류된다. x86_64-linux 디렉터리는 빌드를 진행하는 호스트host PC를 나타낸다. 크로스 툴체인cross-toolchain을 위해 필요한 산출물이 이 디렉터리에 저장된다.

```
woonrae@woonrae:~/poky_src/build/tmp/work$ ls
all-poky-linux   core2-64-poky-linux   qemux86_64-poky-linux   x86_64-linux
```

**그림 9-5** 아키텍처 종속적인 디렉터리들

이제 새로 생성한 패키지 그룹인 packagegroup-great를 이미지 생성 레시피인 core-image-minimal의 루트 파일 시스템에 추가해 준다. 리스트 9-5와 같이 레시피 확장 파일인 core-image-minimal.bbappend에서 IMAGE_INSTALL 변수를 확장한다.

```
IMAGE_INSTALL += "packagegroup-great"
```

예제에서 파일의 위치: ~/poky_src/poky/meta-great/recipes-core/image/
core-image-minimal.bbappend

IMAGE_INSTALL 변수에 패키지 그룹 이름을 넣어주면 추가된 패키지들이 이미지
에 추가 설치된다. 그리고 새로 생성한 meta-great 레이어를 bitbake가 인지할 수
있도록 build 디렉터리 아래 conf 디렉터리 내의 bblayers.conf 파일을 리스트
9-6과 같이 수정한다.

리스트 9-6 bblayers.conf 파일

```
POKY_BBLAYERS_CONF_VERSION = "2"
BBPATH = "${TOPDIR}"
BBFILES ?= ""
BBLAYERS ?= " \
  /home/woonrae/poky_src/poky/meta \
  /home/woonrae/poky_src/poky/meta-poky \
  /home/woonrae/poky_src/poky/meta-yocto-bsp \
  /home/woonrae/poky_src/poky/meta-hello \
  /home/woonrae/poky_src/poky/meta-nano-editor \
  /home/woonrae/poky_src/poky/meta-great \
  "
```

예제에서 파일의 위치: ~/poky_src/build/conf/bblayers.conf

기존 예제에서는 새로운 패키지를 만들 때마다 각각의 메타 레이어를 생성했고, 각
각의 메타 레이어 내에서 생성된 패키지를 이미지를 생성하는 레시피 확장 파일을
통해 추가했다. 리스트 9-6에서 meta-hello, meta-nano-editor 레이어들이 바
로 그 예이다. 그러나 지금부터는 이 패키지들을 패키지 그룹으로 묶어 새로 생성된
meta-great 레이어 아래 루트 파일 시스템을 생성하는 레시피 확장 파일인 core-

image-minimal.bbappend에 추가할 것이다. 따라서 meta-hello, meta-nano-editor 레이어들에서 core-image-minimal.bbappend 레시피 확장 파일에 패키지 추가를 위해 넣은 부분들이 삭제돼야 한다.

## 1. meta-hello 레이어 내에 존재하는 core-image-minimal.bbappend 레시피 확장 파일 수정

파일에서 리스트 9-7과 같이 IMAGE_INSTALL 변수 확장을 주석 처리한다.

**리스트 9-7** core-image-minimal.bbappend 파일

```
# IMAGE_INSTALL_append =" hello"
```

예제에서 파일의 위치: ~/poky_src/poky/meta-hello/recipes-core/images/core-image-minimal.bbappend

## 2. meta-nano-editor 레이어 내에 존재하는 core-image-minimal.bbappend 레시피 확장 파일 수정

리스트 9-8과 같이 IMAGE_INSTALL 변수 확장을 주석 처리한다.

**리스트 9-8** core-image-minimal.bbappend 파일

```
# IMAGE_INSTALL_append =" nano"
```

예제에서 파일의 위치: ~/poky_src/poky/meta-nano-editor/recipes-core/images/core-image-minimal.bbappend

이제 기본적인 작업이 끝났기 때문에 이미지 빌드 명령을 통해 core-image-minimal.bb 레시피로 루트 파일 시스템을 생성하고 QEMU를 실행해 본다.

```
$ bitbake core-image-minimal

$ runqemu core-image-minimal nographic
```

시스템이 부팅되고 로그인한 후 hello, nano 애플리케이션을 실행해 본다. 실행이 정상적으로 되는 것을 볼 수 있다.

끝으로 bitbake의 명령어로 우리가 만든 패키지 그룹에 어떤 패키지들이 설치됐는지 확인해 보자. bitbake의 '-g' 옵션은 지정한 레시피 파일에 대해 의존성을 가진 모든 패키지들을 pn-buildlist라는 파일로 출력한다. 예제 9-3과 같이 입력하면 pn-buildlist라는 파일이 생성되고, 그림 9-6과 같이 pn-buildlist 파일내에 hello, nano 패키지가 설치된 것을 확인할 수 있다.

**예제 9-3** 패키지 그룹에 포함된 패키지들 출력

```
great@great-yocto:~/GitHub/poky_src/build2$ bitbake -g great-image
...
NOTE: PN build list saved to 'pn-buildlist'
NOTE: Task dependencies saved to 'task-depends.dot'
```

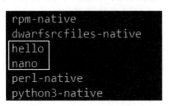

**그림 9-6** 설치된 패키지 출력

## 9.2.2 대체 패키지 생성에 따른 의존성 처리

8장에서 실행 시간 의존성을 학습했고, 패키지 그룹은 실행 시간 의존성을 이용해 빌드 진행 시 미리 의존성이 걸린 패키지를 루트 파일 시스템에 설치한다는 것을 알았다. 여기서는 대체 패키지가 생성됐을 때 실행 시간 의존성을 사용하는 방법에 대해 배운다. 이를 간단한 예제를 통해 살펴보도록 하겠다.

기존에 실습했던 hello 패키지를 갖고 예제를 확장하겠다. 우리는 hello 패키지를 대체하는 newhello라는 패키지를 생성할 것이다. 기존의 코드는 수정하지도 삭제하지도 않는다는 전제 조건하에 newhello 패키지를 hello 대체 패키지로 만든다. 실습 소스는 다음과 같이 받을 수 있다.

- 기존에 GitHub에서 받은 소스상에서 다음의 명령을 입력한다.

```
$ git checkout replace_package
```

먼저 기존에 존재하는 hello 레시피를 위한 작업 디렉터리인 recipes-hello 디렉터리 내의 내용을 그대로 복사하고, 그림 9-7과 같이 recipes-newhello라는 디렉터리 아래 붙여넣는다. 기존의 hello.bb 파일은 newhello.bb, hello.c 파일은 newhello.c로 이름을 바꾼다.

**그림 9-7** recipes-newhello 디렉터리

1. newhello.bb 파일의 내용은 리스트 9-9와 같이 수정한다.

**리스트 9-9** newhello.bb 파일

```
DESCRIPTION = "Simple helloworld application example"
LICENSE = "MIT"
LIC_FILES_CHKSUM = "file://COPYING;md5=80cade1587e04a9473701795d41a4f0c"

SRC_URI = "file://newhello.c"
SRC_URI += "file://COPYING"
SRC_URI += "file://hello.service"

inherit systemd
```

```
S = "${WORKDIR}"
SYSTEMD_SERVICE_${PN} = "hello.service"
SYSTEMD_AUTO_ENABLE = "enable"

do_compile(){
 ${CC} newhello.c ${LDFLAGS} -o hello
}

do_install() {
  install -d ${D}${bindir}
  install -m 0755 hello ${D}${bindir}

  install -d ${D}${systemd_unitdir}/system
  install -m 0644 hello.service ${D}${systemd_unitdir}/system
}

RREPLACES_${PN} = "hello"
RPROVIDES_${PN} = "hello"
RCONFLICTS_${PN} = "hello"

FILESEXTRAPATHS_prepend := "${THISDIR}/source:"
FILES_${PN} += "${bindir}/hello"
FILES_${PN} += "${systemd_unitdir}/system/hello.service"
```

예제에서 파일의 위치: ~/poky_src/poky/meta-hello/recipes-newhello/
newhello.bb

newhello.bb 파일은 다음의 부분들이 hello.bb 파일과 다르다.

SRC_URI에 추가된 hello.c 파일을 newhello.c 파일로 교체했다. 참고로
newhello.c 파일의 컴파일 출력 파일 이름을 이전과 동일한 hello로 해 서비스 파
일을 수정하지 않으려고 했다.

RREPLACES, RPROVIDES, RCONFLICTS 변수를 사용해 대체되는 기존 패키지
를 사용하지 않도록 하고, 다른 패키지와의 호환성도 보장한다.

**리스트 9-10** newhello.c 파일

```
# include <stdio.h>
# include <unistd.h>

int main(){
    int i = 0;
    while (i < 10) {
      printf ("New hello world!\n");
      i++;
    }
    return 0;
}
```

예제에서 파일의 위치: ~/poky_src/poky/meta-hello/recipes-newhello/
source/newhello.c

리스트 9-10의 newhello.c 파일은 기존의 hello.c 파일과 출력만 다르게 한다. 차후 runqemu를 실행해 hello 애플리케이션을 실행했을 때 기존과 출력이 다름을 보이게 하기 위해서이다. 그 외 COPYING, hello.service 파일들은 기존 hello 패키지에 있는 파일들과 내용이 동일하다.

이렇게 해서 newhello라는 대체 패키지를 만드는 것까지는 끝났다. 하지만 문제가 하나 있다. 기존의 hello 패키지를 생성하는 디렉터리는 어떻게 할 것인가? 지금의 상태에서 빌드를 하게 되면 hello라는 패키지가 중복으로 생성된다. 우리는 이 문제를 BBMASK라는 변수를 사용해 해결할 것이다.

BBMASK라는 변수는 bitbake가 특정 디렉터리 내에 있는 레시피 파일들(.bb, .bbappend)을 처리하지 못하게 한다. 즉 BBMASK 변수를 사용해 bitbake가 레시피 파일을 인지할 수 없도록 숨길 수 있다. 가령 그림 9-8과 같이 앞에서 만든 'meta-nano-editor/' 디렉터리에 있는 모든 레시피 및 레시피 확장 파일들을 bitbake가 무시하도록 하고 싶다면 예제 9-4와 같이 처리하면 된다.

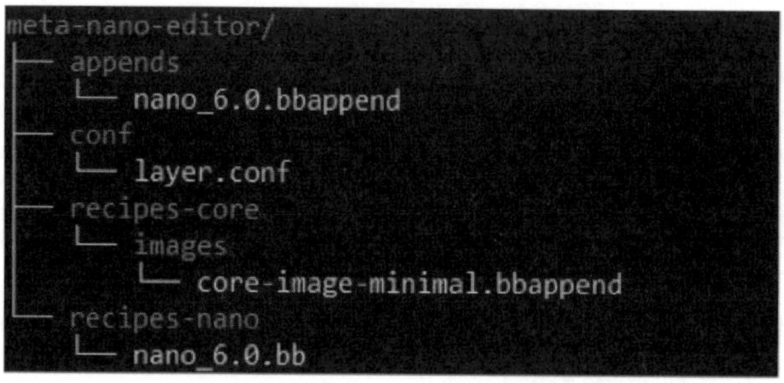

**그림 9-8** meta-nano-editor 디렉터리의 파일들

**예제 9-4** BBMASK를 통한 레시피 및 레시피 확장 파일 처리 방지

```
BBMASK = "meta-nano-editor/appends/"
BBMASK += "recipes-core/"
BBMASK += "recipes-nano/"
```

결론적으로 bitbake는 BBMASK에 할당된 경로의 레시피 파일들을 무시하고 빌드를 진행한다. 따라서 기존의 hello 패키지를 생성하는 레시피 파일들을 무시하도록 recipes-hello 디렉터리를 BBMASK 변수에 추가한다. 이 변수는 'build/conf/local.conf' 파일에 추가돼야 한다.

**리스트 9-11** local.conf 파일

```
…
BBMASK = "meta-hello/recipes-hello/"
```

예제에서 파일의 위치: ~/poky_src/build/conf/local.conf

참고로 현재 진행하는 예제의 local.conf 소스는 '$ git clone https://GitHub.com/greatYocto/local_conf.git -b replace_package'에서 받을 수 있다.

리스트 9-11과 같이 local.conf 파일의 제일 하단에 BBMASK 변수를 추가한다. 그런 다음 예제 9-5와 같이 빌드를 진행하고 빌드가 완료되면 runqemu를 통해 QEMU를 실행해 본다.

```
$ bitbake newhello
$ bitbake core-image-minimal -C rootfs
$ runqemu nographic
```

QEMU가 실행되면 로그인을 하고, 그림 9-9와 같이 hello 애플리케이션을 실행해
본다.

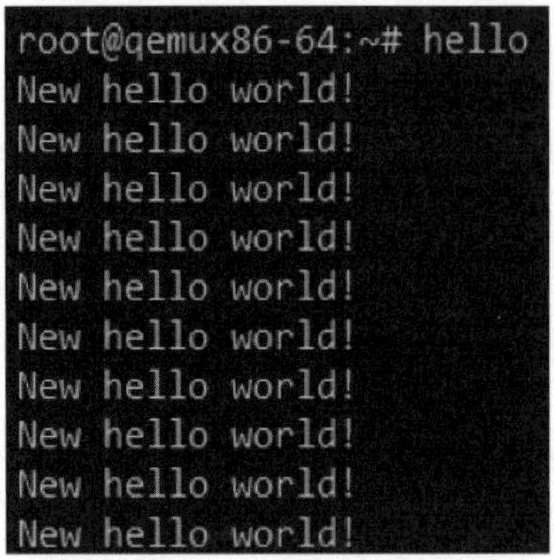

**그림 9-9** hello 실행 화면

결과를 보면 대체된 패키지인 newhello가 실행된 것을 확인할 수 있다. 이로써 우리
는 기존에 존재하는 패키지를 대체하는 패키지를 만들 때 이전 환경과 호환성을 유지
하면서 새로운 패키지를 대체하는 방법을 배우게 됐다.


## 9.3 미리 정의된 패키지 그룹

앞에서는 패키지 그룹을 만들고, 이를 IMAGE_INSTALL 변수에 할당함으로써 루
트 파일 시스템 이미지에 해당 패키지들을 추가했다. 이것은 커스텀 패키지 그룹을
추가한 예제이며, 오픈임베디드 코어에는 이미지들에서 사용할 수 있도록 사전에
만들어진 공용의 패키지 그룹들이 존재한다. 우리가 사용하고 있는 core-image-
minimal.bb 레시피 파일 같은 경우에도 그림 9-10과 같이 미리 정의된 패키지 그
룹을 사용한다.

```
IMAGE_INSTALL = "packagegroup-core-boot ${CORE_IMAGE_EXTRA_INSTALL}"
```

**그림 9-10** core-image-minimal.bb 파일의 일부

core-image-minimal 이미지의 경우 그림 9-10과 같이 패키지 그룹인 package group-core-boot를 사용하게 되는데 이 패키지 그룹은 콘솔을 갖는 부팅이 가능한 이미지를 생성하는 데 필요한 최소한의 패키지를 제공한다. packagegroup-core-boot.bb 패키지 그룹 레시피 파일을 열어보면 그림 9-11과 같다. 파일의 경로는 'poky/meta/recipes-core/packagegroups/packagegroup-core-boot.bb' 이다.

```
VIRTUAL-RUNTIME_dev_manager ?= "udev"
VIRTUAL-RUNTIME_keymaps ?= "keymaps"

EFI_PROVIDER ??= "grub-efi"

SYSVINIT_SCRIPTS = "${@bb.utils.contains('MACHINE_FEATURES', 'rtc', '${VIRTUAL-RUNTIME_base-utils-hwclock}', '', d)} \
                    modutils-initscripts \
                    init-ifupdown \
                    ${VIRTUAL-RUNTIME_initscripts} \
                    "

RDEPENDS_${PN} = "\
    base-files \
    base-passwd \
    ${VIRTUAL-RUNTIME_base-utils} \
    $(@bb.utils.contains("DISTRO_FEATURES", "sysvinit", "${SYSVINIT_SCRIPTS}", "", d)} \
    $(@bb.utils.contains("MACHINE_FEATURES", "keyboard", "${VIRTUAL-RUNTIME_keymaps}", "", d)} \
    $(@bb.utils.contains("MACHINE_FEATURES", "efi", "${EFI_PROVIDER} kernel", "", d)} \
    netbase \
    ${VIRTUAL-RUNTIME_login_manager} \
    ${VIRTUAL-RUNTIME_init_manager} \
    ${VIRTUAL-RUNTIME_dev_manager} \
    ${VIRTUAL-RUNTIME_update-alternatives} \
    ${MACHINE_ESSENTIAL_EXTRA_RDEPENDS}"

RRECOMMENDS_${PN} = "\
    ${VIRTUAL-RUNTIME_base-utils-syslog} \
    ${MACHINE_ESSENTIAL_EXTRA_RRECOMMENDS}"
```

**그림 9-11** packagegroup-core-boot.bb 패키지 그룹 레시피 파일

파일을 보면 패키지를 제공하지도 설치하지도 않는다. 다만, 실행 시간 의존성[RDEPENDS] 만을 줘 각각의 패키지가 루트 파일 시스템이 만들어질 때 이미지에 함께 설치되도록 할 뿐이다. 그림 9-12의 파일들은 자주 사용되는 중요한 패키지 그룹 레시피 파일들이다. 파일의 경로는 'poky/meta/recipes-core/packagegroups/'이다.

```
meta/recipes-core/packagegroups/
├── nativesdk-packagegroup-sdk-host.bb
├── packagegroup-base.bb
├── packagegroup-core-boot.bb
├── packagegroup-core-buildessential.bb
├── packagegroup-core-eclipse-debug.bb
├── packagegroup-core-nfs.bb
├── packagegroup-core-sdk.bb
├── packagegroup-core-ssh-dropbear.bb
├── packagegroup-core-ssh-openssh.bb
├── packagegroup-core-standalone-sdk-target.bb
├── packagegroup-core-tools-debug.bb
├── packagegroup-core-tools-profile.bb
├── packagegroup-core-tools-testapps.bb
├── packagegroup-cross-canadian.bb
├── packagegroup-go-cross-canadian.bb
├── packagegroup-go-sdk-target.bb
└── packagegroup-self-hosted.bb
```

**그림 9-12** 핵심 패키지 그룹 레시피 파일들

보통 이미지 생성을 위한 레시피 파일을 만들 때 packagegroup-core-boot.bb 패키지 그룹 레시피 파일을 넣게 된다. 이유는 부팅이 가능한 이미지를 얻을 수 있기 때문이다.

패키지 그룹 레시피 파일은 실제로 패키지를 제공하지도 설치하지도 않는다. 오직 추가해야 할 패키지들에 대한 실행 시간 의존성만을 생성한다.

정의된 패키지 그룹에서 제공된 기능은 IMAGE_FEATURES 변수를 사용해서도 제공할 수 있다.

# 9.4 커스텀 빌드 스크립트를 통한 빌드 환경 구축

간단한 빌드 스크립트를 만들어 보자. 기존에 빌드 환경을 초기화할 때는 빌드 전에 oe-init-build-env 스크립트를 실행했다. 이 스크립트를 실행하면 그림 9-13과 같이 기본적으로 build 디렉터리가 생성되고 내부에 몇 가지 환경 설정 파일과 디렉터리가 만들어진다.

**그림 9-13** oe-init-build-env 스크립트 실행 후에 생성되는 디렉터리 및 파일들

build 디렉터리는 bitbake가 빌드 작업을 수행할 때 산출물들이 만들어지는 곳이다. 앞으로 실습을 진행하면서 머신<sup>MACHINE</sup> 레이어, 배포<sup>DISTRIBUTION</sup> 레이어를 만들 것이다. 이에 따라 빌드의 산출물을 구분해 따로 저장해야 하기 때문에 빌드 디렉터리가 각기 다른 이름으로 만들어져야 한다. 또한 빌드 디렉터리 아래 환경 설정 파일들(local.conf, bblayers.conf)도 그때마다 바뀌어야 한다. 따라서 이런 작업들을 수행하려면 따로 빌드 스크립트를 만들어 관리해 줘야 할 필요가 있다. 여기서는 간단한 빌드 스크립트를 만들어 본다.

우선 TEMPLATECONF라는 변수에 대해 알아보자. TEMPLATECONF 변수는 빌드에 필요한 환경 설정 파일을 어디서 복사해 올지 지정해 주는 변수이다. 빌드 환경 초기화를 위해 oe-init-build-env 스크립트를 실행시킬 때 만들어지는 build 디렉터리 아래 conf 디렉터리 내의 환경 설정 파일들은 어디선가 복사해 와야 한다. 이 경로를 지정해 주는 변수가 TEMPLATECONF인데 변수의 기본값은 'poky/meta-poky/conf' 디렉터리를 가리킨다. 이 디렉터리에는 그림 9-14와 같은 파일들이 존재한다.

**그림 9-14** poky/meta-poky/conf 디렉터리

oe-init-build-env 스크립트를 실행해 bblayers.conf.sample, local.conf. sample 파일을 복사한다. 그런 다음 bitbake 빌드 작업 디렉터리인 build 디렉터

리 아래의 conf 디렉터리에 이 파일들을 붙여넣는다. 복사를 진행하면 파일 이름의 확장자인 '.sample'은 삭제된다. 그리고 bblayers.conf.sample 파일에서 기술된 플레이스홀더<sup>Placeholder</sup>[1]인 OEROOT 변수는 오픈임베디드 빌드시스템 특정 파일의 절대 경로로 대체된다. 그림 9-15는 bblayers.conf.sample 파일의 내용이다.

```
BBPATH = "${TOPDIR}"
BBFILES ?= ""

BBLAYERS ?= " \
  ##OEROOT##/meta \
  ##OEROOT##/meta poky \
  ##OEROOT##/meta-yocto-bsp \
  "
```

**그림 9-15** bblayers.conf.sample 파일

그림에서 OEROOT 변수는 빌드 환경 초기화 스크립트인 oe-init-build-env 파일의 절대 경로를 담고 있는 변수이다. 따라서 bblayers.conf.sample 파일은 build 디렉터리 아래 conf 디렉터리로 복사되면서 OEROOT 변수의 값은 oe-init-build-env 스크립트의 절대 경로로 바뀐다. 그림 9-16은 build/conf/bblayers.conf 파일에서 BBLAYERS 변수를 정의하는 부분이다. 그림 9-15와 비교해 보면 OEROOT 변수 부분이 바뀐 것을 볼 수 있다.

```
BBLAYERS ?= " \
  /home/great/github/poky_src/poky/meta \
  /home/great/github/poky_src/poky/meta-poky \
  /home/great/github/poky_src/poky/meta-yocto-bsp \
  "
```

**그림 9-16** build/conf/bblayers.conf 파일

만약 build 디렉터리를 포함한 소스 전체를 다른 사람에게 배포할 경우 문제가 되는 것 중 하나가 bblayers.conf 파일이 갖고 있는 BBLAYERS 변수의 값이다. 왜냐하면 BBLAYERS에 정의한 레이어들의 경로가 각자의 PC 환경마다 다르기 때문이다.

---

1   빠져있는 것을 대신하는 기호나 텍스트의 일부를 가리킨다.

TEMPLATECONF라는 변수는 oe-init-build-env 스크립트에서 인클루드하고 있는 poky/scripts/oe-setup-builddir 파일 내에서 처리되는 변수이다. 이 변수는 기본값으로 poky/meta-poky/conf 디렉터리에 그림 9-17과 같은 파일들을 build 디렉터리 내의 conf 디렉터리 아래에 복사한다.

**그림 9-17** oe-setup-builddir 파일

이 스크립트에서 보면 복사되는 파일은 총 3개로 bblayers.conf.sample, local.conf.sample, conf-notes.txt 파일이다.

리스트 9-12는 conf-notes.txt 파일이다. 이 파일은 oe-init-build-env 스크립트를 실행했을 때 화면에 출력되는 안내 문구들이 들어 있다. 자신이 원하는 문구가 있다면 이 문구들을 수정하면 된다.

**리스트 9-12** conf-notes.txt 파일

```
### Shell environment set up for builds. ###
You can now run 'bitbake <target>'
Common targets are:
    core-image-minimal
    core-image-sato
    meta-toolchain
    meta-ide-support
You can also run generated qemu images with a command like 'runqemu qemux86'
Other commonly useful commands are:
 - 'devtool' and 'recipetool' handle common recipe tasks
 - 'bitbake-layers' handles common layer tasks
 - 'oe-pkgdata-util' handles common target package tasks
```

예제에서 파일의 위치: ~/poky_src/poky/meta-poky/conf-notes.txt

지금부터는 커스텀 빌드 스크립트를 작성해 보자. 실습 소스는 다음과 같이 받을 수 있다.

- 기존에 GitHub에서 받은 소스상에서 다음의 명령을 입력한다.

```
$ git checkout buildscript
```

1. 앞에서 만든 meta-great 레이어에 그림 9-18과 같이 template이라는 디렉터리를 만든다. 이 디렉터리에는 bblayers.conf.sample, local.conf.sample 환경 설정 파일들을 넣을 것이다.

**그림 9-18** meta-great 디렉터리 생성

그림 9-19와 같이 'poky_src/poky/meta-poky/conf' 디렉터리 내에 있는 필요한 환경 설정 파일들을 meta-great/template 디렉터리로 복사한다. 총 3개의 파일인 bblayers.conf.sample, local.conf.sample, conf-notes.txt가 복사돼야 한다.

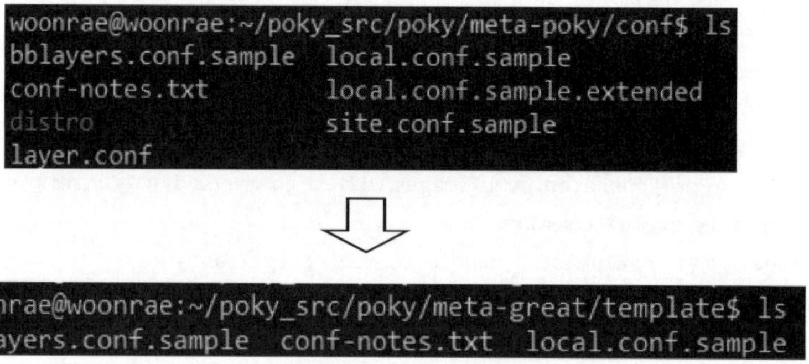

**그림 9-19** meta-poky/conf 디렉터리에서 meta-great/template 디렉터리로 복사되는 파일들

2. bblayers.conf.sample 파일을 리스트 9-13과 같이 수정한다.

**리스트 9-13** bblayers.conf.sample 파일

```
POKY_BBLAYERS_CONF_VERSION = "2"
BBPATH = "${TOPDIR}"
BBFILES ?= ""
BBLAYERS ?= " \
  ##OEROOT##/meta \
  ##OEROOT##/meta-poky \
  ##OEROOT##/meta-yocto-bsp \
  ##OEROOT##/meta-hello \
  ##OEROOT##/meta-nano-editor \
  ##OEROOT##/meta-great \
  "
```

예제에서 파일의 위치: ~/poky_src/poky/meta-great/template/bblayers.
conf.sample

3. local.conf.sample 파일을 열어 제일 하단에 리스트 9-14의 내용을 추가한다.

**리스트 9-14** local.conf.sample 파일

```
…
CONF_VERSION = "1"

# Specify own PREMIRRORS location
INHERIT += "own-mirrors"
SOURCE_MIRROR_URL = "file://${COREBASE}/../source-mirrors"

# compress tarballs for mirrors
BB_GENERATE_MIRROR_TARBALLS = "1"

# make shared state cache mirror
SSTATE_MIRRORS = "file://.* file://${COREBASE}/../sstate-cache/PATH"
SSTATE_DIR = "${TOPDIR}/sstate-cache"

DISTRO_FEATURES_append = " systemd"
DISTRO_FEATURES_remove = "sysvinit"
VIRTUAL-RUNTIME_init_manager = "systemd"
VIRTUAL-RUNTIME_initscripts = "systemd-compat-units"
```

```
DISTRO_FEATURES_BACKFILL_CONSIDERED = "sysvinit"
VIRTUAL-RUNTIME_initscript = "systemd-compat-units"
```

예제에서 파일의 위치: ~/poky_src/poky/meta-great/template/local.conf.
sample

리스트에서 추가된 내용들은 앞에서 학습한 내용들이지만, 실습의 연속성을 위해
추가한 부분이다.

4. conf-notes.txt 파일의 경우 oe-init-build-env 스크립트를 실행하고 나면 화
면에 출력되는 안내 문구이다. 우선 리스트 9-15와 같이 수정한다. 원하는 안내
문구가 있다면 여기에 알맞게 입력하면 된다.

**리스트 9-15** conf-notes.txt 파일

```
### Shell environment set up for builds. ###
Welcome! This is my yocto example.
You can now run 'bitbake <target>'

Common targets are:
    core-image-minimal

You can also run generated qemu images with a command like 'runqemu qemux86'
```

예제에서 파일의 위치: ~/poky_src/poky/meta-great/template/conf-notes.
txt

5. 이제 빌드 스크립트를 작성하자. 그림 9-20과 같이 poky 디렉터리와 동일 위치
에 buildenv.sh라는 스크립트 파일을 만든다.

```
woonrae@woonrae:~/poky_src$ ls
build   buildenv.sh   poky   source   source-mirrors   sstate-cache
```

**그림 9-20** buildenv.sh 빌드 스크립트 생성

그런 다음 리스트 9-16과 같이 내용을 입력한다.

**리스트 9-16** buildenv.sh 파일

```
#!/bin/bash
function find_top_dir()
{
    local TOPDIR=poky
# move into script file path
    cd $(dirname ${BASH_SOURCE[0]})
    if [ -d $TOPDIR ]; then
        echo $(pwd)
    else
        while [ ! -d $TOPDIR ] && [ $(pwd) != "/" ];
        do
            cd ..
        done
        if [ -d $TOPDIR ]; then
            echo $(pwd)
        else
            echo "/dev/null"
        fi
    fi
}                                                                    (1)

ROOT=$(find_top_dir)
export TEMPLATECONF=${ROOT}/poky/meta-great/template/     → (2)
source poky/oe-init-build-env build2                      → (3)
```

스크립트는 매우 간단하다. 핵심은 TEMPLATECONF 변수에 우리가 만들어 놓은 template 디렉터리를 할당한 후 oe-init-build-env 스크립트를 실행할 때 build 디렉터리 내의 conf 디렉터리 아래 관련 환경 설정 파일들이 복사되도록 하는 것이다.

(1)의 셸 스크립트는 특정한 디렉터리, 여기서는 poky 디렉터리를 가리킨다. 다시 말해 poky 디렉터리의 절대 경로를 찾아내는 함수이다. poky의 절대 경로를 알게 되면 사용하고자 하는 환경 설정 파일이 저장된 디렉터리인 template 디렉터리의 절대 경로를 알 수 있기 때문이다. 만약 repo 같은 툴로 소스를 받는 경우

이 값을 '.repo'로 지정해 사용하면 된다. repo는 Git 리포지터리를 통합해 관리할 수 있는 도구다. repo를 사용하면 최상위 디렉터리에 '.repo' 디렉터리가 생성된다.

(2)는 TEMPLATECONF 변수에 template 디렉터리의 절대 경로를 지정해 주는 부분이다.

(3)에서는 oe-init-build-env 스크립트를 실행한다. 이 스크립트의 첫 번째 인자로 build2가 주어졌는데 첫 번째 인자는 차후 bitbake가 빌드 작업을 하며 모든 작업의 결과물들을 저장할 디렉터리를 지정한다. 기본값으로 build라는 값을 갖지만, 여기서는 기존에 만들어진 build 디렉터리 이외의 디렉터리를 만들고자 build2라고 명명했다.

6. 이제 buildenv.sh 스크립트가 실행 권한을 가질 수 있도록 예제 9-6과 같이 권한을 부여하고 실행한다.

**예제 9-6** 스크립트 권한 부여 및 실행

```
$ chmod 777 buildenv.sh
$ source buildenv.sh
```

스크립트를 수행하면 그림 9-21과 같이 제일 먼저 안내 문구가 나온다. 이는 conf-notes.txt 내용이 그대로 출력된 것이다. 그리고 현재 작업을 진행하는 디렉터리의 위치가 그림 9-21과 같이 build2 디렉터리로 바뀌게 된다.

```
woonrae@woonrae:~/poky_src$ source buildenv.sh
You had no conf/local.conf file. This configuration file has therefore been
created for you with some default values. You may wish to edit it to, for
example, select a different MACHINE (target hardware). See conf/local.conf
for more information as common configuration options are commented.

You had no conf/bblayers.conf file. This configuration file has therefore been
created for you with some default values. To add additional metadata layers
into your configuration please add entries to conf/bblayers.conf.

The Yocto Project has extensive documentation about OE including a reference
manual which can be found at:
    https://docs.yoctoproject.org

For more information about OpenEmbedded see their website:
    https://www.openembedded.org/

### Shell environment set up for builds. ###
Welcome! This is my yocto example.

You can now run 'bitbake <target>'

Common targets are:
    core-image-minimal

You can also run generated qemu images with a command like 'runqemu qemux86'

woonrae@woonrae:~/poky_src/build2$
```

**그림 9-21** 빌드 스크립트를 통한 실행

끝으로 새로 생성한 build2 디렉터리의 내용을 확인해 보자. 그림 9-22와 같이 우리
가 의도한 2개의 환경 설정 파일들인 bblayers.conf, local.conf가 복사된 것을 볼 수
있다.

```
woonrae@woonrae:~/poky_src$ tree build2
build2
└── conf
    ├── bblayers.conf
    ├── local.conf
    └── templateconf.cfg
```

**그림 9-22** 새로 생성된 build2 디렉터리에 위치한 파일들

templateconf.cfg 파일에는 현재 만들어진 환경 설정 파일을 어디서 복사했는지 기술돼
있다. 리스트 9-17에서 templateconf.cfg 파일의 내용을 참고하자.

**리스트 9-17** templateconf.cfg 파일

```
/home/woonrae/poky_src/poky/meta-great/template/
```

이제 core-image-minimal에 대한 이미지를 생성하고 싶다면 다음과 같이 입력하면 된다.

```
$ bitbake core-image-minimal
```

bitbake는 새로 빌드를 수행하며 생성되는 모든 산출물들을 build2 디렉터리에 저장하게 될 것이다.

## 9.5 요약

9장은 10장에서 진행할 커스텀 이미지를 생성하기 위한 전 단계다. 따라서 관련된 배경 지식을 학습하고 간단한 빌드 스크립트를 만들어 봤다.

이미지 레시피를 통해 루트 파일 시스템에 패키지를 추가하는 것은 IMAGE_INSTALL 변수에 설치하고자 하는 패키지 이름을 추가함으로써 가능했다. 실제 최종 루트 파일 시스템에는 IMAGE_FEATURES 변수에 할당된 기능들features도 IMAGE_INSTALL 변수에 할당된 패키지들과 함께 설치된다. IMAGE_FEATURES 변수에서 추가한 기능들은 이미지 클래스들에서 미리 정의된 기능 목록들 중 필요한 기능들을 추가하는 것이다. 이 책에서는 splash 기능을 예로 들었다. splash는 따로 만들어진 패키지가 아니기 때문에 이 기능을 IMAGE_INSTALL 변수에 할당하면 빌드 진행 시 에러가 발생한다. 이 기능이 IMAGE_FEATURES 변수에 추가되면 실제 레시피로 구현된 psplash가 FEATURE_PACKAGES 변수에 추가되고 루트 파일 시스템에는 psplash 패키지가 설치된다.

패키지 그룹은 packagegroups.bbclass라는 클래스 파일을 상속함으로써 사용된다. 패키지 그룹 레시피 파일은 어떤 것도 빌드하지 않고 어떤 결과물도 만들지 않는다. 단지, 여러 패키지들을 그룹핑해 실행 시간 의존성만을 부여하는 특징이 있다.

오픈임베디드 코어에서는 이미지들에서 사용할 수 있도록 사전에 만들어진 공용의 패키지 그룹들이 존재한다. 우리는 이 패키지 그룹을 사용해 core-image-minimal 이라는 이미지 레시피를 구성해 봤다.

그리고 앞으로의 실습을 위해 간단한 빌드 스크립트를 작성해 봤다. 이 스크립트는 차후 머신 레이어와 배포 레이어를 생성하면서 빌드 환경 구축을 도울 것이다.

**CHAPTER 10**

# Poky 배포를 기반으로 한 커스텀 이미지, BSP 레이어 작성

**이 장에서 다루는 내용**

» 10.1 커스텀 이미지 레시피 생성
» 10.2 BSP 레이어
» 10.3 bitbake 문법 세 번째
» 10.4 커스텀 BSP 레이어 만들기
» 10.5 요약

10장에서는 가상의 타깃 시스템을 만들 예정이다. 가칭 "great"라는 이름을 가진 시스템인데 전체적인 구성은 다음과 같다.

- 바닐라 커널$^{Vanilla\ Kernel}$ version 5.4, u-boot

- 머신 이름: great

- 배포 이름: great-distro

- 이미지 지원 기능: splash, great 계정 및 group 계정 추가, password 지원, 기존에 작성했던 nano, hello 패키지 추가 등

우리는 이 시스템을 위해 그림 10-1과 같이 BSP 레이어, 배포 레이어와 최종 이미지를 만들기 위한 레이어를 추가할 것이다.

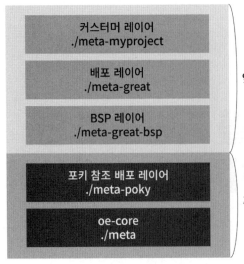

커스터머 레이어
./meta-myproject

배포 레이어
./meta-great

BSP 레이어
./meta-great-bsp

앞으로 실습을 해가며 만들어 갈 레이어들

포키 참조 배포 레이어
./meta-poky

oe-core
./meta

기본적으로 포키에서 제공된 레이어들

**그림 10-1** great 시스템 전체 구조

## 10.1 커스텀 이미지 레시피 생성

이전까지는 Poky에서 제공한 core-image-minimal.bb 이미지 레시피 파일을 확장해 루트 파일 시스템을 구성했다. 그러나 이 이미지는 오픈임베디드 코어에서 제공한 것으로 사전에 만들어진 이미지 레시피 파일이다. 따라서 10장에서는 커스텀 이미지 레시피를 생성해 본다. 실습 소스는 다음과 같이 받을 수 있다.

• 기존에 GitHub에서 받은 소스상에서 다음의 명령을 입력한다.

```
$ git checkout custom_image
```

커스텀 이미지 레시피를 만들며 필요한 내용은 그때그때 설명하도록 하겠다. 커스텀 이미지 레시피를 포함하는 메타 레이어는 기존에 추가한 meta-great를 그대로 사용하고, 커스텀 이미지를 생성하는 이미지 레시피 파일로 great.bb를 만들 것이다. 생성할 이미지의 타입과 크기 및 사전에 생성된 패키지 그룹을 포함할 클래스 파일도 함께 생성할 것이다. meta-great 레이어의 디렉터리 전체 구조는 그림 10-2와 같다.

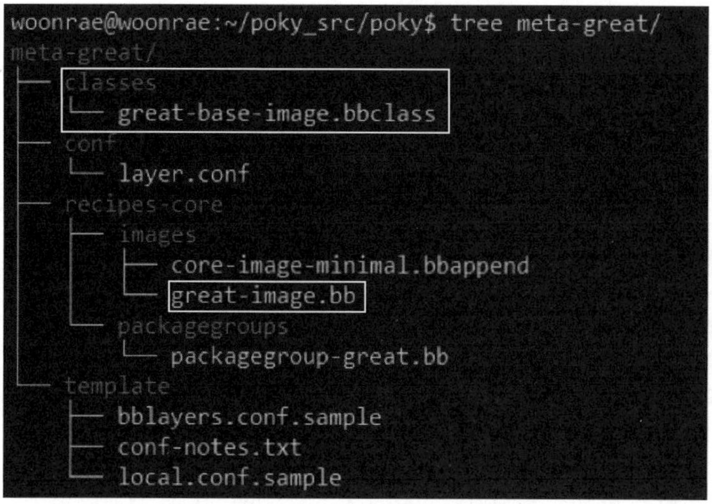

```
woonrae@woonrae:~/poky_src/poky$ tree meta-great/
meta-great/
├── classes
│   └── great-base-image.bbclass
├── conf
│   └── layer.conf
├── recipes-core
│   ├── images
│   │   ├── core-image-minimal.bbappend
│   │   └── great-image.bb
│   └── packagegroups
│       └── packagegroup-great.bb
└── template
    ├── bblayers.conf.sample
    ├── conf-notes.txt
    └── local.conf.sample
```

**그림 10-2** meta-great 디렉터리의 전체 구조

그림을 보면 이미지 생성을 위한 정보와 추가돼야 하는 기능들이 정의된 패키지 그룹 레시피들은 great-base-image.bbclass 클래스 파일에 추가돼 있다. 이 클래스 파일에서 추가된 패키지 그룹 레시피들은 사전에 오픈임베디드 코어에서 정의된 것들이다.

커스텀 이미지를 생성하는 이미지 레시피 파일은 great-image.bb라는 이름을 갖는다. 당연히 great-image.bb 레시피 파일은 great-base-image.bbclass 클래스 파일을 상속한다.

앞에서 언급했듯이 이미지를 생성하는 레시피는 어떤 패키지가 이미지에 설치되는지를 정의해야 한다. 이 정의된 것을 기반으로 루트 파일 시스템을 만들기 때문이다. 이미지 생성에 관여하는 기반 클래스는 core-image.bbclass 클래스 파일을 사용한다. 이 클래스는 이미지에 포함되는 패키지 목록을 IMAGE_INSTALL 변수로 관리한다. 따라서 루트 파일 시스템에 설치하고자 하는 패키지는 IMAGE_INSTALL 변수에 넣으면 된다.

이제 커스텀 이미지를 구성해 보도록 한다.

# 1. meta-great/conf/layer.conf 파일 수정

**리스트 10-1** layer.conf 파일

```
BBPATH  =. "${LAYERDIR}:"
BBFILES += "${LAYERDIR}/recipes*/*/*.bb"
BBFILES += "${LAYERDIR}/recipes*/*/*.bbappend"
BBFILE_COLLECTIONS += "great"
BBFILE_PATTERN_great = "^${LAYERDIR}/"
BBFILE_PRIORITY_great = "11"
LAYERDEPENDS_great = "core"
LAYERSERIES_COMPAT_great = "${LAYERSERIES_COMPAT_core}"
```

예제에서 파일의 위치: ~/poky_src/poky/meta-great/conf/layer.conf

리스트 10-1에서 이전 layer.conf 파일과 다른 부분은 great 레이어가 core라는 레이어에 의존성을 가졌다는 것이다. 예제 10-1은 실제 core 레이어가 위치한 경로를 출력해 준다. 결국 "core" 레이어와의 의존성이란 오픈임베디드 코어와의 의존성을 만들어 준다는 의미이다.

**예제 10-1** core 레이어 찾기

```
woonrrae@woonrae:~/poky_src/poky$ grep -rni "BBFILE_COLLECTIONS" ./ | grep core
./meta/conf/layer.conf:6:BBFILE_COLLECTIONS += "core"
```

core 레이어의 의존성을 추가한 이유는 커스텀 이미지를 만들면서 meta 디렉터리 내부에 존재하는 core-image.bbclass를 사용할 것이기 때문이다. 오픈임베디드 코어는 다양한 이미지 레시피들을 지원한다. 이중 core-image.bbclass 클래스 파일의 경우 그림 10-3과 같이 두 패키지 그룹을 설치하게 된다.

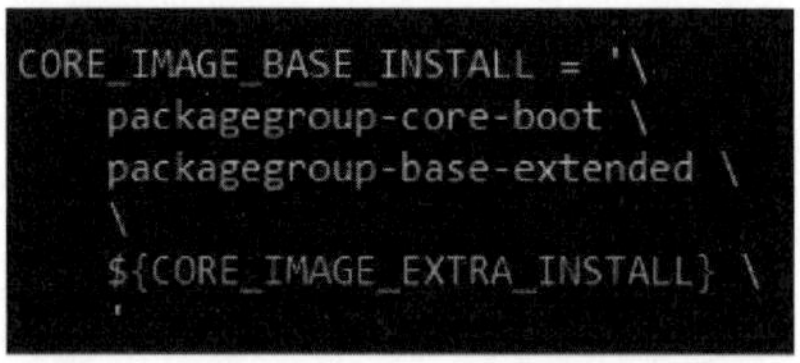

**그림 10-3** core-image.bbclass 클래스 파일의 일부

그림에서 추가된 패키지 그룹 레시피들은 기본적으로 콘솔로 부팅하는 루트 파일 시스템을 생성한다. 따라서 최소한의 부팅을 위해 core-image.bbclass 클래스 파일을 포함해야 한다.

## 2. meta-great/classes/great-base-image.bbclass 클래스 파일 생성

great-base-image.bbclass 파일은 core-image.bbclass 클래스 파일을 상속하고, 루트 파일 시스템이 가질 파일 시스템의 형식과 크기 등을 정한다.

**리스트 10-2** great-base-image.bbclass 파일

```
inherit core-image
IMAGE_FSTYPES = " tar.bz2 ext4"
IMAGE_ROOTFS_SIZE = "10240"
IMAGE_ROOTFS_EXTRA_SPACE = "10240"
IMAGE_ROOTFS_ALIGNMENT = "1024"
CORE_IMAGE_BASE_INSTALL = "\
    packagegroup-core-boot \
    packagegroup-base-extended \
    ${CORE_IMAGE_EXTRA_INSTALL} \
"
```

> 예제에서 파일의 위치: ~/poky_src/poky/meta-great/classes/great-base-image.bbclass

great-base-image.bbclass 파일에서 정의된 변수들에 대해 살펴보자.

- IMAGE_FSTYPES = "tar.bz2 ext4"

  이는 2개의 루트 파일 시스템을 생성하겠다는 뜻이다. 하나는 bzip2를 사용한 tar 압축 파일이고, 다른 하나는 ext4 파일이다.

- IMAGE_ROOTFS_SIZE = "10240"

  생성될 루트 파일 시스템 이미지를 킬로바이트로 지정한 부분이다. 만약 최종 루트 파일 시스템이 이 크기보다 크면 당연히 이 값은 더 커지게 된다. 따라서 이 값

을 기본값으로 생각하면 된다.

- IMAGE_ROOTFS_EXTRA_SPACE = "10240"

  이 변수에 값을 할당함으로써 루트 파일 시스템에 추가적인 빈 공간을 만들게 된다. 이 값은 킬로바이트값을 갖는다.

- IMAGE_ROOTFS_ALIGNMENT = "1024"

  이 변수는 루트 파일 시스템 이미지 크기를 이 값의 배수로 맞추는 역할을 한다. 만약 이 값의 배수가 되지 못한다면 가장 가까운 배수로 값을 올리게 된다.

### 3. meta-great/recipes-core/images/great-image.bb 파일 생성

great-image.bb 파일은 커스텀 이미지를 생성하는 레시피 파일이다. 내용은 리스트 10-3과 같다.

**리스트 10-3** great-image.bb 파일

```
SUMMARY = "A very small image for yocto test"
inherit great-base-image
LINGUAS_KO_KR = "ko-kr"
LINGUAS_EN_US = "en-us"
IMAGE_LINGUAS = "${LINGUAS_KO_KR} ${LINGUAS_EN_US}"
IMAGE_INSTALL += "packagegroup-great"
IMAGE_OVERHEAD_FACTOR = "1.3"
```

> 예제에서 파일의 위치: ~/poky_src/poky/meta-great/conf/great-image.bb

great-image.bb 이미지 생성 레시피 파일은 great-base-image.bbclass 클래스 파일을 상속한다. 한글과 영어 지원을 위해 IMAGE_LINGUAS 변수에 영어와 한국어를 추가했고 IMAGE_INSTALL 변수에 앞의 예제에서 만든 패키지 그룹 레시피 파일을 추가했다. packagegroup-great.bb 패키지 그룹 레시피 파일에는 hello, nano 패키지가 담겨 있다.

끝으로 IMAGE_OVERHEAD_FACTOR 변수는 이미지 크기 계산 시 추가적인 여유 공간을 확보하기 위한 요소를 고려할 때 사용된다. 이렇게 함으로써 실제 이미지가 생성되고 설치될 때 예상치 못한 문제를 방지하고 안정성을 높일 수 있다. 리스트 10-3에서의 '1.3'은 '(루트 파일 시스템 크기)+(루트 파일 시스템 크기)×0.3=(루트 파일 시스템 크기)'와 같은 표현이다. 즉, 실제 필요한 루트 파일 시스템 크기에 30%의 여유 공간을 추가해 이미지를 생성하라는 뜻이다.

리스트 10-4는 빌드 스크립트인 buildenv.sh 파일을 실행했을 때 화면 출력을 바꾸려고 수정한 부분이다.

**리스트 10-4** conf-notes.txt 파일

```
### Shell environment set up for builds. ###
Welcome! This is my yocto example.
You can now run 'bitbake <target>'

Common targets are:
    great-image

You can also run generated qemu images with a command like 'runqemu qemux86'
```

> 예제에서 파일의 위치: ~/poky_src/poky/meta-great/template/conf-notes.txt

지금부터는 사용자 "great"와 그룹 "greatgroup"을 추가한다. 그런 다음 great 계정에 암호를 설정해 본다. 이전에 만들었던 이미지 레시피인 great-image.bb 파일을 리스트 10-5와 같이 편집한다.

**리스트 10-5** great-image.bb 파일

```
SUMMARY = "A very small image for yocto test"
inherit great-base-image

LINGUAS_KO_KR = "ko-kr"
LINGUAS_EN_US = "en-us"
```

```
IMAGE_LINGUAS = "${LINGUAS_KO_KR} ${LINGUAS_EN_US}"
IMAGE_INSTALL += "packagegroup-great"
IMAGE_OVERHEAD_FACTOR = "1.3"

inherit extrausers

EXTRA_USERS_PARAMS = "\
  groupadd greatgroup; \
  useradd -p `openssl passwd 9876` great; \
  useradd -g greatgroup great; \
 "
```

예제에서 파일의 위치: ~/poky_src/poky/meta-great/recipes-core/images/
great-image.bb

extrausers.bbclass 클래스는 사용자 및 그룹을 추가하는 방법을 제공하는 클래스
이다. EXTRA_USERS_PARAMS 변수는 extrausers 클래스에서 제공하는 변수로 그
룹 계정 greatgroup을 생성하고 사용자 계정 great를 추가한다. 암호로는 '9876'을
갖는다. 사용자 "great"는 그룹 "greatgroup"에 속하게 된다.

splash는 리스트 10-6과 같이 local.conf.sample 파일의 EXTRA_IMAGE_
FEATURES 변수에 추가한다.

**리스트 10-6** local.conf.sample 파일

```
…
EXTRA_IMAGE_FEATURES += "splash"
```

예제에서 파일의 위치: ~/poky_src/poky/meta-great/template/local.conf.sample

이제 기본적인 기능을 가진 이미지 생성 작업은 마무리됐다. 물론 실제 실무에서 사
용하는 이미지에 추가되는 기능은 매우 많고 복잡하다. 여기서는 최소한의 기능을 가
진 이미지를 생성하는 예제를 만들어 본 것이다. 앞으로 이 예제를 더 발전시켜 자체

적으로 만든 머신 및 배포 레이어를 추가하도록 한다.

이미지 생성을 위해 빌드를 진행한다. 우선 새로 빌드하는 것이 깔끔하기 때문에 기존에 빌드 작업 산출물이 들어 있는 build2 디렉터리를 '$ rm -rf build2'와 같은 명령을 입력해 삭제한다.

build 디렉터리 아래 conf 내에 있는 설정 파일들이 삭제됐기 때문에 빌드 스크립트를 다시 실행해야 한다. 예제 10-2와 같이 새로 생성된 레시피 파일 great-image.bb 이름에 맞춰 bitbake 명령을 입력한다. 빌드가 완료되면 새로 생성된 이미지를 QEMU를 통해 실행해 본다.

**예제 10-2** 재빌드 명령어

```
$ source buildenv.sh
$ bitbake great-image
$ runqemu great-image nographic
```

이미지에 추가한 기능들이 실제로 동작하는지 그림 10-4와 같이 QEMU가 동작한 상태에서 확인해 보자.

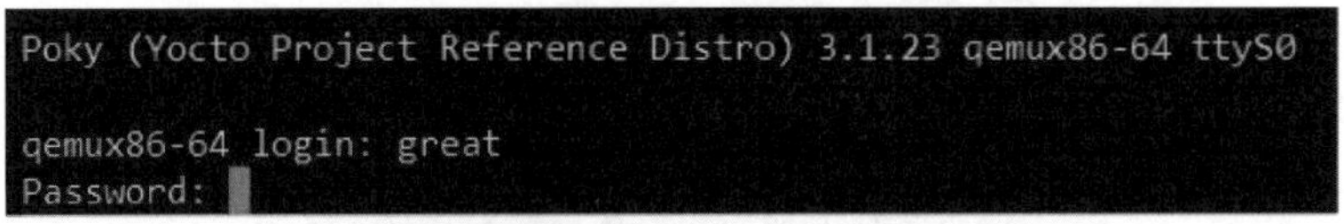

```
Poky (Yocto Project Reference Distro) 3.1.23 qemux86-64 ttyS0

qemux86-64 login: great
Password:
```

**그림 10-4** great 계정을 사용한 로그인

리스트 10-5에서 사용자 계정 great를 추가하고 암호로 '9876'을 넣었다. 따라서 로그인[login] ID를 "great"로 하고, 패스워드를 "9876"으로 입력한다. 실제로 로그인이 되는 것을 볼 수 있다. 참고로 great 계정으로 로그인했을 때 QEMU를 종료시키려면 예제 10-3과 같이 입력해야 한다.

**예제 10-3** QEMU 종료시키기

```
$ su
# poweroff
```

## 10.2 BSP 레이어

BSP는 Board Support Package의 약자로 주어진 타깃이 되는 장치의 하드웨어를 구동하는 데 필요한 OS(운영체제)와 장치 드라이버<sup>driver</sup> 등을 말한다. BSP는 OS와 장치 드라이버를 메모리에 배치하는 부트로더<sup>bootloader</sup>라는 작은 프로그램도 포함한다. 이런 기능들에 특화된 레이어가 바로 BSP 레이어이다. 그러나 Yocto 프로젝트는 BSP 레이어만이 BSP 기능을 지원하도록 구성돼 있지는 않다. 오픈임베디드 코어에서 제공되는 메타데이터나 기타 다른 레이어의 메타데이터가 일부 BSP 기능을 갖고 있기 때문이다. 그러나 장치 하드웨어 관련돼 필요한 기능을 추가한다면 BSP 레이어에 추가하는 것이 올바른 방법이다. 그림 10-5는 계층형 아키텍처상에서 BSP 레이어를 나타낸 것이다.

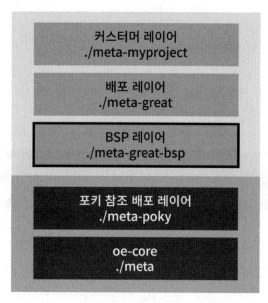

**그림 10-5** BSP 레이어

현재 우리가 하는 실습은 눈에 보이고 만져지는 실제 물리적인 보드를 갖고 하는 것이 아니라 QEMU라는 가상의 장치로 하고 있다. 따라서 물리적인 디바이스의 설정이나 구동 등을 해보는 것은 제한적이다. 그러나 10장을 통해 BSP 레이어가 무엇이고, 어떻게 만드는지만 알아도 큰 수확이 될 것이라고 생각한다.

그림 10-6과 같이 Poky 소스를 보면 meta-yocto-bsp라는 디렉터리를 볼 수 있다. 바로 이 디렉터리가 Poky가 제공한 참조 BSP 레이어다. 참조 BSP 레이어는 이것뿐만 아니라 오픈임베디드 코어에서도 제공된다.

**그림 10-6** meta-yocto-bsp 디렉터리

앞으로 만들 BSP 레이어의 예제는 meta-yocto-bsp의 참조 BSP 레이어를 참고하지 않는다. 대신 QEMU를 사용하기 때문에 이것에 대한 참조 BSP 레이어가 존재하는 오픈임베디드 코어를 참고하면서 진행할 것이다.

메타 레이어에서 conf 디렉터리 아래에 machine이라는 디렉터리를 가진 레이어를 BSP 레이어라고 하며, machine 디렉터리 내부에는 장치의 이름을 딴 〈장치 이름〉 .conf 파일이 있다. 우리는 이 파일을 머신 환경 설정 파일 또는 BSP 환경 설정 파일이라고 한다.

우리가 실습에 사용할 장치는 QEMU 에뮬레이터이기 때문에 오픈임베디드 코어에서 QEMU를 위해 제공하는 머신 환경 설정 파일을 그대로 따라할 것이다. 오픈임베디드 코어에서 제공된 QEMU에 대한 머신 환경 설정 파일은 'poky/meta/conf/machine/' 디렉터리 아래의 qemux86-64.conf 파일이다.

qemux86-64.conf 파일에는 이런 것들이 있다는 정도만 알고 넘어가도 될 것 같다. 현재 또는 장차 사용할 타깃 머신이 QEMU보다는 실제 물리적으로 존재하는 머신이 될 것이기 때문이다. 그러나 머신 환경 설정 파일을 구성하는 기본적인 변수나 사용법은 알아 둬야 하기 때문에 Poky에서 제공하는 QEMU 머신 환경 설정 파일을 살펴보겠다. 리스트 10-7은 QEMU 머신에 해당하는 머신 환경 설정 파일이다.

**리스트 10-7** qemux86-64.conf 파일

```
PREFERRED_PROVIDER_virtual/xserver ?= "xserver-xorg"              → (1)
PREFERRED_PROVIDER_virtual/libgl ?= "mesa"
PREFERRED_PROVIDER_virtual/libgles1 ?= "mesa"
PREFERRED_PROVIDER_virtual/libgles2 ?= "mesa"


require conf/machine/include/qemu.inc
DEFAULTTUNE ?= "core2-64"                                         → (2)
require conf/machine/include/tune-core2.inc
require conf/machine/include/qemuboot-x86.inc
UBOOT_MACHINE ?= "qemu-x86_64_defconfig"
KERNEL_IMAGETYPE = "bzImage"                                      → (3)

SERIAL_CONSOLES ?= "115200;ttyS0 115200;ttyS1"                    → (4)


# Install swrast and glx if opengl is in DISTRO_FEATURES and x32 is not in use.
# This is because gallium swrast driver was found to crash X server on startup in
qemu x32.
XSERVER = "xserver-xorg \
          ${@bb.utils.contains('DISTRO_FEATURES', 'opengl', \
          bb.utils.contains('TUNE_FEATURES', 'mx32', '',
'mesa-driver-swrast xserver-xorg-extension-glx', d), '', d)} \
          xf86-video-cirrus \
          xf86-video-fbdev \
          xf86-video-vmware \
          xf86-video-modesetting \
          xf86-video-vesa \
          xserver-xorg-module-libint10 \
          "

MACHINE_FEATURES += "x86 pci"                                     → (5)
MACHINE_ESSENTIAL_EXTRA_RDEPENDS+= "v86d"                         → (6)
MACHINE_EXTRA_RRECOMMENDS = "kernel-module-snd-ens1370 kernel-module-snd-rawmidi"
                                                                 → (7)
WKS_FILE ?= "qemux86-directdisk.wks"
do_image_wic[depends] += "syslinux:do_populate_sysroot syslinux-native:do_
populate_sysroot mtools-native:do_populate_sysroot dosfstools-native:do_
populate_sysroot"

# For runqemu
QB_SYSTEM_NAME = "qemu-system-x86_64"
```

예제에서 파일의 위치: ~/poky_src/poky/meta/conf/machine/qemux86-64.
conf

(1)은 다중 패키지들 중에서 어떤 패키지를 사용하는지 정하는 부분이다.

(2)의 DEFAULTTUNE이라는 변수는 빌드 시스템에서 사용할 CPU 아키텍처와
ABI^Application Binary Interface**1**를 선택한다.

(3)의 KERNEL_IMAGETYPE 변수는 커널 이미지 파일의 명명 체계를 결정한다.
그림 10-7은 'poky_src/build2/tmp/deploy/images/qemux86-64' 경로 아래
에 만들어진 커널 이미지 파일이다. 머신 환경 설정 파일에서 설정한 값인 bzImage
로 최종 이미지가 만들어진 것을 볼 수 있다.

```
bzImage -> bzImage--5.4.230+gitAUTOINC+9c5bb858a6_c32d5a645d-r0-qemux86-64-20230228162109.bin
bzImage--5.4.230+gitAUTOINC+9c5bb858a6_c32d5a645d-r0-qemux86-64-20230228162109.bin
bzImage-qemux86-64.bin -> bzImage--5.4.230+gitAUTOINC+9c5bb858a6_c32d5a645d-r0-qemux86-64-20230228162109.bin
```

**그림 10-7** 최종 커널 이미지 파일

(4)의 SERIAL_CONSOLES 변수는 getty**2**를 사용할 수 있도록 serial console(tty)을
정의한다. 장치 이름 앞에 전송 속도가 지정되며 세미콜론으로 tty 장치들을 구분한다.

(5)의 MACHINE_FEATURES 변수는 장치에서 지원되는 하드웨어 관련 기능^feature들
을 기술한다.

예제 10-4는 현재 보드가 alsa, bluetooth 등을 지원한다는 것을 말해준다.

**예제 10-4** MACHINE_FEATURES의 예

```
MACHINE_FEATURES = "alsa bluetooth usbgadget screen vfat"
```

---

1 ABI는 애플리케이션과 운영체제(OS) 또는 애플리케이션과 관련 라이브러리 및 애플리케이션의 구성 요소 간에 사용
되는 로 레벨(low-level)의 인터페이스를 말한다. 이름에 'binary'가 들어가는 이유는 바이너리에서의 호환성을 말하
기 때문이지, 소스상의 호환성을 말하는 것은 아니다. 쉽게 말하면 프로그램을 수행하는 파일 형식, 자료형, 레지스터
(register) 사용, 스택(stack) frame 조직, 명령 변수를 위한 표준 변환을 정의하는 것이다.

2 "get tty"의 줄임말이다. getty는 물리적 또는 가상 터미널(TTY)을 관리하는 호스트 컴퓨터에서 실행되는 프로그램이다.
연결을 감지하면 사용자 이름을 묻는 메시지를 표시하고 '로그인' 프로그램을 실행해 사용자를 인증한다.

MACHINE_FEATURES 변수에 대해 정리하면 다음과 같다.

- 보드에서 지원하는 하드웨어 기능들을 정의한다.

- 어떤 소프트웨어 패키지가 포함돼야 하는지 또는 제외돼야 하는지를 알려준다.

- 머신 환경 설정 파일에서 이 변수에 값을 할당한다.

(6)의 MACHINE_ESSENTIAL_EXTRA_RDEPENDS 변수는 이미지 빌드의 일부로서 특정한 머신에 설치해야 하는 필수적인 패키지들의 목록을 가진다. 변수에 할당된 패키지들은 기기가 부팅하는 데에 필수적으로 필요하다. 그리고 이 변수는 packagegroup-core-boot.bb 패키지 그룹을 기반으로 하는 core-image-minimal과 같은 이미지에만 영향을 준다. 따라서 우리의 예제 이미지에도 영향을 주는 변수이다. 그러나 만약 packagegroup-base.bb 패키지 그룹을 기반으로 하는 이미지를 만들었다면 MACHINE_EXTRA_RDEPENDS 변수에 필요한 패키지들을 넣어야 하는데, 이 경우 이 패키지들은 부팅하는데 필수적이지는 않다.

(7)의 MACHINE_EXTRA_RRECOMMENDS 변수는 이미지 빌드의 일부로서 특정 머신에 설치해야 하는 패키지들의 목록을 나타낸다. 이러한 패키지들은 기기가 부팅하는 데에 꼭 필수적이지는 않다. 그러나, 더 많은 기능을 가진 이미지를 만들고자 하는 경우에는 이러한 패키지들이 추가로 설치돼야 한다. 이러한 패키지들은 이미지 빌드에 대해 빌드 의존성을 갖지 않기 때문에 빌드 여부에는 영향을 주지 않는다. 주로 커널에 컴파일돼 들어가는 커널 모듈<sup>module</sup>에서 많이 사용된다. 단 이 변수는 packagegroup-base.bb 패키지 그룹을 기반으로 하는 이미지에만 영향을 미친다. 만약 packagegroup-core-boot.bb 패키지 그룹을 기반으로 하는 core-image-minimal과 같은 이미지를 만들었다면 MACHINE_ESSENTIAL_EXTRA_RECOMMENDS 변수에 필수적인 패키지 목록을 할당해야 한다.

지금까지 머신 환경 설정 파일인 qemux86-64.conf 파일을 살펴봤다. 이 파일은 qemu.inc 인클루드 파일을 포함하고 있다. 리스트 10-8과 같이 qemu.inc 파일도 살펴보기로 한다.

```
PREFERRED_PROVIDER_virtual/xserver ?= "xserver-xorg"
PREFERRED_PROVIDER_virtual/egl ?= "mesa"
PREFERRED_PROVIDER_virtual/libgl ?= "mesa"
PREFERRED_PROVIDER_virtual/libgles1 ?= "mesa"
PREFERRED_PROVIDER_virtual/libgles2 ?= "mesa"

XSERVER ?= "xserver-xorg \
            ${@bb.utils.contains('DISTRO_FEATURES', 'opengl',
'mesa-driver-swrast xserver-xorg-extension-glx', '', d)} \
            xf86-video-fbdev \
            "

MACHINE_FEATURES = "alsa bluetooth usbgadget screen vfat"
MACHINEOVERRIDES =. "qemuall:"                                      → (1)
IMAGE_FSTYPES += "tar.bz2 ext4"                                     → (2)
# Don't include kernels in standard images
RDEPENDS_${KERNEL_PACKAGE_NAME}-base = ""
# Use a common kernel recipe for all QEMU machines
PREFERRED_PROVIDER_virtual/kernel ??= "linux-yocto"                → (3)
EXTRA_IMAGEDEPENDS += "qemu-system-native qemu-helper-native"      → (4)
# Provide the nfs server kernel module for all qemu images
KERNEL_FEATURES_append_pn-linux-yocto = " features/nfsd/nfsd-enable.scc"   → (5)
KERNEL_FEATURES_append_pn-linux-yocto-rt = " features/nfsd/nfsd-enable.scc"
IMAGE_CLASSES += "qemuboot"
```

(1)의 MACHINEOVERRIDES 변수에 대해 알려면 OVERRIDES라는 문법을 알아야 한다. 이 문법은 뒤에서 다루도록 하겠다.

(2)의 IMAGE_FSTYPES 변수는 최종적으로 생성될 이미지의 타입을 알려주는 변수이다. 현재 IMAGE_FSTYPES 변수에는 tar.bz2와 ext4라는 2개의 이미지 타입이 할당돼 있다. 이것은 각각의 이미지 타입으로 루트 파일 시스템을 생성하겠다는 뜻이다. 하나는 bzip2를 사용한 tar 압축 파일, 다른 하나는 ext4 이미지 타입의 파일이다.

(3)은 다중 PROVIDES가 존재할 때 어떤 PROVIDES를 선택할지를 결정한다. 선택된 레시피의 이름을 여기에 할당한다. 여기서는 linux-yocto.bb 레시피 파일에서

만들어진 커널을 사용하겠다는 뜻이다.

(4)의 EXTRA_IMAGEDEPENDS 변수에 할당된 레시피 목록은 최종 이미지인 루트 파일 시스템을 구성하기 위한 패키지들이 아니기 때문에 목록에 기술된 레시피들의 빌드 결과물인 패키지는 루트 파일 시스템에 설치되지 않는다. 리스트 10-8에서 EXTRA_IMAGEDEPENDS 변수에 할당된 값은 네이티브$^{native}$ 플랫폼, 즉 호스트 PC(x86)를 위한 패키지를 생성하는 레시피들이다.

부트로더와 같은 루트 파일 시스템에는 포함되지 않지만, 머신 레벨에서 꼭 필요한 파일들은 EXTRA_IMAGEDEPENDS 변수에 할당돼야 한다. 가령 비글본의 EXTRA_IMAGEDEPENDS 변수에는 'virtual/bootloader'라는 값이 들어간다.

(5)의 KERNEL_FEATURES 변수에는 진보된$^{advanced}$ 메타데이터로부터 제공된 커널 환경 설정 정보나 패치 등이 포함된다. 이 내용은 11장에서 자세히 다루도록 하겠다.

여기서 다룬 머신 환경 설정 파일은 깊게 이해할 필요는 없다. 보통 머신 환경 설정 파일은 사용하고자 하는 칩 벤더에서 배포된다. 세상에는 다양한 하드웨어와 아키텍처가 존재하기 때문에 이 파일은 하드웨어와 아키텍처가 같지 않는 한 바뀔 수밖에 없다. 따라서 10장에서는 머신 환경 설정 파일이 이런 식으로 설정돼 있다는 것만 이해하면 된다.

## 10.3 bitbake 문법 세 번째

머신 환경 설정 파일을 분석하는 데는 조건부 변수에 대한 문법 지식이 필요하기 때문에 조건부 변수에 대해 알아보도록 하겠다.

- 조건부 변수 할당

OVERRIDES 변수는 콜론으로 구분된 값 목록을 갖는 변수다. 각각의 값은 만족돼야 할 조건을 갖고 있다. 다음과 같이 OVERRIDES 변수에 값을 할당하자.

```
OVERRIDES = "sun:rain:snow"
```

주의할 점은 bitbake는 OVERRIDES 변수에 할당된 값의 우선순위에서 오른쪽의 값이 왼쪽의 값보다 높다고 판단한다. 따라서 앞의 예제에서 snow가 가장 우선순위가 높고 rain → sun 순이다. 예제 10-5를 살펴보자.

**예제 10-5** OVERRIDES 변수 사용 예

```
OVERRIDES = "korean:american:vietnamese"
FOOD_korean = "rice"
FOOD_american = "bread"
FOOD_british = "sandwitch"
CLOTHES = "kilt"
CLOTHES_korean = "hanbok"
```

예제와 같이 조건부 변수에 값을 할당하면 FOOD 변수 이후 언더스코어(_)와 조건에 따라 변수를 조건부로 할당한다. 조건부 변수 OVERRIDES에는 'korean', 'american', 'vietnamese' 세 가지의 조건이 주어졌다. 따라서 FOOD 변수 중에 OVERRIDES에 기술되지 않은 조건은 'british'이기 때문에 FOOD_british = "sandwitch" 구문은 실행되지 않는다. 또한 조건부 변수의 우선순위가 vietnamese → american → korean 순이기 때문에 조건부 변수 OVERRIDES의 우선순위에 따라 최종적으로 FOOD 변수에 할당된 값은 "bread"가 된다. 그리고 변수 CLOTHES가 OVERRIDES에 있는 korean을 사용하기 때문에 최종적으로 변수 CLOTHES는 "hanbok"으로 override된다. 조건부 변수의 다른 좋은 사용 예를 살펴보자.

kim씨와 cho씨의 하루 일과를 조건부 변수로 기술해 본다고 가정하자.

**예제 10-6** kim씨와 cho씨의 하루 일과를 일반 변수로 나타내는 예

```
# For kim
DAILYROUTINE = "make-breakfast breakfast work sport sleep"

# For cho
DAILYROUTINE = "breakfast school nap play sleep"
```

예제 10-6에서 DAILYROUTINE 변수에 각기 다른 값을 할당했다. 의도는 kim씨와 cho씨의 하루 일과를 DAILYROUTINE 변수에 할당하려고 한 것이다. 그러나

하나의 변수에 서로 다른 값을 할당할 수 없다. 따라서 각기 다른 두 사람에 대해 동일한 변수에 값을 할당하고 싶다면 예제 10-7과 같이 표현해야 한다.

**예제 10-7** kim씨와 cho씨의 하루 일과를 조건부 변수에 나타내는 예

```
# For kim
DAILYROUTINE_kim = "make-breakfast breakfast work sport sleep"

# For cho
DAILYROUTINE_cho = "breakfast school nap play sleep"
```

예제 10-7과 같이 표현하면 동일한 변수에 대해 각기 다른 사람의 하루 일과를 표현할 수 있다. 이 중 kim씨의 하루 일과를 갖고 확인해 보고 싶다면 예제 10-8과 같이 조건부 변수를 만들 수 있다. 'cho'보다 'kim'이 우선순위가 높기 때문에 조건부 변수는 kim에 대한 값을 갖게 될 것이다.

**예제 10-8** 조건부 변수를 통한 값 할당

```
OVERRIDES = "cho:kim"

# For kim
DAILYROUTINE_kim = "make-breakfast breakfast work sport sleep"

# For cho
DAILYROUTINE_cho = "breakfast school nap play sleep"
```

이제 조건부 변수에 대해 어느 정도 이해가 됐을 것이다. Yocto에서 조건부 변수의 사용 예로 BSP의 의존성 처리가 있다. 세상에는 다양한 하드웨어와 아키텍처가 존재하고 하드웨어와 아키텍처가 변경되면 전체 빌드 시스템도 변경돼야 한다. 이때 변경되는 부분들에 대한 처리를 원활하게 하기 위해서는 조건부 변수를 사용한다.

그림 10-8과 같이 '$ bitbake-getvar' 명령어를 이용해 core-image-minimal.bb 레피시에 할당된 OVERRIDES 조건부 변수를 출력해 보자.

```
woonrae@woonrae:~/poky_src/build$ bitbake-getvar -r core-image-minimal OVERRIDES
#
# $OVERRIDES [2 operations]
#   set /home/woonrae/poky_src/poky/meta/conf/bitbake.conf:751
#     "${TARGET_OS}:${TRANSLATED_TARGET_ARCH}:pn-${PN}:${MACHINEOVERRIDES}:${DISTROOVERRIDES}:${CLASSOVERRIDE}${LIBCOVERRIDE}:forcevariable"
#   set /home/woonrae/poky_src/poky/meta/conf/documentation.conf:303
#     [doc] "BitBake uses OVERRIDES to control what variables are overridden after BitBake parses recipes and configuration files."
# pre-expansion value:
#   "${TARGET_OS}:${TRANSLATED_TARGET_ARCH}:pn-${PN}:${MACHINEOVERRIDES}:${DISTROOVERRIDES}:${CLASSOVERRIDE}${LIBCOVERRIDE}:forcevariable"
OVERRIDES="linux:x86-64:pn-core-image-minimal:qemuall:qemux86-64:poky:class-target:libc-glibc:forcevariable"
```

**그림 10-8** 조건부 변수 OVERRIDES 출력

그림에서 보면 조건부 변수 OVERRIDES에는 다양한 값들이 할당돼 있다. 여기서 관심을 가질 값은 "qemu.inc" 파일에서 사용한 MACHINEOVERRIDES 변수다. 그림에서 볼 수 있듯이 이 변수는 조건부 변수 OVERRIDES에 할당된다. MACHINEOVERRIDES 변수는 bitbake.conf 파일에서 MACHINE 변수의 값이 할당된다. MACHINE 변수는 local.conf 파일에서 할당된다. 그 과정은 그림 10-9와 같다.

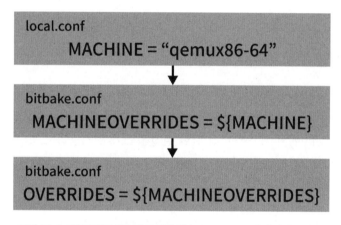

**그림 10-9** MACHINE 변수가 조건부 변수 OVERRIDES에 할당되는 과정

MACHINE 변수에는 앞서 사용하고자 하는 머신에 대한 값을 넣는다. 우리 예제에서는 이 값으로 "qemux86-64"가 할당돼 있다. 이렇게 MACHINE 변수를 통해 머신을 지정하는 방법은 다양한 종류의 하드웨어와 아키텍처를 위한 빌드 시스템의 분리를 위해 필요하다. 이제 커스텀 BSP 레이어를 만들며 MACHINE 변수의 사용에 대해 좀 더 자세하게 이해하게 될 것이다.

추가적으로 만약 Yocto 3.4(코드네임: honister) 이상의 버전을 사용한다면 문법에 약간의 변화가 있다. Yocto honister 버전부터는 그림 10-10과 같은 형식으로 조건부 변수를 할당해야 한다. 현재 사용하고 있는 dunfell 버전은 혼용이 가능하지만, honister부터는 새로 바뀐 문법을 적용해야 한다.

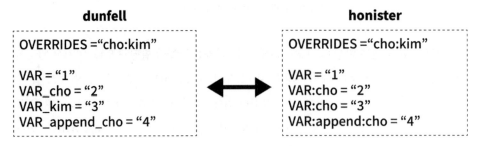

**그림 10-10** Yocto 버전에 따른 조건부 변수의 할당 방법 차이

## 10.4 커스텀 BSP 레이어 만들기

커스텀<sup>Custom</sup> BSP 레이어를 만들어 보자. 고유의 타깃 머신 환경 설정을 제공하고, 이름을 great라고 명명한다. 그러나 실제적으로 가상의 QEMU 머신을 사용하기 때문에 기존에 Poky에서 제공한 머신 관련 설정을 그대로 사용하고, BSP 레이어에 포함된 커널 레시피는 수정할 것이다. 따라서 수정과 실습의 주요 부분은 커널이 될 것이다. 실습 소스는 다음과 같이 받을 수 있다.

- 기존에 GitHub에서 받은 소스상에서 다음의 명령을 입력한다.

```
$ git checkout custom_bsp
```

먼저 BSP 레이어를 새로 생성해 보자. 그림 10-11과 같은 구조를 갖고 있는 레이어를 BSP 레이어라고 한다. 즉 conf 디렉터리 아래에 machine 디렉터리를 갖고 있는 레이어인 것이다.

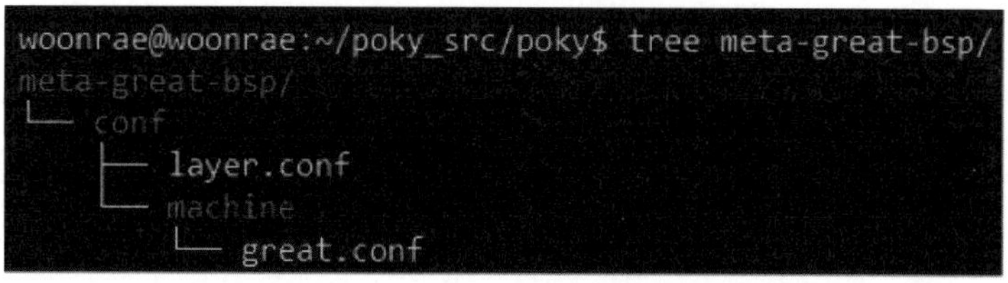

**그림 10-11** meta-great-bsp 디렉터리의 전체 구조

1. 새로 BSP 레이어 생성을 위해 poky 디렉터리에 meta-great-bsp라는 디렉터리
   를 만든다.

   이 레이어를 bitbake가 인식할 수 있도록 bblayers.conf.sample 파일을 수정
   한다. 리스트 10-9와 같이 BBLAYERS 변수에 새로 생성된 레이어의 디렉터리
   경로를 추가한다.

**리스트 10-9** bblayers.conf.sample 파일

```
POKY_BBLAYERS_CONF_VERSION = "2"
BBPATH = "${TOPDIR}"
BBFILES ?= ""
BBLAYERS ?= " \
  ##OEROOT##/meta \
  ##OEROOT##/meta-poky \
  ##OEROOT##/meta-yocto-bsp \
  ##OEROOT##/meta-hello \
  ##OEROOT##/meta-nano-editor \
  ##OEROOT##/meta-great \
  ##OEROOT##/meta-great-bsp \  "
```

예제에서 파일의 위치: ~/poky_src/poky/meta-great/template/bblayers.
conf.sample

수정한 bblayers.conf.sample 파일이 빌드 환경에 반영되게 하려면 예제 10-9
와 같이 build 디렉터리에 존재하는 conf 디렉터리를 삭제해야 한다. 왜냐하면
bitbake는 한 번 생성된 conf 디렉터리 내에 파일들의 내용을 빌드 시 업데이트하

지 않는다. 최초 빌드 스크립트를 실행했을 때만 TEMPLATECONF 변수에서 지정한 환경 설정 파일들을 build 디렉터리 아래의 conf 디렉터리에 복사한다. 그런 다음 빌드 스크립트 buildenv.sh를 다시 실행해야 한다. 삭제하지 않고 빌드 스크립트를 실행하면 bblayers.conf 파일에 수정된 내용이 반영되지 않는다.

**예제 10-9** 새로 생성한 BSP 레이어 추가

```
woonrae@woonrae:~/poky_src$ rm -rf build/conf
woonrae@woonrae:~/poky_src$ source buildenv.sh
```

2. 새로 생성된 레이어의 conf 디렉터리 아래에 layer.conf 파일을 생성한다.

이 파일은 bitbake가 layer.conf 파일을 처리하면서 특정 레이어에 포함된 레시피, 클래스 및 환경 설정 파일들을 인지하게 해준다. 또한 layer.conf 파일에 정의된 BBFILES 변수에 레시피 및 레시피 확장 파일들의 경로를 추가해 줌으로써 레시피 및 레시피 확장 파일을 인지할 수 있도록 해준다.

리스트 10-10과 같이 layer.conf 파일을 만들고 입력한다.

**리스트 10-10** layer.conf 파일

```
BBPATH =. "${LAYERDIR}:"
BBFILES += "${LAYERDIR}/recipes*/*/*.bb"
BBFILES += "${LAYERDIR}/recipes*/*/*.bbappend"
BBFILE_COLLECTIONS += "greatbsp"
BBFILE_PATTERN_greatbsp = "^${LAYERDIR}/"
BBFILE_PRIORITY_greatbsp = "6"
LAYERSERIES_COMPAT_greatbsp = "${LAYERSERIES_COMPAT_core}"
```

예제에서 파일의 위치: ~/poky_src/poky/meta-great-bsp/conf/layer.conf

3. 새로 생성된 레이어의 conf 디렉터리에 machine이라는 이름으로 디렉터리를 만들고 great라는 이름으로 머신 환경 설정 파일인 great.conf 파일을 생성한다.

실제 우리가 물리적인 머신을 갖고 있는 것이 아니기 때문에 가상 머신인 QEMU의 머신 환경 설정 파일을 복사해 사용한다. 그러나 BSP 레이어를 새로 작성한다는 가정하에 머신 이름을 great라고 명명한다. 리스트 10-11과 같이 머신 설정 파일인 great.conf 파일을 만들고 내용을 입력한다.

**리스트 10-11** great.conf 파일

```
PREFERRED_PROVIDER_virtual/xserver ?= "xserver-xorg"
PREFERRED_PROVIDER_virtual/libgl ?= "mesa"
PREFERRED_PROVIDER_virtual/libgles1 ?= "mesa"
PREFERRED_PROVIDER_virtual/libgles2 ?= "mesa"
require conf/machine/include/qemu.inc                        → (1)

DEFAULTTUNE ?= "core2-64"
require conf/machine/include/tune-core2.inc
require conf/machine/include/qemuboot-x86.inc
UBOOT_MACHINE ?= "qemu-x86_64_defconfig"
KERNEL_IMAGETYPE = "bzImage"
SERIAL_CONSOLES ?= "115200;ttyS0 115200;ttyS1"

XSERVER = "xserver-xorg \
           ${@bb.utils.contains('DISTRO_FEATURES', 'opengl', \
           bb.utils.contains('TUNE_FEATURES', 'mx32', '',
'mesa-driver-swrast xserver-xorg-extension-glx', d), '', d)} \
           xf86-video-cirrus \
           xf86-video-fbdev \
           xf86-video-vmware \
           xf86-video-modesetting \
           xf86-video-vesa \
           xserver-xorg-module-libint10 \
           "

MACHINEOVERRIDES =. ":great:"                               → (2)
MACHINE_FEATURES += "x86 pci"
MACHINE_ESSENTIAL_EXTRA_RDEPENDS += "v86d"
MACHINE_EXTRA_RRECOMMENDS = "kernel-module-snd-ens1370 kernel-module-snd-rawmidi"
WKS_FILE ?= "qemux86-directdisk.wks"
do_image_wic[depends] += "syslinux:do_populate_sysroot syslinux-native:do_
populate_sysroot mtools-native:do_populate_sysroot dosfstools-native:do_
populate_sysroot"
#For runqemu
```

```
QB_SYSTEM_NAME = "qemu-system-x86_64"
```

예제에서 파일의 위치: ~/poky_src/poky/meta-great-bsp/conf/machine/great.conf

전체 파일의 내용은 qemux86-64.conf 파일과 동일하다. 단지, MACHINE OVERRIDES 변수에 great라는 머신 이름을 넣은 것만 다르다. 실제 이 이름은 빌드 스크립트에서 MACHINE 변수를 통해 전달할 것이기 때문에 굳이 넣지 않아도 상관은 없다. 전체 레이어의 구성은 그림 10-12와 같다.

```
meta-great-bsp/
├── conf
│   ├── layer.conf
│   └── machine
│       └── great.conf
└── recipes-kernel
    └── linux
        ├── file
        └── linux-yocto_5.4.bbappend
```

**그림 10-12** great 머신 레이어의 전체 구조

그림을 보면 great.conf 파일에서 리스트 10-11의 (1)에 기술된 'conf/machine/include/qemu.inc' 인클루드 파일이 디렉터리 내에 존재하지 않는다. bitbake는 자신이 인지하고 있는 모든 레이어상의 conf 디렉터리에서 'machine/include/qemu.inc'와 같은 구조의 디렉터리와 파일이 있는지 찾는다. 따라서 리스트에서 (1)과 같이 기술하면 'poky/meta/conf/machine/include/' 디렉터리 아래에 있는 qemu.inc 파일을 찾아낸다.

bitbake는 인클루드 파일을 다른 메타데이터 파일들과 공유한다. 따라서 인클루드 파일을 다른 메타데이터 파일들과 공유하려고 지시자로 include와 require를 사용한다. require는 include와 동일한 역할을 하는 지시자이다. require 지시자와 include 지시자의 차이는 빌드 진행 시 만약 지시자에서 지정한 파일이

존재하지 않을 때 require 지시자는 에러를 발생시키고, include 지시자는 에러를 발생시키지 않는다는 것이다.

추가적으로 레시피와 클래스 파일은 실행이 가능한 메타데이터와 환경 설정 등을 갖는 파일을 인클루드할 수 있다. 그러나 환경 설정 파일은 실행이 가능한 메타데이터를 지원하지 않기 때문에 실행이 가능한 메타데이터가 포함되지 않은 파일만 인클루드할 수 있다. 따라서 머신 환경 설정 파일인 great.conf 파일이 인클루드할 수 있는 파일은 실행이 가능하지 않은 메타데이터를 가진 파일들이다.

파일을 인클루드할 때 주의할 점이 있다. 인클루드된 파일은 그 자신이 또 다른 파일을 인클루드할 수 있기 때문에 큰 프로젝트를 진행하다 보면 자칫 순환 오류가 발생할 수 있다. 그림 10-13은 순환 참조의 오류에 해당하는 예이다. 인클루드 파일인 A.inc, B.inc가 서로 각각 인클루드를 했기 때문에 순환 참조 오류가 발생된다.

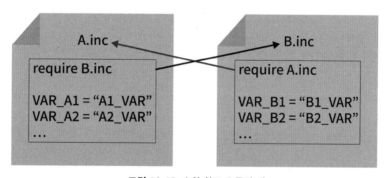

**그림 10-13** 순환 참조 오류의 예

bitbake는 순환 오류가 발생하면 예제 10-10과 같은 오류 메시지와 함께 실행을 종료한다.

**예제 10-10** bitbake에 의해 표출되는 순환 오류

```
…

RecursionError: maximum recursion depth exceeded while calling a Python object
```

(2)의 경우 MACHINEOVERRIDES 변수는 결국 OVERRIDES 변수에 포함된다. 따라서 추가된 "great"값은 앞으로 조건부 변수에 포함된다는 것을 말해준다.

4. 새로운 머신에서 사용할 커널에 대해 정의해야 한다.

우리는 Yocto에서 제공한 리눅스 커널을 사용할 것이다. 그러나 새로운 머신이 Yocto에서 제공한 리눅스 커널과 호환되게 하려면 몇 가지 변수를 수정해 줘야 한다. 따라서 이 수정의 반영을 위해 레시피 확장 파일을 만든다.

그림 10-12와 같이 BSP 레이어 디렉터리에 'recipes-kernel/linux' 디렉터리를 만든 후 리스트 10-12와 같이 linux-yocto_5.4.bbappend라는 레시피 확장 파일을 만들고 내용을 입력한다.

**리스트 10-12** linux-yocto_5.4.bbappend 파일

```
KBRANCH_great = "v5.4/standard/base"
KMACHINE_great = "qemux86-64"
SRCREV_machine_great = "35826e154ee014b64ccfa0d1f12d36b8f8a75939"
COMPATIBLE_MACHINE_great = "great"
LINUX_VERSION_great = "5.4.219"
```

예제에서 파일의 위치: ~/poky_src/poky/meta-great-bsp/recipes-kernel/ linux/linux-yocto_5.4.bbappend

linux-yocto_5.4.bbappend 레시피 확장 파일에서 변수들 이름에 언더스코어 (_)를 붙이고, 새로 생성한 머신의 이름을 붙였다. 이 뜻은 조건부 변수에서 다뤘듯이 조건부 변수에 great라는 이름이 포함됐을 경우에만 이 변수들이 유효하다는 것을 나타낸다.

- COMPATIBLE_MACHINE 변수에는 현재 사용 중인 커널과 호환되는 머신의 이름을 할당한다. 우리가 앞서 "great"라는 이름으로 머신을 새로 추가했기 때문에 COMPATIBLE_MACHINE 변수에는 "great"라는 값을 넣어준다.

- LINUX_VERSION 변수에는 현재 사용하려는 커널 버전을 기록해 준다. 현재 사용 중인 커널 버전은 5.4.219이다.

- SRCREV 변수는 커널 소스의 리비전<sup>revision</sup>을 가리킨다. 여기서는 Git의 커밋 해시 값을 갖는다.

- KMACHINE 변수는 커널 메타데이터라고 부르며, yocto-kernel-cache 깃 리포지터리에 저장된 데이터에서 현재 커널과 매칭된 데이터를 찾는 데 사용된다. 커널 메타데이터는 11장에서 설명하겠다. 원래 KMACHINE 변수에 새로운 머신 이름인 "great"를 입력해야 한다. 그러나 우리가 Yocto에서 기본적으로 제공한 QEMU 머신과 커널 소스를 그대로 사용할 것이기 때문에 이 값은 원래와 동일하게 "qemux86-64"로 입력한다.

- KBRANCH 변수는 KMACHINE 변수와 마찬가지로 커널 메타데이터와 연관이 있다. yocto-kernel-cache 깃 리포지터리의 브랜치 이름이라고 생각하면 된다.

5. 새로 생성한 머신 환경 설정 파일인 great.conf 파일이 bitbake의 파싱 대상이 되려면 머신 이름을 나타내는 MACHINE 변수의 값을 "great"로 설정해야 한다.

보통 local.conf 파일에 설정하는 경우가 많다. 그러나 우리는 따로 빌드 스크립트를 정의했기 때문에 이 스크립트에 리스트 10-13과 같이 추가한다.

**리스트 10-13** buildenv.sh 파일

```bash
# !/bin/bash
function find_top_dir()
{
    local TOPDIR=poky
# move into script file path
    cd $(dirname ${BASH_SOURCE[0]})

    if [ -d $TOPDIR ]; then
        echo $(pwd)
    else
        while [ ! -d $TOPDIR ] && [ $(pwd) != "/" ];
        do
            cd ..
```

```
        done

        if [ -d $TOPDIR ]; then
            echo $(pwd)
        else
            echo "/dev/null"
        fi
    fi
}

ROOT=$(find_top_dir)
export TEMPLATECONF=${ROOT}/poky/meta-great/template/
export MACHINE="great"

function build_target() {
    source poky/oe-init-build-env build2
}

build_target
```

예제에서 파일의 위치: ~/poky_src/buildenv.sh

스크립트상에서 보면 MACHINE 변수의 값에 "great"를 할당했다.

이제 빌드를 진행해 보도록 한다. 빌드 시 결과물이 저장되는 빌드 디렉터리는 build2
이다. bblayers.conf.sample 파일이 변경됐기 때문에 'build2/conf' 디렉터리를
삭제하고 다시 빌드 스크립트를 실행해야 한다. 따라서 예제 10-11과 같이 실행해
본다.

**예제 10-11** 빌드 실행

```
$woonrae@woonrae:~/poky_src/build2$ rm -rf conf/
$woonrae@woonrae:~/poky_src$ source buildenv.sh
$woonrae@woonrae:~/poky_src/build2$ bitbake great-image
```

예제를 실행하면 그림 10-14와 같이 실행되는 것을 볼 수 있다.

```
woonrae@woonrae:~/poky_src/build2$ bitbake great-image
Loading cache: 100% |##############################################
Loaded 1333 entries from dependency cache.
Parsing recipes: 100% |############################################
Parsing of 779 .bb files complete (777 cached, 2 parsed). 1334 targets, 37 skipp
NOTE: Resolving any missing task queue dependencies

Build Configuration:
BB_VERSION           = "1.46.0"
BUILD_SYS            = "x86_64-linux"
NATIVELSBSTRING      = "universal"
TARGET_SYS           = "x86_64-poky-linux"
MACHINE              = "great"
DISTRO               = "poky"
DISTRO_VERSION       = "3.1.21"
TUNE_FEATURES        = "m64 core2"
TARGET_FPU           = ""
meta
meta-poky
meta-yocto-bsp
meta-hello
meta-nano-editor
meta-great
meta-great-bsp       = "dunfell:d0a8cd82f6b28bf08280af82f1ab19c4fb8c4f91"
```

**그림 10-14** great-image 이미지 빌드 실행

정상적으로 빌드가 완료되면 테스트를 위해 다음과 같이 QEMU를 실행한다.

```
$ runqemu great-image nographic
```

그림 10-15와 같이 우리가 만든 머신이 반영된 이미지가 동작하는 것을 확인할 수 있다.

**그림 10-15** QEMU를 통한 이미지 실행

## 10.5 요약

이미지를 생성하는 레시피는 계층형 아키텍처상에서 최상위 레이어에 속하는 레시피 중 하나이다. 이미지를 생성하는 레시피가 종국적으로 만들어 내는 산출물은 루트 파일 시스템이다. 따라서 이미지 레시피는 어떻게 루트 파일 시스템을 만들지를 정의하는 레시피라고 할 수 있다. Poky에는 기본적으로 제공하는 이미지 레시피들이 존재한다. 그 경로와 파일들은 'meta*/recipes*/images/*.bb'이다.

이미지 레시피는 BSP 레이어와 함께 사용된다. BSP 레이어는 주로 로우 레이어에 속하는 하드웨어를 제어하는 등의 내용을 포함하고 있다. BSP 레이어는 레이어의 conf 디렉터리 아래에 machine 디렉터리가 존재하고, machine 디렉터리 내에는 머신 환경 설정 파일이라고 하는 파일이 존재한다. 머신 환경 설정 파일의 이름은 MACHINE 변수의 이름에 확장자 '.conf'를 붙여 생성하며, MACHINE 변수는 local.conf 또는 빌드 스크립트에서 제공된다.

# CHAPTER 11
# 커널 레시피

## 이 장에서 다루는 내용

11장에서는 Yocto에서 리눅스 커널을 빌드하는 방법에 대해 학습한다. Yocto 는 리눅스 커널 빌드의 복잡성을 'kernel.bbclass 클래스 파일을 통해 단순화한다. kernel 클래스를 상속한 레시피를 커널 레시피라고 하는데 kernel-yocto-bbclass 클래스 파일을 상속함으로써 kernel 클래스의 기능을 확장할 수 있다. kernel-yocto 클래스는 커널 소스 밖에서 제공되던 defconfig 파일을 대신해 커널 소스에 포함된 defconfig 파일을 사용 사용할 수 있게 해준다. 그리고 변경 또는 추가된 환경 설정 옵션을 파일로 만들어 커널 레시피 파일에 포함해 최종 '.config'에 반영하게 해준다.

Yocto는 커널의 패치, 커널 환경 설정 옵션들을 따로 제공할 수 있는 커널 메타데이터 또는 진보된 메타데이터Advanced Metadata라고 하는 Yocto 커널 리포지터리에 메타 브랜치를 갖고 있다. 이 브랜치는 커널 브랜치와 분리돼 데이터를 제공한다. 이 메타

브랜치에서 제공되는 데이터를 사용하려면 오픈임베디드 코어에서 제공하는 linux-yocto.inc 파일을 인클루드해야 한다.

## 11.1 커널 환경 설정

먼저 리눅스 커널 빌드의 이해를 위해 커널 환경 설정이 무엇인지에 대해 알아본다.

Kconfig는 원래 리눅스 커널용으로 개발된 선택 기반의 환경 설정 시스템이다. 그림 11-1의 Kconfig 파일과 같이 커널을 빌드할 때 옵션을 선택함으로써 특정 기능을 활성화하거나 비활성화하는 데 사용할 수 있기 때문에 선택 기반이라고 한다. Kconfig는 리눅스 커널 소스 트리 전체에 배치돼 있다. 대부분의 사용자는 '$ make menuconfig' 명령어를 실행해 그림 11-2와 같은 그래픽 메뉴 인터페이스를 통해 Kconfig와 상호 작용한다. 이 인터페이스에서 사용자는 원하는 옵션과 기능을 선택하고, 커널 환경 설정 파일을 저장한다. 그리고 저장된 커널 환경 설정 파일을 빌드 프로세스에 대한 입력으로 사용한다. 참고로 이 그래픽 메뉴 인터페이스를 메뉴 편집기라고 한다.

```
config ACPI_I2C_OPREGION
  bool "ACPI I2C Operation region support"
  depends on I2C=y && ACPI
  default y
  help
    Say Y here if you want to enable ACPI I2C operation region support.
    Operation Regions allow firmware (BIOS) code to access I2C slave devices,
    such as smart batteries through an I2C host controller driver.
```

**그림 11-1** Kconfig 파일의 예

```
    *** Compiler: x86_64-poky-linux-gcc (GCC) 9.5.0 ***
    General setup  --->
[*] 64-bit kernel
    Processor type and features  --->
    Power management and ACPI options  --->
    Bus options (PCI etc.)  --->
    Binary Emulations  --->
    Firmware Drivers  --->
[*] Virtualization  --->
    General architecture-dependent options  --->
[*] Enable loadable module support  --->
-*- Enable the block layer  --->
    IO Schedulers  --->
    Executable file formats  --->
    Memory Management options  --->
[*] Networking support  --->
    Device Drivers  --->
    File systems  --->
    Security options  --->
-*- Cryptographic API  --->
    Library routines  --->
    Kernel hacking  --->
```

**그림 11-2** make menuconfig 명령어 실행 화면

결국 Kconfig에 의해 기술된 커널 환경 설정들은 '$ make menuconfig' 명령어로 실행된 메뉴 편집기에서 볼 수 있으며, 사용자는 필요한 환경 설정 옵션을 선택하거나 삭제한다. 최종적으로 메뉴 편집기를 저장하고 종료하면 커널 소스 최상위 디렉터리에 .config 파일이 만들어진다. 참고로 그림 11-3에서 'CONFIG_XXX=y'와 같은 구문을 환경 설정 옵션이라고 한다.

```
CONFIG_CC_IS_GCC=y
CONFIG_GCC_VERSION=90500
CONFIG_CLANG_VERSION=0
CONFIG_CC_HAS_ASM_GOTO=y
CONFIG_CC_HAS_ASM_INLINE=y
CONFIG_IRQ_WORK=y
CONFIG_BUILDTIME_EXTABLE_SORT=y
CONFIG_THREAD_INFO_IN_TASK=y
```

**그림 11-3** .config 파일의 일부

커널 빌드 시 .config 파일을 기반으로 autoconfig.h 파일이 생성되는데 선택된 환경 설정 옵션들은 그림 11-4와 같이 autoconfig.h 파일에 매크로 상수로 표현돼 커널 소스 전체에 영향을 주게 된다.

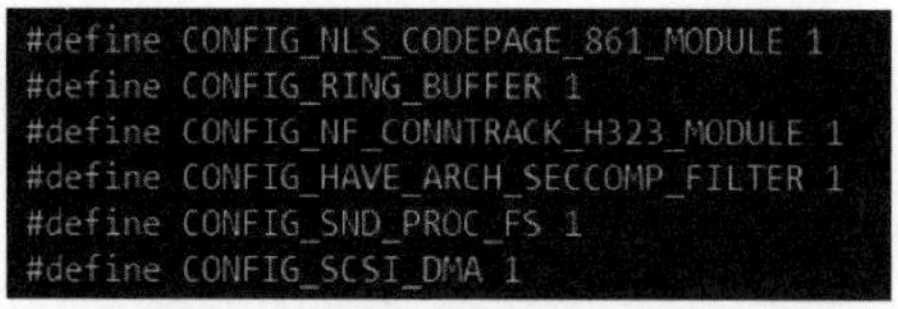

```
#define CONFIG_NLS_CODEPAGE_861_MODULE 1
#define CONFIG_RING_BUFFER 1
#define CONFIG_NF_CONNTRACK_H323_MODULE 1
#define CONFIG_HAVE_ARCH_SECCOMP_FILTER 1
#define CONFIG_SND_PROC_FS 1
#define CONFIG_SCSI_DMA 1
```

**그림 11-4** 생성된 autoconfig.h

메뉴 편집기를 통해 .config 파일을 생성하지 않고, 사전에 타깃 머신에 맞게 커널 환경 옵션들을 만들어 놓을 수 있다. 이 파일을 defconfig라고 하며, default configuration의 줄임말이다. '$ make menuconfig' 명령어를 이용해 메뉴 편집기 실행 후에 하나하나 설정하기보다는 미리 필요한 설정이 저장돼 있어 사용하기 편하다. 주로 칩 벤더에서 초기 보드 브링업[bring-up]을 위해 defconfig 파일이 배포되는 경우가 많다. defconfig 파일의 내용은 그림 11-5와 같이 .config와 형식이 동일하다. 차이가 있다면 필요한 타깃 머신에 맞게 커널 환경 설정 옵션들을 사전에 만들어 뒀다는 것이다. 보통 이 파일들은 커널 소스 내의 'arch/〈아키텍처〉/configs/' 디렉터리에 존재한다.

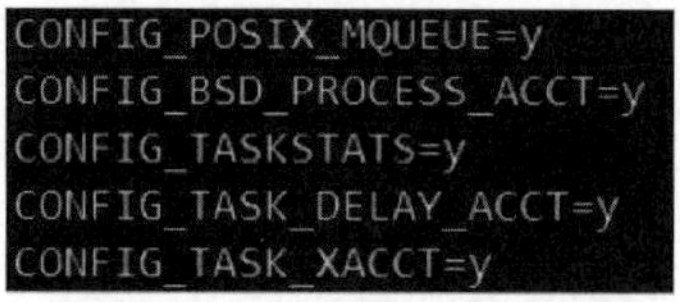

```
CONFIG_POSIX_MQUEUE=y
CONFIG_BSD_PROCESS_ACCT=y
CONFIG_TASKSTATS=y
CONFIG_TASK_DELAY_ACCT=y
CONFIG_TASK_XACCT=y
```

**그림 11-5** x86_64_defconfig 파일

커널 소스에서 명령어를 통해 커널 환경 설정 파일들을 만드려면 예제 11-1과 같이 커널 소스 트리의 최상위 디렉터리에서 명령어를 입력해 .config 파일, defconfig 파일을 생성한다.

**예제 11-1** 커널 소스에서 직접 .config, defconfig 파일 생성하기

```
$ make ARCH=<architecture name, arm, x86 etc> menuconfig
$ make ARCH=<architecture name, arm, x86 etc> savedefconfig
```

예제와 같이 명령어를 입력하면 커널 소스 트리의 최상위 디렉터리에 defconfig라는 파일이 생성된다.

커널 소스에서 직접 명령어를 통해 생성한 커널 환경 설정 파일들을 Yocto 명령어로 생성해 보자.

- make menuconfig 명령 실행을 통한 메뉴 편집기 실행

Yocto에서 '$ make menuconfig' 명령 실행은 예제 11-2와 같이 입력한다. 필자의 경우 인자로 커널 레시피 이름보다는 'virtual/kernel'을 주로 사용한다.

**예제 11-2** Yocto 명령어를 통한 make menuconfig 명령 실행

```
$ bitbake -c menuconfig <kernel-recipe name>
또는
$ bitbake -c menuconfig virtual/kernel
```

예제와 같이 명령을 입력하면 메뉴 편집기가 실행된다. 필요한 커널 환경 설정이 끝나고 저장 및 종료되면 .config 파일이 생성된다. 이 방법은 새로운 환경 설정 옵션이 추가되거나 기존에 있던 환경 설정을 변경하는 데 사용한다. 만약 새로 받은 리눅스 커널 소스상에서 메뉴 편집기를 사용하지 않고 .config와 defconfig 파일을 생성하고자 할 경우에는 다음 방법을 이용한다.

- .config 파일 생성

Yocto에서 .config 파일을 생성하는 명령어는 예제 11-3과 같다.

**예제 11-3** Yocto 명령어를 통한 .config 파일 생성

```
$ bitbake -c kernel_configme <kernel-recipe name>
또는
$ bitbake -c kernel_configme virtual/kernel
```

- defconfig 파일 생성

Yocto에서 defconfig 파일을 생성하는 명령어는 예제 11-4와 같다.

```
$ bitbake -c savedefconfig <kernel-recipe name>
또는
$ bitbake -c savedefconfig virtual/kernel
```

.config와 defconfig 파일이 정상적으로 생성됐다면 '$ bitbake  -C compile virtual/
kernel'과 같이 명령을 입력하고 컴파일을 시작한다. 지금까지의 과정을 간단하게
요약하면 그림 11-6과 같다.

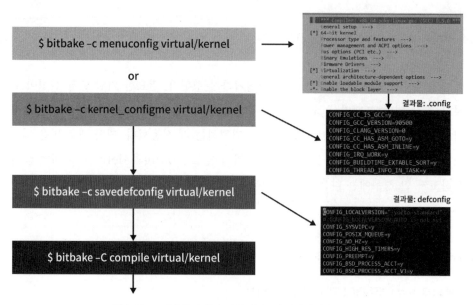

**그림 11-6** 커널 환경 설정 파일 생성부터 컴파일까지의 과정

## 11.2 변경 또는 추가된 커널 환경 옵션들을 패치로 생성

리눅스 커널에서 새로운 드라이버를 작성할 때 기본적으로 수반되는 작업 중 하나
가 커널 환경 옵션(CONFIG_XXX)을 만드는 것이다. 커널 환경 옵션은 '$ bitbake -c
menuconfig virtual/kernel' 명령어로 메뉴 편집기를 통해 또는 '$ bitbake  -c

comfigme virtual/kernel' 명령어로 빌드 디렉터리에 .config 파일을 만든다. 필요에 따라서는 '$ bitbake -c savedefconfig virtual/kernel' 명령을 통해 새로운 defconfig 파일을 만들기도 한다.

문제는 .config 파일이 빌드 디렉터리 내에 생성된다는 것이다. 따라서 빌드 환경이 삭제되거나 '$ bitbake virtual/kernel -c cleanall' 등의 명령어로 .config 파일이 삭제될 수 있기 때문에 변경된 커널 환경 옵션을 따로 저장할 방법을 찾아야 한다.

동일한 머신이라고 하더라도 소프트웨어 기능 추가나 하드웨어 변경에 따라 파생된 머신들이 만들어질 수 있다. 이런 경우 기본 환경 설정 파일인 defconfig에는 파생된 머신들 간에 공통적인 환경 설정 옵션들만 모아 놓는다. 그리고 파생된 머신에 따라 추가나 변경되는 환경 설정 옵션들만 따로 분리해 관련된 머신에만 반영하고 싶을 수 있다.

이때 사용하는 것이 오픈임베디드 코어에서 제공한 환경 설정 단편<sup>Configuration Fragment</sup> 파일이다. 이 파일은 새로 추가되는 환경 설정 옵션만 따로 저장하고 커널 레시피에 환경 설정 단편 파일을 추가한다. 최종적으로 커널 레시피가 빌드될 때 .config 파일에 추가된 환경 설정 옵션들이 반영된다.

가령 새로운 드라이버를 만들게 됐다고 가정하자. 이때 수반되는 작업으로 커널 환경 설정 옵션을 만들게 된다. 우리는 이 옵션의 이름을 CONFIG_NEW_DRIVER라고 하자. 이 환경 설정 옵션은 Kconfig 파일에 추가된다. 드라이버 작업이 완료되면 새로 만든 환경 설정 옵션의 활성화를 위해 '$ bitbake -c menuconfig' 명령을 실행한다. 이후 메뉴 편집기로 추가된 환경 설정 옵션을 선택하고 저장함으로써 .config 파일을 생성한다. 이때 새로 생성된 .config 파일은 추가한 환경 설정 옵션이 추가된 상태일 것이다. 따라서 예제 11-5와 같이 입력해 현재 상태에서 추가된 환경 설정 옵션만 추출한다.

**예제 11-5** 추가된 환경 설정 옵션 추출

```
$ bitbake -c diffconfig virtual/kernel
```

예제와 같이 실행하면 커널의 빌드 결과가 저장되는 WORKDIR 변수의 경로에
fragment.cfg라는 이름의 환경 설정 단편 파일이 생성된다.

간단한 예제를 통해 환경 설정 단편 파일에 대해 이해해 보자.

1. '$ bitbake virtual/kernel -c menuconfig'와 같이 입력해 그림 11-7과 같이
   메뉴 편집기를 실행한다.

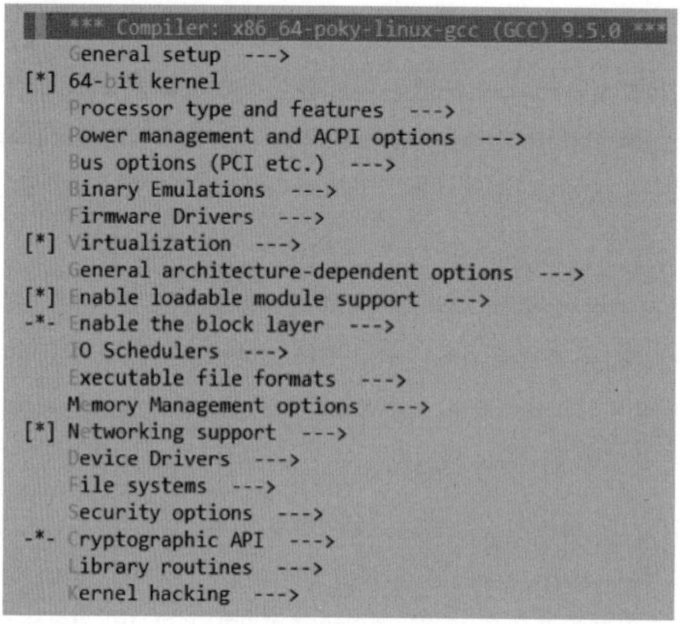

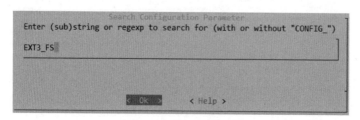

**그림 11-7** 메뉴 편집기 실행 화면

2. 메뉴 편집기 실행 화면에서 '/'를 누르면 검색 화면이 나타난다. 검색 화면에서 그림
   11-8과 같이 'EXT3_FS'를 입력하고 **OK**를 클릭한다.

**그림 11-8** 환경 설정 옵션 찾기

3. 그림 11-9와 같이 화면이 출력되면 '1'을 눌러 환경 설정 옵션 EXT3_FS를 선택한다.

```
Symbol: EXT3_FS [=n]
Type   : tristate
Prompt: The Extended 3 (ext3) filesystem
  Location:
(1) -> File systems
  Defined at fs/ext4/Kconfig:5
  Depends on: BLOCK [=y]
  Selects: EXT4_FS [=y] && JBD2 [=y] && CRC16 [=y] && CRYPTO [=y] && CRYPTO_CRC32C [=y]


Symbol: EXT3_FS_POSIX_ACL [=n]
Type   : bool
Prompt: Ext3 POSIX Access Control Lists
  Location:
    -> File systems
(2)   -> The Extended 3 (ext3) filesystem (EXT3_FS [=n])
  Defined at fs/ext4/Kconfig:17
  Depends on: BLOCK [=y] && EXT3_FS [=n]
  Selects: EXT4_FS_POSIX_ACL [=y] && FS_POSIX_ACL [=y]


Symbol: EXT3_FS_SECURITY [=n]
Type   : bool
Prompt: Ext3 Security Labels
  Location:
    -> File systems
(3)   -> The Extended 3 (ext3) filesystem (EXT3_FS [=n])
  Defined at fs/ext4/Kconfig:26
  Depends on: BLOCK [=y] && EXT3_FS [=n]
  Selects: EXT4_FS_SECURITY [=y]
```

**그림 11-9** 환경 설정 옵션들

4. 그림 11-10과 같은 화면에서 space bar를 두 번 눌러 그림과 같이 '*'로 선택이 되도록 한다.

```
<*>  The Extended 3 (ext3) filesystem
```

**그림 11-10** ext3 filesystem 선택

5. 그림 11-11과 같이 화면 하단에서 SAVE를 클릭하고 엔터를 눌러 .config 파일로 저장한다. 그런 다음 EXIT를 클릭해 메뉴 편집기를 종료한다.

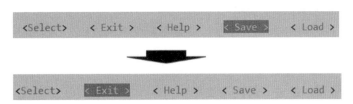

**그림 11-11** menuconfig 종료

6. 갱신된 .config 파일을 토대로 '$ bitbake -c diffconfig virtual/kernel'과 같이 명령을 입력해 환경 설정 단편 파일 '.cfg'를 만든다. 명령의 결과로 예제 11-6과 같이 fragment.cfg 파일이 생성됐다는 문구가 출력된다.

**예제 11-6** 환경 설정 단편 파일 생성

```
Config fragment has been dumped into:
 /home/poky_src/build2/tmp/work/great-poky-linux/linux-yocto/5.4.219+gitAUTOINC+9
c5bb858a6_35826e154e-r0/fragment.cfg
```

7. fragment.cfg 파일을 열어보면 그림 11-12와 같이 변경된 EXT3_FS 환경 설정 옵션이 추가된 것을 확인할 수 있다.

```
CONFIG_EXT3_FS=y
# CONFIG_EXT3_FS_POSIX_ACL is not set
# CONFIG_EXT3_FS_SECURITY is not set
```

**그림 11-12** fragment.cfg 파일

지금 예제에서 생성된 환경 설정 단편 파일은 뒤에서 예제를 통해 커널 레시피에 적용하는 방법을 배우게 될 것이다.

## 11.3 변경 또는 추가된 커널 소스를 패치로 생성

보통 리눅스 커널 소스에 공식적으로 배포되는 커널 패치를 반영하는 방법에는 두 가지가 있다. 첫 번째는 SCM 도구인 깃 리포지터리에 저장된 커널 소스를 받아 커널 패치를 반영하고 다시 리포지터리에 저장하는 방법이다. 두 번째는 커널 레시피 파일에 패치를 추가해 빌드 시 패치가 커널 소스에 반영되도록 하는 방법이다. 첫 번째 방식이 소스 관리 차원에서는 편하다. 그러나 파생 프로젝트가 생겼을 때 파생 프로젝트 각각의 커널 패치 처리를 고려했을 경우에는 두 번째 방식이 유리하다.

레시피 파일에 패치를 추가하는 방법은 패치 파일을 SRC_URI 변수에 추가만 하면 된다. 따라서 우리가 알아야 할 것은 패치 파일을 생성하는 방법이다.

패치 파일을 생성하는 방법에는 여러 가지가 있다. 주로 많이 사용하는 방법 세 가지를 소개하겠다. 먼저 우리가 진행하고 있는 예제에서 실제 커널 소스가 위치한 곳을 찾아야 한다. 그래야 커널 소스를 수정하고 패치를 생성할 수 있기 때문이다. 커널 소스의 위치는 STAGING_KERNEL_DIR 변수가 저장하고 있다. 그림 11-13과 같이 해당 변수를 출력해 본다.

```
woonrae@woonrae:~/poky_src/build2$ bitbake-getvar -r virtual/kernel STAGING_KERNEL_DIR
#
# $STAGING_KERNEL_DIR [2 operations]
#   set /home/woonrae/poky_src/poky/meta/conf/bitbake.conf:449
#     "${TMPDIR}/work-shared/${MACHINE}/kernel-source"
#   set /home/woonrae/poky_src/poky/meta/conf/documentation.conf:397
#     [doc] "The directory with kernel headers that are required to build out-of-tree modules.
# pre-expansion value:
#   "${TMPDIR}/work-shared/${MACHINE}/kernel-source"
STAGING_KERNEL_DIR="/home/woonrae/poky_src/build2/tmp/work-shared/great/kernel-source"
```

**그림 11-13** STAGING_KERNEL_DIR 변수 출력

STAGING_KERNEL_DIR 변수는 실제 커널 소스 코드가 위치한 곳을 알려주는 변수이다. 참고로 그림에 있는 커널 소스는 커널 레시피에서 기술된 Yocto 리모트 깃 리포지터리에서 가져온 소스이다.

먼저 커널 소스상에서 간단한 디바이스 드라이버를 추가하고, 환경 설정 단편 파일을 만들어 커널 레시피에 추가해 보도록 한다. 실습 소스는 다음과 같이 받을 수 있다.

- 기존에 GitHub에서 받은 소스상에서 다음의 명령을 입력한다.

```
$ git checkout kernel_patch
```

'build2/tmp/work-shared/great/kernel-source/drivers/misc' 디렉터리 아래에 리스트 11-1과 같이 new_test_driver.c 파일을 생성한다. 참고로 GitHub에서 받은 필자의 소스를 한 번이라도 빌드하게 되면 커널 소스는 fetch → unpack → patch 단계를 거치며, 'tmp/work-shared/great/kernel-source/' 디렉터리에 배치된다.

new_test_driver.c 파일

```
# include <linux/module.h>
static int __init new_test_driver_init(void)
{
    pr_warn("This is new test driver! \n");
    return 0;
}

static void __exit new_test_driver_exit(void)
{
    pr_warn("Exit new test driver! \n");
}

module_init(new_test_driver_init);
module_exit(new_test_driver_exit);
MODULE_AUTHOR("Dennis Cho");
MODULE_DESCRIPTION("New test driver");
MODULE_LICENSE("GPL");
```

예제에서 파일의 위치: ~/poky_src/build2/tmp/work-shared/great/kernel-source/drivers/misc/new_test_driver.c

다음으로 드라이버 파일을 위한 커널 설정 옵션을 Kconfig 파일 제일 하단에 리스트 11-2와 같이 추가한다.

**리스트 11-2** Kconfig 파일

```
...
config NEW_TEST_DRIVER
    tristate "Kernel test driver"
    help
        This driver is kernel test driver

source "drivers/misc/c2port/Kconfig"
source "drivers/misc/eeprom/Kconfig"
source "drivers/misc/cb710/Kconfig"
source "drivers/misc/ti-st/Kconfig"
source "drivers/misc/lis3lv02d/Kconfig"
```

```
source "drivers/misc/altera-stapl/Kconfig"
```

예제에서 파일의 위치: ~/poky_src/build2/tmp/work-shared/great/kernel-source/drivers/misc/Kconfig

Kconfig 파일의 경우 리스트 11-2와 같이 굵은 부분만 새로 입력한다.

Makefile 제일 하단에 리스트 11-3과 같은 내용을 추가한다.

**리스트 11-3** Makefile

```
obj-$(CONFIG_NEW_TEST_DRIVER)    += new_test_driver.o
```

예제에서 파일의 위치: ~/poky_src/build2/tmp/work-shared/great/kernel-source/drivers/misc/Makefile

현재 수정하고 있는 커널 소스는 깃으로부터 받았기 때문에 우리가 지금까지 수정하거나 추가한 파일에 대해서는 그림 11-14와 같이 '$ git status' 명령을 통해 확인할 수 있다.

```
woonrae@woonrae:~/poky_src/build2/tmp/work-shared/great/kernel-source/drivers/misc$ git status
On branch v5.4/standard/base
Your branch is behind 'origin/v5.4/standard/base' by 851 commits, and can be fast-forwarded.
  (use "git pull" to update your local branch)

Changes not staged for commit:
  (use "git add <file>..." to update what will be committed)
  (use "git checkout -- <file>..." to discard changes in working directory)

        modified:   Kconfig
        modified:   Makefile

Untracked files:
  (use "git add <file>..." to include in what will be committed)

        new_test_driver.c

no changes added to commit (use "git add" and/or "git commit -a")
```

**그림 11-14** git status 명령을 통한 변경 또는 생성된 파일 리스트

이제 커널 소스에서 변경하고 추가한 것들에 대해 패치 파일을 생성해 본다.

## 1. '$ git diff' 명령어를 사용한 패치 파일 생성

예제 11-7과 같이 '$ git diff' 명령을 통해 변경된 파일들에 대해 패치를 생성한다.

**예제 11-7** git diff 명령을 통한 패치 생성

```
woonrae@woonrae:~/poky_src/build2/tmp/work-shared/great/kernel-
source/drivers/misc$ git diff > new_test_driver.patch
```

예제 11-7과 같이 명령을 입력하고 나면 new_test_driver.patch 파일이 새로 생성된 것을 확인할 수 있다. 파일을 열어보면 그림 11-15와 같이 소스의 변경된 부분들이 보인다.

```
diff --git a/drivers/misc/Kconfig b/drivers/misc/Kconfig
index c55b63750757..02e4ca1036c2 100644
--- a/drivers/misc/Kconfig
+++ b/drivers/misc/Kconfig
@@ -466,6 +466,12 @@ config PVPANIC
          a paravirtualized device provided by QEMU; it lets a virtual machine
          (guest) communicate panic events to the host.

+config NEW_TEST_DRIVER
+     tristate "Kernel test driver"
+     help
+        This driver is kernel test driver
+
+
 source "drivers/misc/c2port/Kconfig"
 source "drivers/misc/eeprom/Kconfig"
 source "drivers/misc/cb710/Kconfig"
diff --git a/drivers/misc/Makefile b/drivers/misc/Makefile
index c1860d35dc7e..6433f2144bd4 100644
--- a/drivers/misc/Makefile
+++ b/drivers/misc/Makefile
@@ -57,3 +57,5 @@ obj-y                        += cardreader/
 obj-$(CONFIG_PVPANIC)         += pvpanic.o
 obj-$(CONFIG_HABANA_AI)            += habanalabs/
 obj-$(CONFIG_XILINX_SDFEC) += xilinx_sdfec.o
+
+obj-$(CONFIG_NEW_TEST_DRIVER)  += new_test_driver.o
```

**그림 11-15** 생성된 패치 파일

참고로 생성된 패치 파일을 다른 동일한 커널 소스에 반영하려면 해당 소스 파일로 이동해 예제 11-8과 같이 하면 된다.

**예제 11-8** 패치 반영 명령어

```
$ patch -p1 < xxx.patch

또는

$ git apply xxx.patch
```

주의할 점은 예제에서의 명령어는 깃상에 추가 커밋을 만들지 않고, 현재 커밋에 변경 사항을 반영한다는 것이다. 따라서 패치 적용 후 변경 내용을 수작업으로 깃에 커밋해 줘야 한다. 그리고 만약 패치 적용에 실패했을 때는 패치를 반영하기 전의 내용으로 롤백rollback시켜야 한다.

## 2. '$ git format-patch -n' 명령어를 사용한 패치 파일 생성

이번에는 깃상에서 수정된 파일을 스테이징staging 영역으로 옮기고 커밋을 진행해 패치를 생성한다. 스테이징 영역으로 옮긴다는 것은 '$ git add' 명령을 입력한다는 의미이다. 우리는 앞으로의 예제들에서 이 방법을 주로 사용할 것이다.

먼저 예제 11-9와 같이 변경 또는 추가된 파일을 깃의 스테이징 영역으로 옮기고 '$ git commit' 명령을 입력한다.

**예제 11-9** 변경 파일을 깃의 스테이징 영역으로 옮기고 commit하기

```
woonrae@woonrae:~/poky_src/build2/tmp/work-shared/great/kernel-
source/drivers/misc$ git add Kconfig Makefile new_test_driver.c

woonrae@woonrae:~/poky_src/build2/tmp/work-shared/great/kernel-
source/drivers/misc$ git commit
```

명령을 입력하고 나면 그림 11-16과 같이 커밋 메시지를 입력하는 화면이 뜬다. 그림과 같이 커밋 메시지를 입력한다.

```
[Learning yocto] add new kernel driver

# Please enter the commit message for your changes. Lines starting
# with '#' will be ignored, and an empty message aborts the commit.
#
# On branch v5.4/standard/base
# Your branch is behind 'origin/v5.4/standard/base' by 851 commits, and can be fast-forwarded.
#   (use "git pull" to update your local branch)
#
# Changes to be committed:
#       modified:   Kconfig
#       modified:   Makefile
#       new file:   new_test_driver.c
#
```

**그림 11-16** git 커밋 메시지 입력 화면

그런 다음 예제 11-10과 같이 패치 파일을 생성한다.

**예제 11-10** 패치 파일 생성

```
woonrae@woonrae:~/poky_src/build2/tmp/work-shared/great/kernel-
source/drivers/misc$ git format-patch -1
```

예제와 같이 명령을 입력하면 그림 11-17과 같이 현재 디렉터리에 '0001-xxx.
patch' 파일이 생성된다.

```
woonrae@woonrae:~/poky_src/build2/tmp/work-shared/great/kernel-source/drivers/misc$ git format-patch -1
0001-Learning-yocto-add-new-kernel-driver.patch
```

**그림 11-17** 패치 파일 생성

'$ git format-patch -n' 명령어는 패치 파일을 만들 때 현재 커밋을 기준으로 n번
직전 커밋과 비교해 패치 파일을 만들어 낸다. 패치 파일이 n개만큼 만들어지는데 보
통 0001~n의 접두어prefix가 붙은 파일의 이름이 만들어진다.

만들어진 패치 파일을 다른 동일한 커널 소스에 반영하려면 패치를 반영하려는 커널
소스로 이동해 예제 11-11과 같이 하면 된다.

**예제 11-11** 패치 파일 반영

```
$ git am xxx.patch
```

'$ git am' 명령에서 'am'은 'apply a series of patches from a mailbox'의 약 자이다. 레퍼런스 문서상에서는 "patch 파일 상단의 mbox 양식을 읽어 그 안에 mail message가 1개가 있든 여러 개가 있든 처리할 수 있도록 하는 방식이다." 라 고 설명하고 있다. 이 방식의 특징은 패치를 적용하고 따로 커밋을 추가할 필요가 없 다. 왜냐하면 현재 커밋에서 추가로 커밋을 자동 생성해 패치가 적용되기 때문이다.

### 3. quilt 툴을 사용한 패치 파일 생성

만약 깃과 같은 SCM을 사용하지 않는다면 퀼트$^{quilt}$ 툴을 사용하는 것도 나쁘지 않다. 퀼트는 패키지 및 사용자 정의 애플리케이션을 패치로 만들어 작업할 때 사용할 수 있는 범용 패치 메커니즘이다. 또한 퀼트는 각 패치의 변경 사항을 추적한다. 따라서 패치의 적용, 적용 취소, 새로 고침 등을 수행할 수 있다.

퀼트 패치는 스택으로 관리되며 이전의 모든 패치와 함께 기본 가상 폴더 트리 상단 에 점진적으로 적용된다. 따라서 스택의 맨 위로 푸시$^{push}$하거나 팝$^{pop}$할 수 있다. 기 본적으로 대부분의 명령은 스택의 최상위 패치에 적용된다.

설치는 예제 11-12와 같이 하면 된다.

**예제 11-12** quilt 툴 설치

```
$ sudo apt install quilt
```

사용 방법은 다음과 같다.

- '$ quilt new 〈패치 이름〉'으로 패치를 만들기 시작한다.

- 파일을 추가 또는 수정하기 전에 '$ quilt add 〈파일 이름〉'으로 현재 패치에 파 일을 추가한다.

- 파일을 수정한다.

- '$ quilt files' 명령으로 현재 패치에 들어 있는 파일들을 볼 수 있다.

- 앞에서 패치 파일에 추가한 파일을 삭제하려면 '$ quilt remove 〈파일 이름〉'과 같이 명령을 입력한다.

- '$ quilt diff' 명령으로 현재 패치의 내용을 볼 수 있다.

- '$ quilt refresh' 명령을 수행하면 만들어진 패치가 저장된다. 보통 'patches'라는 이름의 디렉터리에 저장된다.

- '$ quilt diff' 명령에 '-z' 옵션을 주면 마지막으로 refresh 명령을 수행한 시점부터의 수정 내용을 볼 수 있다.

다음은 퀼트에 대한 예제이다. 필요할 경우 따라해 보며 이해해 보자.

- 임의의 디렉터리를 생성하고 디렉터리 내에 리스트 11-4와 같이 test.txt 파일을 생성한다.

**리스트 11-4** test.txt 파일

```
Hello
I'm yocto.
bye
```

- 리스트 11-5와 같이 새로운 패치 파일을 생성한다.

**리스트 11-5** 패치 파일 생성

```
$ quilt new mychange.patch
Patch patches/mychange.patch is now on top
```

리스트 11-5와 같이 패치 파일 생성 명령을 입력하면 그림 11-18과 같이 패치 파일이 생성된다.

**그림 11-18** 패치 파일의 생성

아직 패치에는 아무 내용도 들어가 있지 않은 상태이다. 예제 11-13과 같이 test.txt 파일에 'quilt add' 명령어를 추가하고 앞에서 만든 test.txt를 리스트 11-6과 같이 수정하자.

**예제 11-13** quilt add 명령

```
great@great-yocto:~/test$ quilt add test.txt
File test.txt added to patch patches/mychange.patch
```

**리스트 11-6** test.txt 파일

```
Hello
I'm yocto
I supports linux build
bye
```

예제 11-14와 같이 '$ quilt diff' 명령을 통해 변경 사항을 비교할 수 있다.

**예제 11-14** quilt diff 명령

```
$ quilt diff
Index: test/test.txt
==========================================================
--- test.orig/test.txt
+++ test/test.txt
@@ -1,3 +1,4 @@
 hello
 I'm yocto
+I supports linux build
 bye
```

예제 11-15와 같이 '$ quilt refresh' 명령을 입력해 기존 생성된 패치 파일을 갱신한다.

**예제 11-15** 패치 파일 갱신

```
$ quilt refresh
Refreshed patch patches/mychange.patch
```

예제와 같이 명령을 입력하면 그림 11-19와 같이 갱신된 패치 파일이 생성된다.

**그림 11-19** 갱신된 패치 파일 생성

## 11.4 생성된 패치 및 환경 설정 단편 파일 커널 레시피에 추가

앞에서 만든 환경 설정 단편 파일과 패치 파일을 복사해 커널 레시피를 위한 작업 디렉터리로 옮기고, 커널 레시피 파일에 이 파일들을 추가해 본다. 참고로 커널 레시피를 위한 작업 디렉터리는 각각의 레이어에서 'recipes-kernel/linux/'이다.

앞에서 '$ git format-patch -1'을 통해 만든 '0001-xxx.patch' 파일을 그림 11-20과 같이 'recipes-kernel/linux/file' 디렉터리 내에 복사하고 커널 환경 설정 단편 파일을 만들어 본다. '$ make -c menuconfig virtual/kernel' 명령을 통해 메뉴 편집기에서 새로 추가한 커널 환경 옵션을 선택하고 저장한 후 '$ make -c diffconfig virtual/kernel'을 통해 커널 환경 설정 단편 파일을 만든다. 이 예제에서 추가된 커널 환경 설정 옵션이 단순하기 때문에 예제 11-16과 같이 명령어로 간단하게 만들어도 큰 문제는 없다. 사실 필자도 이 방법을 자주 사용한다. 생성된 커널 환경 설정 단편 파일을 그림 11-20과 같이 'recipes-kernel/linux/file' 디렉터리 내에 복사한다.

**예제 11-16** 간단하게 환경 설정 단편 파일 만들기

```
$ echo "CONFIG_NEW_TEST_DRIVER=y" >> new-kernel-driver.cfg
```

```
woonrae@woonrae:~/poky_src/poky$ tree meta-great-bsp
meta-great-bsp
├── conf
│   ├── layer.conf
│   └── machine
│       └── great.conf
└── recipes-kernel
    └── linux
        ├── file
        │   ├── 0001-Learning-yocto-add-new-kernel-driver.patch
        │   └── new-kernel-driver.cfg
        └── linux-yocto_5.4.bbappend
```

**그림 11-20** 패치 및 환경 설정 단편 파일의 배치

커널 레시피 확장 파일인 linux-yocto_5.4.bbappend 파일에서 리스트 11-7과 같이 새로 추가된 파일들인 패치 파일과 환경 설정 단편 파일을 SRC_URI에 추가해 준다.

**리스트 11-7** linux-yocto_5.4.bbappend 파일

```
SRC_URI += "file://new-kernel-driver.cfg \
        file://0001-Learning-yocto-add-new-kernel-driver.patch \
        "

KBRANCH_great = "v5.4/standard/base"
KMACHINE_great = "qemux86-64"
SRCREV_machine_great = "35826e154ee014b64ccfa0d1f12d36b8f8a75939"
COMPATIBLE_MACHINE_great = "great"
LINUX_VERSION_great = "5.4.219"

FILESEXTRAPATHS_prepend := "${THISDIR}/file:"
```

예제에서 파일의 위치: ~/poky_src/poky/meta-great-bsp/recipes-kernel/linux/linux-yocto_5.4.bbappend

그런 다음 새로 추가된 파일들을 bitbake가 인지할 수 있도록 해준다. SRC_URI상에 추가된 환경 설정 단편 파일과 패치 파일은 file이라는 디렉터리 내에 위치하고

있다. 따라서 리스트 11-7과 같이 제일 하단에 'FILESEXTRAPATHS_prepend :=
"${THISDIR}/file:"' 구문을 추가해 준다. FILESEXTRAPATHS 변수에 대해서는 5장
에서 이미 다뤘다.

이제 새로 만든 디바이스 드라이버가 정상적으로 동작하는지 확인하자. 예제 11-17
과 같이 입력한다. 단, 환경 설정 단편 파일은 SRC_URI에 포함되기 때문에 fetch 태
스크부터 실행해야 실제 빌드에 반영될 수 있다. 이는 커널 빌드 시 '-C fetch'와 같
은 옵션이 들어간 것이다.

**예제 11-17** 커널 컴파일 및 이미지 생성과 QEMU 실행

```
$ bitbake virtual/kernel -C fetch
$ bitbake great-image
$ runqemu great-image nographic
```

QEMU가 실행되면 로그인한 후 그림 11-21과 같이 신규 디바이스 드라이버가 정
상적으로 실행됐는지 확인해 본다. 확인 방법은 커널 메시지 가운데 "This is new
test driver!" 문자열이 있는지 확인하면 된다.

**그림 11-21** 커널 메시지 출력을 통한 신규 디바이스 드라이버 확인

참고로 환경 설정 단편 파일을 만들고, 이 파일을 커널 레시피의 SRC_URI에 추가한
후 추가된 커널 환경 옵션들의 유효성 검사를 위해 예제 11-18과 같이 Yocto 명령
어를 수행할 수 있다. 이 명령어를 실행하면 추가된 환경 설정 옵션이 최종 .config
파일에 생성됐는지 확인하고, 생성되지 않았다면 경고를 출력해 준다.

**예제 11-18** 추가된 환경 설정 단편 파일의 유효성 검사

```
$ bitbake -c kernel_configcheck -f virtual/kernel
```

사실 커널을 재빌드 할 때 예제의 명령어는 자동적으로 수행된다. 그러나 커널 빌드 전에 추가한 환경 설정 단편 파일의 유효성을 체크할 때는 유용한 방법이기 때문에 꼭 알아 두자.

## 11.5 devshell을 이용한 코드 수정

devshell은 bitbake와 동일한 컨텍스트<sup>context</sup>에서 실행되는 터미널 셸이다. devshell은 소스를 수정하거나 빌드하는 데 유용한 도구이다. 가령 커널 레시피 작업을 진행하면서 커널 소스를 수정해야 한다고 가정하자. 먼저 커널 소스가 위치하고 있는 위치로 이동해야 한다. 참고로 STAGING_KERNEL_DIR 변수는 커널 소스의 경로를 갖고 있다. 커널 소스로 이동해 변경을 마치고 패치 및 환경 설정 단편 파일을 만든다. 그런 다음 다시 커널 레시피로 돌아와 만든 패치 및 환경 설정 단편 파일을 추가한다. 이와 같이 해보면 커널 소스가 있는 장소까지 가는 과정이 매우 번거롭다는 것을 알게 되기 때문에 필자는 이런 상황에서 devshell을 사용한다.

커널 소스로 이동할 때는 '$ bitbake virtual/kernel -c devshell'과 같이 명령을 실행한다. 그러면 레시피에 포함된 모든 패치가 적용된 커널 소스가 존재하는 디렉터리에서 터미널이 열린다. 열린 터미널에서 커널 코드를 수정하고 패치 및 환경 설정 단편 파일을 생성한다. 그런 다음 devshell을 종료하고 커널 레시피에 방금 생성한 패치 및 환경 설정 단편 파일을 추가한다. 최종적으로 bitbake로 빌드를 진행한다. 커널 소스 수정 시 devshell을 사용해 보면 매우 유용하다는 것을 느끼게 될 것이다.

devshell을 사용하기 위한 명령어는 예제 11-19와 같다.

**예제 11-19** devshell 실행

```
$ bitbake <recipe name> -c devshell
```

예제 11-20과 같이 devshell을 실행하면 커널 소스가 저장된 위치에서 터미널이 실행된다.

```
$ bitbake virtual/kernel -c devshell

…

root@woonrae:~/poky_src/build2/tmp/work-shared/great/kernel-source#
```

u-boot와 같은 패키지의 경우도 devshell을 사용하면 코드 수정과 빌드를 수행하는 데 유용하다. 예제 11-21과 같이 devshell로 u-boot를 실행하면 커널과 같이 u-boot 소스가 저장된 위치에서 터미널이 실행된다. 커널과 다른 점은 devshell에서 코드를 수정하고 처음 터미널이 실행됐을 때의 경로로 돌아와 태스크 스크립트 파일인 '../temp/do.run_compile'을 실행하면 바로 u-boot 소스 컴파일을 실행할 수 있다는 것이다. 커널 소스의 경우에는 컴파일 시 devshell을 빠져나와야 하지만, u-boot의 경우에는 devshell을 종료하지 않고도 컴파일이 가능하다.

예제 11-21 devshell을 이용한 u-boot의 사용

```
$ bitbake -c devshell u-boot

…

root@woonrae:~/poky_src/build2/tmp/work/great-poky-linux/u-boot/1_2020.01-r0/git#

… u-boot 코드 수정

root@woonrae:~/poky_src/build2/tmp/work/great-poky-linux/u-boot/1_2020.01-
r0/git# ../temp/do.run_compile
```

예제에서 마지막 부분의 do.run_compile 파일은 6장에서 설명했듯이 태스크 실행 스크립트 파일이다. 이 파일을 실행하게 되면 '$ bitbake u-boot -c compile -f' 명령을 실행한 것과 동일한 효과가 있다. 그렇다면 의문이 드는 것이 '새로운 셸을 실행했기 때문에 초기 빌드 환경 설정이 필요하지 않을까?'라는 것이다. 그러나 devshell을 실행하게 되면 빌드에 필요한 기본적인 환경 설정, 즉 변수들이 초기화돼 있다. 그림 11-22는 devshell에서 '# export' 명령을 실행하고 출력한 환경 변수의 일부를 보여주고 있다. 빌드에 필요한 기본적인 환경 설정이 이미 돼 있는 것을 알 수 있다.

```
declare -x AR="x86_64-poky-linux-gcc-ar"
declare -x AS="x86_64-poky-linux-as  "
declare -x BBPATH="/home/great/github/poky_src/build2"
declare -x BB_ENV_EXTRAWHITE="ALL_PROXY BBPATH_EXTRA BB_
E NO_PROXY PARALLEL_MAKE SCREENDIR SDKMACHINE SOCKS5_PASS
declare -x BUILDDIR="/home/great/github/poky_src/build2"
declare -x BUILD_AR="ar"
declare -x BUILD_AS="as "
declare -x BUILD_CC="gcc "
```

**그림 11-22** devshell 실행 후 설정된 환경 변수들

## 11.6 커널 메타데이터

앞에서 우리는 커널의 환경 설정 옵션을 추가 또는 변경했을 경우에는 환경 설정 단편 파일을 만들었고, 커널 소스를 추가 또는 변경했을 경우에는 패치 파일을 만들었다. 최종적으로는 생성한 환경 설정 단편 파일과 패치 파일을 레시피 파일에 적용해 빌드를 수행했다. 이와 같은 방식은 자체적으로 커널을 수정 또는 변경했을 때 패치와 환경 설정 옵션을 만들어 커널에 적용하는 일반적인 방법이다.

Yocto 프로젝트는 사전에 만들어 놓은 커널 패치와 환경 설정 옵션을 리포지터리를 통해 제공하는데 이 데이터들을 진보된 메타데이터라고 부른다. 이 메타데이터의 목적은 커널 환경 설정의 복잡성을 줄이고, 다양한 BSP를 지원하는 데 사용되는 소스 패치들을 제공하고, 다양한 리눅스 커널 유형들을 다루기 위해서이다.

용어 정리를 하자면 커널 메타데이터는 진보된 메타데이터와 동일한 용어라고 생각하면 된다.

Yocto에서는 커널 개발자들이 승인한 리눅스 커널의 개별 버전을 위한 각각의 리포지터리를 갖고 있으며, 각 리포지터리는 커널 소스를 위한 다수의 브랜치와 커널 메타데이터를 위한 하나의 브랜치를 갖고 있다. 커널 메타데이터를 위한 브랜치는 커널 브랜치와 독립적으로 존재하기 때문에 고아 브랜치<sup>Orphan Branch</sup>라고도 한다. 그림 11-23은 linux-yocto 커널 버전 5.4의 브랜치와 커널 메타브랜치 간의 관계를 나타낸다. 커널 메타데이터는 커널 빌드 시 생성되며, 그림 11-24와 같이 커널 빌

드 작업 디렉터리 아래 kernel-meta 디렉터리에 존재한다. 이 디렉터리의 이름은
KMETA 변수에 지정돼 있고 필요 시 변경할 수 있다.

**그림 11-23** 커널 브랜치들과 커널 메타데이터 브랜치의 관계

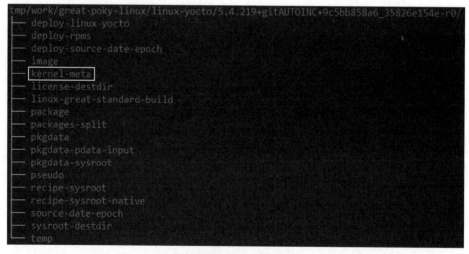

**그림 11-24** 커널 메타브랜치의 위치

커널 메타데이터를 포함하려면 커널 레시피에서 linux-yocto.inc 파일을 인클루드해야 한다. linux-yocto.inc 파일은 내부적으로 kernel.bbclass와 kernel-yocto.bbclass 클래스 파일을 상속한다. kernel-yocto.bbclass 클래스 파일 내부에는 커널 메타데이터를 처리하는 부분이 존재한다. 보통 커널 메타데이터를 포함하고 있는 리눅스 커널 레시피를 linux-yocto 스타일 레시피라고 한다.

linux-yocto 스타일 레시피에는 반드시 다음 2개의 변수가 정의돼 있어야 한다.

- KMACHINE: 보통 MACHINE 변수와 같은 값을 갖는다. 그러나 엄격히 분류하자면 KMACHINE 변수는 커널이나 커널 메타데이터와 연관성이 있고, MACHINE 변수는 BSP 레이어에서 머신을 식별하는 데 사용된다.

- KBRANCH: linux-yocto 스타일 레시피는 리눅스 커널을 빌드하는 데 사용하는 리눅스 커널 소스 리포지터리 브랜치를 가리켜야 하는데 KBRANCH 변수가 이 브랜치를 가리킨다.

또한 linux-yocto 스타일 레시피는 선택적으로 다음 2개의 변수들을 정의할 수 있다.

- KERNEL_FEATURES: 기본적으로 BSP와 연관된 커널 메타데이터는 커널 레시피 파일에서 KMACHINE 변수와 LINUX_KERNEL_TYPE 변수를 통해 결정된다. 추가적인 커널 메타데이터가 필요할 때는 KERNEL_FEATURES 변수에 해당 커널 메타데이터를 할당한다.

- LINUX_KERNEL_TYPE: 베이스base 커널 브랜치에 따른 커널 유형을 정의한다. 커널 유형으로는 'standard', 'tiny', 'preempt-rt'의 세 가지 커널 타입이 존재한다.

커널 메타데이터는 다음 3개의 기본 유형의 파일들로 구성돼 있다.

- scc description 파일(.scc)

- 환경 설정 단편 파일(.cfg)

- 패치 파일(.patch)

scc description 파일에서 scc는 Serial Configuration Control의 약자이다. 말 그대로 일련의 환경 설정을 제어하는 파일 정도로 해석하면 된다. 이 파일은 그림 11-25와 같이 환경 설정 단편 파일, 패치 파일, 또 다른 scc 파일을 포함하고 있다.

.scc 파일

**그림 11-25** scc 파일

scc 파일은 다음과 같은 지시어를 갖는 스크립트 언어를 사용한다.

- define: 변수 정의

- kconf: 환경 설정 단편 파일(.cfg)을 적용하는 지시어

- patch: 패치 파일을 적용하는 지시어

- include: 또 다른 scc 파일을 인클루드하는 지시어

예제 11-22, 예제 11-23을 통해 scc 파일에 대해 자세히 이해해 보자. 예제 11-22는 'kernel-meta/bsp/beaglebone/beaglebone.scc' 파일이다.

```
kconf hardware beaglebone.cfg                              → (1)
kconf non-hardware beaglebone-non_hardware.cfg


include features/usb-net/usb-net.scc                       → (2)
include features/input/input.scc
include cfg/usb-mass-storage.scc
include wifi.scc

# With these addons, runqemu just works (-machine virt)
# The size of the zImage is increased by 168k for kernel 5.0.
include cfg/virtio.scc
include qemu-bb.scc
```

예제 11-22에서 (1)은 인클루드 지시어를 통해 환경 설정 단편 파일을 포함하고 있
고, (2)는 또 다른 scc 파일을 포함하고 있다.

예제 11-23은 'kernel-meta/bsp/pandaboard/pandaboard.scc' 파일이다.

**예제 11-23** pandaboard.scc 파일

```
# SPDX-License-Identifier: MIT
kconf hardware pandaboard.cfg
kconf non-hardware pandaboard-non_hardware.cfg

include features/usb-net/usb-net.scc
include cfg/usb-mass-storage.scc
patch omap4-pandaboard-fix-dvi-support.patch                    → (1)
patch omap4-pandaboard-Enable-DVI-D-or-HDMI-separately.patch
patch ASoC-dapm-Add-SOC_DAPM_ENUM_EXT-widget-type.patch

…
```

예제 11-23에서 (1)은 patch라는 지시어를 통해 패치를 포함하고 있다.

커널 메타브랜치의 디렉터리는 그림 11-26과 같이 구성돼 있다.

**그림 11-26** 커널 메타브랜치의 디렉터리 구조

각각의 디렉터리들은 '.scc', '.cfg', '.patch' 파일들을 갖고 있고, 이 파일들은 궁극적으로 특정 유형의 머신에 맞춰진 리눅스 커널을 빌드하는 데 요구된 환경 설정과 패치들을 갖고 있다.

우리는 bsp 디렉터리에 대해서만 살펴보기로 한다.

bsp 디렉터리에는 하드웨어별 기능들과 함께 커널 유형에 따라 '.scc' 파일들이 존재한다. 예제 11-24의 파일은 'kernel-meta/bsp/common-pc-64/common-pc-64-standard.scc'이다.

**예제 11-24** common-pc-64-standard.scc 파일

```
# SPDX-License-Identifier: MIT
define KMACHINE common-pc-64
define KMACHINE qemux86-64
define KTYPE standard
define KARCH x86_64

include ktypes/standard/standard.scc
include common-pc-64.scc

# default policy for standard kernels
include cfg/boot-live.scc
include cfg/usb-mass-storage.scc
include cfg/virtio.scc
```

```
include features/media/media-usb-webcams.scc
include features/sound/snd_hda_intel.scc
```

BSP를 설명하는 '.scc' 파일은 예제에서 보듯이 KMACHINE, KTYPE, KARCH 변수들을 반드시 정의해야 한다. linux-yocto 스타일 레시피 파일은 KMACHINE과 LINUX_KERNEL_TYPE 변수를 설정하고, 이 linux-yocto 스타일 레시피 파일이 bitbake에 의해 실행될 때 bitbake는 커널 메타데이터의 bsp 디렉터리에서 현재 bsp를 설정하는 '.scc' 파일을 찾는다. 이때 linux-yocto 스타일 레시피 파일에서 정의된 KMACHINE, LINUX_KERNEL_TYPE 변수와 일치하는 값을 가진 '.scc' 파일을 찾게 된다. 참고로 '.scc' 파일에서는 LINUX_KERNEL_TYPE 변수 대신 KTYPE 변수를 사용한다.

그림 11-27은 현재 사용 중인 커널 레시피와 'kernel-meta/bsp' 디렉터리에 있는 .scc 파일들이 어떻게 매칭되는지를 설명한 파일이다. 커널 레시피 파일에서 정의된 KMACHINE, LINUX_KERNEL_TYPE과 매칭되는 '.scc' 파일을 찾으려고 커널 메타데이터 bsp 디렉터리 아래의 '.scc' 파일들에서 KMACHINE, KTYPE을 비교해 동일한 값을 가진 '.scc' 파일을 찾아낸다.

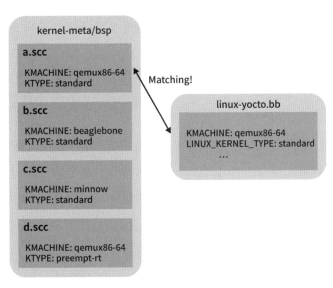

**그림 11-27** bsp .scc 파일들과 커널 레시피 간의 매칭

참고로 커널 메타데이터를 가져오는 리모트 리포지터리를 살펴보면 그림 11-28과 같다.

```
woonrae@woonrae:~/poky_src/build2/tmp/work/great-poky-linux/linux-yocto/5.4.219+gitAUTOINC+7e9781b04d_35826e154e-r0/kernel-meta$ git remote -vv
origin  git://git.yoctoproject.org/yocto-kernel-cache (fetch)
origin  git://git.yoctoproject.org/yocto-kernel-cache (push)
```

**그림 11-28** 커널 메타데이터의 리모트 리포지터리

리스트 11-8과 같이 현재 사용하고 있는 커널 레시피 파일을 보면 그림에서 보는 것과 같이 커널 메타데이터가 실제로 fetch되는 곳이 기술돼 있다.

**리스트 11-8** linux-yocto_5.4.bb

```
…

SRC_URI = "git://git.yoctoproject.org/linux-yocto.git;name=machine;branch=${KBRA
NCH}; \

        git://git.yoctoproject.org/yocto-kernel-cache;type=kmeta;name=meta;bran
ch=yocto-5.4;destsuffix=${KMETA}"

…

KMETA = "kernel-meta"

…
```

예제에서 파일의 위치: ~/poky_src/poky/meta/recipes-kernel/linux/linux-yocto_5.4.bb

이제 간단하게 커널 메타데이터를 이용해 커널을 구성하는 예제를 만들어 보도록 한다. 여기서 작성하는 예제는 따로 커널 메타데이터에서 제공하는 '.scc' 파일을 이용하는 것이 아니라 트리 내[in-tree]에서 우리가 임의로 '.scc' 파일을 만들어 사용해 보도록 한다. 실습 소스는 다음과 같이 받을 수 있다.

• 기존에 GitHub에서 받은 소스상에서 다음의 명령을 입력한다.

```
$ git checkout kernel_meta
```

예제의 전체적인 디렉터리 구조는 그림 11-29와 같다.

```
meta-great-bsp/recipes-kernel/
└── linux
    ├── file
    │   ├── 0001-Learning-yocto-add-new-kernel-driver.patch
    │   ├── myscc.scc
    │   └── new-kernel-driver.cfg
    └── linux-yocto_5.4.bbappend
```

**그림 11-29** 예제의 디렉터리 구조

새롭게 myscc.scc 파일이 생성된 것을 볼 수 있다. myscc.scc 파일의 내용은 리스트 11-9와 같다.

**리스트 11-9** myscc.scc 파일

```
define KFEATURE_DESCRIPTION "Test for .scc"
kconf non-hardware new-kernel-driver.cfg
patch 0001-Learning-yocto-add-new-kernel-driver.patch
```

예제에서 파일의 위치: ~/poky_src/poky/meta-great-bsp/recipes-kernel/
linux/file/myscc.scc

내용을 보면 기존에 작성했던 커널 패치 및 커널 환경 설정 단편 파일을 myscc.scc 파일에 넣었다. 참고로 KFEATURE_DESCRIPTION 변수는 환경 설정 단편 파일에 대한 짧은 설명을 제공해 주는 설명을 저장할 수 있다.

이제 새로 생성한 myscc.scc 파일을 리스트 11-10과 같이 레시피 확장 파일인 linux-yocto_5.4.bbappend에 추가한다.

**리스트 11-10** linux-yocto_5.4.bbappend 파일

```
SRC_URI += "file://myscc.scc \
        "
```

```
KBRANCH_great = "v5.4/standard/base"
KMACHINE_great = "qemux86-64"
SRCREV_machine_great = "35826e154ee014b64ccfa0d1f12d36b8f8a75939"
COMPATIBLE_MACHINE_great = "great"
LINUX_VERSION_great = "5.4.219"

FILESEXTRAPATHS_prepend := "${THISDIR}/file:"
```

예제에서 파일의 위치: ~/poky_src/poky/meta-great-bsp/recipes-kernel/
linux/linux-yocto_5.4.bbappend

앞의 예제에서는 SRC_URI 변수에 커널 환경 설정 단편 파일과 패치 파일이 있었다.
그러나 지금 작성하고 있는 예제에서는 이 파일들이 myscc.scc 파일 안에 포함된다.
따라서 기존에 SRC_URI에 추가된 환경 설정 단편 파일과 패치 파일은 SRC_URI에서
삭제된다.

이제 예제 11-25와 같이 커널 빌드를 다시 진행하도록 한다. 그런 다음 루트 파일
시스템을 생성하고 최종적으로 QEMU를 실행해 본다.

**예제 11-25** 빌드 및 QEMU 실행

```
$ bitbake virtual/kernel -C fetch
$ bitbake great-image -C rootfs
$ runqemu great-image nographic
```

QEMU가 실행되면 앞에서 작성했던 테스트 드라이버가 잘 동작하는지 그림 11-30
과 같이 확인해 본다.

```
root@great:~# dmesg | grep "This is"
[    1.807469] This is new test driver!
```

**그림 11-30** QEMU상에서 test driver 실행

실제 실습한 내용은 그림 11-31과 같이 그려볼 수 있다.

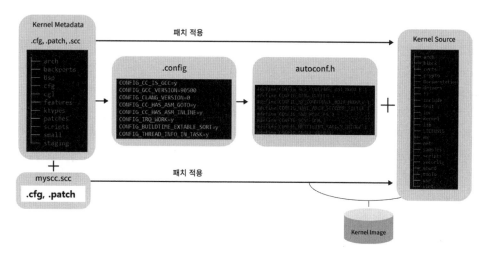

**그림 11-31** 커널 메타데이터와 내부 트리 환경 설정을 적용한 커널 빌드

커널 메타데이터는 매우 흥미롭고 유용한 측면이 많다. 그러나 아직까지 주요 칩 벤더들은 Yocto를 사용한 리눅스 커널을 배포할 때 커널 레시피에서 kernel.bbclass 클래스 파일만을 상속해 배포한다. 즉 커널 메타데이터를 사용하는 경우가 아직 많지 않다는 뜻이다. 하지만 Yocto 프로젝트에서 계속 발전시키고 있기 때문에 언젠가는 이 방법도 채택되지 않을까 조심스럽게 추측해 본다.

실제 커널 메타데이터의 문법과 내용은 여기서 상세히 다루지 못했다. 그 내용이 너무 방대하기 때문이다. 하지만 다양한 보드와 아키텍처에 적합한 커스텀 리눅스 커널을 적용할 때 상당히 효율적으로 대체가 가능하다는 점에서는 충분히 검토할 만한 가치가 있다고 생각한다.

## 11.7 non linux-yocto 스타일 커널 레시피 구성

여기서는 'www.kernel.org' 사이트에서 배포된 바닐라 커널 소스를 포함하는 새로운 커널 레시피를 만들 것이다. 따라서 linux-yocto 스타일을 따르지 않기 위해 linux-yocto.inc 파일을 커널 레시피 파일에서 인클루드하지 않는다. 즉 커널 메타데이터를 사용하지 않는다는 의미이다.

커널 환경 설정 단편 파일과 커널 소스 내에 defconfig 파일을 사용하기 위해서는 kernel-yocto.bbclass 클래스 파일이 필요하다. 이런 defconfig 파일을 트리 내 defconfig라고 부른다. 이 기능은 오픈임베디드 코어에서 제공하는 아주 유용한 기능이기 때문에 커널 레시피 파일에서 상속해 사용할 것이다.

현재 주요 칩 벤더에서 배포되는 리눅스 커널은 non linux-yocto 스타일인 경우가 대부분이다. 따라서 지금 다루는 부분을 상세하게 알아 두는 것이 현업에서 일하는 데 크게 도움이 될 것이다. 실습 소스는 다음과 같이 받을 수 있다.

- 기존에 GitHub에서 받은 소스상에서 다음의 명령을 입력한다.

```
$ git checkout non_linux_yocto
```

우리가 작성하고자 하는 커스텀 커널 레시피는 BSP 레이어에 포함돼 있어야 한다. BSP 레이어의 디렉터리 구성은 그림 11-32와 같다. 새로 추가된 파일은 defconfig와 linux-mykernel.bb 파일이다. 이번 예제에서는 트리 밖out-of-tree defconfig를 사용한다. 트리 내 defconfig를 사용하는 예제는 12장에서 다루도록 하겠다.

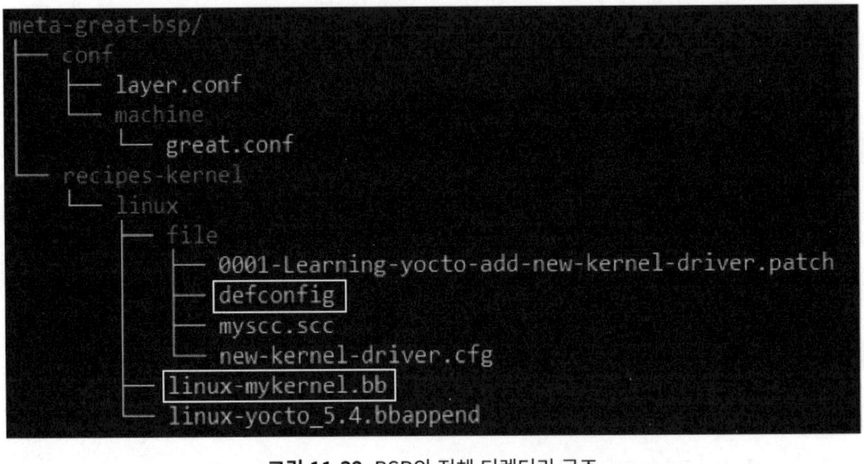

그림 11-32 BSP의 전체 디렉터리 구조

## 1. defconfig 파일 생성

defconfig 파일은 현재 진행 중인 프로젝트에서 예제 11-26과 같은 명령어로 .config 파일을 추출하고, 이 파일 이름을 defconfig로 바꿔 사용하면 된다.

**예제 11-26** .config 파일 추출하기

```
$ bitbake -c kernel_configme linux-yocto
```

추출된 .config 파일은 예제 11-27의 위치에 생성된다. 이 파일을 defconfig로 이름을 바꾸고, 그림 11-32와 같이 'recipes-kernel/linux/file' 디렉터리 아래 복사해 넣는다.

**예제 11-27** .config 파일의 생성 위치

```
~/poky_src/build2/tmp/work/great-poky-linux/linux-mykernel/5.4-
rc8+gitAUTOINC+af42d3466b-r0/build/.config
```

참고로 예제에서 사용하는 defconfig 파일은 필자의 GitHub 사이트에서도 다음과 같이 받아 사용할 수 있다.

```
$ git clone https://GitHub.com/greatYocto/kernel_config.git .
```

## 2. 새로운 커널 레시피 파일 생성

새로 작성되는 커널 레시피인 linux-mykernel.bb 파일은 리스트 11-11과 같다.

**리스트 11-11** linux-mykernel.bb 파일

```
DESCRIPTION = "Linux kernel from kernel.org git repositoy"
SECTION = "kernel"
LICENSE = "GPLv2"

inherit kernel
inherit kernel-yocto

SRC_URI = "git://git.kernel.org/pub/scm/linux/kernel/git/torvalds/linux.
```

```
git;protocol=git;nocheckout=1"
SRC_URI += "file://defconfig"

SRCREV = "af42d3466bdc8f39806b26f593604fdc54140bcb"

LIC_FILES_CHKSUM="file://COPYING;md5=bbea815ee2795b2f4230826c0c6b8814"

LINUX_VERSION ?= "5.4-rc8"
LINUX_VERSION_EXTENSION = "-mylinux"

PROVIDES += "virtual/kernel"
PV = "${LINUX_VERSION}+git${SRCPV}"
COMPATIBLE_MACHINE = "great"

FILESEXTRAPATHS_prepend := "${THISDIR}/file:"
```

예제에서 파일의 위치: ~/poky_src/poky/meta-great-bsp/recipes-kernel/
linux/linux-mykernel.bb

새로 작성된 커널 레시피 파일을 설명하기 전에 사용하고자 하는 커널 소스를 리눅스의 창시자인 Mr. Torvalds의 사이트에서 미리 받아보도록 한다. 임시로 디렉터리를 만들고, 디렉터리 내에 다음과 같이 소스를 받아온다.

```
$ git clone git://git.kernel.org/pub/scm/linux/kernel/git/torvalds/linux.git
```

이번 실습에서는 커널 소스 버전 v5.4를 사용한다. 그리고 리눅스 릴리즈 후보 중 가장 최근에 배포된 rc8을 사용하도록 하겠다. 커널 소스의 리비전은 예제 11-28과 같이 '$ git show xx' 깃 명령을 통해 알아낼 수 있고, 그 결과는 그림 11-33과 같다.

**예제 11-28** 커널 소스의 리비전(hash)값 알아내기

```
$ git show v5.4-rc8
```

```
commit af42d3466bdc8f39806b26f593604fdc54140bcb (tag: v5.4-rc8)
Author: Linus Torvalds <torvalds@linux-foundation.org>
Date:   Sun Nov 17 14:47:30 2019 -0800

    Linux 5.4-rc8
```

**그림 11-33** 특정 커밋의 리비전(hash)값 출력

따라서 그림 11-33의 커밋의 해시값 또는 리비전값은 리스트 11-11에서 기술된 커널 레시피 파일의 SRCREV 변수의 값이 된다. 만약 리비전을 특정하지 않고 최신 리비전을 받고 싶다면 예제 11-29와 같이 SRCREV의 값을 '${AUTOREV}'로 설정하면 된다. 참고로 SRCREV 변수는 깃에서 받아온 소스에 특정한 리비전을 결정하는 데 사용된다.

**예제 11-29** SRCREV에 최신 리비전을 반영하는 방법

```
SRCREV = "${AUTOREV}"
```

우리는 커널 레시피에서 커널 소스를 깃을 통해 fetch하는 방식을 사용할 것이다. 깃은 오픈 소스를 업스트림에서 가져오는 데 주로 사용하는 SCM이다. bitbake 페처는 리모트 리포지터리를 클론하고 다양한 브랜치나 태그를 체크아웃해 사용할 수 있다. 다음은 페처가 주로 사용하는 매개변수들이다.

- branch: 체크아웃할 브랜치의 이름이다. 만약 이 매개변수를 따로 추가하지 않으면 기본값으로 master를 설정한다. 참고로 Yocto kirkstone 버전에서는 branch를 의무적으로 넣도록 돼 있다.
- name: 브랜치를 가리키는 가명 정도로 생각하면 된다. name 매개변수는 SRC_URI에서 기술된 파일들의 checksum을 제공하는 데 주로 사용된다.
- tag: 특정 태그로 체크아웃하려고 할 때 사용된다. 따로 이 매개변수를 추가하지 않으면 기본값으로 HEAD를 설정한다.
- nocheckout: 이 변수의 값을 '1'로 설정하면 깃을 통해 가져온 소스를 unpacking 할 때 체크아웃하지 않도록 한다. 기본값은 '0'이다.

예제 11-30에서는 다양한 매개변수를 사용하는 예를 보여준다.

**예제 11-30** 다양한 매개변수의 사용 예

```
SRC_URI = "git://git.kernel.org/pub/scm/network/nfc/neard.git;protocol=git;branch
=master"
SRC_URI = "git://git.oe.handhelds.org/git/vip.git;tag=version-1"
```

리스트 11-11에서는 특정 리비전을 사용해 받았다. 그러나 이 값은 깃의 태그인 "v5.4-rc8"과 동일하기 때문에 리스트 11-12와 같이 바꿔도 동일하다. 이미 특정 tag를 명시했기 때문에 리스트와 같이 따로 SRCREV를 지정하지 않아도 된다.

**리스트 11-12** tag를 적용한 linux-mykernel.bb 파일

```
…
SRC_URI = "git://git.kernel.org/pub/scm/linux/kernel/git/torvalds/linux.
git;protocol=git;tag=v5.4-rc8"
SRC_URI += "file://defconfig"

# SRCREV = "af42d3466bdc8f39806b26f593604fdc54140bcb"
…
```

리스트 11-11에서 LINUX_VERSION_EXTENSION 변수는 커널 이미지를 그림 11-34와 같이 생성하도록 만들어 준다. 즉 LINUX_VERSION_EXTENSION 변수에 할당된 값이 최종 이미지 이름에 접미어로 붙게 된다.

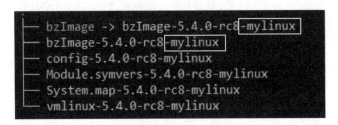

**그림 11-34** 최종 커널 이미지

PV 변수는 패키지의 버전 넘버를 나타내며, 그림 11-35와 같은 형식을 갖는다.

```
PV = ${LINUX_VERSION}+git${SRCPV}
```

```
PV="5.4-rc8+gitAUTOINC+af42d3466b"
```

**그림 11-35** 변수 PV의 값

참고로 SRCPV 변수에는 리비전값이 할당된다.

### 3. 머신 환경 설정 파일 수정

현재 프로젝트에는 2개 이상의 커널 레시피가 존재한다. 따라서 새로 생성한 커널 레시피가 현재 사용 중인 머신에서 사용되도록 설정해 줘야 한다. 이를 위해 머신 환경 설정 파일에서 현재 다중으로 정의된 커널 레시피 중 특정 레시피를 선택하기 위해 PREFERRED_PROVIDER_virtual/kernel 변수에 사용하고자 하는 레시피 파일 이름을 넣으면 된다.

리스트 11-13은 머신 환경 설정 파일에서의 수정 사항을 나타낸 것이다.

**리스트 11-13** great.conf 파일

```
…
WKS_FILE ?= "qemux86-directdisk.wks"

do_image_wic[depends] += "syslinux:do_populate_sysroot syslinux-native:do_
populate_sysroot mtools-native:do_populate_sysroot dosfstools-native:do_
populate_sysroot"

PREFERRED_PROVIDER_virtual/kernel = "linux-mykernel"

# For runqemu
QB_SYSTEM_NAME = "qemu-system-x86_64"
```

예제에서 파일의 위치: ~/poky_src/poky/meta-great-bsp/conf/machine/great.conf

새로 만들어진 커널 레시피를 빌드하고, 이미지를 다시 생성해 QEMU를 실행해 본다.

```
$ bitbake linux-mykernel
$ bitbake great-image -C rootfs
$ runqemu great-image nographic
```

QEMU를 실행한 후 로그인하고 실제 우리가 생성한 커널이 반영됐는지 그림 11-36
과 같이 확인해 본다.

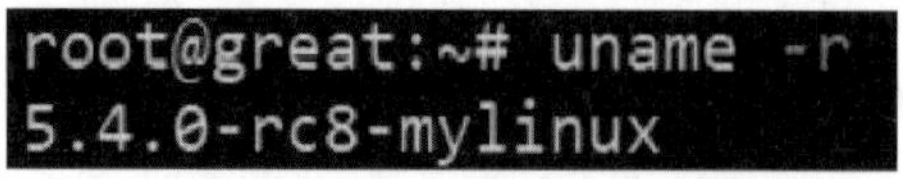

```
root@great:~# uname -r
5.4.0-rc8-mylinux
```

**그림 11-36** uname -r 명령에 따른 출력


## 11.8 요약

Yocto는 리눅스 커널 빌드를 위해 kernel.bbclass 클래스를 사용한다. kernel 클
래스를 상속한 레시피를 커널 레시피라고 한다.

Kconfig는 리눅스 커널용으로 개발된 선택 기반의 환경 설정 시스템으로 리눅스 커
널 소스 트리 전체에 배치돼 있다. Kconfig는 '$ make menuconfig' 명령어로 실
행된 그래픽 메뉴 인터페이스를 통해 원하는 옵션과 기능을 선택하고 커널 환경 설
정 파일인 .config를 만들게 된다. 이렇게 만들어진 커널 환경 설정 파일은 빌드 시
입력으로 사용된다.

Yocto에서는 리눅스 커널에 새로운 드라이버를 작성하거나 수정할 때 수정된 내용
을 패치 및 환경 설정 단편 파일로 만들 수 있고, 이 파일들을 커널 레시피 파일에 추
가해 빌드에 반영할 수 있다. 단, 환경 설정 단편 파일을 만들어 커널 레시피에서 사
용하기 위해서는 kernel-yocto.bbclass 클래스 파일을 상속해 kernel.bbclass의
기능을 확장해야 한다.

devshell은 bitbake와 동일한 컨텍스트에서 실행되는 터미널 셸로 소스를 수정하거나 빌드하는 데 편리함을 제공해 준다. 11장에서는 커널, 부트로더를 devshell로 사용하는 예제를 설명했다.

Yocto 프로젝트는 사전에 만들어 놓은 커널 패치와 환경 설정 옵션을 리포지터리를 통해 제공한다. 이 제공된 데이터를 커널 메타데이터라고 부른다. 이 메타데이터의 목적은 커널 환경 설정의 복잡성을 줄이고, 다양한 BSP를 지원하는 데 사용되는 소스 패치들을 제공하는 데 있다. 이것은 다양한 머신에 따른 리눅스 커널 지원을 쉽게 해준다. 커널 메타데이터를 포함하고 있는 리눅스 커널 레시피를 linux-yocto 스타일 레시피라고 한다.

11장에서는 non linux-yocto 스타일 커널 레시피도 함께 구성해 봤다. 이것은 Yocto가 제공하는 커널 메타데이터를 사용하지 않는다는 뜻으로 커널 레시피상에서 linux-yocto.inc 파일을 포함하지 않으면 된다.

# CHAPTER 12
# 커널 레시피의 확장

## 이 장에서 다루는 내용

» 12.1 externalsrc 클래스를 통한 로컬 커널 소스 사용
» 12.2 커널 소스 내의 defconfig 파일 사용
» 12.3 커널 소스 밖에서 커널 모듈 생성
» 12.4 MACHINE_EXTRA_RDEPENDS, MACHINE_ESSENTIAL_EXTRA_RDEPENDS
　　　변수를 이용한 커널 모듈 설치
» 12.5 요약

11장에서는 Yocto에서 제공하는 커널 레시피에 대해 다뤘다. 12장에서는 기존의 내용을 확장해 좀 더 유연하게 커널 레시피를 사용하는 방법을 제시한다.

지금까지 우리는 깃을 이용해 외부로부터 커널 소스를 받아 빌드를 진행했다. 그러나 이 방법은 커널 소스 수정이 번거롭고, 수정된 소스 코드가 삭제될 우려가 있다. 커널 소스를 로컬에 위치시키고 커널 빌드를 진행하면 이런 문제들을 해결할 수 있는데 우리는 7장에서 배운 externalsrc 클래스를 사용할 것이다. externalsrc 클래스 상속에 의해 구축된 로컬 커널 소스에서는 소스 내에서 defconfig 파일을 사용하는 것이 용이하다.

또한 커널 소스 밖에서 커널 모듈을 생성하는 방법에 대해서도 알아본다.

## 12.1 externalsrc 클래스를 통한 로컬 커널 소스 사용

7장에서 externalsrc 클래스를 사용하는 방법에 대해 학습했다. 이 클래스를 상속받게 되면 레시피의 소스 코드는 지정한 로컬의 디렉터리에 위치할 수 있고, 빌드 시 fetch부터 patch까지의 태스크를 건너뛰게 된다.

따라서 12장에서는 커널 레시피에서 externalsrc 클래스를 상속받고, 현재 사용하고 있는 커널 소스를 로컬에 저장해 빌드 시 로컬에 저장된 커널 소스를 빌드하도록 한다. 실습 소스는 다음과 같이 받을 수 있다.

- 기존에 GitHub에서 받은 소스상에서 다음의 명령을 입력한다.

```
$ git checkout kernel_externalsrc
```

먼저 현재 페처로 다운로드받은 커널 소스의 위치를 찾아보자. 커널 소스의 위치는 STAGING_KERNEL_DIR 변수에 저장되며 예제 12-1과 같이 찾을 수 있다.

예제 12-1 커널 소스의 위치 찾기

```
woonrae@woonrae:~/poky_src$ bitbake-getvar -r great-image STAGING_KERNEL_DIR
#
# $STAGING_KERNEL_DIR [2 operations]
#   set /home/poky_src/poky/meta/conf/bitbake.conf:482
#     "${TMPDIR}/work-shared/${MACHINE}/kernel-source"
#   set /home/poky_src/poky/meta/conf/documentation.conf:400
#     [doc] "The directory with kernel headers that are required to build out-of-
tree modules."
# pre-expansion value:
#   "${TMPDIR}/work-shared/${MACHINE}/kernel-source"
STAGING_KERNEL_DIR="/home/poky_src/build2/tmp/work-shared/great/kernel-source"
```

커널 소스를 poky_src 디렉터리 내로 옮겨보자. 7장에서 이미 생성한 source 디렉터리 아래 그림 12-1과 같이 mykernel이라는 이름으로 디렉터리를 만든 후 예제 12-2와 같이 기존에 사용하던 커널 소스를 새로 만든 mykernel 디렉터리로 복사한다.

**그림 12-1** mykernel 디렉터리 생성


**예제 12-2** 커널 소스를 mykernel 디렉터리로 복사

```
woonrae@woonrae:~/poky_src/source/mykernel$ cp -a ~/poky_src/build2/tmp/work-
shared/great/kernel-source/* .
```

복사가 완료되면 'poky_src/source/mykernel/kernel-source/' 디렉터리 아래
그림 12-2와 같이 복사된 파일들을 확인할 수 있다.

```
arch   COPYING  Documentation  include  Kbuild   lib           Makefile  README   security  usr
block  CREDITS  drivers        init     Kconfig  LICENSES  -   mm        samples  sound     virt
certs  crypto   fs             ipc      kernel   MAINTAINERS   net       scripts  tools
```

**그림 12-2** 복사된 커널 소스


externalsrc 클래스를 사용해 커널 소스를 로컬로 지정하려면 레시피 파일을 수정
해야 한다. 따라서 레시피 확장 파일을 새로 생성한다.

전체적인 디렉터리 구조는 그림 12-3과 같다.

```
meta-great-bsp
├── append
│   └── linux-mykernel.bbappend
├── conf
│   ├── layer.conf
│   └── machine
│       └── great.conf
└── recipes-kernel
    └── linux
        ├── file
        │   ├── 0001-Learning-yocto-add-new-kernel-driver.patch
        │   ├── defconfig
        │   ├── myscc.scc
        │   └── new-kernel-driver.cfg
        ├── linux-mykernel.bb
        └── linux-yocto_5.4.bbappend
```

**그림 12-3** 예제의 전체 디렉터리 구조

새로 추가된 레시피 확장 파일인 linux-mykernel.bbappend 파일의 내용은 리스트 12-1과 같다.

**리스트 12-1** linux-mykernel.bbappend 파일

```
inherit externalsrc
EXTERNALSRC = "${COREBASE}/../source/mykernel/kernel-source"
```

예제에서 파일의 위치: ~/poky_src/poky/meta-great-bsp/append/linux-mykernel.bbappend

새로 만든 레시피 확장 파일은 append 디렉터리 아래에 linux-mykernel.bbappend 라는 파일로 만들어진다. bitbake가 이 새로운 레시피 확장 파일을 인식할 수 있도록 리스트 12-2와 같이 layer.conf 파일의 BBFILES 변수에 추가된 레시피 확장 파일의 경로를 추가한다.

**리스트 12-2** layer.conf 파일

```
BBPATH  =. "${LAYERDIR}:"
BBFILES += "${LAYERDIR}/recipes*/*/*.bb"
BBFILES += "${LAYERDIR}/recipes*/*/*.bbappend"
BBFILES += "${LAYERDIR}/append/*.bbappend"
BBFILE_COLLECTIONS += "greatbsp"
BBFILE_PATTERN_greatbsp = "^${LAYERDIR}/"
BBFILE_PRIORITY_greatbsp = "6"
LAYERSERIES_COMPAT_greatbsp = "${LAYERSERIES_COMPAT_core}"
```

예제에서 파일의 위치: ~/poky_src/poky/meta-great-bsp/conf/layer.conf

이제 다시 다음과 같이 커널을 빌드하고 정상적으로 최종 이미지가 생성되는지 확인한다.

```
$ bitbake linux-mykernel -c cleanall && bitbake linux-mykernel
$ bitbake great-image -C rootfs
```

빌드가 완료된 후 기존에 externalsrc 클래스를 사용하기 전에 커널 소스가 존재했던 위치에 가보자. 예제 12-3과 같이 소스의 디렉터리가 심볼릭 링크로 돼 있는 것을 볼 수 있다. 심볼릭 링크는 현재 커널 소스가 위치한 로컬의 경로를 가리킨다.

**예제 12-3** kernel-source 디렉터리

```
woonrae@woonrae:~/poky_src/build2/tmp/work-shared/great$ ls -al
kernel-source -> /home/poky_src/poky/../source/mykernel/kernel-source
…
```

## 12.2 커널 소스 내의 defconfig 파일 사용

11장에서는 커널 레시피 파일에서 SRC_URI += "file://defconfig"와 같은 방식으로 defconfig 파일을 추가했다. 이 방법은 커널 소스 밖의 레시피 파일에서 defconfig를 추가했다고 해 '트리 밖 defconfig'라고 불린다. 그러나 보통은 커널 소스 내에서 defconfig 파일을 제공하는 방식을 더 많이 사용한다. 이 방법은 '트리 내 defconfig'라고 부른다. 커널 소스 내에 위치하는 defconfig 파일을 사용하기 위해서는 kernel-yocto.bbclass 클래스 파일을 커널 레시피에서 상속해야 한다.

빌드 과정 시 커널 내에서 defconfig 파일이 처리되는 과정은 그림 12-4와 같다.

**그림 12-4** 커널 내 defconfig 파일 처리 과정

보통 defconfig 파일은 리눅스 커널 소스를 배포하는 쪽에서 함께 배포된다. 따라서 커널 소스 내에 defconfig를 위치시키는 것은 커널 소스를 배포하는 배포자의 입장에서는 관리 차원에서 편리하다.

커널 내에서 defconfig를 사용하게 되면 defconfig 파일은 커널 소스 내의 'arch/〈아키텍처〉/configs/' 디렉터리에 위치한다.

커널 소스 내의 defconfig를 사용하려면 예제 12-4와 같이 KBUILD_DEFCONFIG 변수에 사용하고자 하는 defconfig 파일의 이름을 할당한다.

**예제 12-4** 커널 소스 내의 defconfig를 사용하기 위한 KBUILD_DEFCONFIG 변수의 사용

```
KBUILD_DEFCONFIG = "<defconfig file>"
```

간단한 예제를 보며 이해도를 높이도록 하자. 실습 소스는 다음과 같이 받을 수 있다.

- 기존에 GitHub에서 받은 소스상에서 다음의 명령을 입력한다.

```
$ git checkout internal_defconfig
```

먼저 기존에 사용하던 defconfig 파일을 커널 소스 내로 옮긴다. 참고로 기존에 사용하던 defconfig 파일의 위치는 예제 12-5와 같다.

**예제 12-5** 커널 소스 밖(out-of-tree) defconfig 파일

```
~/poky_src/poky/meta-great-bsp/recipes-kernel/linux/file/defconfig
```

커널 소스 내에서 defconfig 파일이 저장되는 위치는 'arch/〈아키텍처〉/configs/' 디렉터리 아래이다. 우리가 사용하는 QEMU 머신은 x86 기반이기 때문에 이 경우 defconfig가 저장되는 위치는 그림 12-5와 같다.

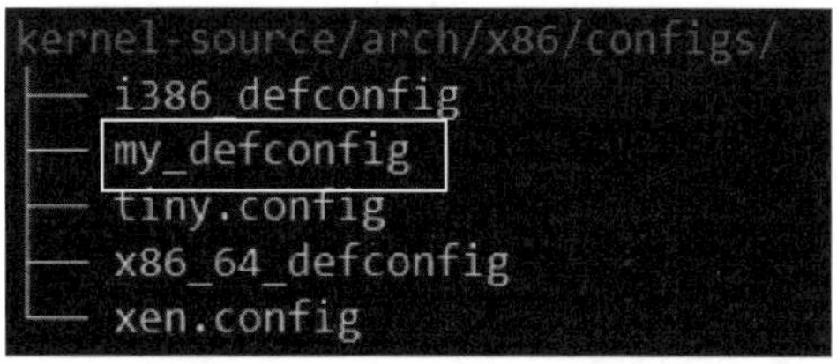

**그림 12-5** defconfig 파일의 위치

예제 12-5에서 언급된 defconfig 파일을 그림 12-5와 같이 커널 소스 아래 지정된 디렉터리인 'kernel-source/arch/x86/configs'로 복사한다. 다른 defconfig 파일들과의 구분을 위해 그림과 같이 defconfig를 my_defconfig로 이름을 변경한다. 끝으로 KBUILD_DEFCONFIG 변수에 리스트 12-3과 같이 defconfig 파일의 이름인 "my_defconfig"를 할당한다.

**리스트 12-3** linux-mykernel.bb 파일

```
DESCRIPTION = "Linux kernel from kernel.org git repositoy"
SECTION = "kernel"
LICENSE = "GPLv2"

inherit kernel
inherit kernel-yocto

SRC_URI = "git://git.kernel.org/pub/scm/linux/kernel/git/torvalds/linux.
git;protocol=git;tag=v5.4-rc8"
# SRC_URI += "file://defconfig"
# SRC_URI += "file://0001-Learning-yocto-add-new-kernel-driver.patch"
# SRC_URI += "file://new-kernel-driver.cfg"

# SRCREV = "af42d3466bdc8f39806b26f593604fdc54140bcb"
KBUILD_DEFCONFIG = "my_defconfig"

LIC_FILES_CHKSUM = "file://COPYING;md5=bbea815ee2795b2f4230826c0c6b8814"

LINUX_VERSION ?= "5.4-rc8"
LINUX_VERSION_EXTENSION  = "-mylinux"

PROVIDES += "virtual/kernel"

PV = "${LINUX_VERSION}+git${SRCPV}"
COMPATIBLE_MACHINE = "great"
```

```
FILESEXTRAPATHS_prepend := "${THISDIR}/file:"
```

예제에서 파일의 위치: ~/poky_src/poky/meta-great-bsp/recipes-kernel/
linux/linux-mykernel.bb

리스트에서 보면 SRC_URI += "file://defconfig" 부분을 주석 처리하고, KBUILD_
DEFCONFIG 변수에 "my_defconfig" 파일을 할당한 것을 볼 수 있다. 앞에서 추
가했던 커널 드라이버에 대한 커널 패치 및 기널 환경 설정 단편 파일은 이 예세에서
는 추가할 수 없다. 왜냐하면 지금의 예제는 externalsrc 클래스를 상속하기 때문에
do_patch 태스크가 실행되지 않기 때문이다. '.scc' 파일을 사용하게 되면 패치 파
일 반영에 do_patch 태스크가 필수이다. 혹시 이 부분에 대해 이해가 가지 않는다
면 7장에서 externalsrc에 대한 설명을 다시 읽어보기를 권한다.

이제 다시 커널 빌드를 수행하고 이미지를 생성해 QEMU를 실행해 본다.

예제 12-6과 같이 빌드를 진행하고 QEMU를 실행해 보면 정상적으로 실행되는 것
을 볼 수 있다.

**예제 12-6** 커널 빌드 및 이미지 생성과 QEMU 실행

```
$ bitbake virtual/kernel -C fetch
$ bitbake great-image -C rootfs
$ runqemu great-image nographic
```

## 12.3 커널 소스 밖에서 커널 모듈 생성

12장에서는 커널 소스 밖에서 커널 모듈을 만들어 빌드하는 방법을 배우도록 하겠다.
11장에서는 커널 소스 내에서 커널 코드를 변경해 커널 패치 및 커널 환경 설정 단편
파일을 만들고, 이 파일들을 레시피에 포함시켜 커널에 포함된 커널 모듈을 만들었다.

그러나 본래부터 커널 소스 코드에서 제공하지 않는 디바이스 드라이버의 경우 커널 소스 밖에서 모듈을 빌드하도록 배포할 수 있다. 실제적으로 많은 디바이스 제공 업체가 이와 같은 방식으로 디바이스 드라이버 코드를 배포한다.

보통 커널 모듈을 만들어 사용하는 이유는 다음과 같다.

- 라이선스로 인한 비공개 모듈이 있는 경우

- 비필수 드라이버의 로딩을 연기해 부트 시간을 줄이려는 경우

- 로드해야 하는 드라이버가 많아 정적으로 링크하면 너무 많은 메모리가 소요될 경우

커널 모듈을 커널 소스 밖에서 빌드하기 위해서는 오픈임베디드 코어에서 제공하는 module.bbclass 클래스 파일을 상속해야 한다.

지금부터는 커널 모듈을 커널 소스 밖에서 생성하는 예제를 만들어 보겠다. 예제는 그림 12-6과 같은 디렉터리 구조를 갖는다. 실습 소스는 다음과 같이 받을 수 있다.

- 기존에 GitHub에서 받은 소스상에서 다음의 명령을 입력한다.

```
$ git checkout external_kernelmod
```

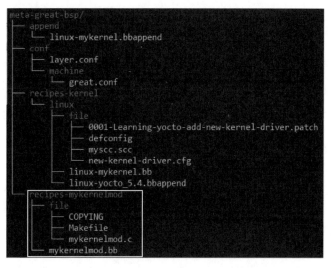

**그림 12-6** 커널 소스 밖에서 커널 모듈 생성 예제의 디렉터리 구조

예제는 커널 모듈 작성을 위해 간단한 예제 파일인 mykernelmod.c 파일과 이를 빌드하는 데 필요한 Makefile 그리고 소스에 대한 라이선스를 제공하는 COPYING 파일을 갖고 있다. 또한 커널 모듈을 빌드하기 위한 커널 레시피 파일인 mykernelmod.bb가 존재한다.

## 1. layer.conf 파일 변경

먼저 새롭게 생성된 레시피 파일을 bitbake가 인식할 수 있도록 해야 한다. 따라서 layer.conf 파일 내에 BBFILES 변수에 생성된 레시피 파일의 경로를 추가한다.

**리스트 12-4** layer.conf 파일

```
BBPATH  =. "${LAYERDIR}:"
BBFILES += "${LAYERDIR}/recipes*/*/*.bb"
BBFILES += "${LAYERDIR}/recipes*/*/*.bbappend"
BBFILES += "${LAYERDIR}/append/*.bbappend"
BBFILES += "${LAYERDIR}/recipes*/*.bb"
BBFILE_COLLECTIONS += "greatbsp"
BBFILE_PATTERN_greatbsp = "^${LAYERDIR}/"
BBFILE_PRIORITY_greatbsp = "6"
LAYERSERIES_COMPAT_greatbsp = "${LAYERSERIES_COMPAT_core}"
```

예제에서 파일의 위치: ~/poky_src/poky/meta-great-bsp/conf/layer.conf

새롭게 생성된 mykernelmod.bb 레시피 파일은 recipes-mykernelmod 디렉터리 바로 아래에 위치한다. 따라서 레시피의 경로를 bitbake에 알려주는 변수인 BBFILES에 "${LAYERDIR}/recipes*/*.bb"와 같이 레시피 파일의 경로를 할당한다.

## 2. COPYING 파일 생성

모든 레시피 파일들은 레시피가 빌드하는 소프트웨어 패키지에 적용되는 소스 라이선스 목록을 LICENSE 변수에 할당해야 한다. 또한 레시피 파일에서 라이선스의 유효성 검증을 위해 LIC_FILES_CHKSUM 변수도 함께 설정해야 한다.

소스에 대한 라이선스 제공을 위해 리스트 12-5와 같이 임의로 COPYING이라는
파일을 만든 후 그림 12-7과 같이 md5sum 툴을 이용해 checksum 값을 계산한
다. 이 값은 레시피 파일 내의 LIC_FILES_CHKSUM 변수에 할당된다.

**리스트 12-5** COPYING 파일

```
This is my kernel module example file.
This file is for checksum.
Bye!
```

예제에서 파일의 위치: ~/poky_src/poky/meta-great-bsp/recipes-mykernel
mod/file/COPYING

```
woonrae@woonrae:~/poky_src/poky/meta-great-bsp/recipes-mykernelmod/file$ md5sum COPYING
ade99a31b7125f81bb82ffc454b3e6ac  COPYING
```

**그림 12-7** COPYING 파일의 md5sum값 계산

## 3. mykernelmod.c 파일 생성

**리스트 12-6** mykernelmod.c 파일

```c
# include <linux/module.h>
int init_module(void)
{
    printk("hello kernel module! \n");
    printk("hello kernel module! \n");
    printk("hello kernel module! \n");
    printk("hello kernel module! \n");
    printk("hello kernel module! \n");
    return 0;
}
void cleanup_module(void)
{
    printk("Goodbye kernel module! \n");
}
```

```
MODULE_LICENSE("MIT");
```

예제에서 파일의 위치: ~/poky_src/poky/meta-great-bsp/recipes-mykernelmod/
file/mykernelmod.c

리스트 12-6의 mykernelmod.c 커널 모듈 파일은 단순히 화면에 문자열을 출력하
는 기능밖에 없다.

### 4. Makefile

**리스트 12-7** Makefile 파일

```
obj-m := mykernelmod.o
SRC := $(shell pwd)
all:
    $(MAKE) -C $(KERNEL_SRC) M=$(SRC) modules
modules_install:
    $(MAKE) -C $(KERNEL_SRC) M=$(SRC) modules_install
clean:
    rm -rf *.o
    rm -f Module.markers Module.symvers modules.order
    rm -rf .tmp_versions Modules.symvers
```

예제에서 파일의 위치: ~/poky_src/poky/meta-great-bsp/recipes-mykernelmod/
file/Makefile

리스트 12-7의 Makefile은 우리에게 친숙한 리눅스 커널 모듈의 Makefile이다. 여
기서 매개변수 M은 커널 소스 밖에서 모듈이 빌드된다는 것을 나타낸다.

참고로 빌드 시 Makefile에서 그림 12-8과 같은 에러가 발생할 때는 코드 내에 탭<sup>Tab</sup>
대신에 스페이스<sup>Space</sup>가 들어간 것이다.

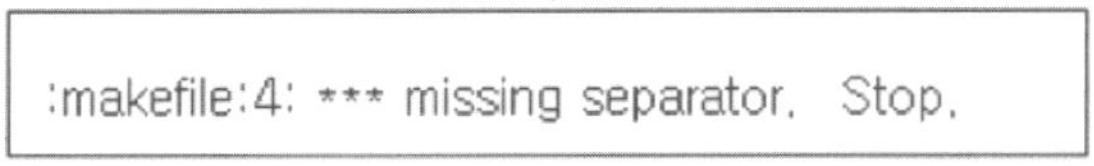

:makefile:4: *** missing separator.  Stop.

**그림 12-8** Makefile

vim 에디터를 사용하는 경우 그림 12-9와 같이 Esc를 누르고 ':set list'라고 입력하고 탭을 입력하기 위해 vim 에디터 insert 모드에서 **Ctrl+v → Tab** 키보드를 입력하면 탭('^I')과 스페이스('$')를 구분할 수 있다. 참고로 ':set list' 명령은 탭과 새 줄을 특수문자로 표시해 준다.

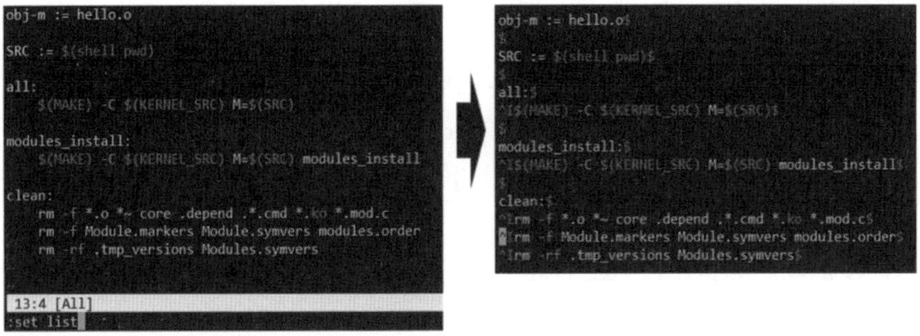

**그림 12-9** vim에서 set list 명령어를 통한 tab 문자 구분

따라서 그림과 같이 탭이 들어가야 하는 부분에 스페이스가 들어갔는지 구분할 수 있고, 이를 수정할 수 있다.

## 5. 커널 모듈을 추가하는 레시피 파일인 mykernelmod.bb

**리스트 12-8** mykernelmod.bb 파일

```
SUMMARY = "Example of how to build an external linux kernel module"
LICENSE = "MIT"
LIC_FILES_CHKSUM = "file://COPYING;md5=ade99a31b7125f81bb82ffc454b3e6ac"

inherit module                                    → (1)
SRC_URI = "file://Makefile \
           file://mykernelmod.c \
           file://COPYING \
           "
```

```
KERNEL_MODULE_AUTOLOAD += "mykernelmod"              → (2)
S = "${WORKDIR}"
ALLOW_EMPTY_${PN} = "1"                              → (3)
FILESEXTRAPATHS_prepend := "${THISDIR}/file:"
```

예제에서 파일의 위치: ~/poky_src/poky/meta-great-bsp/recipes-mykernelmod/
mykernelmod.bb

리스트 12-8은 커널 모듈 레시피 파일이다. 여기서 몇 가지 변수를 설명하겠다.

(1)의 module.bbclass 클래스 파일은 커널 모듈 사용을 위해 오픈임베디드 코어에
서 상속받아야 하는 클래스 파일이다. 이 클래스 파일을 상속함으로써 모듈을 컴파일
하고 자동 실행하게 하는 등의 작업을 손쉽게 할 수 있다.

(2)의 KERNEL_MODULE_AUTOLOAD 변수는 커널 모듈이 부팅 시 자동으로 로
드되도록 처리해 주는 변수이다.

(3)은 15장의 패키지에서 다루도록 한다. 여기서는 따로 패키지를 만들지 않아 에러
가 발생할 수 있기 때문에 이와 같이 처리했다는 정도만 이해한다.

### 6. 만든 커널 모듈 파일을 루트 파일 시스템에 저장

빌드를 통해 만들어진 커널 모듈(.ko)을 루트 파일 시스템에 저장하고 저장된 커
널 모듈이 부팅 시 systemd에 의해 자동으로 실행되도록 KERNEL_MODULE_
AUTOLOAD 변수에 커널 모듈의 이름을 할당한다.

현재 루트 파일 시스템 이미지를 생성하는 레시피 파일은 great-image.bb이기 때
문에 리스트 12-9와 같이 생성된 커널 모듈 패키지를 이미지 레시피의 IMAGE_
INSTALL 변수에 추가한다.

```
SUMMARY = "A very small image for yocto test"

inherit great-base-image

LINGUAS_KO_KR = "ko-kr"
LINGUAS_EN_US = "en-us"

IMAGE_LINGUAS = "${LINGUAS_KO_KR} ${LINGUAS_EN_US}"
IMAGE_INSTALL += "packagegroup-great"
IMAGE_INSTALL += "mykernelmod"

IMAGE_OVERHEAD_FACTOR = "1.3"


inherit extrausers
EXTRA_USERS_PARAMS = "\
  groupadd greatgroup; \
  useradd -p `openssl passwd 9876` great; \
  useradd -g greatgroup great; \
  "
```

예제에서 파일의 위치: ~/poky_src/poky/meta-great/recipes-core/images/
great-image.bb

이제 예제 12-7과 같이 새로 생성된 커널 모듈 레시피를 빌드하고, 최종 이미지를 만들어 QEMU에서 실행해 본다.

예제 12-7 커널 모듈 빌드 및 최종 이미지 생성과 QEMU 실행

```
$ bitbake mykernelmod
$ bitbake great-image -C rootfs
$ runqemu great-image nographic
```

우리가 만든 커널 모듈이 잘 실행됐는지 그림 12-10과 같이 추가된 커널 모듈이 출력하는 커널 메시지를 찾아 확인해 본다.

```
root@great:~# dmesg | grep "hello"
[    7.539056] hello kernel module!
[    7.539178] hello kernel module!
[    7.539310] hello kernel module!
[    7.539531] hello kernel module!
[    7.539700] hello kernel module!
```

**그림 12-10** 커널 모듈 mykernelmod의 실행 확인

또는 우리가 만든 커널 모듈이 systemd에서 실행되기 때문에 그림 12-11과 같이 저널 컨트롤 메시지를 통해서도 확인할 수 있다.

```
root@great:~# journalctl -k | grep "hello"
Jan 27 02:26:46 great kernel: hello kernel module!
Jan 27 02:26:46 great kernel: hello kernel module!
Jan 27 02:26:46 great kernel: hello kernel module!
Jan 27 02:26:46 great kernel: hello kernel module!
Jan 27 02:26:46 great kernel: hello kernel module!
```

**그림 12-11** 저널 컨트롤 메시지를 통한 커널 모듈 실행 확인

## 12.4 MACHINE_EXTRA_RDEPENDS, MACHINE_ESSENTIAL_ EXTRA_RDEPENDS 변수를 이용한 커널 모듈 설치

앞에서는 생성된 커널 모듈을 루트 파일 시스템 이미지에 추가했다. 이를 위해 이미지를 생성하는 레시피 파일인 great-image.bb의 IMAGE_INSTALL 변수에 커널 모듈을 생성하는 패키지 이름을 추가했다. 그러나 이 방법보다는 MACHINE_ EXTRA_RDEPENDS, MACHINE_ESSENTIAL_EXTRA_RDEPENDS 변수에 커널 모듈을 추가하는 방법이 더 선호된다.

이유는 커널 모듈 대부분이 하드웨어에 의존적이기도 하고 분류적으로도 BSP 레이어에서 추가한 설치 파일이 이미지 레시피의 IMAGE_INSTALL에 들어가는 것이 모양상 좋지 않기 때문이다.

여기서는 두 변수 MACHINE_EXTRA_RDEPENDS, MACHINE_ESSENTIAL_
EXTRA_RDEPENDS를 사용해 새롭게 생성된 커널 모듈을 루트 파일 시스템에 추
가하는 방법을 알아본다.

두 변수에 할당된 패키지는 모두 루트 파일 시스템 이미지에 설치되는 공통점이 있
다. 앞에서 설명했듯이 주로 하드웨어 의존적인 패키지를 설치할 때 이 변수들이 사
용된다.

두 변수에 대해서는 10장에서도 간략하게 다뤘다. 여기서는 리마인드 차원에서 다시
설명한다.

- MACHINE_EXTRA_RDEPENDS: 이 변수는 packagegroup-base.bb 패키지
  그룹 레시피 파일 기반으로 만들어진 이미지 레시피 파일에서 사용되는데 부팅
  시 필수적으로 사용되는 패키지가 아닐 때 사용된다.

- MACHINE_ESSENTIAL_EXTRA_RDEPENDS: 이 변수는 packagegroup-
  core-boot.bb 패키지 그룹 레시피 파일 기반으로 만들어진 이미지 레시피 파일
  에서 사용되는데 부팅 시 필수적으로 사용되는 패키지일 때 사용된다.

이제 MACHINE_ESSENTIAL_EXTRA_RDEPENDS 변수를 이용해 커널 모듈을 루
트 파일 시스템에 설치하는 예제를 작성해 보겠다.

실습 소스는 다음과 같이 받을 수 있다.

- 기존에 GitHub에서 받은 소스상에서 다음의 명령을 입력한다.

```
$ git checkout external_kernelmod2
```

현재 진행하고 있는 예제의 기반이 되는 패키지 그룹 레시피 파일은 great-base-
image.bbclass 클래스 파일에 기술돼 있다. 리스트 12-10에서 보듯이 예제
는 packagegroup-core-boot.bb 패키지 그룹 레시피 파일을 기반으로 한
다. 따라서 커널 모듈을 루트 파일 시스템에 설치하려면 예제에서는 MACHINE_
ESSENTIAL_EXTRA_RDEPENDS 변수를 사용해야 한다.

**리스트 12-10** great-base-image.bbclass 파일

```
inherit core-image

IMAGE_FSTYPES = " tar.bz2 ext4"
IMAGE_ROOTFS_SIZE = "10240"
IMAGE_ROOTFS_EXTRA_SPACE = "10240"
IMAGE_ROOTFS_ALIGNMENT = "1024"

CORE_IMAGE_BASE_INSTALL = "\
    packagegroup-core-boot \
    packagegroup-base-extended \
    ${CORE_IMAGE_EXTRA_INSTALL} \
"
```

예제에서 파일의 위치: ~/poky_src/poky/meta-great/classes/great-base-
image.bbclass

루트 파일 시스템에 생성된 커널 모듈 삽입을 위해 MACHINE_ESSENTIAL_EXTRA_
RDEPENDS 변수를 사용하도록 기존 예제를 수정한다.

1. 기존에 great-image.bb 레시피 파일에서 IMAGE_INSTALL 변수를 통해 추가
   한 커널 모듈을 리스트 12-11과 같이 주석 처리한다.

**리스트 12-11** great-image.bb 파일

```
SUMMARY = "A very small image for yocto test"

inherit great-base-image
LINGUAS_KO_KR = "ko-kr"
LINGUAS_EN_US = "en-us"
IMAGE_LINGUAS = "${LINGUAS_KO_KR} ${LINGUAS_EN_US}"
IMAGE_INSTALL += "packagegroup-great"
# IMAGE_INSTALL += "mykernelmod"
IMAGE_OVERHEAD_FACTOR = "1.3"

inherit extrausers
EXTRA_USERS_PARAMS = "\
  groupadd greatgroup; \
```

```
useradd -p `openssl passwd 9876` great; \
useradd -g greatgroup great; \
"
```

예제에서 파일의 위치: ~/poky_src/poky/meta-great/recipes-core/images/
great-image.bb

2. 머신 환경 설정 파일인 great.conf에서 리스트 12-12와 같이 제일 하단의
MACHINE_ESSENTIAL_EXTRA_RDEPENDS 변수에 새로 생성된 커널 모듈을
추가 할당한다.

**리스트 12-12** great.conf 파일

```
…

PREFERRED_PROVIDER_virtual/kernel = "linux-mykernel"

#For runqemu
QB_SYSTEM_NAME = "qemu-system-x86_64"

MACHINE_ESSENTIAL_EXTRA_RDEPENDS += "kernel-module-mykernelmod"
```

참고로 리스트 12-12에서 MACHINE_ESSENTIAL_EXTRA_RDEPENDS 변
수에 커널 모듈을 할당할 때 예제 12-8과 같은 형식으로 할당한다. 이는 상속
한 module.bbclass 클래스 파일에서 생성된 모듈 패키지의 이름에 "kernel-
module-"이라는 접두어를 붙이기 때문이다.

**예제 12-8** 커널 모듈 패키지 이름의 형식

```
MACHINE_ESSENTIAL_EXTRA_RDEPENDS += "kernel-module-<module name>"
```

3. 커널 모듈을 만드는 레시피 파일에서 RPROVIDES 변수를 추가한다.

앞에서 실행 시간 의존성이 필요한 레시피는 'RDEPENDS_${PN}'이라는 변수
에 의존성을 제공하는 패키지 이름을 넣는다고 설명했다. 따라서 이 예제에서

는 머신 환경 설정 파일인 great.conf에서 MACHINE_ESSENTIAL_EXTRA_
RDEPENDS 변수에 할당한 값을 넣는다.

**리스트 12-13** mykernelmod.bb 파일

```
SUMMARY = "Example of how to build an external linux kernel module"
LICENSE = "MIT"
LIC_FILES_CHKSUM = "file://COPYING;md5=ade99a31b7125f81bb82ffc454b3e6ac"

inherit module
SRC_URI = "file://Makefile \
          file://mykernelmod.c \
          file://COPYING \
          "

RPROVIDES_${PN} += "kernel-module-mykernelmod"

KERNEL_MODULE_AUTOLOAD += "mykernelmod"
S = "${WORKDIR}"
ALLOW_EMPTY_${PN} = "1"
FILESEXTRAPATHS_prepend := "${THISDIR}/file:"
```

예제에서 파일의 위치: ~/poky_src/poky/meta-great-bsp/recipes-mykernelmod/
mykernelmod.bb

이제 예제 12-9와 같이 새롭게 커널 모듈을 빌드하고, 이미지를 생성해 QEMU로
실행해 본다.

**예제 12-9** 커널 모듈 빌드 및 이미지 생성과 QEMU 실행

```
$ bitbake mykernelmod -c cleanall && bitbake mykernelmod
$ bitbake virtual/kernel && bitbake great-image -C rootfs
$ runqemu great-image nographic
```

참고로 커널 모듈이 자동으로 실행하는 원리에 대해 간단하게 설명해 본다. 부팅 시 커널
모듈을 로딩하기 위해서는 예제 12-10과 같이 루트 파일 시스템인 '/etc/module-
load.d/' 디렉터리 아래에 '⟨module name⟩.conf' 파일을 만들어야 한다. 부팅 시

이 파일에 실행해야 하는 모듈 이름을 그림 12-12와 같이 추가한다.

**예제 12-10** mykernelmod.conf 파일의 위치

```
~/poky_src/build6/tmp/work/great-great-linux/great-image/1.0-r0/rootfs/etc/
modules-load.d$ ls
mykernelmod.conf
```

**그림 12-12** mykernelmod.conf 파일의 내용

사실 이는 systemd-modules-load.service를 통해 자동으로 로딩되는 방법으로 기본적으로 systemd-modules-load.service가 활성화돼 있어야 mykernelmod.conf 파일에 기술된 커널 모듈이 자동으로 실행된다.

QEMU를 실행하고 그림 12-13과 같이 system-modules-load 서비스의 상태를 보면 이 서비스는 기본적으로 활성화돼 있다.

```
root@great:~# systemctl status systemd-modules-load
```

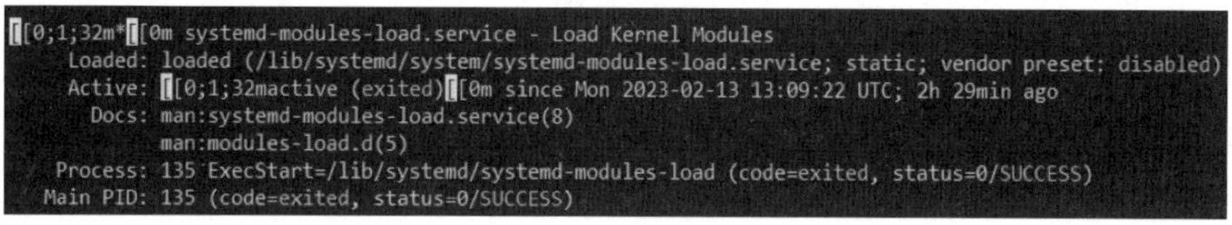

**그림 12-13** systemd-modules-load.service 상태 확인

참고로 부팅 시 로드될 커널 모듈의 리스트는 다음의 위치들에 저장될 수 있다.

• /etc/modules-load.d/*.conf

• /run/modules-load.d/*.conf

• /usr/lib/modules-load.d/*.conf

## 12.5 요약

우리는 12장에서 깃을 통해 외부에서 받아오던 커널 소스를 externalsrc 클래스를 사용해 로컬 디렉터리에 저장하고, 로컬에 저장된 커널 소스를 사용해 커널 소스 내에서 defconfig 파일을 제공하는 방식을 실습했다.

defconfig 파일을 커널 소스 내에서 제공하는 것은 많이 사용되고 있는 방식이다. 실제로 defconfig 파일은 리눅스 커널 소스를 배포하는 쪽에서 함께 배포되고, 사용자는 변경된 코드와 커널 환경 설정 옵션을 패치 형태로 만들어 레시피 확장 파일에서 SRC_URI 변수에 추가하는 형태로 작업을 하게 된다. 이렇게 구성하면 차후 소스 관리가 쉬워진다.

또한 커널 소스 밖에서 커널 모듈을 만들어 빌드하는 방법을 학습했다. 실제적으로 커널 소스 코드에서 제공하지 않는 디바이스 드라이버의 경우 커널 소스 밖에서 모듈을 빌드하도록 배포되는 경우가 많다. 그리고 예제에서 생성된 커널 모듈을 MACHINE_EXTRA_RDEPENDS 또는 MACHINE_ESSENTIAL_EXTRA_RDEPENDS 변수를 통해 루트 파일 시스템에 저장하는 방법도 학습했다.

# CHAPTER 13
# 배포 레이어

13장에서 학습할 내용은 배포 레이어이다. 배포 레이어는 배포 전반에 대한 정책 policy을 제공한다.

## 13.1 배포 레이어

BSP 레이어의 경우 하드웨어에 관련된 로 레벨low-level 소프트웨어 패키지들이 존재하기 때문에 커널, 부트로더 그리고 외부 디바이스에 대한 드라이버들이 BSP 레이어의 주된 내용이었다.

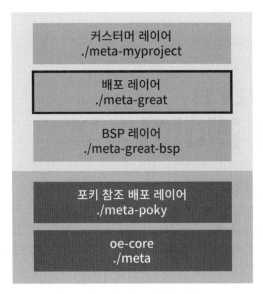

**그림 13-1** 배포 레이어

BSP 레이어와 다르게 배포 레이어는 배포 전반에 걸친 빌드에 대한 환경 설정을 갖고 있다. 툴체인, 패키지의 형식, C 라이브러리, systemd와 같은 초기화 관리자 선택 등이 포함돼 있다. 또한 wifi, bluetooth 등과 같은 기능이 배포에 포함될지를 결정하기도 한다. 그래서 어떤 책들은 배포 레이어를 빌드에 대한 정책을 모아 놓은 곳이라고 표현하기도 한다.

디렉터리 구조상에서 배포 레이어의 특징은 레이어의 conf 디렉터리 아래 distro 라는 이름의 디렉터리가 존재하고 distro 디렉터리에는 〈distro name〉.conf 파일이 존재한다. 이 파일을 배포 환경 설정 파일이라고 한다. 정리해 보면 배포 레이어는 '〈distribution layer〉/distro/〈distro name〉.conf'와 같은 디렉터리와 파일의 이름을 가진 레이어를 말한다.

먼저 Yocto에서 참조로 만들어 놓은 배포 레이어인 meta-poky 디렉터리에 대해 살펴보자. 배포 레이어이기 때문에 배포 환경 설정 파일이 존재하며, 경로는 'meta-poky/conf/distro'이다. 이 디렉터리에서 배포 환경 설정 파일은 poky.conf이다. 이 파일의 이름은 DISTRO 변수에 의해 정의되고, 보통 그림 13-2와 같이 local.conf 파일에서 정의된다.

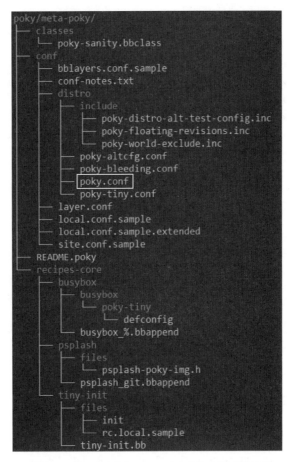

**그림 13-2** local.conf 파일 내에서 DISTRO 변수의 정의

그림 13-3은 Yocto 프로젝트 참조 배포 레이어인 meta-poky 디렉터리의 전체 구조이다.

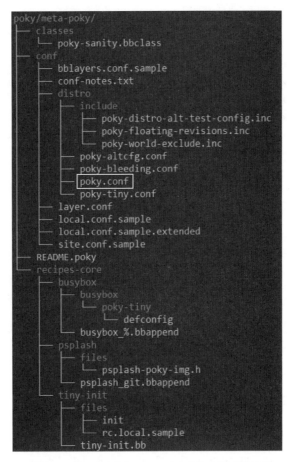

```
poky/meta-poky/
├── classes
│   └── poky-sanity.bbclass
├── conf
│   ├── bblayers.conf.sample
│   ├── conf-notes.txt
│   ├── distro
│   │   ├── include
│   │   │   ├── poky-distro-alt-test-config.inc
│   │   │   ├── poky-floating-revisions.inc
│   │   │   └── poky-world-exclude.inc
│   │   ├── poky-altcfg.conf
│   │   ├── poky-bleeding.conf
│   │   ├── poky.conf
│   │   └── poky-tiny.conf
│   ├── layer.conf
│   ├── local.conf.sample
│   ├── local.conf.sample.extended
│   └── site.conf.sample
├── README.poky
└── recipes-core
    ├── busybox
    │   ├── busybox
    │   │   └── poky-tiny
    │   │       └── defconfig
    │   └── busybox_%.bbappend
    ├── psplash
    │   ├── files
    │   │   └── psplash-poky-img.h
    │   └── psplash_git.bbappend
    └── tiny-init
        ├── files
        │   ├── init
        │   └── rc.local.sample
        └── tiny-init.bb
```

**그림 13-3** 배포 레이어인 meta-poky 디렉터리의 전체 구조

그림에서 핵심이 되는 파일은 poky.conf이다. 이 파일이 배포 환경 설정 파일이다. 만약 자신만의 배포 레이어를 만들고 배포 환경 설정 파일을 만든다면 이 파일을 참고해 만드는 것이 좋다. Yocto 매뉴얼에서는 원래 배포된 배포 레이어의 메타데이터들을 변경하지 말고, 필요한 구성을 만들 때 자신만의 배포 레이어를 만들어 사용할 것을 권고하고 있다.

어떤 툴체인을 사용할 것인가는 배포 레이어가 결정하고 이것은 TCMODE 변수에 의해 설정된다. 예제 13-1은 TCMODE 변숫값을 출력한 것이다. 현재 이 값을 변경하지 않았기 때문에 기본값인 "default"로 돼 있다.

**예제 13-1** TCMODE 변수 출력

```
woonrae@woonrae:~/poky_src/build$ bitbake-getvar -r great-image TCMODE
#
# $TCMODE [2 operations]
#   set /home/poky_src/poky/meta/conf/bitbake.conf:389
#     [_defaultval] "default"
#   set /home/poky_src/poky/meta/conf/documentation.conf:425
#     [doc] "Enables an external toolchain (where provided by an additional layer)
if set to a value other than 'default'."
# pre-expansion value:
#   "default"
TCMODE="default"
```

Yocto 프로젝트에서 TCMODE는 ToolChain Mode 혹은 Target Compiler Mode의 약어로 설명되며, 타깃 장치에 따라 빌드 시스템이 사용하는 컴파일러의 종류와 동작 방식을 지정하는 변수이다. 이 변수를 사용해 빌드 시스템이 다양한 타깃 장치에 대응할 수 있도록 설정할 수 있다. 툴체인은 tcmode-${TCMODE}.inc 파일에 포함돼 있고 전체 경로는 'poky/meta/conf/distro/include/tcmode-${TCMODE}.inc'이다. TCMODE 변수의 값이 예제 13-1과 같이 "default"이기 때문에 툴체인이 포함돼 있는 인클루드 파일은 tcmode-default.inc가 된다.

tcmode-default.inc 파일에는 preferred provider들이 정의돼 있고, gcc, binutils, *libc와 같은 레시피들의 버전이 설정돼 있다. 그림 13-4는 tcmode-default.inc

파일의 일부를 나타낸 것이다. 그림에서 보면 PREFERRED_PROVIDER_XXX에 대한 정의와 GCC 버전 등의 정보가 정의돼 있다.

```
PREFERRED_PROVIDER_virtual/${TARGET_PREFIX}binutils = "binutils-cross-${TARGET_ARCH}"
PREFERRED_PROVIDER_virtual/${TARGET_PREFIX}gcc = "gcc-cross-${TARGET_ARCH}"
PREFERRED_PROVIDER_virtual/${TARGET_PREFIX}g++ = "gcc-cross-${TARGET_ARCH}"
PREFERRED_PROVIDER_virtual/${TARGET_PREFIX}compilerlibs = "gcc-runtime"
PREFERRED_PROVIDER_gdb = "gdb"

PREFERRED_PROVIDER_virtual/${SDK_PREFIX}binutils-crosssdk ?= "binutils-crosssdk-${SDK_SYS}"
PREFERRED_PROVIDER_virtual/${SDK_PREFIX}gcc = "gcc-crosssdk-${SDK_SYS}"
PREFERRED_PROVIDER_virtual/${SDK_PREFIX}g++ = "gcc-crosssdk-${SDK_SYS}"
PREFERRED_PROVIDER_virtual/${SDK_PREFIX}compilerlibs = "nativesdk-gcc-runtime"

# Default libc config
PREFERRED_PROVIDER_virtual/gettext ??= "gettext"

GCCVERSION ?= "11.%"
SDKGCCVERSION ?= "${GCCVERSION}"
BINUVERSION ?= "2.38%"
GDBVERSION ?= "11.%"
GLIBCVERSION ?= "2.35"
LINUXLIBCVERSION ?= "5.16%"
QEMUVERSION ?= "6.2%"
GOVERSION ?= "1.17%"
# This can not use wildcards like 8.0.% since it is also used in mesa to denote
# llvm version being used, so always bump it with llvm recipe version bump
LLVMVERSION ?= "13.0.1"
RUSTVERSION ?= "1.59%"
```

**그림 13-4** tcmode-default.inc 파일의 일부

그리고 PREFERRED_PROVIDER에 의해 선택된 레시피들은 툴체인을 컴파일하고 설치하는 방법에 대해 정의하고 있다. 앞에서 설명했듯이 Yocto 프로젝트는 빌드 환경, 유틸리티, 툴체인을 자체적으로 만들기 때문에 내 작업 환경과의 의존성이 줄어들어 호스트 환경에 따른 차이가 발생하지 않게 한다.

13장에서는 자신만의 배포 레이어를 만들어 보며 배포 레이어의 이해도를 높인다.

## 13.2 자신만의 배포 레이어 생성

앞의 예제에서는 배포 레이어를 위한 전용 디렉터리를 생성하지 않는다. 기존에 이미지 생성 레시피가 포함된 레이어인 meta-great 디렉터리를 배포 레이어로 만들도록 하겠다. 배포 레이어가 되기 위해서는 conf 디렉터리 아래에 distro 디렉터리가

존재해야 하고, distro 디렉터리에는 배포 환경 설정 파일이 존재해야 한다. 실습 소스는 다음과 같이 받을 수 있다.

- 기존에 GitHub에서 받은 소스상에서 다음의 명령을 입력한다.

```
$ git checkout custom_distro
```

배포 환경 설정 파일의 이름은 DISTRO 변수에 의해 결정된다. 10장에서 언급했듯이 우리 프로젝트의 배포 이름은 "great-distro"이다. 따라서 DISTRO 변수에 "great-distro"값을 할당한다. 만들려고 하는 배포 레이어의 전체 구조는 그림 13-5와 같다.

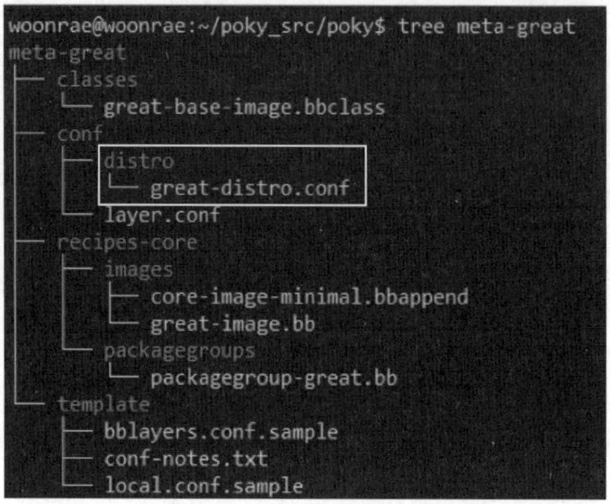

**그림 13-5** 자신만의 배포 레이어 생성

## 1. 빌드 스크립트 buildenv.sh에서 DISTRO 변수 설정

DISTRO 변수는 보통 local.conf 파일에서 정의된다. 그러나 여기서는 빌드 편의를 위해 빌드 스크립트 내에 리스트 13-1과 같이 DISTRO 변수의 값을 정의하도록 한다.

**리스트 13-1** buildenv.sh 빌드 스크립트

```
# !/bin/bash
function find_top_dir()
{
    local TOPDIR=poky
```

```
# move into script file path
    cd $(dirname ${BASH_SOURCE[0]})
    if [ -d $TOPDIR ]; then
        echo $(pwd)
    else
        while [ ! -d $TOPDIR ] && [ $(pwd) != "/" ];
        do
            cd ..
        done
        if [ -d $TOPDIR ]; then
            echo $(pwd)
        else
            echo "/dev/null"
        fi
    fi
}

ROOT=$(find_top_dir)
export TEMPLATECONF=${ROOT}/poky/meta-great/template/
export MACHINE="great"
export DISTRO="great-distro"
source poky/oe-init-build-env build2
```

## 2. 배포 환경 설정 파일인 great-distro.conf 생성

배포 환경 설정 파일의 내용은 리스트 13-2와 같다. 배포 환경 설정 파일은 가능한 한 기존 Yocto 프로젝트 참조 배포를 위한 배포 설정 파일인 poky.conf를 그대로 사용한다.

**리스트 13-2** great-distro.conf 파일

```
DISTRO = "great-distro"                              → (1)
DISTRO_NAME = "Great distro"                         → (2)
DISTRO_VERSION = "3.1.21"                            → (3)
DISTRO_CODENAME = "dunfell"                          → (4)
SDK_VENDOR = "-greatsdk"                             → (5)
SDK_VERSION = "${@d.getVar('DISTRO_VERSION').replace('snapshot-${DATE}',
'snapshot')}"

MAINTAINER = "Great <great@great.org>"               → (6)
```

```
TARGET_VENDOR = "-great"                                               → (7)
LOCALCONF_VERSION = "1"

DISTRO_VERSION[vardepsexclude] = "DATE"
SDK_VERSION[vardepsexclude] = "DATE"
# Override these in poky based distros

GREAT_DEFAULT_DISTRO_FEATURES = "largefile opengl ptest multiarch wayland vulkan"
GREAT_DEFAULT_EXTRA_RDEPENDS = "packagegroup-core-boot"
GREAT_DEFAULT_EXTRA_RRECOMMENDS = "kernel-module-af-packet"
DISTRO_FEATURES ?= "${DISTRO_FEATURES_DEFAULT} ${GREAT_DEFAULT_DISTRO_FEATURES}"
                                                                       → (8)

PREFERRED_VERSION_linux-yocto ?= "5.4%"
SDK_NAME = "${DISTRO}-${TCLIBC}-${SDKMACHINE}-${IMAGE_BASENAME}-${TUNE_PKGARCH}-
${MACHINE}"
SDKPATHINSTALL = "/opt/${DISTRO}/${SDK_VERSION}"
DISTRO_EXTRA_RDEPENDS += " ${GREAT_DEFAULT_EXTRA_RDEPENDS}"             → (9)
DISTRO_EXTRA_RRECOMMENDS += " ${GREAT_DEFAULT_EXTRA_RRECOMMENDS}"      → (10)
GREATQEMUDEPS = "${@bb.utils.contains("INCOMPATIBLE_LICENSE", "GPL-3.0", "",
"packagegroup-core-device-devel",d)}"

DISTRO_EXTRA_RDEPENDS_append_great = " ${GREATQEMUDEPS}"
TCLIBCAPPEND = ""

# QA check settings - a little stricter than the OE-Core defaults
WARN_TO_ERROR_QA = "already-stripped compile-host-path install-host-path \
                installed-vs-shipped ldflags pn-overrides rpaths staticdev \
                unknown-configure-option useless-rpaths"

WARN_QA_remove = "${WARN_TO_ERROR_QA}"
ERROR_QA_append = " ${WARN_TO_ERROR_QA}"

require conf/distro/include/no-static-libs.inc
require conf/distro/include/yocto-uninative.inc
require conf/distro/include/security_flags.inc

INHERIT += "uninative"
INHERIT += "reproducible_build"
BB_SIGNATURE_HANDLER ?= "OEEquivHash"                                  → (11)
BB_HASHSERVE ??= "auto"
```

배포 환경 설정 파일인 great-distro.conf 파일의 내용을 자세히 설명하면 다음과 같다.

(1)의 DISTRO 변수는 배포 환경 설정 파일의 이름을 지정하기 때문에 이 변수의 값은 "great-distro"가 된다.

(2)의 DISTRO_NAME 변수는 전체 배포 이름으로 보통 DISTRO 변수에는 짧은 배포 이름을 넣고, DISTRO_NAME에는 긴 배포 이름을 넣는다. DISTRO_NAME은 나중에 QEMU를 통해 커스텀 리눅스가 부팅됐을 때 콘솔 부트 프롬프트에 보여지는 문자열이다.

(3)의 DISTRO_VERSION 변수는 배포 버전 문자열이다. 이 값도 차후 QEMU를 실행했을 때 콘솔 부트 프롬프트에서 볼 수 있다.

(4)의 DISTRO_CODENAME 변수는 Yocto 프로젝트에서 배포되는 릴리즈 버전의 코드네임<sup>Code Name</sup>을 나타낸다. 우리가 사용하고 있는 Poky의 코드네임이 dunfell이기 때문에 이 값을 DISTRO_CODENAME 변수에 할당한다. 그림 13-6은 Yocto 프로젝트 버전에 맞는 코드네임을 보여준다.

| Codename | Yocto Project Version |
|----------|----------------------|
| Nanbield | 4.3 |
| Mickledore | 4.2 |
| Langdale | 4.1 |
| Kirkstone | 4.0 |
| Honister | 3.4 |
| Hardknott | 3.3 |
| Gatesgarth | 3.2 |
| Dunfell | 3.1 |

**그림 13-6** Yocto 프로젝트의 코드네임

(5)의 SDK_VENDOR 변수는 SDK<sup>Software Development Kit</sup>를 제공한 벤더<sup>vendor</sup>의 이름이고, SDK_VERSION 변수는 SDK의 버전을 나타낸다. SDK 관련해서는 19장에서 다룬다.

(6)의 MAINTAINER 변수는 유지 보수를 하는 사람 또는 단체의 이름과 이메일을 할당한다.

(7)의 TARGET_VENDOR 변수는 의미 그대로 타깃의 공급 업체 이름을 넣는다.

(8)의 DISTRO_FEATURES 변수에는 표 13-1에 기술된 다양한 기능들 중 원하는 기능을 추가할 수 있다. 참고로 DISTRO_FEATURES 변수에 할당된 기능 리스트는 레시피에서 생성되는 패키지의 이름이 아니기 때문에 DISTRO_FEATURES 변수에 할당된 이름의 패키지가 루트 파일 시스템에 설치되는 것을 의미하지 않는다. 다시 말해 DISTRO_FEATURES 변수에 기능을 추가하게 되면 추가된 기능이 동작할 수 있도록 연관된 패키지들이 설치된다는 뜻이다.

**표 13-1** 배포 기능 리스트들

| DISTRO_FEATURES | Description |
|---|---|
| nfs | 클라이언트 지원을 포함한다. (장치에 NFS exports[1]를 마운트 하는 기능). |
| Opengl | Open Graphics Library를 포함한다. 이는 2차원 및 3차원 그래픽을 렌더링 하는 데 사용되는 크로스 언어, 멀티 플랫폼 응용 프로그램 프로그래밍 인터페이스(API)이다. |
| pci | PCI 버스 지원을 포함한다. |
| pcmcia | PCMCIA/CompactFlash 지원을 포함한다. |
| ppp | PPP 다이얼업 지원을 포함한다. |
| ptest | 개별 레시피에서 지원되는 패키지 테스트를 빌드하도록 설정한다. 패키지 테스트에 대한 자세한 내용은 Yocto 프로젝트 개발 작업 매뉴얼의 'Testing Packages With ptest' 섹션을 참조한다. |
| smbfs | SMB 네트워크 클라이언트 지원을 포함한다(장치에 Samba/Microsoft Windows 공유를 마운트 하는 기능). |
| systemd | systemd init 관리자에 대한 지원을 포함한다. 이는 init을 완전히 대체하는 것으로, 서비스의 병렬 시작, 셸 오버헤드 감소 및 기타 기능을 갖추고 있다. 이 init 관리자는 많은 배포판에서 사용된다. |

---

1   NFS exports는 Network File System(NFS)를 사용해 공유된 디렉토리 또는 파일 시스템을 다른 컴퓨터에서 마운트하고 접근할 수 있도록 하는 것을 말한다. NFS exports는 파일 서버에서 특정 디렉토리나 파일 시스템을 다른 클라이언트 컴퓨터들과 공유할 수 있게 해준다.

| usbgadget | USB Gadget Device 지원을 포함한다. (USB 네트워킹/시리얼/스토리지를 위한 기능) |
|---|---|
| usbhost | USB 호스트 지원을 포함한다. (외부 키보드, 마우스, 스토리지, 네트워크 등을 연결할 수 있다) |
| wayland | Wayland 디스플레이 서버 프로토콜과 해당 프로토콜을 지원하는 라이브러리를 포함시킨다. |
| wifi | WiFi 지원을 포함한다. (내장된 것만 지원) |
| x11 | X 서버와 라이브러리를 포함한다. |

가령 표 13-1의 배포 기능 리스트들 중 wifi 기능을 DISTRO_FEATURES 변수에 할당한다고 했을 때 'poky/meta/recipes-core/systemd/systemd_244.5.bb' 파일에서 그림 13-7과 같이 설정하는 부분을 볼 수 있다.

```
PACKAGECONFIG ??= " \
    ${@bb.utils.filter('DISTRO_FEATURES', 'acl audit efi ldconfig pam selinux smack usrmerge polkit', d)} \
    ${@bb.utils.contains('DISTRO_FEATURES', 'wifi', 'rfkill', '', d)} \
    ${@bb.utils.contains('DISTRO_FEATURES', 'x11', 'xkbcommon', '', d)} \
```

**그림 13-7** wifi 기능이 DISTRO_FEATURES 변수에 할당됐을 때의 처리

그림에서 보면 DISTRO_FEATURES 변수에 wifi 기능이 추가되면 PACKAGECONFIG 변수에 rfkill[2]이라는 값이 들어간다. 참고로 bb.utils.contains 함수는 Yocto에서 빈번하게 사용되는 함수이다. 이 함수는 예제 13-2에 사용법을 설명했다. 이 함수에서 두 번째 인자가 첫 번째 인자에 포함되는 문자열이라면 세 번째 인자를 함수의 리턴값으로 넘겨주고, 포함되지 않는다면 네 번째 인자를 리턴값으로 넘겨준다. 우리 예제의 경우 DISTRO_FEATURES 변수에 wifi 문자열이 존재한다. 따라서 PACKAGECONFIG 변수에는 rfkill이라는 문자열이 할당된다.

**예제 13-2** bb.utils.contains 함수

```
bb.utils.contains(VAR, checkvalues, truevalue, falsevalue, d)
- VAR : 변수의 이름
```

---

2  rfkill은 시스템의 무선 송신기, 여기서는 wifi를 활성화 및 비활성화할 수 있는 인터페이스를 제공하는 리눅스 커널의 하위 시스템이다.

- checkvalues: 이 매개변수는 VAR 변수에 매개변수의 문자열이 존재하는지 확인하는 데 사용된다.
- truevalue: 만약 checkvalues가 VAR 변수에 포함돼 있다면 세 번째 매개변수인 truevalue를 리턴한다.
- falsevalue: 만약 checkvalues가 VAR 변수에 포함돼 있지 않다면 네 번째 매개변수인 falsevalue를 리턴한다.
- d: 데이터 저장소를 가리킨다.

참고로 PACKAGECONFIG 변수는 할당된 feature, 여기서는 rfkill을 활성화 또는 비활성화시킬 수 있고, 의존성 설정도 할 수 있다. 이 내용은 20장에서 다룬다.

결론적으로 DISTRO_FEATURES에 할당된 기능은 소프트웨어 패키지 자체를 뜻하는 것이 아니기 때문에 루트 파일 시스템에 설치되는 패키지가 아니다. 다시 말해 DISTRO_FEATURES 변수에 특정 기능을 할당함으로써 이 기능을 지원하기 위한 환경 설정이나 관련 소프트웨어 패키지가 설치된다고 보면 된다.

(9)의 DISTRO_EXTRA_RDEPENDS 변수는 배포를 위한 실행 시간 의존성을 설정한다. 즉 실행 시간 의존성을 가진 패키지를 여기에 추가한다.

(10)의 DISTRO_EXTRA_RRECOMMENDS 변수는 추가적인 기능 제공을 위해 추천되는 패키지를 할당받는다. 이 의존성은 말 그대로 RECOMMEND이기 때문에 해당 패키지가 존재하지 않더라도 빌드가 실패하지 않는다.

(11)의 BB_SIGNATURE_HANDLER 변수는 bitbake가 사용하는 시그니처 핸들러Signature Handler 이름을 정의한다. 이 핸들러는 공유 상태 캐시에서 사용되는 시그니처와 스탬프 파일이 생성되고 처리되는 방식을 위해 사용된다.

### 3. 새로 생성된 배포 레이어 반영을 위한 빌드 진행

이제 예제 13-3과 같이 새로 만든 배포 레이어에 대해 빌드를 진행하고, runqemu 명령을 통해 QEMU를 실행해 본다.

**예제 13-3** 배포 레이어 생성에 따른 재빌드 진행 및 QEMU 실행

```
$ bitbake great-image
$ runqemu great-image nographic
```

QEMU가 실행되면 그림 13-8과 같은 로그인 화면을 볼 수 있다.

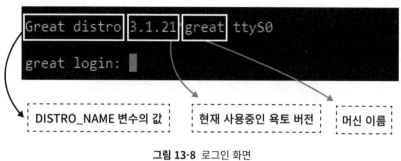

**그림 13-8** 로그인 화면

그림에서 보면 "Great distro"는 DISTRO_NAME 변수의 값이다. "3.1.21"은 현재 사용 중인 Yocto의 버전이고, "great"는 머신의 이름이다.

ttyS0은 호스트[PC]가 타깃과 연결될 때 갖는 UART 인터페이스[interface]이다. 참고로 ttyS0과 같은 시리얼 인터페이스들에 대해 설명하면 다음과 같다.

개발을 하다 보면 디버깅을 위해 UART를 주로 사용하게 된다. 특히 커널 같은 경우 dmesg나 journalctl 명령어를 사용해 디버깅을 하게 된다. 이때 우리가 주로 사용하는 인터페이스가 ttyS0, ttyUSB0, ttyAMA0이다. 사실 인터페이스라기보다는 디바이스라고 해야 정확한 표현이다.

- ttyS0: ttyS0은 타깃에서 첫 번째 UART serial port를 위한 디바이스이다. 타깃과 PC가 serial cable로 연결돼 있다면 타깃에서 시리얼 콘솔[Serial Console]을 ttySn에 붙여 디버깅에 사용할 수 있다.

- ttyUSB0: ttyUSB0은 타깃에서 첫 번째 USB serial convertor를 위한 디바이스이다. 타깃과 PC가 USB serial cable로 연결돼 있다면 타깃에서 시리얼 콘솔을 ttyUSBn에 붙여 디버깅에 사용할 수 있다.

- ttyAMA0: ttyAMA0은 타깃이 ARM architecture일 때 첫 번째 serial port를 위한 디바이스이다. 타깃과 PC가 USB serial cable로 연결돼 있다면 타깃에서 serial console을 ttyAMAn에 붙여 디버깅에 사용할 수 있다.

그림 13-9는 기존 qemux86-64 머신의 Poky에서 제공한 배포 레이어를 적용했을 때와 이번에 만든 great 머신에서 자체 배포를 적용했을 때의 로그인 화면을 비교해 본 것이다.

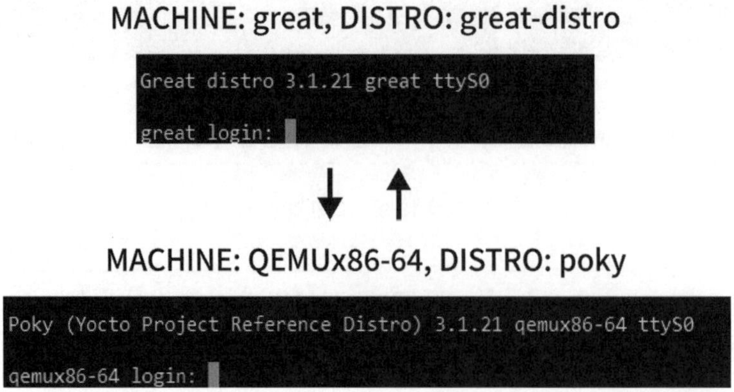

## MACHINE: great, DISTRO: great-distro

```
Great distro 3.1.21 great ttyS0

great login:
```

↓ ↑

## MACHINE: QEMUx86-64, DISTRO: poky

```
Poky (Yocto Project Reference Distro) 3.1.21 qemux86-64 ttyS0

qemux86-64 login:
```

**그림 13-9** Yocto 참조 배포와 자체 배포를 적용했을 때의 QEMU 로그인 화면 비교

로그인을 하고 나면 그림 13-10과 같이 표시되는 것을 볼 수 있다.

**그림 13-10** 로그인 화면

참고로 배포 레이어와 BSP 레이어는 각각 따로 레이어를 구성하지 않고, 동일 레이어에 위치시킬 수 있다. 즉 동일한 레이어 디렉터리에 machine, distro 디렉터리들이 함께 있을 수 있다.

그림 13-11은 오픈임베디드 코어 레이어를 나타내는 meta 디렉터리의 구조를 나타낸 것이다.

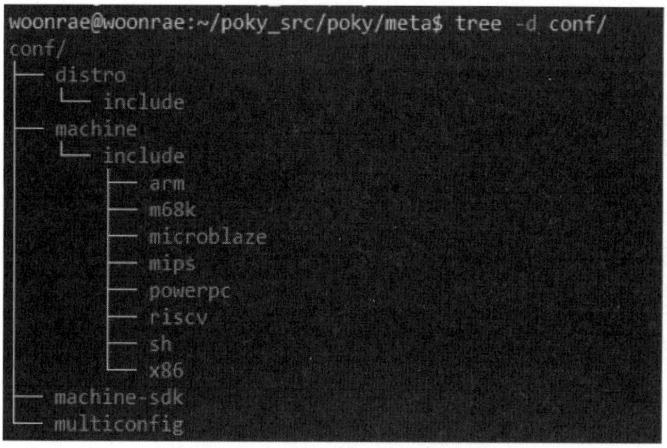

**그림 13-11** 오픈임베디드 코어 레이어

그림에서 보면 meta 디렉터리 아래의 conf 디렉터리에 배포 레이어를 나타내는 distro 디렉터리와 BSP 레이어를 나타내는 machine 디렉터리가 함께 있는 것을 볼 수 있다. 이처럼 경우에 따라서는 배포 레이어와 BSP 레이어를 동일한 레이어에 구현할 수도 있다.

## 13.3 DISTRO_FEATURES와 IMAGE_FEATURES 그리고 MACHINE_FEATURES의 차이점

〈DISTRO_FEATURES와 IMAGE_FEATURES의 차이점〉

DISTRO_FEATURES 변수에 기능을 할당하는 것은 배포에 대한 정책을 정한다고도 표현할 수 있다. 가령 6장에서는 초기화 관리자로 systemd를 사용했다. 이를 위해 우리는 'DISTRO_FEATURES_append = " systemd"'와 같이 DISTRO_FEATUES 변수에 systemd를 할당했다. 이것은 배포되는 이미지가 systemd를 사용한다는 것을 알려준다. 다른 말로 systemd를 init manager로 사용하겠다는 정책을 정했기 때문에 관련 환경 설정이나 필요한 패키지를 준비해 놓는다는 의미로도 해석할 수 있다.

IMAGE_FEATURES 변수는 9장에서 설명했듯이 루트 파일 시스템을 생성하는 이미지 레시피에서 상속한 기반 이미지 클래스에 따라 할당할 수 있는 기능들이 결정된다. 즉 이미지 클래스는 미리 정의된 기능 목록을 갖고 있고, 우리는 IMAGE_FEATUERS 변수에 기능 목록들 중 필요한 기능들을 할당한다.

따라서 둘 다 IMAGE_INSTALL 변수와 같이 실제 레시피에 의해 생성되는 패키지를 값으로 할당받지 않는다. 차이점은 DISTRO_FEATURES는 시스템 전체적인 정책을 정한다고 보면 되고, IMAGE_FEATURES는 이미지 클래스에 의해 제공되는 기능으로 그 기능이 제한되기 때문에 특정 이미지에 종속된다고 보면 된다.

## 〈DISTRO_FEATURES와 MACHINE_FEATURES의 차이점〉

MACHINE_FEATURES와 DISTRO_FEATURES 변수는 둘 다 최종 시스템에서 필요로 하는 기능들을 제공한다는 점에서는 동일하다.

하지만 MACHINE_FEATURES는 머신이 지원할 수 있는 하드웨어의 기능을 지정하는 데 반해 DISTRO_FEATURES는 존재하는 다양한 기능들 중 배포되는 이미지에 포함되기를 원하는 소프트웨어의 기능들을 지정한다. 가령 MACHINE_FEATURES, DISTRO_FEATURES 변수 둘 다 wifi를 지원하는 것이 가능하다고 하자. 이 경우 다음 두 가지 케이스가 가능하다.

- MACHINE_FEATURES 변수에는 wifi가 할당됐지만, DISTRO_FEATURES 변수에는 추가되지 않았다.

  - 이 경우 wifi에 해당하는 커널의 디바이스 드라이버는 준비되지만, wifi를 위해 필요한 미들웨어나 애플리케이션은 준비되지 않을 것이다.

- DISTRO_FEATURES 변수에는 wifi가 할당됐지만, MACHINE_FEATURES 변수에는 추가되지 않았다.

  - 이 경우 커널의 디바이스 드라이버가 준비되지 않은 상태이기 때문에 wifi에 필요한 미들웨어나 애플리케이션은 설치되지 않는다.

## 13.4 요약

13장에서는 배포 레이어에 대해 알아봤다. 배포 레이어는 배포 전반에 대한 정책을 제공하며, 빌드에 대한 환경 설정, 툴체인, 패키지의 형식, C 라이브러리, 초기화 관리자 선택 등이 포함된다. 또한 wifi, bluetooth 등과 같은 기능들이 배포에 포함될지를 결정하는 레이어이기도 하다.

배포 레이어는 conf 디렉터리 아래 distro라는 디렉터리가 존재하고 distro 디렉터리 아래의 DISTRO 변수에 지정된 파일의 이름을 갖는 환경 설정 파일이 존재한다. 따라서 커스텀 배포 레이어를 생성하려면 먼저 DISTRO 변수에 원하는 배포 이름을 할당한다. 그런 다음 distro 디렉터리 내에 〈DISTRO〉.conf와 같이 환경 설정 파일을 넣으면 된다.

DISTRO_FEATURES 변수에 할당된 기능은 배포에 대한 정책을 정하는 것과 동일하지만, IMAGE_FEATURES 변수에서는 루트 파일 시스템을 생성하는 이미지 레시피에서 상속한 기반 이미지 클래스에 따라 할당할 수 있는 기능들이 결정된다. 둘 다 할당할 수 있는 기능이 정해져 있지만 DISTRO_FEATURES는 전체적인 시스템 관점에서의 정책이고, IMAGE_FEATURES는 특정 이미지 클래스에 종속된 기능이라고 보면 된다. 따라서 DISTRO_FEATURES는 이미지와 무관하게 기능이 적용될 수 있지만, IMAGE_FEATURES는 이미지에 종속돼 있어 이미지와 무관하게 기능이 적용될 수 없다.

끝으로 MACHINE_FEATURES 변수는 머신이 지원할 수 있는 하드웨어의 기능을 지정한다.

# CHAPTER 14
# 커스터머 레이어

**이 장에서 다루는 내용**

» 14.1 커스터머 레이어 생성
» 14.2 Great System에 대한 정리
» 14.3 요약

10장에서는 BSP 레이어, 13장에서는 배포 레이어를 만들어 봤다. 사실 이 레이어들은 칩을 제공하는 업체에서 배포되기 때문에 처음부터 이 레이어들을 만들 필요는 거의 없다.

그렇다면 실제로 추가하고 수정해야 하는 레이어는 지금부터 다루는 커스터머 레이어가 될 것이다. 커스터머 레이어는 필자가 정한 가칭이다. 각자가 새롭게 생성한 애플리케이션이나 필요에 따라 커널이나 부트로더를 수정할 수 있고, 새로 추가되는 기능을 위해 배포 정책을 수정할 수도 있다. 이 모든 경우들에 커스터머 레이어를 이용하게 될 것이다.

## 14.1 커스터머 레이어 생성

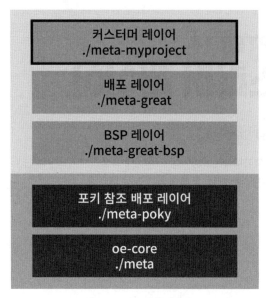

**그림 14-1** 커스터머 레이어

BSP 레이어와 배포 레이어는 보통 칩을 제공하는 업체에서 제공한다. 그러나 칩 업체에서 배포한 Yocto 환경은 참조 환경일 뿐이지 실제로 제품에 적용할 수 없다. 가령 보드에 외부 디바이스가 추가될 수 있다. 이에 따라 커널에 디바이스 드라이버가 추가될 수도 있고, 특정 소프트웨어 패키지가 추가될 수도 있다. 또는 리눅스를 구성하는 소프트웨어 스택에 특정 패키지를 최신으로 업그레이드할 필요가 있을 수도 있다. 따라서 제품을 만들게 되면서 배포된 Yocto 환경은 많은 부분이 새롭게 만들어지거나 수정돼야 한다.

새롭게 만들어지거나 수정되는 부분들에 대해 Yocto는 기존의 메타데이터들을 수정하기보다는 새롭게 레이어를 만들어 추가 및 수정하도록 권고한다. 따라서 기존의 BSP 레이어나 배포 레이어의 메타데이터들을 수정하기보다는 새롭게 만든 레이어에 레시피 확장 파일을 사용해 추가 및 수정해야 한다. 또한 새롭게 만들 애플리케이션 소프트웨어 패키지의 메타데이터 위치도 이 레이어가 될 것이다.

이제 커스터머 레이어를 만들어 본다.

지금까지 예제를 통해 구성된 레이어들은 그림 14-2와 같다. Yocto에서 제공된 오픈임베디드 코어와 참조 배포인 meta-poky는 이 프로젝트의 기반이 되는 레이어이다. 그 위에 자체 BSP 레이어인 meta-great-bsp 레이어와 자체 배포 레이어인 meta-great 레이어가 존재한다. 실제 이 레이어들은 보통 칩 벤더에 의해 제공된다. 마지막으로 우리가 만든 애플리케이션들을 담고 있는 meta-hello, meta-nano-editor 레이어들이 존재한다.

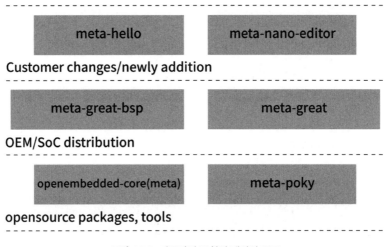

**그림 14-2** 지금까지 구현된 레이어 구조

새롭게 만들어진 커스터머 레이어의 이름은 meta-myproject이다. 커스터머 레이어를 만들면서 기존의 레이어 구조를 바꿔야 하는데 그 구조는 그림 14-3과 같다.

애플리케이션을 위해 만든 meta-hello, meta-nano-editor 레이어들은 실제 따로 레이어를 나눠야 할 만큼의 기능을 갖추고 있지 않다. 따라서 이 두 애플리케이션 레이어는 삭제한다. 대신 이 레이어들에 존재하던 레시피들을 위한 작업 디렉터리인 recipes-hello와 recipes-nano는 커스터머 레이어로 옮긴다. 추가적으로 hello, nano 애플리케이션들은 great-image.bb 레시피가 생성하는 루트 파일 시스템에 포함돼야 하기 때문에 great-image.bb 레시피의 레시피 확장 파일을 만들어 이 파일의 IMAGE_INSTALL 변수에 추가한다. 이 레시피 확장 파일 또한 meta-myproject 레이어에 추가돼야 한다.

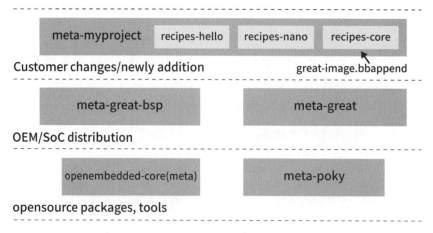

**그림 14-3** 새롭게 추가된 커스터머 레이어를 포함한 전체 구조

새롭게 만들려고 하는 커스터머 레이어인 meta-myproject의 전체적인 디렉터리 구조는 그림 14-4와 같다.

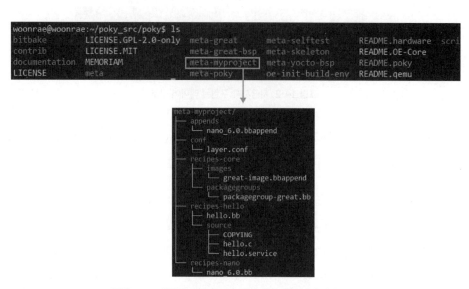

**그림 14-4** 새롭게 추가된 커스터머 레이어의 디렉터리 구조

실습 소스는 다음과 같이 받을 수 있다.

- 기존에 GitHub에서 받은 소스상에서 다음의 명령을 입력한다.

```
$ git checkout customer_layer
```

1. meta-myproject 디렉터리를 poky 디렉터리 아래 새로 생성한다.

2. meta-myproject 디렉터리 아래 conf 디렉터리를 만들고, 다시 conf 디렉터리 아래 layer.conf 파일을 생성한다. layer.conf 파일의 내용은 리스트 14-1과 같다.

**리스트 14-1** layer.conf 파일

```
BBPATH =. "${LAYERDIR}:"
BBFILES += "${LAYERDIR}/recipes*/*.bb \                    → (1)
        ${LAYERDIR}/recipes*/*/*.bb \                       → (2)
        ${LAYERDIR}/recipes*/*/*.bbappend \                → (3)
        ${LAYERDIR}/appends*/*.bbappend \                  → (4)
        "

BBFILE_COLLECTIONS += "myproject"
BBFILE_PATTERN_myproject = "^${LAYERDIR}/"
BBFILE_PRIORITY_myproject = "12"                           → (5)
LAYERSERIES_COMPAT_myproject = "${LAYERSERIES_COMPAT_core}"
```

예제에서 파일의 위치: ~/poky_src/poky/meta-myproject/conf/layer.conf

리스트에서 LAYERDIR 변수가 갖는 값은 레이어의 최상위 디렉터리인 meta-myproject이다. BBFILES는 레시피를 위한 작업 디렉터리 아래 레시피 파일들이 위치한 경로를 지정하는 변수이다. 여기서는 BBFILES 변수에 할당된 값들에 대해 자세히 알아본다.

(1)은 recipes-hello 디렉터리 아래의 hello.bb 파일과 recipes-nano 디렉터리 아래의 nano_6.0.bb 파일을 bitbake가 인식할 수 있도록 추가한 경로이다.

(2)는 recipes-core/packagegroups 아래의 packagegroup-great.bb 파일을 bitbake가 인식할 수 있도록 추가한 경로이다.

(3)은 recipes-core/images 아래의 great-image.bbappend 파일을 bitbake가 인식할 수 있도록 추가한 경로이다.

(4)는 appends 디렉터리 아래의 nano_6.0.bbappend 파일을 bitbake가 인식할 수 있도록 추가한 경로이다.

(5)는 생성한 meta-myproject 레이어가 레이어들 가운데 최상위 레이어가 돼야 하기 때문에 레이어들 중 가장 큰 우선순위를 가진 12로 설정한다.

3. 기존의 meta-hello 레이어에서 recipes-hello 디렉터리를 meta-myproject 디렉터리 아래로 옮기고 meta-hello 디렉터리를 삭제한다.

4. 기존의 meta-nano-editor 레이어에서 recipes-nano, appends 디렉터리를 meta-myproject 디렉터리로 옮기고 meta-nano-editor 디렉터리를 삭제한다.

5. meta-myproject 디렉터리 아래 recipes-core 디렉터리를 만들고, 'meta-great/recipes-core' 디렉터리 아래에 있는 packagegroups 디렉터리를 'meta-myproject/recipes-core' 디렉터리 아래로 옮긴다. 그리고 기존의 meta-great 디렉터리에 존재하는 'recipes-core/packagegroups' 디렉터리를 삭제한다.

6. 'meta-myproject/recipes-core' 디렉터리 아래에 images라는 이름으로 디렉터리를 만들고, 레시피 확장 파일인 great-image.bbappend 파일을 생성한 후 리스트 14-2와 같이 입력한다.

**리스트 14-2** great-image.bbappend 파일

```
IMAGE_INSTALL += "packagegroup-great"
```

예제에서 파일의 위치: ~/poky_src/poky/meta-myproject/recipes-core/
images/great-image.bbappend

7. meta-great/recipes-core/images/great-image.bb 파일에서 리스트 14-3과
   같이 이미지에 패키지 그룹 레시피를 추가하는 부분을 주석 처리한다. 이것은 리스
   트 14-2에서와 같이 커스터머 레이어의 레시피 확장 파일인 meta-myproject/
   recipes-core/great-image.bbappned 파일에서 추가해 줬기 때문이다.

**리스트 14-3** great-image.bb 파일

```
SUMMARY = "A very small image for yocto test"
inherit great-base-image
LINGUAS_KO_KR = "ko-kr"
LINGUAS_EN_US = "en-us"
IMAGE_LINGUAS = "${LINGUAS_KO_KR} ${LINGUAS_EN_US}"
# IMAGE_INSTALL += "packagegroup-great"
IMAGE_OVERHEAD_FACTOR = "1.3"
…
```

예제에서 파일의 위치: ~/poky_src/poky/meta-great/recipes-core/images/
great-image.bb

8. 기존에 존재하던 meta-hello, meta-nano-editor 레이어가 삭제됐기 때문에
   bblayers.conf.sample 파일에서 추가된 이 레이어들도 삭제돼야 한다. 따라서
   bblayers.conf.sample 파일을 리스트 14-4와 같이 수정한다.

**리스트 14-4** bblayers.conf.sample 파일

```
POKY_BBLAYERS_CONF_VERSION = "2"
BBPATH = "${TOPDIR}"
BBFILES ?= ""
BBLAYERS ?= " \
  ##OEROOT##/meta \
  ##OEROOT##/meta-poky \
```

```
  ##OEROOT##/meta-yocto-bsp \
  ##OEROOT##/meta-great \
  ##OEROOT##/meta-great-bsp \
"
```

예제에서 파일의 위치: ~/poky_src/poky/meta-great/template/bblayers.
conf.sample

bblayers.conf.sample 파일을 리스트와 같이 수정하면 '이번에 새로 만든 커스
터머 레이어인 meta-myproject 디렉터리는 추가해야 되지 않나요?'라는 의문
이 생길 수 있다. 맞다. 원래는 bblayers.conf.sample 파일에 추가돼야 한다. 그
러나 이번에는 새롭게 생성된 레이어를 다른 방법으로 추가하는 방법을 알려줄
것이다.

BSP 레이어와 배포 레이어가 칩 벤더에서 제공되듯이 bblayers.conf.sample
파일도 이미 생성돼 있는 경우가 대부분이다. 따라서 새로 생성한 레이어인 meta-
myproject의 경우 bblayers.conf.sample에 추가하기보다는 칩 벤더에서 초기
배포한 코드를 건드리지 않고 추가하는 방법을 알아본다.

9. 빌드 스크립트 buildenv.sh를 리스트 14-5와 같이 수정한다.

**리스트 14-5** buildenv.sh 파일

```
# !/bin/bash

function find_top_dir()
{
    local TOPDIR=poky
# move into script file path
    cd $(dirname ${BASH_SOURCE[0]})
    if [ -d $TOPDIR ]; then
        echo $(pwd)
    else
        while [ ! -d $TOPDIR ] && [ $(pwd) != "/" ];
        do
```

```
        cd ..
    done

    if [ -d $TOPDIR ]; then
        echo $(pwd)
    else
        echo "/dev/null"
    fi
  fi
}

ROOT=$(find_top_dir)
export TEMPLATECONF=${ROOT}/poky/meta-great/template/
export MACHINE="great"
export DISTRO="great-distro"
function build_target() {
    source poky/oe-init-build-env build2
    bitbake-layers add-layer ../poky/meta-myproject

}

build_target
```

예제에서 파일의 위치: ~/poky_src/buildenv.sh

리스트 14-5에서 새로 보이는 명령어가 있다. 바로 'bitbake-layers add-layer'이다. Yocto 프로젝트는 레이어의 생성을 돕는 몇 가지 툴을 제공한다. 'bitbake-layers add-layer' 명령어는 bblayers.conf 파일에 새롭게 추가된 레이어를 자동으로 추가해 주는 명령어이다. 따라서 예제 14-1과 같이 입력하게 되면 'build/conf/bblayers.conf' 파일에 새롭게 추가된 레이어가 반영된다.

**예제 14-1** bitbake-layers add-layer 명령

```
bitbake-layers add-layer ../poky/meta-myproject
```

이제 새롭게 빌드를 진행해 본다. bblayers.conf.sample 파일을 수정했기 때문에 build/conf/bblayers.conf 파일을 갱신해야 한다. 따라서 예제 14-2와 같

이 'build2/conf' 디렉터리를 삭제하고, 빌드 초기화 스크립트인 buildenv.sh 스크립트 파일을 실행시킨다.

**예제 14-2** buildenv.sh 스크립트의 실행

```
woonrae@woonrae:~/poky_src$ rm -rf build2/conf
woonrae@woonrae:~/poky_src$ source buildenv.sh

### Shell environment set up for builds. ###
Welcome! This is my yocto example.
You can now run 'bitbake <target>'
Common targets are:
    great-image

You can also run generated qemu images with a command like 'runqemu qemux86'
NOTE: Starting bitbake server
```

스크립트를 실행하고 'build2/conf/bblayers.conf' 파일을 열어보면 리스트 14-6과 같이 커스터머 레이어인 meta-myproject 디렉터리가 경로에 추가된 것을 볼 수 있다.

**리스트 14-6** bblayers.conf 파일

```
POKY_BBLAYERS_CONF_VERSION = "2"
BBPATH = "${TOPDIR}"
BBFILES ?= ""
BBLAYERS ?= " \
  /home/woonrae/poky_src/poky/meta \
  /home/woonrae/poky_src/poky/meta-poky \
  /home/woonrae/poky_src/poky/meta-yocto-bsp \
  /home/woonrae/poky_src/poky/meta-great \
  /home/woonrae/poky_src/poky/meta-great-bsp \
  /home/woonrae/poky_src/poky/meta-myproject \
  "
```

예제에서 파일의 위치: ~/poky_src/build2/conf/bblayers.conf

이제 커스터머 레이어 생성 작업이 완료됐기 때문에 예제 14-3과 같이 빌드를 다시 진행하고 QEMU를 실행해 본다. 정상적으로 커스터머 레이어가 추가됐는지 커스터머 레이어에 추가한 hello 애플리케이션을 확인해 본다.

**예제 14-3** 새로 빌드

```
$ bitbake great-image
$ runqemu great-image nographic
```

## 14.2 Great System에 대한 정리

지금까지 잘 따라왔다면 그림 14-5와 같은 레이어 구조를 가진 Great System을 만든 것이다. 이 시스템을 빌드하게 되면 그림 14-6과 같이 BSP 레이어, 배포 레이어 그리고 커스터머 레이어가 조합되면서 최종 이미지가 생성된다.

지금쯤이면 독자들이 Yocto의 구성과 레이어를 추가하는 방법 정도는 알 것이라고 판단된다. 지금까지 학습한 내용을 정리해 보면 그림 14-5, 그림 14-6과 같다.

**그림 14-5** Great System의 전체 레이어 구조

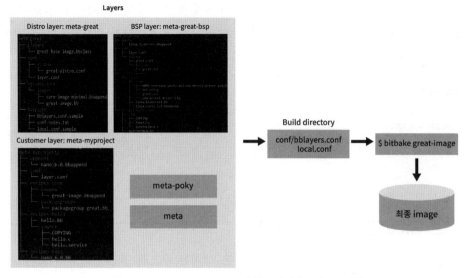

**그림 14-6** Great System으로부터 최종 이미지를 만드는 과정

## 14.3 요약

14장에서는 커스터머 레이어를 새롭게 만들어 봤다. BSP 레이어, 배포 레이어는 보통 칩 벤더에 의해 제공된다. 커스터머 레이어는 칩 벤더에서 배포한 Yocto 환경을 변경해 구성하려는 머신에 맞게 수정해 줘야 한다. 이 과정에서 외부 디바이스 드라이버가 추가돼야 하고, 애플리케이션도 추가돼야 한다. 그러나 기존에 배포된 Yocto의 메타데이터를 수정하지 않는 방식으로 추가 또는 변경하는 것이 Yocto의 권고사항이다. 따라서 새로운 레이어인 커스터머 레이어를 생성하고 이 레이어에서는 BSP 레이어와 배포 레이어에서 추가 또는 변경된 내용을 레시피 확장 파일을 통해 만들어 줘야 한다. 또한 새롭게 추가되는 기능에 대한 메타데이터도 이 레이어에 추가돼야 한다.

# CHAPTER 15
# 패키지

## 이 장에서 다루는 내용

» 15.1 빌드 과정에서의 패키지 태스크들
» 15.2 RPM 패키지
» 15.3 yum
» 15.4 라이브러리 생성을 통한 패키지 실습
» 15.5 개선된 라이브러리 생성 패키지
» 15.6 요약

패키지는 타깃 시스템에 배포 및 설치를 위해 소프트웨어 바이너리, 라이브러리, 헤더 등을 하나의 묶음 파일로 만드는 절차를 말한다. 대부분의 소프트웨어 패키지는 파일들을 인스톨러$^{installer}$나 패키지 관리 시스템$^{Package\ Management\ System}$에 맞게 묶는다.

보통 리눅스 시스템은 단일 설치 패키지를 사용하기보다는 배포판에 포함된 패키지 관리 시스템을 사용한다. 현재 가장 많이 사용되는 리눅스 배포판 패키지 관리 시스템으로는 RPM$^{Redhat\ Package\ Manager}$, dpkg$^{Debian\ Package}$가 있고, Yocto에 의해 관리되는 opkg$^{Open\ Package}$도 있다. 현재 bitbake는 다음과 같은 4개의 패키지 포맷을 지원한다.

1. RPM: 레드햇 계열의 패키지로 SuSE, OpenSuSE, Red Hat, Fedora, CentOS 등에서 사용한다.

2. DEB: Debian 계열의 패키지로 ubuntu 등에서 사용한다.

3. IPK: Debian 패키지 형식과 비슷한 임베디드 디바이스를 위한 경량화 패키지 관리 시스템이다. 최근에는 OpenMoKo에서 만들어진 opkg를 주로 사용한다. 오픈임베디드 코어에서는 opkg를 ipk 지원을 위해 사용한다.

4. Tar: 타르볼 파일로 압축 파일의 형태로 존재한다.

이 책에서는 패키지의 포맷들 중 RPM만 다루도록 하겠다. Poky 소스를 받아 아무 것도 수정하지 않는다면 기본적으로 채택되는 패키지 포맷은 RPM이 된다. 따라서 앞으로 이 책에서 패키지라고 하면 RPM 포맷을 갖는 패키지라고 생각하면 될 것이다.

## 15.1 빌드 과정에서의 패키지 태스크들

15장에서는 bitbake의 빌드 과정에서 do_install 태스크 이후의 태스크들에 대해 학습할 것이다. 먼저 빌드의 기본적인 설정들을 갖고 있는 local.conf 환경 설정 파일을 보면 기본적인 패키지 관리 시스템은 예제 15-1과 같이 RPM으로 돼 있는 것을 볼 수 있다.

**예제 15-1** local.conf 파일에서 패키지 관리자

```
PACKAGE_CLASSES ?= "package_rpm"
```

이제 패키지 생성에 관여하는 태스크들에 대해 알아본다. 각 태스크들은 태스크의 실행이 완료될 때마다 그 결과물을 특정 디렉터리에 저장한다. 따라서 그림 15-1은 각 태스크의 실행 순서와 각 태스크가 완료됐을 때 그 결과물이 저장되는 디렉터리를 나타낸다.

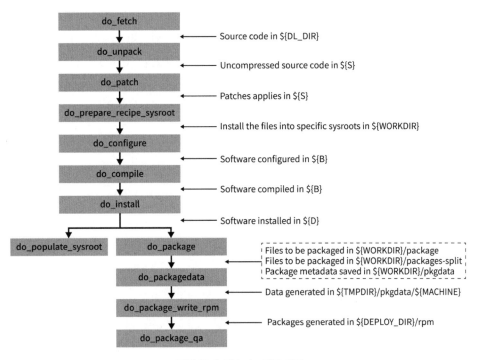

**그림 15-1** bitbake 빌드 과정

15장에서 다룰 내용은 do_install 태스크를 통해 만들어진 산출물로 패키지를 만들어 내는 과정에 대한 것이다. 그림 15-1에서 do_package 태스크부터 do_package_qa까지의 실행 과정이 실제로 패키지를 생성하는 과정이다. 패키지 생성에 관련된 태스크들의 최종 실행 결과물은 '${TMPDIR}/deploy/rpm' 디렉터리에 위치한다. 이 디렉터리를 패키지 피드[Package Feed]라고 부른다. 배포를 위한 루트 파일 시스템의 다양한 이미지는 패키징 단계에서 패키지 피드를 이용해 생성된다. 참고로 WORKDIR 변수의 값은 각각의 레시피마다 그 경로가 다르다. 예제 15-2와 같이 확인할 수 있다.

**예제 15-2** WORKDIR 변수의 값 확인

```
$ bitbake-getvar -r <recipe name> WORKDIR
```

메타데이터를 분석하는 단계를 bitbake 파싱 단계라고 하고, 분석된 내용을 기반으로 빌드를 진행하고 패키지를 생성해 최종 이미지들을 생성하는 단계를 bitbake 쿠킹 단계라고 한다. 이것은 그림 15-2와 같이 나타낼 수 있다. 여기서 패키징 과정은 빌드 과정이 마무리되고, 빌드의 결과물을 이용해 실제적으로 설치할 파일들을 처리하는 과정이다.

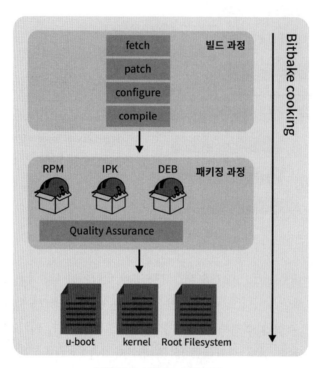

**그림 15-2** bitbake 쿠킹 과정

패키지를 이해하려면 제일 먼저 알아야 하는 것이 bitbake가 빌드 결과물을 어떻게 묶어 패키지로 만드는가이다. 이 과정에서 bitbake는 PACKAGES, FILES 변수들을 사용하기 때문에 이 두 변수에 대해 이해하는 것이 패키지를 이해하는 가장 쉬운 길이다.

- PACKAGES: 레시피가 생성하는 패키지 리스트들의 목록이다. 공백으로 분류되며, 이 변수의 기본값은 그림 15-3과 같다. 참고로 'poky/meta/conf/bitbake. conf' 파일을 열어보면 그림과 같이 기술된 부분을 찾아볼 수 있다.

```
PACKAGES = "${PN}-src ${PN}-dbg ${PN}-staticdev ${PN}-dev ${PN}-doc ${PN}-locale ${PACKAGE_BEFORE_PN} ${PN}"
```

**그림 15-3** PACKAGES 변수의 정의

PACKAGES 변수에 할당된 패키지 목록은 왼쪽에서 오른쪽으로 처리된다. 따라서 가장 왼쪽의 패키지가 먼저 만들어지고, 가장 오른쪽의 패키지가 제일 나중에 만들어진다. 만약 서로 다른 패키지가 같은 파일을 사용한다면 첫 번째로 파일을 처리한 패키지만 이 파일을 갖는 규칙을 가진다. 따라서 새로 패키지 목록을 추가할 때는 제일 앞에 추가하는 것을 추천한다.

• FILES: 이 변수는 특정 패키지에 들어가는 디렉터리와 파일의 목록을 정의한다. 그림 15-4는 'poky/meta/conf/bitbake.conf'에서 기본적으로 정의된 FILES 변수들에 할당된 값이다.

```
FILES_${PN} = "${bindir}/* ${sbindir}/* ${libexecdir}/* ${libdir}/lib*${SOLIBS} \
            ${sysconfdir} ${sharedstatedir} ${localstatedir} \
            ${base_bindir}/* ${base_sbindir}/* \
            ${base_libdir}/*${SOLIBS} \
            ${base_prefix}/lib/udev ${prefix}/lib/udev \
            ${base_libdir}/udev ${libdir}/udev \
            ${datadir}/${BPN} ${libdir}/${BPN}/* \
            ${datadir}/pixmaps ${datadir}/applications \
            ${datadir}/idl ${datadir}/omf ${datadir}/sounds \
            ${libdir}/bonobo/servers"

FILES_${PN}-bin = "${bindir}/* ${sbindir}/*"

FILES_${PN}-doc = "${docdir} ${mandir} ${infodir} ${datadir}/gtk-doc \
            ${datadir}/gnome/help"
SECTION_${PN}-doc = "doc"

FILES_SOLIBSDEV ?= "${base_libdir}/lib*${SOLIBSDEV} ${libdir}/lib*${SOLIBSDEV}"
FILES_${PN}-dev = "${includedir} ${FILES_SOLIBSDEV} ${libdir}/*.la \
            ${libdir}/*.o ${libdir}/pkgconfig ${datadir}/pkgconfig \
            ${datadir}/aclocal ${base_libdir}/*.o \
            ${libdir}/${BPN}/*.la ${base_libdir}/*.la \
            ${libdir}/cmake ${datadir}/cmake"
SECTION_${PN}-dev = "devel"
ALLOW_EMPTY_${PN}-dev = "1"
RDEPENDS_${PN}-dev = "${PN} (= ${EXTENDPKGV})"

FILES_${PN}-staticdev = "${libdir}/*.a ${base_libdir}/*.a ${libdir}/${BPN}/*.a"
SECTION_${PN}-staticdev = "devel"
RDEPENDS_${PN}-staticdev = "${PN}-dev (= ${EXTENDPKGV})"

FILES_${PN}-dbg = "/usr/lib/debug /usr/lib/debug-static /usr/src/debug"
```

**그림 15-4** FILES 변수들에 할당된 값

여기서는 그림 15-1에서 패키지를 생성하는 데 관여하는 태스크들인 do_package, do_packagedata, do_package_write_rpm, do_package_qa를 설명한다.

## 1. do_package 태스크

do_package 태스크는 패키지화 단계를 수행하는 빌드 작업 중 하나이다. 이 태스크는 이미 빌드된 소프트웨어나 라이브러리를 패키지로 묶어서 설치 가능한 형태로 만드는 작업을 수행한다.

(1) do_install 태스크에 의해 생성된 산출물 디렉터리 ${D}를 PKGD 변수가 가리키는 디렉터리로 복사한다. PKGD 변수는 '${WORKDIR}/package' 디렉터리를 가리킨다.

(2) '${WORKDIR}/package' 디렉터리의 파일들은 PKGDEST 변수에서 지정한 디렉터리로 복사된다. PKGDEST 변수는 '${WORKDIR}/packages-split' 디렉터리를 가리킨다. 이 과정에서 '${WORKDIR}/package'의 파일들은 통째로 복사되는 것이 아니라 '${WORKDIR}/packages-split' 디렉터리 아래의 디렉터리들로 일정한 규칙에 의해 복사된다.

우선 PACKAGES 변수에 저장된 패키지 리스트로 packages-split 디렉터리 아래 디렉터리들을 만든다. 각각의 디렉터리에는 FILES_${PN}-xxx 변수에 지정된 파일들이 복사된다.

다시 자세히 설명하면 (1)에서 만든 package 디렉터리 아래의 파일과 디렉터리는 packages-split 디렉터리 아래에 생성된 각 디렉터리로 복사된다. 각 'packages-split/${PN}-〈name〉' 디렉터리에 담길 내용은 $FILES_{PN}-〈name〉 변수에 할당된 파일들이다.

(3) PKGDESTWORK 변수에서 지정한 디렉터리인 '${WORKDIR}/pkgdata' 아래에 패키지 메타데이터를 저장한다.

이론만으로는 이해가 가지 않을 수 있다. 패키지 부분이 Yocto에서는 이해하기가 어려운 부분 가운데 하나이다. 따라서 hello 애플리케이션 예제를 통해 패키지를 생성하는 과정에 대해 다시 설명하겠다.

그림 15-5는 hello 레시피를 bitbake가 빌드할 때 do_install 태스크부터 do_package 태스크까지 실행되면서 생성되는 결과물들이 저장되는 디렉터리를 순차적으로 나열한 것이다.

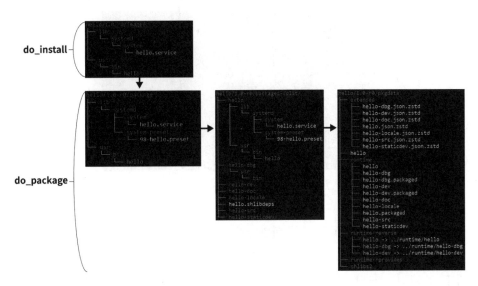

**그림 15-5** do_package 태스크에 생성되는 산출물들

그림에서 보면 do_install 태스크에 의해 생성된 결과물들(image 디렉터리)이 package 디렉터리로 그대로 복사된다. 98-hello.preset 파일의 경우 6장에서 system. bbclass 클래스에서 do_install 태스크 완료 후 생성되는 파일이라고 설명했다.

package 디렉터리 아래의 파일들은 다시 packages-split 디렉터리 아래로 복사된다. 이때 packages-split 아래의 디렉터리들은 예제 15-3과 같이 PACKAGES 변수에 정의된 값들을 디렉터리로 만든 것이다. 예제는 '$ bitbake-getvar -r hello PACKAGES' 명령어를 통해 PACKAGES 변수의 값을 추출했다.

예제 15-3과 그림 15-6을 비교해 보면 PACKAGES 변수에 할당된 값들이 그대로 packages-split 아래 디렉터리로 만들어졌다는 것을 알 수 있다.

예제 15-3 hello 레시피의 PACKAGES 변수

```
PACKAGES="hello-src hello-dbg hello-staticdev hello-dev hello-doc hello-locale
hello"
```

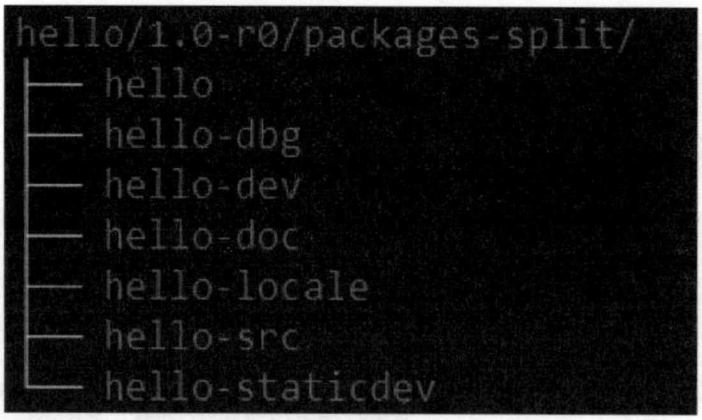

**그림 15-6** packages-split 디렉터리의 구조

그림 15-6에서 보면 생성된 모든 파일들이 packages-split 디렉터리 아래의 hello 디렉터리에 위치돼 있다. 이렇게 배치된 이유는 hello.bb 레시피 파일에 해답이 있다. hello.bb 코드의 일부인 리스트 15-1을 보면 FILES_${PN} 변수에 생성된 모든 파일들을 할당했기 때문이다. 'packages-split/${PN}-⟨name⟩' 디렉터리에 담길 파일들은 $FILES_{PN}-⟨name⟩ 변수에 할당된 파일들이기 때문에 'packages-split/hello' 디렉터리에 모든 파일들이 위치하게 된다. 참고로 FILES_${PN}은 FILES_hello와 동일한 표현이다.

가령 hello.bb 파일에서 FILES_${PN}-dev에 FILES_${PN}-dev += "${bindir}/hello"와 같이 할당했다면 할당된 파일 hello는 'packages-split/hello-dev' 디렉터리 내에 위치할 것이다.

**리스트 15-1** hello.bb 파일

```
…

FILES_${PN} += "${bindir}/hello"
FILES_${PN} += "${systemd_unitdir}/system/hello.service"
```

그림 15-7은 FILES 변수와 PACKAGES 변수가 어떻게 매칭되는지 보여주고 있다. 이것은 최종적으로 packages-split 디렉터리에서 어떻게 매칭돼 그 아래 디렉터리가 만들어지는지를 나타낸 것이다.

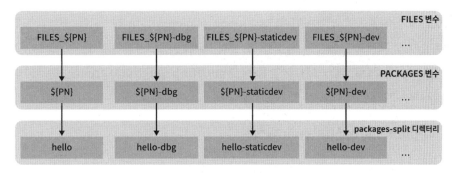

**그림 15-7** package 과정의 정리

참고로 package split 과정에 대해 자세히 설명하면 빌드 결과물은 각자의 선택에 따라 서로 다른 패키지로 만들어질 수 있다. 이렇게 빌드 결과물을 서로 다른 패키지에 넣는 절차를 패키지 분리<sup>Package Splitting</sup>라고 한다.

패키지 분리를 하는 이유는 하나의 레시피 파일에서는 하나 이상의 패키지를 만들어 낼 수 있다. 그러나 만들어진 패키지들 중 일부만 타깃 장치의 루트 파일 시스템에 설치한다. 이것은 필요한 결과물만 설치해 최종 이미지의 크기를 줄이고, 장치 보안에 위해를 줄 수 있는 바이너리, 라이브러리, 디버그 정보 등을 설치하지 않도록 할 수 있기 때문이다.

끝으로 packages-split 디렉터리 아래의 파일들은 패키지를 만들 수 있는 패키지 메타데이터로 변경된다. 이것은 다음에 다루는 do_packagedata 태스크에 의해 이뤄진다.

## 2. do_packagedata 태스크

do_packagedata 태스크는 do_package 태스크가 생성한 패키지와 관련된 데이터를 생성하고 저장하는 작업을 수행한다. 이 태스크는 패키지 메타데이터를 사용해 패키지가 설치될 경로, 라이브러리 및 실행 파일의 의존성 정보, 설정 파일 등을 정의한다.

do_packagedata 태스크에서는 do_package 태스크에 의해 생성된 패키지 메타데이터(그림 15-3에서 가장 오른쪽 디렉터리)를 전역적으로 사용할 수 있도록 '${TMPDIR}/pkgdata/${MACHINE}' 디렉터리 아래로 복사한다. 이전 태스크들까지는 태스크의 산출물들이 ${WORKDIR}에 위치해 있었다. 다시 말해 특정 레시피의 빌드 작업 디렉터리에 산출물들이 만들어졌다. 그러나 do_packagedata 태스크부터는 태스크의 산출물이 전역적으로 사용될 수 있도록 상위 디렉터리에 저장된다. 우리 예제의 경우 do_packagedata 태스크의 산출물은 'build/tmp/pkgdata/great/' 디렉터리에 저장된다.

### 3. do_package_write_rpm 태스크

do_package_write_rpm 태스크는 RPM 패키지를 생성하고 생성된 패키지를 패키지 피드라는 '${TMPDIR}/deploy/rpm' 디렉터리에 위치시킨다.

참고로 만약 커스텀 패키지 생성을 위해 PACKAGES 변수에 나열되지 않은 패키지가 필요하다면 PACKAGE_BEFORE_PN 변수를 사용한다.

bitbake 문법은 변수에 선입 또는 후입만 가능케 한다. 그러나 PACKAGE_BEFORE_PN 변수는 bitbake 문법과 무관하게 특정 위치에 값을 추가할 수 있다. 이 변수에 할당된 값은 앞에서 언급했듯이 새로 생성할 패키지의 이름이다.

먼저 PACKAGE_BEFORE_PN 변수에 생성하고자 하는 패키지 이름을 할당한다. 이후 bitbake는 새로 추가된 패키지를 ${PN} 패키지가 생성되기 바로 직전에 삽입한다. 예제 15-4와 같이 PACKAGE_BEFORE_PN 변수에 생성하고자 하는 커스텀 패키지 이름 "examples"를 할당한다. 그리고 ${PN}-examples 패키지에 들어갈 파일들은 FILES_${PN}-examples 변수에 할당한다.

**예제 15-4** PACKAGE_BEFORE_PN 변수 설정의 예

```
PACKAGE_BEFORE_PN = "examples"
FILES_${PN}-examples = "${datadir}/examples"
```

그림 15-8에서 보면 PACKAGES 변수에서 PN 변수 앞에 PACKAGE_BEFORE_PN 변수가 놓인 것을 알 수 있다.

```
PACKAGE_BEFORE_PN ?= ""
PACKAGES = "${PN}-src ${PN}-dbg ${PN}-staticdev ${PN}-dev ${PN}-doc ${PN}-locale ${PACKAGE_BEFORE_PN} ${PN}"
PACKAGES_DYNAMIC = "^${PN}-locale-.*"
```

**그림 15-8** PACKAGES 변수에서 PACKAGE_BEFORE_PN의 위치

참고로 그림 15-8은 bitbake.conf 파일의 일부이고 파일의 위치는 'poky/meta/conf/bitbake.conf'이다.

## 4. do_package_qa 태스크

do_pacakge_qa 태스크는 만들어진 RPM 패키지들에 대해 품질 보증<sup>Quality Assurance</sup> 확인을 한다. 이 태스크는 패키지가 빌드되고 생성된 후에 실행되며, 패키지에 대한 다양한 품질 검증 도구를 사용해 문제를 찾고 보고한다. 여러 QA 도구와 규칙을 적용해 패키지의 품질을 평가하는데, 예를 들어, 패키지의 파일 누락, 라이브러리 의존성 오류, 중복 파일, 빈 디렉토리 등을 확인하고, 필요한 경우 경고 또는 오류 메시지를 출력한다. 이 작업에는 오픈임베디드 코어에서 제공한 insane.bbclass 클래스 파일을 사용한다.

insane 클래스는 패키지 생성 프로세스에서 생성된 패키지들에 대한 품질 보증 검사를 실시한다. 특히 실행 중에 나타나는 일반적인 문제들에 대해 빌드 출력을 확인하는 다양한 검사가 수행된다. 배포 정책으로 insane 클래스가 포함될 것인지를 정할 수 있고, 레시피 파일에서 하나 이상의 검사를 건너뛰고 싶다면 INSANE_SKIP 변수를 사용해 건너뛰게도 할 수 있다. 가령 레시피의 주요 패키지인 ${PN}에서 심볼릭 링크 '.so' 파일에 대한 검사를 건너뛰게 하려면 예제 15-5와 같이 해주면 된다.

**예제 15-5** INSANE_SKIP 변수를 통한 검사 건너뛰기

```
INSANE_SKIP_${PN} += "dev-so"
```

표 15-1은 WARN_QA 그리고 ERROR_QA 변수에서 나열된 검사 목록의 일부이다. 나열된 검사 목록을 INSANE_SKIP_XX 변수에 추가하면 해당 검사를 건너뛰게 할 수 있다.

**표 15-1** QA 검사 목록

| Variable | Test description |
|---|---|
| already-stripped | 생성된 실행 파일이 빌드 시스템에 의해 디버그 심볼이 추출되기 전에 이미 스트립됐는지 확인한다. 여기서 스트립이란 실행 파일이나 라이브러리에서 디버그 정보나 기호(symbol)를 제거하는 작업을 의미한다. 업스트림 소프트웨어(upstream software)[1] 프로젝트들은 일반적으로 출력 바이너리에 대해 디버그 심볼을 스트립하는 것을 기본값으로 설정한다. 디버그 심볼이 있는 -dbg 패키지를 사용해 타깃에서 디버깅을 수행하기 위해서는 이러한 스트립 작업을 비활성화해야 한다. |
| arch | 실행 가능하고 링크 가능한 형식(ELF)의 종류, 비트 크기 및 엔디언(Endian)을 확인해 이를 대상 아키텍처와 일치하는지 확인한다. 이 테스트는 어떤 바이너리도 해당 형식과 일치하지 않으면 실패하며, 이는 호환성 문제가 발생했다는 것을 의미하며, 잘못된 컴파일러나 컴파일러 옵션이 사용된 것일 수도 있다. 때로는 부트로더와 같은 소프트웨어에서 이러한 검사를 우회해야 할 수도 있다. |
| buildpaths | 출력 파일 내에서 빌드 호스트(빌드를 수행하는 컴퓨터)의 경로를 확인한다. 이러한 경로가 노출되면 빌드 환경에 대한 정보가 누출되고, 바이너리 재현성(reproducibility)[2]을 방해할 수 있다. |
| build-deps | DEPENDS, 명시적인 RDEPENDS, 또는 태스크 수준의 의존성을 통해 지정된 빌드 시간 의존성이 실행 시간 의존성과 일치하는지를 결정한다. 이는 런타임 의존성이 패키징하는 동안 어디에서 감지되고 추가됐는지를 발견하는 데 특히 유용하다. 메타데이터 내에서 명시적인 의존성이 지정되지 않은 경우, 패키징 단계에서는 의존성을 생성하는 것은 너무 늦기 때문에, 패키지가 이미지에 do_rootfs 태스크를 통해 설치됐을 때 자동으로 감지된 의존성이 충족되지 않아 오류가 발생할 수 있다.<br><br>이와 관련된 예로, update-rc.d 클래스가 /etc/init.d/functions을 참조하는 initscript를 설치하는 패키지에 대해 자동으로 initscripts-functions 패키지에 대한 의존성을 추가하는 경우가 있다. 하지만 이 경우, 레시피는 실제로 initscripts-functions 패키지에 대한 명시적인 RDEPENDS를 가져야 한다. 이를 통해 OpenEmbedded 빌드 시스템은 initscripts 레시피가 실제로 빌드되고 initscripts-functions 패키지가 사용 가능하도록 보장할 수 있다. |
| compile-host-path | do_compile 로그를 확인해 빌드 호스트(빌드를 수행하는 컴퓨터)의 경로가 사용됐는지를 확인한다. 빌드 호스트의 경로가 빌드 출력물에 사용되는 경우, 빌드 출력물에 빌드 호스트의 정보가 노출되는 문제를 야기할 수 있다. |
| debug-deps | -dbg 패키지를 제외한 모든 패키지가 -dbg 패키지에 의존하는지 확인한다. -dbg 패키지에 의존하는 패키지가 있는 경우 이는 패키징 버그를 발생시킬 수 있다.<br><br>참고로 dbg 패키지는 디버깅 정보를 포함하고 있으며, 주로 릴리스 버전이 아닌 개발용 패키지이다. |
| debug-files | -dbg 패키지 이외의 패키지에 .debug 디렉토리가 있는지를 확인한다. 디버그 파일들은 모두 -dbg 패키지에 포함돼야 한다. 따라서 다른 곳에 패키징된 디버그 파일들은 잘못된 패키징이라고 간주된다. |

---

1   업스트림 소프트웨어는 특정 소프트웨어나 프로젝트가 개발되는 원본 또는 출처를 가리키는 용어이다. 이 용어는 소프트웨어를 개발하고 유지 관리하는 기관, 개인, 또는 커뮤니티가 해당 소프트웨어를 최초로 개발하거나 릴리스하는 곳을 가리킨다.

2   바이너리 재현성은 동일한 소스 코드와 빌드 환경에서 같은 조건으로 빌드를 실행할 때, 결과로 생성되는 바이너리(실행 파일 또는 라이브러리)가 항상 동일하게 재현되는 특성을 말한다.

QA<sup>Quality Acessment</sup> 검사 전체 리스트는 'https://docs.yoctoproject.org/ref-manual/classes.html#insane-bbclass' 사이트에 상세하게 나와 있다.

특정 테스트에 대한 실패가 경고 메시지로 끝날 것인지 또는 에러 메시지로 끝날 것인지를 결정할 수 있는데 이것을 Sanity Check라고 부른다. Sanity Check는 한글로 번역하면 "정상적인지 확인"하는 정도가 되겠다.

QA 검사와 관련해 레시피를 만들 때 주의할 점이 있다. 만약 레시피에서 만들어진 결과물이 특정 패키지에 들어가도록 하지 않으면 'do_package_qa' task 수행 과정에서 QA<sup>Quality Accessment</sup> error를 일으키게 된다.

12장에서 ALLOW_EMPTY_${PN} = "1"과 같은 구문을 소개했다. 당시에는 패키지를 학습하기 전이라 설명하지 않았다. 기본적으로 bitbake는 빈 패키지를 생성하지 않기 때문에 출력 패키지가 비어 있으면 QA 에러가 발생한다. 12장과 같이 커널 모듈의 경우 ${PN} 패키지가 비어 있으면 실제 에러 상황이 아닌데도 불구하고 bitbake는 에러를 발생시킨다. 따라서 이런 경우에는 예제 15-6과 같이 빈 패키지를 허용한다는 지시어를 추가해 에러가 발생하지 않도록 할 수 있다.

**예제 15-6** ALLOW_EMPTY 지시어 추가

```
ALLOW_EMPTY_${PN} = "1"
ALLOW_EMPTY_${PN}-dev = "1"
ALLOW_EMPTY_${PN}-staticdev = "1"
```

결론적으로 QA 검사는 생성된 패키지에 대해 실제 또는 잠재적인 문제를 발견하기 위한 것이다.


## 15.2 RPM 패키지

여기서는 기본 패키지 매니저로 설정된 RPM<sup>Redhat Package Manager</sup>에 대해 알아본다.

RPM은 레드햇 계열의 리눅스 배포판에서 사용하는 패키지 관리 도구이다. 초기의 리눅스에서는 모든 패키지를 tar와 gzip으로 묶인 소스 파일을 갖고 직접 컴파일한

후 수동으로 설치해야만 했다. 이때 만약 A라는 패키지(프로그램)를 만드는 데 B라는 패키지의 라이브러리 등이 사용됐다면 B 패키지를 먼저 수동으로 설치한 후 A 패키지를 수동으로 설치해야만 했다. 그러나 실제 시스템은 하나의 패키지가 아니라 수많은 패키지들을 설치해야 하고, 패키지들 간에는 의존 관계가 있기 때문에 당시 패키지를 일일이 설치하는 데는 많은 시간이 소요됐다.

패키지 설치에 너무 많은 시간과 노력이 투자됐기 때문에 레드햇에서는 리눅스를 좀 더 편하게 사용하고자 패키지 관리 도구 프로그램인 RPM을 만들게 됐다. RPM을 사용하면 Windows의 setup.exe와 동일하게 패키지를 자동으로 설치할 수 있도록 도와준다. 그러나 RPM에도 문제가 존재했다. 패키지 간의 의존 패키지까지 자동으로 설치되지 않았던 것이다. 그래서 패키지 의존 관리까지 지원되는 패키지 관리 도구인 yum이 등장하게 된다.

## 15.3 yum

yum<sup>Yellowdog Update Modified</sup>은 레드햇 계열의 리눅스 배포판에서 사용하는 패키지 관리 도구로 RPM 명령어가 해결하지 못했던 패키지 의존성 문제를 해결해 줬다. yum 명령어를 사용하면 패키지 의존성 문제를 자동으로 처리하면서 설치, 업데이트, 삭제를 진행할 수 있다. yum은 보통 한국어로 '염'으로 발음한다.

의존성 관련해 그림 15-9와 같이 우리가 최종적으로 만들려는 패키지 D의 의존성 트리<sup>Dependency Tree</sup>를 그려봤다.

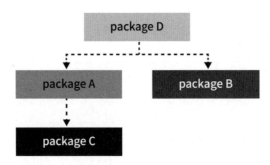

**그림 15-9** 패키지들 간의 의존성

이 그림에서 패키지 D를 생성하기 위해서는 사전에 패키지 D에 의존성이 있는 패키지들이 생성돼야 한다. 의존성에 따른 패키지 빌드 순서는 그림 15-10과 같이 나타낼 수 있다.

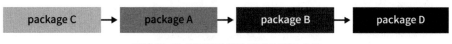

**그림 15-10** 의존성에 따른 패키지 빌드 순서

현재 사용하고 있는 bitbake의 버전인 dunfell 버전에서는 yum의 개선된 버전인 dnf를 패키지 관리 도구로 사용한다. dnf는 Dandified YUM(한국어로 번역하면 '멋을 낸 YUM'임)의 약자로 기존 레드햇 계열의 패키지 관리자인 yum의 단점인 '느린 속도', '과다한 메모리 사용', '의존성 결정이 느림'과 같은 단점을 개선한 새로운 패키지 관리 도구이다. DNF는 필요한 파일을 RPM 패키지 형식으로 설치하는데, 이 RPM 패키지를 인터넷 또는 로컬 저장소에서 검색하고, 필요한 종속성 패키지들과 함께 설치한다. 이렇게 설치된 패키지들은 시스템에 적절한 위치에 배치되며, 프로그램 실행과 관련된 실행 파일, 라이브러리, 설정 파일 등이 시스템에 설치된다.

참고로 예전 bitbake 버전에서는 패키지 관리 도구로 smartpm[3]을 사용했다. 그러나 Yocto 2.3버전부터 이 도구는 dnf로 바뀌었다. 현재 Yocto에서 dnf는 루트 파일 시스템과 SDK를 생성하기 위한 기본 패키지 관리 도구이다.

그림 15-11은 패키지 피드에서 생성된 rpm 패키지들을 이용해 최종 루트 파일 시스템을 생성하는 것을 보여준다.

---

**3**  Smart Package Manager(SmartPM)는 리눅스 배포판에서 사용되는 패키지 관리 도구 중 하나이다. 초기 Yocto에서는 SmartPM을 패키지 매니저로 사용했으나 이는 Yocto 2.3 버전부터 dnf 패키지 매니저로 대체됐다. 그 이유는 SmartPM은 업스트림에서 더 이상 유지보수되지 않고, Python 3.x로 포팅되지 않았기 때문이다.

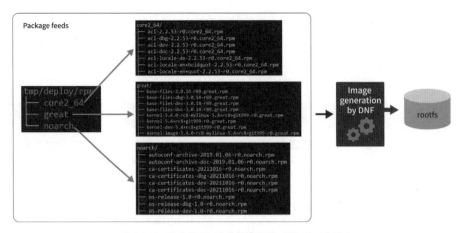

**그림 15-11** 패키지 피드에서 최종 루트 파일 시스템 생성

참고로 dnf 관련해 좀 더 상세한 내용을 알고 싶다면 'https://dnf.readthedocs. io/en/latest/command_ref.html' 사이트를 참고하자.

## 15.4 라이브러리 생성을 통한 패키지 실습

이론만으로 패키지에 대해 이해하는 것은 쉽지 않기 때문에 이해를 위해 간단한 애플리케이션을 만들어 본다. 실습 소스는 다음과 같이 받을 수 있다.

• 기존에 GitHub에서 받은 소스상에서 다음의 명령을 입력한다.

```
$ git checkout makelib
```

여기서는 공유 라이브러리<sup>Shared Library</sup>를 만들어 본다. 참고로 공유 라이브러리와 동적 라이브러리는 동일어이다. 공유 라이브러리는 여러 프로그램에서 공유하도록 만들어진 파일이다. 프로그램에서 사용하는 심볼[4]들은 런타임 시 공유 라이브러리에서 메모리로 로드된다. 따라서 공유 라이브러리는 사용할 때마다 메모리의 로드하는 위치

---

4   심볼 파일이란 어셈블리 코드에서 함수, 변수 이름과 같은 정보를 담고 있는 파일을 말한다. 심볼은 컴파일 시 생성되는 데 디버깅 시 필요한 정보를 담고 있다.

가 계속 바뀐다.

공유 라이브러리를 만드는 레시피와 소스는 기존에 만들었던 meta-myproject 레이어 아래 레시피를 위한 작업 디렉터리 recipes-makelib을 생성하고 그 아래 넣어준다.

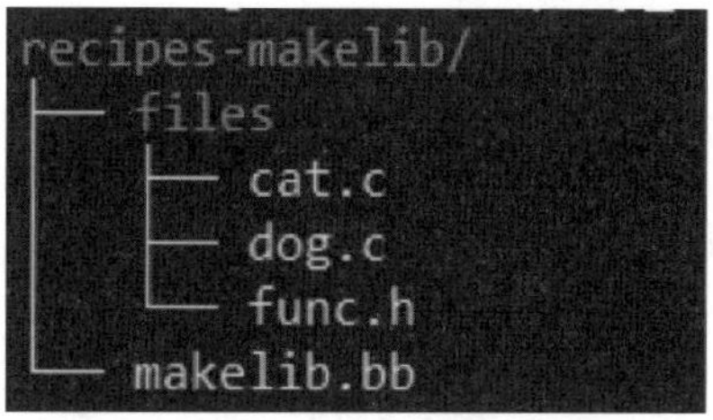

**그림 15-12** 공유 라이브러리 구조

1. '.c' 파일의 내용을 테스트를 위해 간단하게 구성해 본다. 그림 15-12와 같이 meta-myproject 디렉터리 아래 레시피를 위한 작업 디렉터리인 recipes-makelib를 만들고, files 디렉터리 내에 cat.c, dog.c, func.h 파일들을 생성한다. 그런 다음 리스트 15-2~15-4와 같이 입력한다.

**리스트 15-2** cat.c 파일

```
# include <stdio.h>

void makevoicefromcat(void){
    printf ("Meow! Meow! Meow! \n");
}
```

예제에서 파일의 위치: ~/poky_src/poky/meta-myproject/recipes-makelib/files/cat.c

**리스트 15-3** dog.c 파일

```
# include <stdio.h>

void makevoicefromdog(void){
    printf ("Bark! Bark! Bark! \n");
```

```
}
```

예제에서 파일의 위치: ~/poky_src/poky/meta-myproject/recipes-makelib/
files/dog.c

**리스트 15-4** func.h 파일

```
# ifndef    FUNC_H__
# define __FUNC_H__

void makevoicefromdog(void);
void makevoicefromcat(void);

# endif
```

예제에서 파일의 위치: ~/poky_src/poky/meta-myproject/recipes-makelib/
files/func.h

2. 다음은 공유 라이브러리를 만드는 레시피 파일을 만들어 본다. 리스트 15-5와 같
   이 makelib.bb 레시피 파일을 만들고 내용을 입력한다.

**리스트 15-5** makelib.bb 파일

```
DESCRIPTION = "This recipe makes shared library"
LICENSE = "MIT"
LIC_FILES_CHKSUM = "file://${COMMON_LICENSE_DIR}/MIT;md5=0835ade698e0bcf8506ecda2
f7b4f302"                                                          → (1)

SRC_URI = "file://dog.c \
        file://cat.c \
        file://func.h \
         "


do_compile() {
```

```
    ${CC} -fPIC -c dog.c                                                 → (2)
    ${CC} -fPIC -c cat.c
    ${CC} ${LDFLAGS} -shared -Wl,-soname=libtest.so.1 -o libtest.so.1.0 *.o    → (3)
}

RPROVIDES_${PN} = "makelib"                                               → (4)

do_install() {
    install -d ${D}${libdir}
    install -m 0755 libtest.so.1.0  ${D}${libdir}
    ln -s libtest.so.1.0 ${D}${libdir}/libtest.so.1
    ln -s libtest.so.1 ${D}${libdir}/libtest.so
    install -d ${D}${includedir}
    install -m 0644 func.h ${D}${includedir}
}

FILES_${PN} = "${libdir}/libtest.so.1.0 ${libdir}/libtest.so.1"
FILES_${PN}-dev = "${libdir}/libtest.so ${includedir}/func.h"
S = "${WORKDIR}"
FILESEXTRAPATHS_prepend := "${THISDIR}/files:":
```

> 예제에서 파일의 위치: ~/poky_src/poky/meta-myproject/recipes-makelib/
> makelib.bb

(1)의 경우 MIT 라이선스를 사용한다. 기존 예제들의 경우 GPL 또는 라이선스가 없이 구성했다. 만약 사용하고자 하는 라이선스가 MIT 라이선스이고, 소스 트리 내에서 라이선스 파일을 참조하는 방법을 사용할 수 없는 경우에는 리스트와 같이 오픈 임베디드 코어에서 제공하는 라이선스인 ${COMMON_LICENSE_DIR}/MIT를 참조하는 것이 편할 수 있다.

(2)의 경우 공유 라이브러리를 만들기 위해 gcc 명령을 사용해 오브젝트 파일을 생성할 때 '-fPIC'라는 옵션을 사용한다. 이 옵션은 위치 독립적인 코드Position Independent Code를 나타낸다. 앞의 심볼들은 런타임 시 공유 라이브러리에서 메모리로 로드되기 때문에 공유 라이브러리를 만들려고 할 때 이 옵션은 필수이다.

(3)은 실제 링크 단계에서 공유 라이브러리를 생성하는 명령어이다. 링크에서 사용된 옵션을 살펴보자.

- LDFLAGS: LDFLAGS는 Linker Flags의 약자이며, LDFLAGS는 링커$^{Linker}$에 전달되는 플래그(Flags)로서, 링크 단계에서 사용되는 옵션들을 지정하는 변수이다. LDFLAGS는 그림 15-13과 같이 정의돼 있다.

```
export LDFLAGS="-Wl,-O1 -Wl,--hash-style=gnu -Wl,--as-needed -fstack-protector-strong -Wl,-z,relro,-z,now"
```

**그림 15-13** LDFLAGS의 정의

- shared: 컴파일러에게 실행이 가능한 오브젝트에 링크를 걸어줄 수 있는 공유 라이브러리를 만든다고 알려주는 역할을 한다.

- Wl: Wl은 링커에게 전해주는 옵션이다. 리스트 15-5에서는 '-soname=libtest.so.1'이 링커에게 전달하려는 옵션이 된다.

- soname: soname은 API 호환성을 명시적으로 링커에게 알려준다. 따라서 투명한 버전 관리가 되도록 하는 데 사용된다. 리스트에서는 libtest.so.1.0이라는 라이브러리를 만들었다. 링크 과정에서 libtest.so.1 파일을 soname으로 지정했다. libtest.so.1 파일은 심볼릭 링크이고, libtest.so.1.0 파일을 가리킨다. 차후 컴파일 시 libtest.so를 참조하는 애플리케이션은 내부적으로 soname 이름인 libtest.so.1임을 기억한다. 애플리케이션 실행 시 로더는 기억하고 있는 libtest.so.1 파일을 찾아 로딩한다. soname에 대해서는 뒤에서 다시 자세히 설명할 것이다.

(4)의 RPROVIDES 변수는 8장에서 설명했다. 실행 시간 의존성을 위해 이 변수를 사용한다. makelib 레시피에 의해 생성된 라이브러리에 실행 시간 의존성을 가진 패키지가 있다면 RDEPENDS 변수에 makelib 레시피에서 제공한 RPROVIDES값을 넣어주면 된다.

그러나 예제에서의 실행 시간 의존성은 정상적으로 동작하지 않는다. 이유는 뒤에서 설명한다. 참고로 실행 시간 의존성을 나타내는 변수인 RDEPENDS, RPROVIDES

변수들에 할당되는 값에는 패키지 이름이 할당돼야 한다.

공유 라이브러리의 이름은 다음과 같은 규칙이 존재한다.

- libtest.so.1.0: 실제로 생성된 라이브러리이다. 여기서 숫자는 버전을 의미한다. 즉 '1'은 major 버전, '0'은 minor 버전이다.

- libtest.so: 컴파일 시 사용되는 라이브러리이다. 즉 링커가 링킹할 때 사용되는 이름이다. 이것은 심볼릭 링크로 libtest.so.1을 링크한다.

- libtest.so.1: 런타임에 사용되는 라이브러리이다. 이것도 심볼릭 링크로 libtest. so.1.0을 링크한다.

만들어진 3개의 라이브러리 파일 간의 심볼릭 링크 관계는 그림 15-14와 같이 표현할 수 있다.

**그림 15-14** 라이브러리의 심볼릭 링크 관계

이와 같은 내용의 이해를 위해 bitbake로 새로 만든 레시피를 실행하기 전에 코드 상에서 직접 라이브러리를 만들어 보도록 하겠다. 그림 15-15는 공유 라이브러리를 만들기 위한 파일들이 위치하고 있는 디렉터리이다.

```
woonrae@woonrae:~/poky_src/poky/meta-myproject/recipes-makelib/files$ ls
cat.c  dog.c  func.h
```

**그림 15-15** 공유 라이브러리를 만들기 위한 파일들

cat.c, dog.c, func.h 파일이 위치하는 디렉터리에 예제 15-7과 같이 명령을 입력해준다.

**예제 15-7** 라이브러리 생성

```
$ gcc -fPIC -c cat.c
$ gcc -fPIC -c dog.c
```

```
$ gcc -shared -Wl,-soname=libtest.so.1 -o libtest.so.1.0  *.o
```

예제와 같이 명령어들을 순차적으로 실행해 보면 그림 15-16과 같은 결과물들이 만들어진다.

```
woonrae@woonrae:~/poky_src/poky/meta-myproject/recipes-makelib/files$ ls
cat.c  cat.o  dog.c  dog.o  func.h  libtest.so.1.0
```

**그림 15-16** 라이브러리 생성

이제 생성된 라이브러리를 참조하는 심볼릭 링크 파일들을 만들어 본다. 예제 15-8은 만들어진 라이브러리를 심볼릭 링크 파일로 만드는 명령어이다.

**예제 15-8** 심볼릭 링크 파일 만들기

```
$ ln -s libtest.so.1.0 libtest.so.1
$ ln -s libtest.so.1 libtest.so
```

예제와 같이 명령어를 입력하면 그림 15-17과 같이 심볼릭 링크 파일들이 생성된다.

```
woonrae@woonrae:~/poky_src/poky/meta-myproject/recipes-makelib/files$ ls -al
total 36
drwxrwxr-x 2 woonrae woonrae 4096 Jan 30 16:29 .
drwxrwxr-x 3 woonrae woonrae 4096 Jan 30 15:29 ..
-rw-rw-r-- 1 woonrae woonrae   89 Jan 29 17:40 cat.c
-rw-rw-r-- 1 woonrae woonrae 1552 Jan 30 16:05 cat.o
-rw-rw-r-- 1 woonrae woonrae   89 Jan 29 17:38 dog.c
-rw-rw-r-- 1 woonrae woonrae 1552 Jan 30 16:05 dog.o
-rw-rw-r-- 1 woonrae woonrae  105 Jan 29 17:41 func.h
lrwxrwxrwx 1 woonrae woonrae   12 Jan 30 16:29 libtest.so -> libtest.so.1
lrwxrwxrwx 1 woonrae woonrae   14 Jan 30 16:29 libtest.so.1 -> libtest.so.1.0
-rwxrwxr-x 1 woonrae woonrae 7976 Jan 30 16:06 libtest.so.1.0
```

**그림 15-17** 최종 공유 라이브러리

그림에서 libtest.so.1.0 라이브러리 파일만 있으면 되는데 왜 불필요하게 따로 심볼릭 링크 파일을 2개 만들었을까? 이유는 앞서 soname에 관해 설명한 이유와 같다. 즉 버전 관리에 유연함을 주기 위해서이다.

실제 소스에 의해 생성되는 라이브러리 파일은 libtest.so.1.0이다. 앞에서 soname으로 지정된 libtest.so.1이라는 파일은 libtest.so.1.0을 심볼릭 링크하고 있다. 런타임으로 이 라이브러리를 사용하는 애플리케이션은 실행 시 libtest.so.1을 사용한다. 더 정확하게 말하면 애플리케이션 실행 시 로더$^{loader}$는 자신이 알고 있는 soname에 해당하는 라이브러리인 libtest.so.1 파일을 메모리로 로딩한다.

가정해 보자. 라이브러리를 생성하는 소스의 작은 부분이 바뀌었기 때문에 라이브러리를 다시 생성했다. 생성된 라이브러리는 변경 전의 라이브러리와의 구분을 위해 이름을 libtest.so.1.1이라고 한다. 런타임으로 이 라이브러리를 사용하는 애플리케이션이 찾는 라이브러리의 이름은 libtest.so.1이다. 이제 고민이 하나 생겼다. 라이브러리가 변경됐기 때문에 실행 시간 의존성을 갖고 있는 모든 어플리케이션을 다시 빌드해야 하는가이다. 그러나 라이브러리와 의존성을 지닌 모든 패키지들을 바꾸는 데는 비용이 많이 든다. 따라서 여기서는 libtest.so.1 파일이 libtest.so.1.0 파일이 아니라 libtest.so.1.1 파일을 심볼릭 링크하도록 바꿔준다. 이렇게 하면 런타임 시 이 라이브러리를 사용하는 애플리케이션 입장에서는 참조하는 라이브러리가 바뀌지 않은 것이 된다. 그래서 다시 빌드할 필요가 없다.

그러나 라이브러리의 내용이 크게 바뀌었을 때는 이를 사용하고 있는 모든 애플리케이션들은 다시 빌드돼야 하며, 이 경우 보통 libtest.so.2.0과 같이 주요 버전을 수정한다.

참고로 어떤 애플리케이션이 공유 라이브러리와 링크돼 있을 때 동적 링커$^{Dynamic\ Linker}$는 특정 섹션을 보고 실행 시간에 라이브러리가 로드돼야 한다는 것을 알게 된다. 그 특정 섹션의 이름이 'NEEDED'이다.

보통 공유 라이브러리를 링크해 사용하는 애플리케이션의 경우 라이브러리의 전체 이름$^{Full\ Name}$을 참고하지 않는다. 즉 앞선 예제에서 libtest.so.1.0이 파일의 전체 이름이지만, 실제로 실행 시간 애플리케이션이 참조하는 이름은 soname에 기입된 이름, 즉 libtest.so.1이다.

그림 15-18은 앞에서 만든 예제의 공유 라이브러리의 섹션 정보를 확인한 것이다. 그림을 보면 동적 섹션에 'NEEDED', 그 아래 'SONAME'이라고 돼 있는 것을 볼 수 있다.

**그림 15-18** libtest.so.1.0 파일의 섹션 정보

지금까지 공유 라이브러리라는 것이 무엇인지 알아봤다. 이제 리스트 15-5에서 만든 공유 라이브러리 레시피를 '$ bitbake makelib' 명령어로 빌드해 본다.

빌드가 마무리되면 그림 15-19와 같이 bitbake가 작업한 산출물들이 담긴 디렉터리로 이동해 보자. 참고로 특정 레시피를 빌드하면서 생성되는 작업 산출물 디렉터리는 WORKDIR 변수에 지정돼 있다.

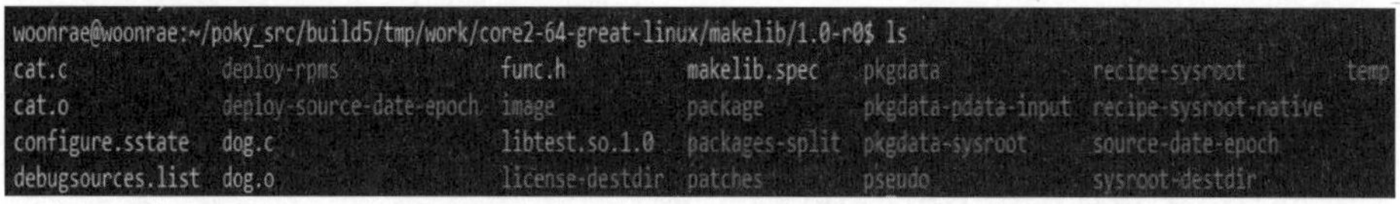

**그림 15-19** bitbake 작업 산출물 디렉터리

이제 image 디렉터리로 이동한다. 이 디렉터리는 그림 15-20과 같이 레시피상에서 do_install 태스크가 수행돼 나오는 산출물들이 저장되는 디렉터리이다.

```
woonrae@woonrae:~/poky_src/build5/tmp/work/core2-64-great-linux/makelib/1.0-r0$ tree image
image
└── usr
    ├── include
    │   └── func.h
    └── lib
        ├── libtest.so -> libtest.so.1
        ├── libtest.so.1 -> libtest.so.1.0
        └── libtest.so.1.0
```

**그림 15-20** do_install 태스크의 산출물들이 저장되는 디렉터리

리스트 15-6은 do_install 태스크이다. 그림 15-21에서 볼 수 있는 새로 생성된 공유 라이브러리를 어떤 디렉터리에 설치하는지를 기술하는 부분이 여기에 존재한다.

**리스트 15-6** makelib.bb 파일 중 do_install 태스크

```
do_install() {

    install -d ${D}${libdir}
    install -m 0755 libtest.so.1.0  ${D}${libdir}
    ln -s libtest.so.1.0 ${D}${libdir}/libtest.so.1
    ln -s libtest.so.1 ${D}${libdir}/libtest.so
    install -d ${D}${includedir}
    install -m 0644 func.h ${D}${includedir}
}
```

> 예제에서 파일의 위치: ~/poky_src/poky/meta-myproject/recipes-makelib/
> makelib.bb

1. do_install 태스크 실행 후 그 결과물은 '${WORKDIR}/image'에 설치된다. 생성된 디렉터리인 image는 실제로 최종 루트 파일 시스템과 동일한 구조에 맞춰 생성된다. 다음 실행 태스크인 do_package 태스크는 do_install 태스크의 결과물을 갖고 그림 15-21과 같이 package 디렉터리의 '${WORKDIR}/package' 내에 배치된다.

```
woonrae@woonrae:~/poky_src/build5/tmp/work/core2-64-great-linux/makelib/1.0-r0$ tree package
package
└── usr
    ├── include
    │   └── func.h
    └── lib
        ├── libtest.so -> libtest.so.1
        ├── libtest.so.1 -> libtest.so.1.0
        └── libtest.so.1.0
```

그림 15-21 package 디렉터리

곰곰이 한 번 생각해 보자. 최종적으로 만들어진 라이브러리들은 루트 파일 시스템에 위치돼야 한다. 이 라이브러리들을 런타임에 사용하는 애플리케이션들이 존재한다고 했을 때 이 애플리케이션들이 실행되기 위해서는 libtest.so.1과 실제 파일인 libtest.so.1.0이 필요하다. libtest.so, func.h 파일들은 이 라이브러리를 사용해 컴파일해야 하는 애플리케이션에서 필요한 것이기 때문에 여기서는 굳이 필요가 없다. 따라서 우리는 이 파일들을 그림 15-22와 같이 두 그룹으로 나눠 분리해 볼 필요가 있다.

그림 15-22 두 그룹으로 분리한 산출물

따라서 우리는 이를 레시피 파일에서 리스트 15-7과 같이 FILES 변수를 통해 기술할 수 있다.

**리스트 15-7** makelib.bb 파일

```
…
do_install() {
    install -d ${D}${libdir}
    install -m 0755 libtest.so.1.0  ${D}${libdir}
    ln -s libtest.so.1.0 ${D}${libdir}/libtest.so.1
    ln -s libtest.so.1 ${D}${libdir}/libtest.so
    install -d ${D}${includedir}
    install -m 0644 func.h ${D}${includedir}
}
```

```
FILES_${PN} = "${libdir}/libtest.so.1.0 ${libdir}/libtest.so.1"
FILES_${PN}-dev = "${libdir}/libtest.so ${includedir}/func.h"
S = "${WORKDIR}"
FILESEXTRAPATHS_prepend := "${THISDIR}/files:"
```

예제에서 파일의 위치: ~/poky_src/poky/meta-myproject/recipes-makelib/ files/func.h

do_package 태스크는 그림 15-23과 같이 패키지들을 분류해 '${WORKDIR}/ packages-split' 디렉터리에 배치한다. 이 디렉터리 내의 'makelib', 'makelib-dbg', 'makelib-dev' 디렉터리들은 나중에 각각 rpm 파일로 만들어진다.

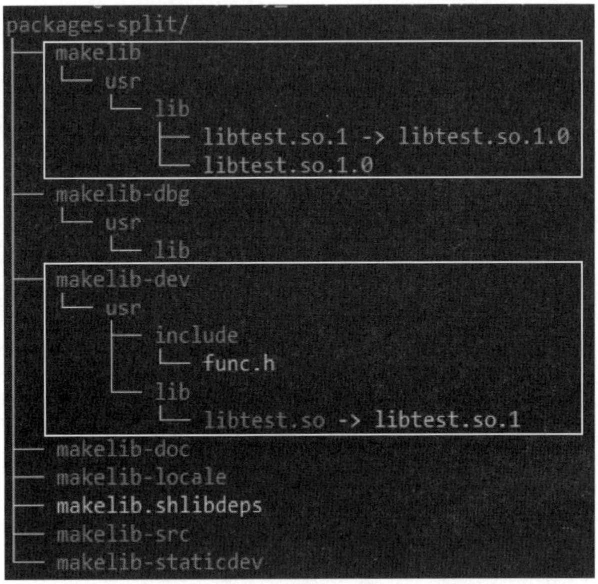

**그림 15-23** packages-split 디렉터리들

do_package 태스크의 내용을 다시 한 번 정리해 보자. 우선 do_install 태스크를 통해 만들어진 결과물은 ${WORKDIR}/${D}에 설치되고, do_package 태스크는 이 디렉터리의 파일들을 ${WORKDIR}/package로 복사한다. 그림 15-24와 같이

PACKAGES 변수에 지정된 값을 기준으로 ${WORKDIR}/packages-split 디렉터리 아래 디렉터리가 생성된다.

```
woonrae@woonrae:~/poky_src/build6/tmp/work/core2-64-great-linux/uselib$ bitbake-getvar -r makelib PACKAGES
#
# $PACKAGES [2 operations]
#   set /home/woonrae/poky_src/poky/meta/conf/bitbake.conf:294
#     "${PN}-src ${PN}-dbg ${PN}-staticdev ${PN}-dev ${PN}-doc ${PN}-locale ${PACKAGE_BEFORE_PN} ${PN}"
#   set /home/woonrae/poky_src/poky/meta/conf/documentation.conf:318
#     [doc] "The list of packages to be created from the recipe."
# pre-expansion value:
#   "${PN}-src ${PN}-dbg ${PN}-staticdev ${PN}-dev ${PN}-doc ${PN}-locale ${PACKAGE_BEFORE_PN} ${PN}"
PACKAGES="makelib-src makelib-dbg makelib-staticdev makelib-dev makelib-doc makelib-locale  makelib"
```

그림 15-24 PACKAGES 변수에 할당된 디렉터리 리스트들

그림 15-24는 makelib 레시피의 PACKAGES 변수를 출력한 것이고, 그림 15-25 는 실제로 packages-split 디렉터리에 생성된 결과이다. 비교해 보면 PACKAGES 변수에 저장된 리스트들이 그대로 디렉터리로 만들어졌다는 것을 알 수 있다.

```
packages-split/
├── makelib
│   └── usr
│       └── lib
│           ├── libtest.so.1 -> libtest.so.1.0
│           └── libtest.so.1.0
├── makelib-dbg
│   └── usr
│       └── lib
├── makelib-dev
│   └── usr
│       ├── include
│       │   └── func.h
│       └── lib
│           └── libtest.so -> libtest.so.1
├── makelib-doc
├── makelib-locale
├── makelib.shlibdeps
├── makelib-src
└── makelib-staticdev
```

그림 15-25 packages-split 디렉터리들

이제 packages-split에 분리돼 들어간 각각의 결과물이 rpm 패키지로 만들어져야 한다. 그림 15-26과 같이 '${WORKDIR}/deploy-rpms' 디렉터리 아래 만들어지는 것을 볼 수 있다.

```
woonrae@woonrae:~/poky_src/build5/tmp/work/core2-64-great-linux/makelib/1.0-r0$ tree deploy-rpms/
deploy-rpms/
└── core2_64
    ├── libtest1-1.0-r0.core2_64.rpm
    ├── libtest-dbg-1.0-r0.core2_64.rpm
    └── libtest-dev-1.0-r0.core2_64.rpm

1 directory, 3 files
```

**그림 15-26** deploy-rpms 디렉터리

그리고 do_package_write_rpm 태스크가 실행되고 산출물들은 최종적으로 패키지 피드<sup>Package Feed</sup>인 'tmp/deploy/rpm' 디렉터리 아래 위치하게 된다.

이제부터는 앞에서 만든 공유 라이브러리인 libtest.so.1.0 파일로 런타임에 사용하는 애플리케이션을 생성한다. 이 애플리케이션은 루트 파일 시스템에 설치돼야 한다. 끝으로 애플리케이션 실행 시 설치된 libtest.so.1 라이브러리를 이용해 잘 동작하는지 확인해 본다.

공유 라이브러리를 가져다 사용하는 애플리케이션 레시피와 파일을 만들어 보자. 기존에 만들었던 meta-myproject 레이어 아래에 레시피 그룹 디렉터리인 recipes-uselib를 그림 15-27과 같이 만든다. files 디렉터리 내의 libtest.so 파일은 기존에 makelib 레시피의 빌드 결과물을 가져다 사용한다. makelib 레시피의 빌드 작업 디렉터리 아래에 생성된 libtest.so.1.0 파일을 복사해 libtest.so로 이름을 변경한다. 그런 다음 그림과 같이 uselib 레시피를 위한 작업 디렉터리 내에 복사한 파일을 붙여넣는다. func.h 파일은 리스트 15-8과 같다. 이전 예제에서 사용하던 파일을 그대로 사용하면 된다. 예제 애플리케이션인 makevoicemain.c 파일은 리스트 15-9와 같이 입력한다.

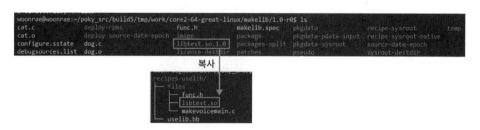

**그림 15-27** 공유 라이브러리를 레시피 작업 디렉터리로 복사하기

**리스트 15-8** func.h 파일

```
# ifndef __FUNC_H__
# define __FUNC_H__

void makevoicefromdog(void);
void makevoicefromcat(void);

# endif
```

예제에서 파일의 위치: ~/poky_src/poky/meta-myproject/recipes-uselib/ files/func.h

**리스트 15-9** makevoicemain.c 파일

```
# include <stdio.h>
# include "func.h"

int main(void) {
    printf ("Hello makevoicemain! \n");
    makevoicefromdog();
    makevoicefromcat();

    return 0;
}
```

예제에서 파일의 위치: ~/poky_src/poky/meta-myproject/recipes-uselib/ files/makevoicemain.c

리스트 15-10은 애플리케이션을 만들기 위한 레시피 파일이다. 그림 15-27과 같이 레시피 작업 디렉터리인 recipes-uselib 아래에 위치한다. 파일 이름은 uselib.bb 이다.

**리스트 15-10** uselib.bb 레시피 파일

```
DESCRIPTION = "This recipes makes execution file which uses libtest.so"
LICENSE = "MIT"
LIC_FILES_CHKSUM = "file://${COMMON_LICENSE_DIR}/MIT;md5=0835ade698e0bcf8506ecd
a2f7b4f302"

SRC_URI = "file://makevoicemain.c \
        file://libtest.so \
        file://func.h \
        "

do_compile() {
    ${CC} ${LDFLAGS} -I -wl,-rpath=${libdir} -L. makevoicemain.c -ltest
-o makevoicemain                                                        → (1)
}

do_install() {
    install -d ${D}${bindir}
    install -m 0755 makevoicemain ${D}${bindir}
}

RDEPENDS_${PN} = "makelib"                                               → (2)
S = "${WORKDIR}"

FILESEXTRAPATHS_prepend := "${THISDIR}/files:"
FILES_${PN} += "${bindir}/makevoicemain"
```

> 예제에서 파일의 위치: ~/poky_src/poky/meta-myproject/recipes-uselib/
> uselib.bb

(1)은 기존에 만들었던 공유 라이브러리를 이용해 makevoicemain.c 파일을 빌드
하는 명령어이다. 여기서 사용된 옵션 정보들을 살펴보자.

- rpath: rpath는 빌드 결과로 만들어진 애플리케이션이 실행될 때 해당 라이브러
  리의 위치를 나타낸다.

- L: L은 만들려는 애플리케이션을 위해 필요한 라이브러리의 위치이다.

- I: I는 라이브러리의 이름으로 'lib' 접두어<sup>prefix</sup>를 생략한 이름이다. 가령 libtest. so가 라이브러리의 이름이라면 '-ltest'라고 하면 된다.

(2)는 현재 만들려는 애플리케이션의 실행 시간 의존성이 걸려 있는 패키지를 기술하는 부분이다. uselib 패키지는 makelib 패키지에 실행 시간 의존성이 있다는 것을 나타낸다. 여기서 주의할 부분이 RDEPENDS 변수에 들어갈 값은 앞서 makelib. bb 레시피 파일에서 RPROVIDES 변수에서 넣어준 값과 동일해야 하며 패키지의 이름이라는 것이다. 왜냐하면 makelib 패키지에 실행 시간 uselib 애플리케이션이 사용할 공유 라이브러리 libtest.so.1이 포함돼 있기 때문이다.

지금까지 우리는 2개의 레시피 파일을 만들었다. 하나는 공유 라이브러리를 만들어주는 레시피이고, 다른 하나는 만들어진 라이브러리를 런타임에 사용하는 애플리케이션 레시피이다.

이 2개의 레시피에 의해 만들어진 패키지들이 루트 파일 시스템에 포함되도록 한다. 리스트 15-11과 같이 이미지 생성 레시피인 great-image.bbappend 레시피 확장 파일에 IMAGE_INSTALL 변수를 통해 추가한다.

**리스트 15-11** great-image.bbappend 파일

```
IMAGE_INSTALL += "packagegroup-great"
IMAGE_INSTALL += "uselib makelib"
```

예제에서 파일의 위치: ~/poky_src/poky/meta-myproject/recipes-core/ images/great-image.bbappend

이제 예제 15-9와 같이 다시 빌드를 해보고 최종적으로 우리가 원하는 대로 동작하는지 확인해 보자.

**예제 15-9** 새로 만들어진 레시피들의 빌드 진행

```
$ bitbake makelib
$ bitbake uselib
```

```
$ bitbake great-image -C rootfs
$ runqemu great-image nographic
```

QEMU를 통해 실행된 리눅스에서 그림 15-28과 같이 애플리케이션인 makevoicemain
을 입력해 보면 원하는 결과가 출력되는 것을 볼 수 있다.

```
root@great:~# makevoicemain
Hello makevoicemain!
Bark! Bark! Bark!
Meow! Meow! Meow!
```

**그림 15-28** makevoicemain module 실행 결과

## 15.5 개선된 라이브러리 생성 패키지

앞에서 공유 라이브러리를 만들고, 이 라이브러리를 사용하는 간단한 예제를 만들어
봤다. 이를 위해 공유 라이브러리를 만드는 레시피와 이 라이브러리를 실행 시간에
사용하는 레피시도 만들어 봤다.

그러나 여기서 불편하다고 느껴지는 부분이 있다. 그것은 uselib 레시피를 빌드하면
서 makelib 레시피의 라이브러리 파일(libtest.so)과 헤더 파일(func.h)들을 수작업으
로 복사한 부분이다.

빌드 시 의존성이 있는 라이브러리들을 일일이 수작업으로 복사해 애플리케이션을
개발해야 한다면 이는 Yocto의 장점을 살리지 못한 개발 방법이다. 이미 Yocto는
빌드 시간 의존성이라는 방법을 제공하고 있기 때문에 이렇게 수작업으로 라이브러
리를 복사할 필요가 없다.

그럼 왜 불필요한 예제를 수행했는지 물을 것이다. 그것은 RDEPENDS와 RPROVIDES
가 무엇인지 알기 위해서이다. 원래 RDEPENDS, RPROVIDES 변수는 실행 시간
의존성을 나타낸다. 가령 패키지 A가 libA를 포함하고 있고, 또 다른 패키지 B는 libA
에 링크돼 있는 바이너리를 포함하고 있다고 하자. 즉 바이너리 실행 시 공유 라이브러

리인 libA를 로드해야 한다. 이런 경우 패키지 B는 패키지 A에 실행 시간 의존성이 있다고 표현할 수 있다.

그러나 makelib, uselib 레시피를 통해 언급한 예제는 실행 시간 의존성만으로 의존성이 해결되지 않는다. 언뜻 보면 uselib 레시피가 makelib 레시피에서 만들어진 공유 라이브러리를 실행 시간에 사용하기 때문에 실행 시간 의존성을 가졌다고 판단할 수 있다. 하지만 이 관계가 성립되려면 uselib 레시피에서 생성된 패키지가 실행 시에만 makelib 레시피에서 생성된 패키지와 의존 관계를 가져야 한다.

만약 makelib 레시피의 라이브러리가 생성되기 선에 그림 15-29와 같이 uselib 레시피의 do_compile 태스크를 실행한다고 하자. 이 경우 링크에 필요한 libtest.so 파일은 uselib 레시피에 존재하지 않기 때문에 태스크 실행에 실패한다. 따라서 libtest.so 파일이 uselib 빌드 시간에 적절한 위치에 배치되기 위해서는 실행 시간 의존성이 아니라 빌드 시간 의존성이 만들어져야 한다. 실행 시간 의존성은 패키지가 만들어지고 난 후 실행할 때의 의존성이기 때문에 패키지 간의 의존성이다. 따라서 빌드 시점에서 필요한 것은 패키지의 의존성이 아니라 레시피 빌드의 중간 결과물인 라이브러리 자체에 대한 의존성이다.

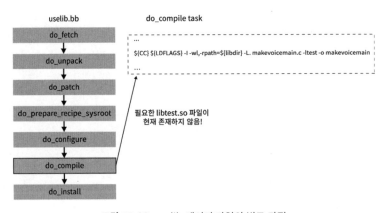

**그림 15-29** uselib 레시피 파일의 빌드 과정

이 문제를 해결하려면 빌드 시간 의존성을 지정해 주는 DEPENDS, PROVIDES 변수를 사용해야 한다. 그럼 빌드 시간 의존성은 어떤 방식으로 동작하고 이 문제를 해결하는지 자세히 살펴보자.

bitbake는 각각의 레시피를 빌드하면서 빌드 작업 디렉터리 아래 recipe-sysroot 라는 디렉터리를 만들고, 컴파일이나 링크 시 필요한 헤더나 라이브러리 파일을 recipe-sysroot 디렉터리 아래에서 찾게 된다. 8장에서 recipe-sysroot 디렉터리를 설명했지만, 여기서는 빌드 시간 의존성 설명을 위해 다시 자세히 설명한다.

- recipe-sysroot: recipe-sysroot 디렉터리는 bitbake가 레시피를 빌드하는 중에 do_prepare_recipe_sysroot 태스크에서 만들어진다. 알아 둘 중요한 점 은 이 디렉터리는 레시피에서 DEPENDS 변수에 의해 지정된 다른 레시피의 결 과물을 recipe-sysroot로 복사해 주는 일을 하게 된다. 그런데 만약 해당 레시 피가 아직 빌드되지 않아 결과물이 없다면 의존성이 존재하는 레시피를 먼저 빌 드하고 그 결과물을 recipe-sysroot 디렉터리로 복사해 주게 된다.

결국 그림 15-30과 같이 bitbake는 uselib 레시피 빌드 과정 중에 do_prepare_ recipe_sysroot 태스크 실행을 멈추고, DEPENDS 변수에 기술된 makelib 레시 피를 빌드하게 된다. 그리고 makelib 레시피의 do_populate_sysroot 태스크에서 생성된 결과물을 uselib 레시피의 recipe-sysroot 디렉터리에 복사하고, 원래 실 행 중이었던 uselib 레시피의 do_prepare_recipe_sysroot를 실행한다. 이후 do_ compile 태스크를 실행할 때 이미 makelib 레시피에서 생성된 라이브러리들이 sysroot상에 위치하고 있기 때문에 링크가 정상적으로 이뤄진다.

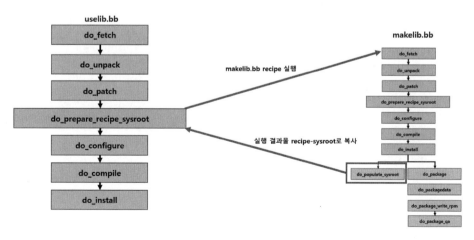

**그림 15-30** 개선된 빌드 과정

이제 DEPENDS와 PROVIDES 변수를 통해 소스를 변경해 본다. 먼저 uselib.bb 파일을 수정해 본다. 실습 소스는 다음과 같이 받을 수 있다.

- 기존에 GitHub에서 받은 소스상에서 다음의 명령을 입력한다.

```
$ git checkout improved_makelib
```

리스트 15-12와 같이 기존 소스에서 바뀌는 부분이 두 군데 있다. 먼저 SRC_URI에서 기존에 존재했던 libtest.so 파일과 func.h 파일을 삭제한다. 그런 다음 RDEPENDS로 돼 있던 것을 DEPENDS로 수성해 실행 시간 의존성을 빌드 시간 의존성으로 바꾼다.

**리스트 15-12** uselib.bb 파일

```
DESCRIPTION = "This recipes makes execution file which uses libtest.so"
LICENSE = "MIT"
LIC_FILES_CHKSUM = "file://${COMMON_LICENSE_DIR}/MIT;md5=0835ade698e0bcf8506ecda2
f7b4f302"

SRC_URI = "file://makevoicemain.c \
          "

do_compile() {
    ${CC} ${LDFLAGS} -I -wl,-rpath=${libdir} -L. makevoicemain.c -ltest -o
makevoicemain
}

do_install() {
    install -d ${D}${bindir}
    install -m 0755 makevoicemain ${D}${bindir}
}

DEPENDS = "makelib"

S = "${WORKDIR}"
FILESEXTRAPATHS_prepend := "${THISDIR}/files:"
FILES_${PN} += "${bindir}/makevoicemain"
```

예제에서 파일의 위치: ~/poky_src/poky/meta-myproject/recipes-uselib/
uselib.bb

이번에는 makelib.bb 파일을 수정한다. 리스트 15-13과 같이 makelib.bb 파일에
서는 RPROVIDES 변수만 주석 처리해 주면 된다. PROVIDES 변수에 makelib 레
시피 이름을 할당해야 하지만, 따로 추가하지 않았다. 그 이유는 따로 PROVIDES 변
수를 정의하지 않으면 레시피의 이름을 기본값으로 갖게 되므로 makelib.bb 레시
피 파일에서 PROVIDES값이 makelib이 되기 때문이다.

**리스트 15-13** makelib.bb 파일

```
DESCRIPTION = "This recipe makes shared library"
LICENSE = "MIT"
LIC_FILES_CHKSUM = "file://${COMMON_LICENSE_DIR}/MIT;md5=0835ade698e0bcf8506ecda2
f7b4f302"

SRC_URI = "file://dog.c \
        file://cat.c \
        file://func.h \
         "

do_compile() {
    ${CC} -fPIC -c dog.c
    ${CC} -fPIC -c cat.c
    ${CC} ${LDFLAGS} -shared -Wl,-soname=libtest.so.1 -o libtest.so.1.0 *.o
}

do_install() {
    install -d ${D}${libdir}
    install -m 0755 libtest.so.1.0  ${D}${libdir}
    ln -s libtest.so.1.0 ${D}${libdir}/libtest.so.1
    ln -s libtest.so.1 ${D}${libdir}/libtest.so
    install -d ${D}${includedir}
    install -m 0644 func.h ${D}${includedir}
}

# RPROVIDES_${PN} = "makelib"
FILES_${PN} = "${libdir}/libtest.so.1.0 ${libdir}/libtest.so.1"
FILES_${PN}-dev = "${libdir}/libtest.so ${includedir}/func.h"
```

```
S = "${WORKDIR}"
FILESEXTRAPATHS_prepend := "${THISDIR}/files:"
```

예제에서 파일의 위치: ~/poky_src/poky/meta-myproject/recipes-makelib/
makelib.bb

다시 빌드를 진행해 본다. 기존의 makelib.bb 레시피 파일과 uselib.bb 레시피 파일의 빌드 결과물을 삭제하고 시작한다. 빌드 결과물을 삭제하고 시작해야 uselib 레시피를 먼저 빌드했을 때 의존성에 의해 빌드 중간에 makelib 레시피가 빌드되는 것을 확인할 수 있기 때문이다.

```
$ bitbake makelib -c cleanall
$ bitbake uselib -c cleanall
```

제일 먼저 '$ bitbake uselib' 명령어로 uselib.bb 레시피 파일을 빌드한다.

명령을 실행해 보면 문제 없이 빌드가 완료되는 것을 볼 수 있다. 이전 예제에서는 makelib.bb 레시피를 먼저 빌드하지 않고 uselib.bb 레시피를 빌드하게 되면 빌드에 실패했다. 그러나 이번에는 makelib.bb 레시피를 빌드하지 않고 uselib.bb 레시피를 먼저 빌드해도 전혀 문제가 없다.

그림 15-31은 uselib.bb 레시피 파일을 빌드하는 데 필요한, 즉 의존성이 걸려 있는 라이브러리인 libtest.so 파일을 생성된 recipe-sysroot 디렉터리에서 찾아본 것이다. 그림을 보면 makelib.bb 레시피 파일을 명시적으로 빌드한 적이 없는데도 불구하고 이미 빌드된 결과가 recipe-sysroot 디렉터리 내에 들어와 있다.

```
woonrae@woonrae:~/poky_src/build6/tmp/work/core2-64-great-linux/uselib/1.0-r0$ find . -iname "libtest.so*"
./recipe-sysroot/usr/lib/libtest.so
./recipe-sysroot/usr/lib/libtest.so.1
./recipe-sysroot/usr/lib/libtest.so.1.0
```

**그림 15-31** 개선된 빌드 과정

다시 루트 파일 시스템을 만들고 QEMU를 실행시켜 실행 파일인 makevoicemain을 실행해 본다.

```
$ bitbake great-image -C rootfs
$ runqemu great-image nographic
```

부팅된 리눅스상에서 그림 15-32와 같이 makevoicemain 파일을 실행하면 우리가 원하는 결과가 출력되는 것을 볼 수 있다.

**그림 15-32** makevoicemain 실행 결과

이 시점에서 빌드 의존성에 대해 한 가지 사실을 확인하자. 앞에서 특정 레시피에서 DEPENDS 변수를 통해 빌드 의존성을 설정하고 빌드하면 빌드하는 레시피의 do_prepare_recipe_sysroot가 실행될 때 의존성을 지닌 레시피의 do_populate_sysroot가 실행된다고 설명했다. 예제를 통해 이를 확인해 보자.

먼저 '$ bitbake -c cleanall uselib makelib' 명령을 통해 uselib 레시피와 makelib 레시피의 빌드 작업 디렉터리 내용을 삭제하고, 예제 15-10과 같이 uselib 레시피를 do_prepare_recipe_sysroot 태스크까지 실행해 본다. 참고로 bitbake의 '--runall' 옵션은 4장에서 다뤘다.

**예제 15-10** uselib 레시피에서 do_prepare_recipe_sysroot 태스크까지 실행

```
$ bitbake uselib --runall=do_prepare_recipe_sysroot
```

태스크들의 실행 절차를 볼 경우 8장에서 설명한 uselib 레시피의 실행 로그 파일인 log.task_order 파일을 열어보면 예제 15-11과 같다.

```
do_fetch (9375): log.do_fetch.9375

...

do_prepare_recipe_sysroot (18613): log.do_prepare_recipe_sysroot.18613
```

uselib 레시피에 빌드 의존성을 제공하는 makelib 레시피의 실행 로그 파일을 열어 보면 예제 15-12와 같다.

예제 15-12 makelib 레시피의 log.task_order 파일

```
do_fetch (27962): log.do_fetch.27962
do_unpack (513): log.do_unpack.513
do_patch (698): log.do_patch.698
do_deploy_source_date_epoch (12375): log.do_deploy_source_date_epoch.12375
do_prepare_recipe_sysroot (18524): log.do_prepare_recipe_sysroot.18524
do_configure (18529): log.do_configure.18529
do_compile (18533): log.do_compile.18533
do_install (18544): log.do_install.18544
do_populate_sysroot (18557): log.do_populate_sysroot.18557
```

결론적으로 uselib 레시피가 do_prepare_recipe_sysroot 태스크까지 실행하다가 멈춰 빌드 의존성 해결을 위해 makelib 레시피의 do_populate_sysroot까지 실행한 것을 볼 수 있다.

## 15.6 요약

패키지는 타깃 시스템에 배포 및 설치를 위해 소프트웨어 바이너리, 라이브러리, 헤더 등을 하나의 묶음 파일로 만드는 절차를 말한다

do_install 태스크를 통해 만들어진 산출물로 패키지를 만들어 내는 과정이 패키징 과정이다. do_package 태스크부터 do_package_qa까지의 실행 과정이 실제로 패키지를 생성하는 과정이다. 패키지 생성에 관련된 태스크들의 최종 실행 결과물은

'${TMPDIR}/deploy/rpm' 디렉터리에 위치한다. 이 디렉터리를 패키지 피드<sup>Package Feed</sup>라고 부른다.

패키징 과정에는 PACKAGES, FILES 변수가 사용된다. PACKAGES 변수는 레시피가 생성하는 패키지 리스트들의 목록이고, FILES 변수는 특정 패키지에 들어가는 디렉터리와 파일의 목록을 정의한다.

빌드 결과물은 각자의 선택에 따라 서로 다른 패키지로 만들어질 수 있다. 이렇게 빌드 결과물을 서로 다른 패키지에 넣는 절차를 패키지 분리라고 한다. 이 과정은 do_package 태스크에서 일어나는데 'packages-split/${PN}-〈name〉' 디렉터리에 담길 내용은 $FILES_{PN}-〈name〉이 된다.

공유 라이브러리는 여러 프로그램에서 공유하도록 만들어진 파일이다. 공유 라이브러리와 이 라이브러리를 사용해 링크를 하는 애플리케이션을 만들 때는 빌드 시간 의존성을 사용한다. 빌드 시간 의존성은 공유 라이브러리를 만드는 레시피의 산출물들을 링크 시에 사용하는 애플리케이션의 recipe-sysroot에 복사함으로써 링크가 정상적으로 이뤄질 수 있게 해준다.

# CHAPTER 16

# 패키지 설치 과정을 실행하는 do_rootfs, do_image 태스크

16장에서는 패키지 피드<sup>Package Feed</sup>에 배치된 rpm 파일들을 루트 파일 시스템에 설치하는 과정을 배우게 될 것이다. 참고로 패키지 피드는 'build/tmp/deploy/rpm' 디렉터리를 가리키고 이 과정은 do_rootfs라는 태스크에서 일어난다.

do_rootfs 태스크 이후에 루트 파일 시스템을 커스터마이즈할 수 있는 방법이 있다. ROOTFS_POSTPROCESS_COMMAND 변수를 이용한 방법이다. ROOTFS_POSTPROCESS_COMMAND 변수는 빌드 시스템이 루트 파일 시스템을 생성한 후에도 처리할 작업들이 있을 때 사용되는데 이 변수에 셸 함수를 할당하게 되면 do_rootfs가 끝나고 바로 이 함수가 실행된다.

do_rootfs 태스크 실행 이후에는 do_image 태스크가 실행된다. 이 태스크는 루트 파일 시스템 이미지를 생성한다.

## 16.1 do_rootfs 태스크

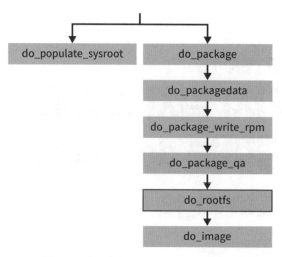

**그림 16-1** 빌드 과정 중 do_rootfs 태스크의 위치

그림 16-1과 같이 do_rootfs 태스크는 패키지 과정의 산출물로 만들어진 rpm과
같은 패키지 파일들이 실제 루트 파일 시스템에 설치돼 루트 파일 시스템 이미지를
생성하게 하는 태스크이다. do_rootfs 태스크는 이미지를 생성하는 레시피에 의해
서만 실행된다. 따라서 그림의 do_rootfs, do_image 태스크들은 일반 바이너리를
생성하는 레시피에서 처리하는 과정들이 아니라 루트 파일 시스템 이미지를 생성하
는 레시피에 의해서만 실행되는 태스크들이다. 우리의 예제에서는 great-image.bb
레시피가 루트 파일 시스템 이미지를 생성하는 레시피이기 때문에 이 레시피는 빌드
시 do_rootfs, do_image 태스크들을 실행한다.

최종 루트 파일 시스템이 만들어질 파일들과 디렉터리가 모여 있는 곳은 그림 16-2
와 같이 IMAGE_ROOTFS라는 변수에 지정돼 있다.

```
woonrae@woonrae:~/poky_src/build6/tmp/work$ bitbake-getvar -r great-image  IMAGE_ROOTFS
#
# $IMAGE_ROOTFS [2 operations]
#   set /home/woonrae/poky_src/poky/meta/conf/bitbake.conf:456
#     "${WORKDIR}/rootfs"
#   set /home/woonrae/poky_src/poky/meta/conf/documentation.conf:222
#     [doc] "The location of the root filesystem while it is under construction (i.e. during do_rootfs)."
# pre-expansion value:
#   "${WORKDIR}/rootfs"
IMAGE_ROOTFS="/home/woonrae/poky_src/build6/tmp/work/great-great-linux/great-image/1.0-r0/rootfs"
```

**그림 16-2** IMAGE_ROOTFS 변수의 값 출력

패키지 관리자가 활성화되지 않은 경우에는 이미지에 패키지 관리자와 관련된 데이터가 포함되지 않지만, 패키지 관리자는 여전히 루트 파일 시스템을 구성하는 데 사용된다. 즉 루트 파일 시스템에 패키지 설치시 패키지 관리자의 활성 여부와 관계없이 패키지 관리자는 수행된다. 그리고 만약 패키지 관리자가 활성화돼 있지 않다면 태스크 수행이 끝날 때 루트 파일 시스템에서 패키지 관리자의 데이터 파일이 삭제된다. 따라서 패키지 관리자가 이미지에 포함되지 않더라도 빌드 과정에서는 사용될 수 있다. 참고로 "package-management"를 IMAGE_FEATURES 변수에 포함시키면 패키지 관리자가 활성화된다. 이렇게 하면 이미지에 기본적인 패키지 데이터베이스와 런타임 패키지 관리를 위해 필요한 도구들이 포함된다. 그럼 패키지 관리자를 이미지에 포함시키는 이유는 무엇일까? 그 이유는 대략적으로 다음과 같다.

새로운 이미지(루트 파일 시스템)를 생성하지 않고, 런타임에 타깃 디바이스의 패키지를 업데이트하거나 추가, 제거할 수 있기 때문이다. 가령 이미 출시된 디바이스에 보안 업데이트하고자 할 때, 디버깅을 위해 응용 프로그램의 'debug' 패키지를 임시로 설치하고자 할 때 등이 그 예이다. 이것에 대한 자세한 설명은 이 책의 범위를 넘어서기 때문에 자세한 사항은 Yocto 프로젝트 문서를 참고하기를 바란다.

15장에서는 bitbake가 각 레시피 파일의 실행을 통해 만들어진 패키지 파일인 rpm을 패키지 피드인 'tmp/deploy/rpm' 디렉터리에 배치했다. 이것은 do_package_write_rpm 태스크에서 수행되고, do_rootfs 태스크에서 패키지 피드의 RPM 패키지들을 사용해 루트 파일 시스템을 구성하게 된다. 이때 패키지 관리 도구로 dnf 도구를 사용해 루트 파일 시스템에 rpm들을 설치하게 된다. 패키지 설치에 대한 자세한 사항은 이 책의 범위를 넘어선다. 따라서 우리는 간략하게 루트 파일 시스템을 생성하는 레시피 파일인 great-image.bb의 실행 결과로 생성되는 로그 파일인 'temp/log.do_rootfs'를 참고해 실제로 어떻게 루트 파일 시스템이 만들어지는지 보도록 하겠다.

1. log.do_rootfs 파일에서 예제 16-1과 같이 createrepo_c 툴은 RPM 패키지들로부터 XML에 기반한 메타데이터를 만들어 낸다. 이 툴을 사용해 만들어 낸 결과 루트 파일 시스템을 생성하는 레시피 파일인 great-image.bb의 빌드 작업 디렉터리 내에 그림 16-3과 같이 oe-rootfs-repo 디렉터리가 생성된다.

**예제 16-1** log.do_rootfs 로그 파일에서 createrepo_c 실행

```
NOTE: ###### Generate rootfs #######
NOTE: Executing '/home/poky_src/build2/tmp/work/great-great-linux/great-
image/1.0-r0/recipe-sysroot-native/usr/bin/createrepo_c --update -q /home/poky_
src/build2/tmp/work/great-great-linux/great-image/1.0-r0/oe-rootfs-repo' ...

...
```

**그림 16-3** oe-rootfs-repo 디렉터리 생성

2. 예제 16-2와 같이 패키지를 설치할 루트 파일 시스템을 지정하고, 루트 파일 시스템에 설치할 패키지들을 입력한다.

**예제 16-2** log.do_rootfs 로그 파일에서 루트 파일 시스템 지정 및 설치할 패키지들의 입력

```
...

Running /home/poky_src/build2/tmp/work/great-great-linux/great-image/1.0-r0/
recipe-sysroot-native/usr/bin/dnf -v --rpmverbosity=info -y -c /home/poky_
src/build2/tmp/work/great-great-linux/great-image/1.0-r0/rootfs/etc/dnf/dnf.
conf --setopt=reposdir=/home/poky_src/build2/tmp/work/great-great-linux/great-
image/1.0-r0/rootfs/etc/yum.repos.d --installroot=/home/poky_src/build2/tmp/
work/great-great-linux/great-image/1.0-r0/rootfs --setopt=logdir=/home/poky_
src/build2/tmp/work/great-great-linux/great-image/1.0-r0/temp --repofrompath=oe-
repo,/home/poky_src/build2/tmp/work/great-great-linux/great-image/1.0-r0/oe-
rootfs-repo --nogpgcheck install base-passwd makelib packagegroup-base-extended
packagegroup-core-boot packagegroup-great psplash run-postinsts shadow uselib
locale-base-ko-kr locale-base-en-us...

...
```

3. 다음은 패키지 의존성 관련 처리 부분이다. 그림 16-4와 같이 먼저 의존성 패키지를 찾아내고, 원래 설치하려는 패키지들과 함께 설치 목록이 도출된다.

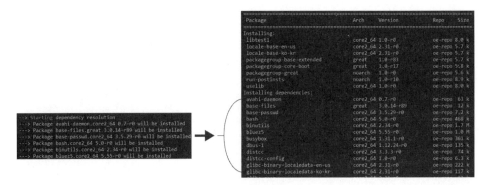

**그림 16-4** 의존성 처리

4. 설치해야 할 패키지들의 목록이 정해졌기 때문에 그림 16-5와 같이 패키지 설치 과정이 시작된다.

```
Install  157 Packages

Total size: 29 M
Installed size: 86 M
Downloading Packages:
Running transaction check
Transaction check succeeded.
Running transaction test
Transaction test succeeded.
Running transaction
RPMDB altered outside of DNF.
  Preparing          :                                                  1/1
  Installing         : ldconfig-2.31+git0+d4b7559457-r0.core2_64        1/157
  Installing         : busybox-udhcpc-1.31.1-r0.core2_64                2/157
  Installing         : update-alternatives-opkg-0.4.2-r0.core2_64       3/157
  Installing         : libc6-2.31+git0+d4b7559457-r0.core2_64           4/157
  Running scriptlet: libc6-2.31+git0+d4b7559457-r0.core2_64             4/157
%post(libc6-2.31+git0+d4b7559457-r0.core2_64): scriptlet start
%post(libc6-2.31+git0+d4b7559457-r0.core2_64): execv(/bin/sh) pid 14808
+ set -e
+ [ x/home/woonrae/poky_src/build6/tmp/work/great-great-linux/great-image/1.0-r0/rootfs = x ]
%post(libc6-2.31+git0+d4b7559457-r0.core2_64): waitpid(14808) rc 14808 status 0

  Installing         : busybox-1.31.1-r0.core2_64                       5/157
  Running scriptlet: busybox-1.31.1-r0.core2_64                         5/157
%post(busybox-1.31.1-r0.core2_64): scriptlet start
%post(busybox-1.31.1-r0.core2_64): execv(/bin/sh) pid 14809
```

**그림 16-5** 패키지 설치 과정

실제 설치된 패키지들에 대해 간단하게 알아보려면 그림 16-6과 같이 'tmp/deploy/images/great/xxx.rootfs.manifest' 파일을 참고한다.

```
tmp/deploy/images/great/
├── bzImage -> bzImage--5.4-rc8+git999-r0-great-20230401142401.bin
├── bzImage--5.4-rc8+git999-r0-great-20230401142401.bin
├── bzImage-great.bin -> bzImage--5.4-rc8+git999-r0-great-20230401142401.bin
├── great-image-great-20230401161341.qemuboot.conf
├── great-image-great-20230401161341.rootfs.ext4
├── great-image-great-20230401161341.rootfs.manifest
├── great-image-great-20230401161341.rootfs.tar.bz2
├── great-image-great-20230401161341.testdata.json
├── great-image-great.ext4 -> great-image-great-20230401161341.rootfs.ext4
├── great-image-great.manifest -> great-image-great-20230401161341.rootfs.manifest
├── great-image-great.qemuboot.conf -> great-image-great-20230401161341.qemuboot.conf
├── great-image-great.tar.bz2 -> great-image-great-20230401161341.rootfs.tar.bz2
├── great-image-great.testdata.json -> great-image-great-20230401161341.testdata.json
├── modules--5.4-rc8+git999-r0-great-20230401142401.tgz
├── modules-great.tgz -> modules--5.4-rc8+git999-r0-great-20230401142401.tgz
```

**그림 16-6** great-image-great.manifest 파일이 담긴 디렉터리

그림 16-7은 great-image-great.manifest 파일의 내용이다. 실제 설치된 패키지들의 목록이 상세하게 나와 있다.

```
avahi-daemon core2_64 0.7
avahi-locale-ko core2_64 0.7
base-files great 3.0.14
base-passwd core2_64 3.5.29
bash core2_64 5.0
binutils core2_64 2.34
bluez5 core2_64 5.55
busybox core2_64 1.31.1
busybox-syslog core2_64 1.31.1
busybox-udhcpc core2_64 1.31.1
dbus-1 core2_64 1.12.24
distcc core2_64 3.3.3
distcc-config core2_64 1.0
dosfstools core2_64 4.1
e2fsprogs-e2fsck core2_64 1.45.7
glibc-gconv core2_64 2.31
glibc-gconv-ibm437 core2_64 2.31
glibc-locale-ko core2_64 2.31
hello core2_64 1.0
iw core2_64 5.4
```

**그림 16-7** great-image-great.manifest 파일의 내용

현재 이미지에 어떤 패키지들이 설치됐는지는 예제 16-3과 같이 bitbake의 명령 옵션 '-g'를 통해서도 알아낼 수 있다.

**예제 16-3** 설치된 패키지를 확인하는 bitbake 명령어

```
woonrae@woonrae:~/ poky_src/build2$ bitbake -g great-image
Parsing recipes: 100% |###############################| Time: 0:00:15
Parsing of 784 .bb files complete (0 cached, 784 parsed). 1340 targets, 38
skipped, 0 masked, 0 errors.

NOTE: Resolving any missing task queue dependencies
NOTE: PN build list saved to 'pn-buildlist'
NOTE: Task dependencies saved to 'task-depends.dot'
```

예제와 같이 명령을 입력하면 pn-buildlist라는 파일이 생성되고, 파일을 열어보면 그림 16-8과 같이 우리가 앞에서 생성한 hello, nano와 같은 패키지 리스트들을 확인할 수 있다.

**그림 16-8** pn-buildlist 파일

## 16.2 루트 파일 시스템 커스터마이즈하기

앞에서는 루트 파일 시스템을 생성하는 과정을 간략하게 설명했다. 여기서는 루트 파일 시스템이 생성되기 전에 루트 파일 시스템을 커스터마이즈<sup>customize</sup>하는 방법에 대해 다룬다. 더 정확히는 do_rootfs 태스크가 실행된 후 실행될 함수나 태스크를 만든다고 생각하면 된다.

ROOTFS_POSTPROCESS_COMMAND 변수는 다음과 같이 세미콜론으로 분리된 셸shell 함수의 목록을 갖는다. 이 변수에 넣은 함수는 do_rootfs 태스크가 실행된 후에 바로 실행되는 함수나 태스크가 된다.

```
ROOTFS_POSTPROCESS_COMMAND += "func1;func2;...funcN"
```

먼저 가장 간단한 예제를 하나 실행해 보자. 이 예제에서는 단순하게 루트 파일 시스템 최상위 디렉터리에 yocto.txt라는 이름을 가진 파일과 dummy라는 디렉터리를 생성한다. yocto.txt 파일에는 ROOTFS_POSTPROCESS_COMMAND 변수의 내용을 채워넣을 것이다. 리스트 16-1과 같이 great-image.bbappend 레시피 확장 파일을 변경한다.

실습 소스는 다음과 같이 받을 수 있다.

* 기존에 GitHub에서 받은 소스상에서 다음의 명령을 입력한다.

```
$ git checkout rootfs_postprocess
```

**리스트 16-1** great-image.bbappend 파일

```
IMAGE_INSTALL += "packagegroup-great"
IMAGE_INSTALL += "uselib makelib"

test_postprocess_func(){
  echo "${ROOTFS_POSTPROCESS_COMMAND}" > ${IMAGE_ROOTFS}/yocto.txt
}

ROOTFS_POSTPROCESS_COMMAND += "test_postprocess_func;"

create_dummy_dir() {
  mkdir ${IMAGE_ROOTFS}/dummy

}

ROOTFS_POSTPROCESS_COMMAND += "create_dummy_dir;"
```

예제에서 파일의 위치: ~/poky_src/poky/meta-myproject/recipes-core/
images/great-image.bbappend

참고로 리스트와 같이 ROOTFS_POSTPROCESS_COMMAND 변수에 추가된 함수 내에서 IMAGE_ROOTFS 변수를 사용해 루트 파일 시스템의 경로를 알아낼 수있다. 주의할 점은 ROOTFS_POSTPROCESS_COMMAND 변수는 루트 파일 시스템 이미지를 만들어 내는 레시피 파일이나 local.conf 파일에서만 추가될 수 있다는 것이다. 만약 루트 파일 시스템 이미지를 생성하는 것과 무관한 레시피 파일에서 ROOTFS_POSTPROCESS_COMMAND 변수를 사용하면 빌드 진행 시 에러가 발생한다.

'$ bitbake great-image -C rootfs' 명령으로 재빌드를 진행한다. 빌드가 완료되면 그림 16-9와 같이 루트 파일 시스템 최상위 디렉터리에 yocto.txt 파일과 dummy 디렉터리가 생성된 것을 볼 수 있다.

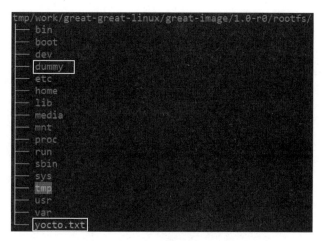

**그림 16-9** 새로 생성된 루트 파일 시스템

생성된 yocto.txt 파일을 열어보면 예제 16-4와 같은 내용을 볼 수 있다.

**예제 16-4** yocto.txt 파일

```
write_package_manifest; license_create_manifest;      ssh_allow_empty_password;
ssh_allow_root_login;    postinst_enable_logging;    rootfs_update_timestamp ;
write_image_test_data ;  set_systemd_default_target; systemd_create_users; empty_
var_volatile; test_postprocess_func; create_dummy_dir; set_user_group; sort_
passwd; rootfs_reproducible;
```

예제에서 보면 리스트 16-1에서 추가한 함수들인 'test_postprocess_func'와 'create_dummy_dir' 함수가 리스트에 추가돼 있는 것을 볼 수 있다.

만약 ROOTFS_POSTPROCESS_COMMAND 변수에 대해 좀 더 상세한 예제가 필요하다면 오픈임베디드 코어에서 사용한 예제를 살펴보도록 한다. 자세한 예제는 'poky/meta/classes/rootfs-postcommands.bbclass' 클래스 파일을 살펴보면 많은 도움이 될 것이다. 리스트 16-2는 debug-tweaks 기능에 대해 ROOTFS_POSTPROCESS_COMMAND 변수를 통한 처리를 보여준 예제이다.

**리스트 16-2** rootfs-postcommands.bbclass 파일

```
# Zap the root password if debug-tweaks feature is not enabled

ROOTFS_POSTPROCESS_COMMAND += '${@bb.utils.contains_any("IMAGE_FEATURES",
[ 'debug-tweaks', 'empty-root-password' ], "", "zap_empty_root_password ; ",d)}'

…

zap_empty_root_password () {
  if [ -e ${IMAGE_ROOTFS}/etc/shadow ]; then
    sed -i 's%^root::%root:*:%' ${IMAGE_ROOTFS}/etc/shadow
      fi

  if [ -e ${IMAGE_ROOTFS}/etc/passwd ]; then
    sed -i 's%^root::%root:*:%' ${IMAGE_ROOTFS}/etc/passwd
  fi

}

…
```

이 기능은 'debug-tweaks' 문자열이 IMAGE_FEATURES 변수에 없는 경우 빈 루트 암호를 허용하지 않도록 하기 위한 것이다.

## 16.3 설치 후 스크립트

설치 후<sup>post-installation</sup> 스크립트는 루트 파일 시스템 이미지 생성 중에 실행되거나 타깃이 처음 부팅되고 난 후에 실행되는 스크립트이다. 주의할 점은 패키지를 생성하는 레시피에서 사용되는 스크립트이지, 루트 파일 시스템을 생성하는 이미지 레시피에서 사용하는 스크립트가 아니라는 것이다. 이 스크립트는 주로 디렉터리 및 임시 파일 생성 그리고 접근 권한 설정 등에 사용된다.

설치 후 스크립트에 대해 좀 더 자세하게 설명하면 패키지 관리 시스템은 루트 파일 시스템에 패키지를 설치할 때 셸 스크립트를 실행할 수 있는 기능을 갖고 있다. 이런 셸 스크립트는 패키지에 포함되고, 실제 구현은 레시피상에서 이뤄진다.

패키지 관리자가 루트 파일 시스템이 생성될 때 실행하는 설치 후 스크립트는 예제 16-5와 같고, 타깃이 처음 부팅되고 난 후 타깃의 패키지 관리자가 실행하는 설치 후 스크립트는 예제 16-6과 같다.

**예제 16-5** 루트 파일 시스템 생성 중 사용하는 설치 후 스크립트

```
pkg_postinst_${PN} () {

    # 수행할 셸 스크립트

}
```

**예제 16-6** 타깃이 처음 부팅되고 난 후에 실행되는 설치 후 스크립트

```
pkg_postinst_ontarget_${PN} () {

    # 수행할 셸 스크립트

}
```

참고로 타깃이 처음 부팅되고 난 후 pkg_posting을 실행하는 스크립트는 'meta/recipes-devtools/run-postinsts/' 디렉터리에서 확인할 수 있다. 여기에는 관련 레시피 파일도 존재한다.

설치 후 스크립트에 대한 이해도를 높이려면 15장의 라이브러리 생성 예제를 변경해 실습을 진행해 본다.

실습 소스는 다음과 같이 받을 수 있다.

- 기존에 GitHub에서 받은 소스상에서 다음의 명령을 입력한다.

```
$ git checkout pkg_postinst
```

**리스트 16-3** 설치 후 스크립트가 반영된 uselib.bb 파일

```
LICENSE = "MIT"
LIC_FILES_CHKSUM = "file://${COMMON_LICENSE_DIR}/MIT;md5=0835ade698e0bcf8506ecda2
f7b4f302"
SRC_URI = "file://makevoicemain.c \
        "

do_compile() {
    ${CC} ${LDFLAGS} -I -wl,-rpath=${libdir} -L. makevoicemain.c -ltest
-o makevoicemain
}

do_install() {
    install -d ${D}${bindir}
    install -m 0755 makevoicemain ${D}${bindir}
}

# RDEPENDS_${PN} = "makelib"
DEPENDS = "makelib"

S = "${WORKDIR}"
FILESEXTRAPATHS_prepend := "${THISDIR}/files:"

FILES_${PN} += "${bindir}/makevoicemain"

pkg_postinst_${PN} () {
        if [ "x$D" = "x" ]; then
```

```
            printf "It shouldn't be executed"
    else
            file=$D${bindir}/test.txt
            printf "This is postinst test.\n" > $file
    fi
}

pkg_postinst_ontarget_${PN} () {
    echo "This is postinst test on target" > ${bindir}/test2.txt

}
```

예제에서 파일의 위치: ~/poky_src/poky/meta-myproject/recipes-uselib/
uselib.bb

리스트에서는 루트 파일 시스템에 uselib 패키지를 설치할 때 '/usr/bin' 디렉터리 아래 test.txt 파일을 생성한다. 또한 타깃이 처음 부팅할 때도 타깃의 '/usr/bin' 디렉터리 아래 test2.txt라는 파일을 생성한다.

참고로 리스트에서 'if [ "x$D" = "x" ]' 표현은 do_install 태스크 실행이 완료됐을 때 결과물이 생성되는 디렉터리인 $D가 존재하는지, 존재하지 않는지를 조건식으로 비교하는 부분이다. 변수 D가 가리키는 디렉터리가 루트 파일 시스템을 생성하고 있는 호스트상의 빌드 단계에서는 존재하지만, 부팅 후 타깃에서는 이 디렉터리가 존재하지 않기 때문에 이와 같이 표현한다. 따라서 pkg_postinst_${PN}을 사용해 첫 부팅 이후에 타깃에서 실행되는 셸 스크립트를 추가할 수도 있다. 보통 이 경우는 그림 16-10과 같이 기술될 수 있다.

```
pkg_postinst_${PN} () {
    if [ "x$D" = "x" ]; then
        # It's executed on target   ──> 타깃에서 처음 부팅하고 난 후, 실행됨
    else
        # It's executed on host      ──> 호스트 시스템에서 루트 파일 시스템
    fi                                    생성 시간 동안 실행됨
}
```

**그림 16-10** pkg_postinst 스크립트 분류

그러나 명확하게 첫 부팅 이후에 타깃에서 실행되는 셸 스크립트를 넣기 위해서는 pkg_postinst_ontarget_${PN}을 사용하도록 한다.

예제 16-7과 같이 빌드를 진행하자.

**예제 16-7** uselib 레시피 빌드

```
$ bitbake uselib -c cleanall && bitbake uselib && bitbake great-image
```

빌드가 완료되면 루트 파일 시스템이 만들어져 있는 'tmp/work/great-great-linux/great-image/1.0-r0/rootfs/' 디렉터리로 이동해 본다. 'usr/bin' 디렉터리 내에 예제 16-8과 같이 test.txt 파일이 생성된 것을 볼 수 있다.

**예제 16-8** 설치 후 스크립트에 의해 생성된 test.txt 파일

```
woonrae@woonrae:~/poky_src/build2/tmp/work/great-great-linux/great-image/1.0-r0/
rootfs/usr/bin$ ls -l test.txt

-rw-r--r-- 1 woonrae woonrae 23 Mar  9 2023 test.txt
```

생성된 패키지 내에 설치 후 스크립트가 함께 들어가 있는지 확인해 보자. 이 작업을 위해서는 예제 16-9와 같은 두 가지 패키지를 ubuntu에 설치해야 한다.

**예제 16-9** RPM 패키지를 풀기 위한 패키지 설치

```
$ sudo apt install rpm2cpio
$ sudo apt install rpm
```

그런 다음 uselib 레시피의 패키지 결과물인 uselib-1.0-r0.core2_64.rpm 파일이 위치하는 '~/poky_src/build2/tmp/work/core2-64-great-linux/uselib/1.0-r0/deploy-rpms/core2_64' 디렉터리로 이동한다. 예제 16-10과 같이 명령어를 입력해 '.rpm' 파일을 extract 디렉터리에 풀어 생성된 사후 스크립트를 확인해 본다.

**예제 16-10** 생성된 패키지 파일을 풀어 스크립트 생성

```
… deploy-rpms/core2_64$ mkdir extract
… deploy-rpms/core2_64$ cd extract/
… deploy-rpms/core2_64/extract$ rpm -qp --scripts ../uselib-1.0-r0.core2_64.rpm >
output
```

예제에서 생성된 output 파일을 열어보면 그림 16-11과 같다.

```
postinstall scriptlet (using /bin/sh):
# uselib - postinst
set -e
        if [ "x$D" = "x" ]; then
                printf "It shouldn't be executed"
        else
                file=$D/usr/bin/test.txt
                printf "This is postinst test.\n" > $file
        fi

if [ -n "$D" ]; then
    $INTERCEPT_DIR/postinst_intercept delay_to_first_boot uselib mlprefix=
    exit 0
fi
        echo "This is postinst test on target" > /usr/bin/test2.txt
```

**그림 16-11** 생성된 사후 설치 스크립트

QEMU를 통해 첫 부팅 후 생성된 파일을 확인해 보자. QEMU 실행을 위해 '$ runqemu nographic'과 같이 명령을 실행한다. QEMU가 실행된 후 그림 16-12와 같이 test2.txt 파일이 생성된 것을 확인할 수 있다.

```
root@great:/usr/bin# ls -al test2.txt
-rw-r--r--    1 root     root            32 May  2 23:44 test2.txt
```

**그림 16-12** QEMU 타깃에서 test2.txt 파일의 생성 확인

패키지 관리 시스템은 패키지가 설치되고 수행되는 pkg_postinst 스크립트뿐만 아니라 패키지가 설치되기 전에 패키지가 삭제되기 전과 후에 실행되는 스크립트도 추가할 수 있다. 사용법은 pkg_postinst와 동일하며 표 16-1과 같이 정리할 수 있다.

| 스크립트 | 설명 |
| --- | --- |
| pkg_postinst_<package name> | 패키지가 설치되고 난 후 수행되는 스크립트 |
| pkg_preinst_<package name> | 패키지가 설치되기 전에 수행되는 스크립트 |
| pkg_prerm_<package name> | 패키지가 삭제되기 전에 수행되는 스크립트 |
| pkg_postrm_<package_name> | 패키지가 삭제되고 난 후 수행되는 스크립트 |

## 16.4 do_image 태스크 실행에 따른 최종 이미지 생성

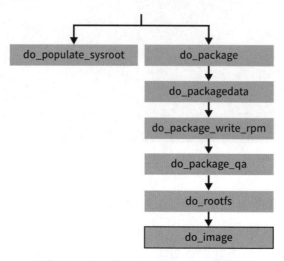

**그림 16-13** 빌드 과정 중 do_image 태스크의 위치

그림 16-13과 같이 do_image 태스크는 이미지 생성을 시작하는 태스크이다. do_image 태스크는 오픈임베디드 빌드 시스템이 do_rootfs 태스크 실행이 완료되고 실행된다. do_image 태스크가 실행되는 동안 이미지에 설치되는 패키지들이 식별되며, 최종적으로 루트 파일 시스템이 생성된다.

참고로 루트 파일 시스템은 계층적 파일 트리의 맨 위에 있다. 여기에는 시스템 부팅을 위한 장치 디렉터리 및 프로그램을 포함해 시스템 동작에 중요한 파일 및 디렉터리가 포함된다. 루트 파일 시스템에는 루트 파일 시스템 계층 구조에 연결하는 파일 시스템을 마운트할 수 있는 마운트 지점도 포함돼 있다.

오픈임베디드 코어는 image_type.bbclass 클래스를 제공해 다양한 파일 시스템의 루트 파일 시스템을 생성한다. 파일 시스템의 종류는 IMAGE_FSTYPES 변수를 통해 설정이 가능하다. 이전에 great-base-image.bbclass를 만들 때 리스트 16-4 와 같이 처리한 부분을 참고하기를 바란다.

**리스트 16-4** great-base-image.bbclass 파일

```
inherit core-image
IMAGE_FSTYPES = " tar.bz2 ext4"
IMAGE_ROOTFS_SIZE = "10240"
IMAGE_ROOTFS_EXTRA_SPACE = "10240"
IMAGE_ROOTFS_ALIGNMENT = "1024"
CORE_IMAGE_BASE_INSTALL = "\
    packagegroup-core-boot \
    packagegroup-base-extended \
    ${CORE_IMAGE_EXTRA_INSTALL} \
"
```

예제에서 파일의 위치: ~/poky_src/poky/meta-myproject/recipes-core/images/great-image.bbappend

예제에서 이미지 생성 레시피 파일인 great-image.bb를 통해 생성된 이미지의 경우 최종 이미지를 만드는 태스크 실행 스크립트는 run.do_image_ext4이다. 리스트 16-5와 같이 이 파일을 열어보면 종국적으로 mkfs.ext4[1] 툴을 사용해 기존에 만들었던 루트 파일 시스템 디렉터리를 최종 루트 파일 시스템 이미지인 xxx.ext4 로 만드는 것을 볼 수 있다. 참고로 태스크 실행 스크립트의 위치는 '~/poky_src/build6/tmp/work/great-great-linux/great-image/1.0-r0/temp/run.do_image_ext4'이다.

---

1   mkfs.ext4는 리눅스 시스템에서 ext4 파일 시스템을 생성하는 명령어이다. mkfs.ext4 명령어를 사용해 디스크 또는 파티션을 ext4 파일 시스템으로 포맷할 수 있다. ext4는 리눅스 운영체제에서 가장 널리 사용되는 파일 시스템 중 하나로, 높은 성능과 안정성을 제공한다.

```
…

mkfs.$fstype -F $extra_imagecmd /home/great/test/poky_src/build2/tmp/work/great-
great-linux/great-image/1.0-r0/deploy-great-image-image-complete/great-image-
great-20230402122527.rootfs.$fstype -d /home/great/test/poky_src/build2/tmp/work/
great-great-linux/great-image/1.0-r0/rootfs

…
```

지금까지 학습한 do_rootfs, do_image 태스크에 대해 포괄적으로 정리해 보자.

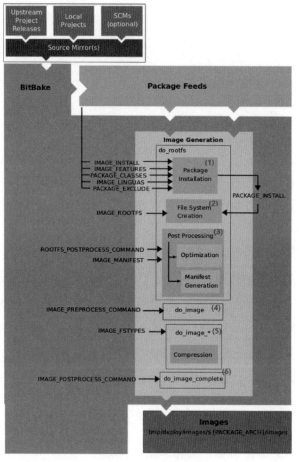

**그림 16-14** 루트 파일 시스템 이미지 생성(출처: https://docs.yoctoproject.org/overview-manual/
concepts.html)

이미지 생성 프로세스는 여러 단계로 구성되며 여러 태스크와 변수에 의존한다. 그림 16-14는 Yocto에서 루트 파일 시스템 이미지 생성을 위한 과정과 관련 변수들을 나열한 것이다. 각 과정에 대해 살펴보자.

(1) do_rootfs 태스크는 이미지의 루트 파일 시스템을 생성한다. 이 작업은 몇 가지 주요 변수를 사용해 실제로 설치할 패키지 목록을 만든다. 여기서는 이 변수들에 대해 살펴본다.

- IMAGE_INSTALL: 패키지 피드 영역에서 설치할 기본 패키지들을 이 변수에 할당한다.

- PACKAGE_EXCLUDE: 이미지에 설치하면 안 되는 패키지를 이 변수에 지정한다.

- IMAGE_FEATURES: 이미지에 포함할 기능을 지정한다. 설치될 기능에 따라 설치해야 할 패키지들이 정해진다.

- PACKAGE_CLASSES: 사용할 패키지들의 종류(rpm, deb, ipk)를 선택한다.

- IMAGE_LINGUAS: 지원되는 언어 지원 패키지를 선택한다.

- PACKAGE_INSTALL: 이미지에 설치하려고 패키지 관리자에게 전달된 패키지의 최종 목록이다.

(2) 루트 파일 시스템의 위치를 가리키는 IMAGE_ROOTFS 변수와 설치할 패키지의 최종 목록을 제공하는 PACKAGE_INSTALL 변수를 사용해 루트 파일 시스템이 생성된다.

패키지 설치 최종 단계의 일부분으로 패키지 설치 후 스크립트(pkg_postinst)가 이 과정에서 실행된다.

(3) do_rootfs 태스크의 마지막 단계는 Post Processing이다. Post Processing은 매니페스트 파일 생성 및 최적화가 포함된다. 매니페스트 파일은 설치된 패키지들의 목록이 적힌 파일이다. 최적화는 ROOTFS_POSTPROCESS_COMMAND 변수를 사용해 do_rootfs 태스크가 실행된 후에 실행하는 함수를 지정할 수 있다.

(4) 루트 파일 시스템이 구축된 후 do_image 태스크를 통해 이미지에 대한 처리가 시작된다. 빌드 시스템은 IMAGE_PREPROCESS_COMMAND 변수로 정의된 전처리 명령을 실행한다. 이 변수는 빌드 시스템이 최종 이미지 출력 파일을 생성하기 전에 실행할 함수 목록을 지정한다.

(5) 빌드 시스템은 IMAGE_FSTYPES 변수에 지정된 이미지 유형을 기반으로 필요에 따라 동적으로 do_image_* 태스크를 실행한다. 이 과정에서 루트 파일 시스템을 이미지 파일로 변환하고, 필요하다면 루트 파일 시스템 이미지를 압축해 이미지의 전체 크기를 줄일 수 있다.

(6) 이미지 생성과 관련된 마지막 태스크는 do_image_complete 태스크이다. 이 태스크는 IMAGE_POSTPROCESS_COMMAND 변수를 통해 정의된 대로 이미지 사후 처리를 적용해 이미지를 완성한다. 이 변수는 빌드 시스템이 최종 이미지 출력 파일을 만든 후 실행할 함수 목록을 지정한다.

## 16.5 요약

do_rootfs 태스크는 패키지 과정의 산출물로 만들어진 rpm과 같은 패키지 파일들이 실제 루트 파일 시스템에 설치돼 루트 파일 시스템 이미지를 생성하는 과정이다. bitbake는 각 레시피 파일의 실행을 통해 만들어진 패키지 파일인 rpm을 패키지 피드인 'tmp/deploy/rpm' 디렉터리에 배치한다. 그리고 do_rootfs 태스크에서 패키지 피드 디렉터리 아래 RPM 패키지들을 사용해 루트 파일 시스템을 구성하게 된다.

설치 후 스크립트 pkg_postinst_${PN}은 루트 파일 시스템 이미지 생성 중에 실행되거나 타깃이 처음 부팅되고 난 후 실행되는 스크립트이다. 패키지 관리 시스템은 루트 파일 시스템에 패키지를 설치할 때 셸 스크립트를 실행할 수 있는 기능을 갖고 있다. 이런 셸 스크립트는 패키지에 포함되고, 실제 구현은 레시피상에서 이뤄진다.

ROOTFS_POSTPROCESS_COMMAND 변수는 빌드 시스템이 루트 파일 시스템을 생성한 후 처리할 작업들이 있을 때 사용된다. 이 변수에 셸 함수를 할당하게 되면 do_rootfs가 끝나고 바로 이 함수가 실행된다.

끝으로 do_image 태스크는 이미지 생성을 시작하는 태스크이다. 최종적으로 만들어질 루트 파일 시스템은 do_image 태스크를 거쳐 ext4와 같은 확장자를 가진 루트 파일 시스템 이미지가 된다.

# CHAPTER 17
# 공유 상태 캐시와 시그니처

## 이 장에서 다루는 내용

» 17.1 공유 상태 캐시
» 17.2 시그니처
» 17.3 이미 생성된 공유 상태 캐시 최적화
» 17.4 요약

4장에서는 빌드 속도를 높이는 방법을 사전에 제시해 주려고 간단하게 공유 상태 캐시Shared State Cache에 대해 다뤘다. 이 책의 구성상 초반에 기반 지식이 부족한 가운데 공유 상태 캐시에 대해 자세히 설명하는 것은 부적절하다고 판단했기 때문에 4장에서 맛보기 정도로 다룬 것이다. 따라서 17장에서 공유 상태 캐시를 다시 설명한다. 또한 bitbake가 태스크 실행이 필요한지 결정하는 데 사용하는 또 다른 방법인 스탬프 파일에 대해서도 살펴본다.

## 17.1 공유 상태 캐시

공유 상태 캐시에 대해 상세하게 들어가기 전에 공유 상태 캐시를 요약해 보면 다음과 같다.

Yocto 빌드 시스템에서 sstate 캐시라고 하는 공유 상태 캐시 기능은 매우 강력한 기능이다. 참고로 Shared State Cache를 줄여서 sstate 캐시라고도 부른다. bitbake는 레시피를 성공적으로 빌드한 후 출력 결과를 공유 상태 캐시에 저장한다. 변경되지 않은 레시피를 재빌드해야 하는 경우 비용이 많이 드는 빌드 작업을 실행하는 대신 bitbake는 이전에 저장한 사전 빌드된 오브젝트를 사용한다.

공유 상태 캐시를 사용하게 되면 모든 메타데이터를 다시 파싱하고, 각 태스크의 결과물인 아티팩트[1]를 다시 생성할 필요가 없다. 공유 상태 캐시로부터 결과물을 얻으면 되기 때문이다. 따라서 큰 프로젝트를 빌드할 때는 공유 상태 캐시를 이용해 많은 시간을 절약할 수 있다.

만약 동일한 프로젝트를 다른 디렉터리에 갖고 있다면 프로젝트 간에 공유 상태 캐시를 공유할 수 있다. 이런 이유로 공유 상태 캐시는 디스크 공간을 절약해 주는 효과도 있다.

- checksum(시그니처)들은 불필요하게 재빌드되는 것을 최소화하려고 각각의 태스크에 대해 계산한다.

- 태스크의 해시값이 변경되면 태스크는 재실행돼야 한다. 참고로 태스크의 해시 값은 각 태스크에 대해 생성된 고유한 값으로, 태스크의 입력 및 설정에 대한 checksum과 동일한 용어라고 생각하면 된다.

- 환경 설정 파일들(local.conf, distro.conf 등)과 레시피 파일들(.bb, .bbappend) 그리고 의존성을 갖고 있는 레시피 파일들과 함수들, SRC_URI에 추가된 파일들이 시

---

1 아티팩트란 소프트웨어 개발과정에서 특정한 작업을 수행한 결과물을 지칭하기 위한 용어이다. 이 용어는 주로 빌드 과정에서 생성된 파일들을 의미한다. 소프트웨어 빌드 과정에서는 소스 코드를 컴파일하고 링크해 실행 가능한 바이너리 파일을 생성하거나 라이브러리 파일을 생성한다. 이뿐만 아니라 문서 파일, 설정 파일, 이미지 파일 등 다양한 형태의 파일들이 빌드 과정에서 생성될 수 있다. 이러한 생성된 파일들을 모두 "아티팩트"라고 부른다.

그니처 계산을 위해 입력되는 파일들이다.

- 앞에서 설명한 모든 입력들이 같다면 빌드 결과물들은 sstate-cache에 그대로 복사돼 사용된다.

- 태스크들은 태스크 체인으로 묶여 태스크 간에 의존성이 존재한다. 따라서 재사용이 가능한 빌드 결과물이 있는 태스크와 종속된 앞선 태스크들은 실행을 건너뛸 수 있다. 가령 bitbake가 어떤 레시피에 대해 do_populate_sysroot_setscene 태스크를 실행하는 경우 do_fetch, do_unpack, do_patch, do_configure, do_compile 및 do_install 태스크를 실행하는 것은 의미가 없다.

## 17.1.1 setscene 태스크

setscene 태스크는 공유 상태 캐시를 통해 현재 실행해야 하는 태스크가 건너뛸 수 있는지를 결정한다. 만약 건너뛸 수 있다면 해당 태스크의 사전 빌드된 오브젝트 결과물을 가져와 사용한다. 따라서 setscene 태스크가 정의된 태스크는 do_install 태스크 후 바이너리나 패키지 결과물을 생성하는 특정 태스크들에서만 존재한다. 예제 17-1은 do_package 태스크에서 setscene 태스크를 추가하는 부분이다.

**예제 17-1** do_package 태스크상에 setscene 태스크 추가

```
…
SSTATETASKS += "do_package"
do_package[cleandirs] = "${PKGDEST} ${PKGDESTWORK}"
do_package[sstate-plaindirs] = "${PKGD} ${PKGDEST} ${PKGDESTWORK}"
do_package_setscene[dirs] = "${STAGING_DIR}"
python do_package_setscene () {
    sstate_setscene(d)
}
addtask do_package_setscene
…
```

bitbake가 setscene 태스크를 실행하는 과정은 다음과 같다.

1. bitbake는 빌드를 진행하기 전에 공유 상태 캐시를 확인한다. 이때 BB_HASHCHECK_FUNCTION 변수에 의해 지정된 함수가 사용된다. 이 함수는 빠

른 확인을 통해 재사용할 수 있는 빌드된 오브젝트들의 리스트를 리턴한다. 예제 17-2는 BB_HASHCHECK_FUNCTION 변수의 값을 '$ bitbake-getvar' 명령어로 확인한 결과이다. sstate_checkhashes 함수는 태스크의 해시 값을 확인하는 역할을 수행한다. 이 함수는 빌드 시스템의 성능을 향상시키기 위해 사용되며, 빌드 중에 이미 캐시된 빌드 결과물인 sstate를 검사해 해당 작업이 이전에 이미 수행됐는지 여부를 확인한다.

**예제 17-2** BB_HASHCHECK_FUNCTION 변수가 가리키는 함수

```
woonrae@woonrae:~/poky_src/build2$ bitbake-getvar -r great-image BB_HASHCHECK_
FUNCTION
#
# $BB_HASHCHECK_FUNCTION
#   set /home/woonrae/poky_src/poky/meta/classes/sstate.bbclass:892
#     "sstate_checkhashes"
BB_HASHCHECK_FUNCTION="sstate_checkhashes"
```

2. bitbake는 앞에서 얻어진 재사용이 가능한 빌드된 오브젝트를 가진 태스크들의 setscene 태스크를 실행한다. 표 17-1은 4장에서 언급한 setscene 태스크들의 리스트에서 이미지를 생성하는 태스크인 do_image 관련 태스크를 추가한 것이다.

**표 17-1** 추가된 setscene 태스크들

| 태스크 / setscene 태스크 | 설명 |
|---|---|
| do_packagedata /<br>　　do_packagedata_setscene | 최종 패키지 생성을 위해 빌드 시스템에 의해 사용되는 패키지 메타데이터를 생성한다. |
| do_package /<br>　　do_package_setscene | do_install 태스크에 의해 생성된 파일들을 이용할 수 있는 패키지들과 파일들에 근거해 나눈다. |
| do_package_write_rpm /<br>　　do_package_write_rpm_setscene | RPM 패키지를 생성하고 패키지 피드에 패키지들을 배치시킨다. |
| do_populate_lic /<br>　　do_populate_lic_setscene | 이미지가 생성될 때 모아진 레시피를 위한 라이선스 정보를 생성한다. |

| | |
|---|---|
| do_populate_sysroot /<br>    do_populate_sysroot_setscene | 다른 레시피들에 의해 이용될 수 있도록 do_install 태스크에 의해 설치된 파일들을 sysroot로 복사한다. |
| do_package_qa /<br>    do_package_qa_setscene | 패키지로 만들어진 파일들에 대해 QA 검증이 실시된다. |
| do_image_qa /<br>    do_image_qa_setscene | 결과 이미지의 유효성을 검사한다. |
| do_image_complete /<br>    do_image_complete_setscene | 이미지 생성에 연관돼 최종적으로 실행되는 태스크이다. |

3. 이후 재사용이 가능한 빌드된 오브젝트를 갖지 못한 태스크들이 순차적으로 실행된다.

참고로 특정 레시피의 태스크가 공유 상태 캐시에 존재하는지를 판단하려면 '$ oe-check-sstate ⟨image recipe name⟩ | grep ⟨recipe name⟩'으로 확인할 수 있다. 예제 17-3은 15장에서 다뤘던 uselib 레시피를 공유 상태 캐시에 존재하는지 확인하는 예제이다.

**예제 17-3** 'oe-check-sstate' 명령을 통한 특정 레시피의 공유 상태 캐시 존재 확인

```
woonrae@woonrae:~/poky_src$ oe-check-sstate great-image | grep uselib
uselib:do_package_qa
uselib:do_package_write_rpm
uselib:do_populate_lic
uselib:do_populate_sysroot
uselib:do_packagedata
```

## 17.2 시그니처

bitbake는 태스크 실행이 필요한지 결정할 때 setscene 태스크와 함께 시그니처를 사용한다. 이 시그니처는 STAMP_DIR 변수가 지정하는 디렉터리에 저장된다. 참고로 시그니처와 checksum은 동일한 뜻으로 사용된다.

bitbake는 재빌드할 필요가 없는 태스크를 결정해 알려주지 않으면 처음부터 모든 것을 빌드하기 때문에 입력 시그니처를 기반으로 bitbake에게 정보를 줘 빌드를 처음부터 진행할지를 결정할 수 있도록 해야 한다. 다음은 시그니처에 대해 bitbake 사용자 매뉴얼을 설명한 원문을 그대로 옮긴 것이다. 참고하기를 바란다.

A checksum is a unique signature of a task's inputs. The signature of a task can be used to determine if a task needs to be run. Because it is a change in a task's inputs that triggers running the task, BitBake needs to detect all the inputs to a given task. For shell tasks, this turns out to be fairly easy because BitBake generates a "run" shell script for each task and it is possible to create a checksum that gives you a good idea of when the task's data changes.

(출처: https://docs.yoctoproject.org/bitbake/2.0/bitbake-user-manual/bitbake-user-manual-execution.html)

## 17.2.1 시그니처를 사용하는 스탬프 파일

2장에서는 스탬프에 대해 간략하게 설명했기 때문에 여기서는 상세하게 설명하겠다.

bitbake는 각각의 태스크가 수행 완료되면 스탬프 파일을 만든다. 이 파일은 다음 번에 동일한 태스크를 실행하려 할 때 해당 태스크가 다시 실행할지 말지를 결정한다. 단, 스탬프 파일은 일부 태스크의 실행이 완료됐다는 표시만 하며, 태스크의 출력을 어딘가에 기록하지 않는다는 점에 주의하자.

가령 do_compile이라는 태스크가 실행되고 나면 스탬프 저장 디렉터리 내에 '⟨package version⟩_do_compile_⟨signature⟩'라는 이름으로 스탬프 파일이 생성된다. 이때 파일 이름의 접미어$^{postfix}$로 붙는 숫자가 있는데 이 값이 시그니처이다. 따라서 입력에 대한 어떤 것도 변경되지 않은 상태에서 동일 태스크를 실행하면 시그니처 계산값은 이전과 동일할 것이다. 따라서 다시 do_compile 태스크를 실행하려고 할 때 계산된 시그니처값과 동일한 시그니처값이 붙은 파일이 스탬프 디렉터리에 존재한다면 do_compile 태스크 실행을 건너뛰게 된다.

여기서는 시그니처에 대한 이해를 위해 간단한 예제를 만들어 본다. 먼저 그림 17-1과 같이 기존에 만들었던 meta-myproject 레이어에 recipes-sstest라는 레시피를 위한 작업 디렉터리를 만든 후 리스트 17-1과 같이 생성된 디렉터리 내에 sstest.bb

라는 레시피 파일을 만들고 내용을 입력한다. 실습 소스는 다음과 같이 받을 수 있다.

- 기존에 GitHub에서 받은 소스상에서 다음의 명령을 입력한다.

```
$ git checkout creat_signature
```

```
woonrae@woonrae:~/poky_src/poky/meta-myproject$ tree recipes-sstest/
recipes-sstest/
└── sstest.bb
```

**그림 17-1** recipes-sstest 레시피를 위한 작업 디렉터리

**리스트 17-1** sstest.bb 파일

```
DESCRIPTION = "This file is for signature test"
LICENSE = "CLOSED"

do_compile () {
    bbwarn "Hello!, this is signature test"
}
```

예제에서 파일의 위치: ~/poky_src/poky/meta-myproject/recipes-sstest/sstest.bb

이제 새로 생성한 sstest.bb 레시피 파일을 '$ bitbake sstest' 명령으로 실행해 본다. 레시피 파일을 실행하면 그림 17-2와 같은 출력을 볼 수 있다.

```
WARNING: sstest-1.0-r0 do_compile: Hello!, this is signature test
```

**그림 17-2** sstest.bb 레시피 파일 실행 시 출력 화면

그런 다음 bitbake의 작업 디렉터리 아래의 스탬프 디렉터리로 가보자. 스탬프 디렉터리의 경로는 '/tmp/stamps/core2-64-great-linux/sstest'이다.

그림 17-3은 sstest.bb 레시피 파일을 빌드하고 난 후 생성된 스탬프 파일들이다. 파일 형식은 〈package version〉.do_〈task name〉.〈signature〉이다. 참고로 그림에서 'xxx.do-compile.sigdata.xxx'에서 sigdata는 시그니처 데이터의 모음을 나타낸다. 실제적으로 sigdata의 비교를 통해 태스크를 재빌드할지가 결정된다. 이 내용은 뒤에서 다시 다룬다.

**그림 17-3** sstest.bb 레시피 파일 빌드에 따른 스탬프 파일들

우리는 여기서 do_compile 태스크 실행의 결과물인 do_compile 태스크의 시그니처값에만 관심을 갖도록 하겠다.

이미 실행한 태스크에 대해 해당 태스크의 시그니처값은 '$ bitbake-dumpsig' 명령어를 통해 알아낼 수 있다. 예제 17-4와 같이 명령을 입력하자. 참고로 명령어의 사용법은 '$ bitbake-dumpsig -t 〈recipe name〉 〈task name〉'과 같이 사용하면 된다.

**예제 17-4** bitbake-dumpsig 명령어

```
$ bitbake-dumpsig -t sstest compile
```

실행해 보면 출력된 메시지 제일 하단에 예제 17-5와 같이 해시값을 볼 수 있다.

**예제 17-5** bitbake-dumpsig 명령에 따른 출력 결과

```
…
Hash for dependent task /home/poky_src/poky/meta-myproject/recipes-sstest/sstest.
bb:do_configure is 4bcf80da1f87629ddde0fc16dea6941825472032ac58e155e0bccd3c71a04bd7
Computed base hash is 6e072df231e9f41821a08194b570615e9edd8145cf2239795b1ec94d0
eea734c and from file 6e072df231e9f41821a08194b570615e9edd8145cf2239795b1ec94d0
eea734c
Computed task hash is a4fd81fe09fb7539021884025d9b40156208690b3e2e573b8cf6e2aac
1e83b4e
```

예제에서 계산된 해시값이 그림 17-3에서 본 스탬프 파일 이름의 해시값과 일치하는 것을 알 수 있다. 따라서 스탬프 파일은 계산된 해시값에 의해 파일 이름의 일부분이 생성된다는 것을 알 수 있다. 해시값은 시그니처값이라고도 부른다.

'$ bitbake-dumpsig' 명령어가 특정 태스크의 시그니처값을 추출했다면 '$ bitbake -S none sstest' 명령어는 sstest 레시피뿐만 아니라 sstest 레시피에 의존성을 갖고 있는 레시피의 모든 태스크들의 시그니처까지 추출한다. 이 명령을 실행하면 그림 17-4와 같은 결과를 볼 수 있다. 참고로 '$ bitbake −S none sstest' 명령어에서 −S' 옵션은 시그니처 처리과정을 디버깅하는 데 사용할 수 있도록 하는 것이고, 'none'은 지정된 레시피에 대한 시그니처를 생성하도록 한다.

```
woonrae@woonrae:~/poky_src/build6$ bitbake -S none sstest
Loading cache: 100% |#####################################################################
Loaded 1341 entries from dependency cache.
Parsing recipes: 100% |###################################################################
Parsing of 786 .bb files complete (784 cached, 2 parsed). 1341 targets, 38 skippe
NOTE: Resolving any missing task queue dependencies

Build Configuration:
BB_VERSION           = "1.46.0"
BUILD_SYS            = "x86_64-linux"
NATIVELSBSTRING      = "universal"
TARGET_SYS           = "x86_64-great-linux"
MACHINE              = "great"
DISTRO               = "great-distro"
DISTRO_VERSION       = "3.1.21"
TUNE_FEATURES        = "m64 core2"
TARGET_FPU           = ""
meta
meta-poky
meta-yocto-bsp
meta-great
meta-great-bsp
meta-myproject       = "dunfell:d0a8cd82f6b28bf08280af82f1ab19c4fb8c4f91"

Initialising tasks: 100% |################################################################
NOTE: Reparsing files to collect dependency data
Writing locked sigs to /home/woonrae/poky_src/build6/locked-sigs.inc
```

**그림 17-4** bitbake -S none sstest 명령 실행 결과

'$ bitbake -S none sstest' 명령의 결과로 생성된 locked-sigs.inc 파일을 열어 sstest의 do_compile 태스크에 대한 시그니처값을 보면 그림 17-5와 같다.

```
sstest:do_build:5c0a22a908c8404631f1cb60a8689d52b03d4e5a072b8e1e4054eb221d78620c \
sstest:do_compile:a4fd81fe09fb7539021884025d9b40156208690b3e2e573b8cf6e2aac1e83b4e \
sstest:do_configure:4bcf80da1f87629ddde0fc16dea6941825472032ac58e155e0bccd3c71a04bd7 \
```

**그림 17-5** locked-sigs.inc 파일

결국 예제 17-5에서 도출된 시그니처값과 일치하는 것을 볼 수 있다.

앞에서도 설명했지만, 태스크를 실행할 것인지 아닌지를 결정할 때 bitbake는 빌드에 사용되는 메타데이터들, 즉 local.conf, distro.conf, 관련 레시피 파일, SRC_URI에 추가된 파일들 등에 대해 시그니처를 생성한다. 그런 다음 이 시그니처와 기존 태스크들의 시그니처를 비교해 실행 여부를 결정한다.

이를 잘 나타내 주는 예제를 하나 실행해 보도록 하자. 현재 진행 중인 sstest.bb 레시피 파일의 do_compile 태스크에 간단한 주석을 추가해 본다. 단순히 주석을 추가했지만, 시그니처를 생성하는 입력이 달라졌기 때문에 시그니처가 달라져야 하고 태스크도 재실행돼야 한다. 그림 17-6과 같이 sstest.bb 레시피 파일을 열어 주석을 추가해 본다.

```
DESCRIPTION = "This file is for signature test"
LICENSE = "CLOSED"


do_compile () {
#TEST for signature data
    bbwarn "Hello!, this is signature test"
}
```

**그림 17-6** 주석이 추가된 sstest.bb 레시피 파일

이제 sstest 레시피의 do_compile 태스크를 '$ bitbake sstest -c do_compile' 명령으로 빌드해 본다. 시그니처가 바뀌었기 때문에 빌드가 다시 진행되는 것을 볼 수 있다. 빌드가 완료되면 예제 17-6과 'tmp/stamps/core2-64-great-linux/sstest' 디렉터리에 새로 생성된 스탬프 파일을 같이 볼 수 있다.

**예제 17-6** 변경 전후의 스탬프 파일

```
$ ls *.do_compile.sigdata*

1.0-r0.do_compile.sigdata.a38cd69164a0e93b530cb00cbb300bf2c58de876e8d4b6089c22e
dd821eeb805

1.0-r0.do_compile.sigdata.a4fd81fe09fb7539021884025d9b40156208690b3e2e573b8cf6e
2aac1e83b4e
```

do_compile 태스크가 이전과 어떤 부분이 변경됐는지 알아낼 수 있는 bitbake 명령어 '$ bitbake-diffsigs 〈이전 .siginfo file〉 〈변경된 .siginfo file〉'을 통해 예제 17-7과 같이 확인해 보자.

**예제 17-7** 'bitbake-diffsigs' 명령어를 통한 변경 전후의 스탬프 파일 비교

```
$ bitbake-diffsigs 1.0-r0.do_compile.sigdata.a4fd81fe09fb7539021884025d9b4015620
8690b3e2e573b8cf6e2aac1e83b4e 1.0-r0.do_compile.sigdata.a38cd69164a0e93b530cb00
cbb300bf2c58de876e8d4b6089c22edd821eeb805

NOTE: Starting bitbake server...

basehash changed from 6e072df231e9f41821a08194b570615e9edd8145cf2239795b1ec94d0
eea734c to ca9569b46b32e57b78a652ab5f71f84ca6bf291f4512663ca95f7c56cfdcedf8

Variable do_compile value changed:

@@ -1 +1,2 @@
+#TEST for signature data
    bbwarn "Hello!, this is signature test"
```

예제의 결과를 보면 do_compile 태스크에서 추가한 주석으로 인해 시그니처값이 바뀐 것을 알 수 있다.

결론적으로 예제와 같이 bitbake는 입력값들을 기반으로 시그니처를 만들어 내고, 태스크가 실행될 때 기존 시그니처와 새로 생성된 시그니처를 비교해 값이 다르면 재빌드를 진행하고, 같으면 태스크 실행을 건너뛰게 된다.

참고로 이제까지 사용하던 '$ bitbake -f -c ⟨task name⟩ ⟨recipe name⟩' 명령어에 대해 다시 설명해 보겠다. 이제까지 -f 옵션은 강제로 지정한 태스크를 실행한다고만 설명했다. 그러나 실제적으로는 지정한 태스크의 스탬프 파일을 삭제해 bitbake로 해금 지정한 태스크가 빌드한 적이 없다고 생각하게 한다. 따라서 bitbake는 지정한 태스크를 처음부터 다시 실행하게 된다.

간단하게 유용한 bitbake 옵션들에 대해 정리하면 표 17-2와 같다.

**표 17-2** 유용한 bitbake 옵션들

| bitbake 옵션 | 설명 |
|---|---|
| -c <task> | 주어진 태스크를 실행한다. |
| -s | 내부적으로 사용할 수 있는 모든 레시피들의 리스트들과 레시피들의 버전을 출력해 준다. 그림 17-7을 참고한다. |
| -f | 주어진 태스크의 스탬프 파일을 삭제하는 것에 의해 강제로 주어진 태스크를 실행하도록 한다. |
| world | 단순하게 모든 레시피들에 속한 모든 태스크들을 실행한다. |
| -b <recipe file name> | 주어진 레시피 파일을 실행한다. 단, 의존성에 대한 고려 없이 실행된다. |

```
Parsing of 893 .bb files complete (891 cached, 2 parsed). 1653 targets, 48 skipped, 0 masked, 0 errors.
Recipe Name                        Latest Version           Preferred Version          Required Version
===========                        ==============           =================          ================

acl                                   :2.3.1-r0
acl-native                            :2.3.1-r0
acpica                                :20211217-r0
acpica-native                         :20211217-r0
acpid                                 :2.0.33-r0
adwaita-icon-theme                    :41.0-r0
adwaita-icon-theme-native             :41.0-r0
alsa-lib                              :1.2.6.1-r0
alsa-lib-native                       :1.2.6.1-r0
```

**그림 17-7** 'bitbake -s' 명령에 따른 결과

## 17.3 이미 생성된 공유 상태 캐시 최적화

하나의 프로젝트를 계속 빌드하면서 삭제하지 않고 사용하게 되면 공유 상태 캐시의 크기는 시간이 지나면서 점점 커진다. 오래전에 만들어진 중복된 데이터가 계속 쌓이기 때문이다. 따라서 중복된 데이터를 공유 상태 캐시에서 삭제해 줘야 한다. 예제 17-8과 같이 sstate-cache-management.sh 명령을 사용하면 중복된 데이터가 있을 때 이전의 캐시를 삭제해 준다. 그래서 불필요하게 디스크를 차지하는 데이터를 삭제할 수 있다.

**예제 17-8** 오래되거나 중복된 공유 상태 캐시 정리 명령

```
$ poky/scripts/sstate-cache-management.sh --remove-duplicated -d
--cachedir=<SSTATE_IDR>
```

실제 사용하고 있는 공유 상태 캐시 데이터를 예제 17-8의 명령을 통해 최적화가 되는지를 확인해 보자. 필자의 경우 build2 디렉터리 내에서 sstate-cache 디렉터리를 오랜 기간 사용했다. 따라서 많은 부분에 걸쳐 중복된 데이터가 공유 상태 캐시에 존재할 수 있다. 각자 경우가 다르기 때문에 다음 도출된 공유 상태 캐시의 크기는 단지 참고만 하도록 한다.

1. 현재 공유 상태 캐시가 저장된 디렉터리인 sstate-cache의 크기를 구한다. 예제 17-9와 같이 '$ du' 명령어를 이용한다.

**예제 17-9** sstate-cache 디렉터리의 크기 계산

```
~/poky_src/build2$ du -s sstate-cache/
112164 sstate-cache/
```

이번에는 공유 상태 캐시 최적화 스크립트인 sstate-cache-management.sh를 예제 17-10과 같이 실행해 본다.

**예제 17-10** 공유 상태 캐시 최적화 명령 실행

```
woonrae@woonrae:~/poky_src/poky/scripts$ ./sstate-cache-management.sh --remove-
duplicated -d --cache-dir=/home/poky_src/build2/sstate-cache

Figuring out the archs in the layers ...
Done
Figuring out the suffixes in the sstate cache dir ...
Done
The following suffixes have been found in the cache dir:
addto_recipe_sysroot bundle_initramfs clean cleanall cleansstate compile
compile_kernelmodules configure deploy deploy_source_date_epoch fetch flush_
pseudodb image image_ext4 image_tar install kernel_configme ernel_link_images
kernel_metadata kernel_version_sanity_check package packagedata package_
qa package_write_rpm patch populate_lic populate_lic_deploy populate_sysroot
prepare_recipe_sysroot rootfs shared_workd$r sizecheck strip symlink_kernsrc
transform_kernel unpack write_qemuboot_conf
Figuring out the archs in the sstate cache dir ...
Done
The following archs have been found in the cache dir:
```

```
allarch great x86_64 x86_64_x86_64
...
```

예제와 같이 sstate-cache-management.sh 스크립트를 실행했다면 최적화된 공유 상태 캐시 디렉터리의 크기를 다시 구해본다. 예제 17-11과 같이 스크립트를 실행하기 전과 비교했을 때 크기가 줄어든 것을 볼 수 있다.

**예제 17-11** sstate-cache 디렉터리의 크기 계산

```
~/poky_src/build2$ du -s sstate-cache/
106568  sstate-cache/
```

17장을 마치기 전에 빌드 결과물을 삭제하는 clean, cleansstate, cleanall 태스크들에 대해 명확히 구분하도록 하자. 여러분은 이미 공유 상태 캐시가 무엇인지 알고, 스탬프 파일의 용도를 알기 때문에 이제 이 태스크들의 용도를 정확히 구분할 수 있다.

- do_clean: do_unpack, do_configure, do_compile, do_install 그리고 do_package로부터 생성된 모든 출력 파일들을 삭제한다. 또한 스탬프 파일도 함께 삭제된다. 그러나 다운로드받은 파일과 공유 상태 캐시는 삭제되지 않는다.

```
$ bitbake -c clean <recipe>
```

- do_cleanall: 공유 상태 캐시와 스탬프 파일, 모든 생성된 출력 파일들 그리고 다운로드받은 파일도 함께 삭제된다.

```
$ bitbake -c cleanall <recipe>
```

- do_cleansstate: 모든 생성된 출력 파일들, 공유 상태 캐시, 스탬프 파일이 삭제된다.

```
$ bitbake -c cleansstate <recipe>
```

단, 주의할 점은 SSTATE_MIRRORS 변수를 통해 자체 공유 상태 캐시를 구축하게 되면 '$ bitbake -c cleansstate 〈recipe〉' 명령의 경우 로컬 sstate 캐시 파일들만 삭제된다. 따라서 다음 번 빌드 시 자체 공유 상태 캐시로부터 여전히 sstate 캐시를 읽어오게 된다.

## 17.4 요약

Yocto 빌드 시스템에서 공유 상태 캐시 기능은 매우 강력한 기능이다. 특정 레시피를 성공적으로 빌드한 후 bitbake는 출력 결과를 공유 상태 캐시에 저장한다. 변경되지 않은 레시피를 재빌드해야 하는 경우 새롭게 빌드하는 대신 bitbake는 이전에 저장한 결과 바이너리를 간단히 추출해 사용한다.

공유 상태 캐시를 사용하게 되면 모든 소스 코드를 다시 파싱하고, 모든 중간 아티팩트를 다시 생성할 필요가 없다. 최종 패키지가 공유 상태 캐시로부터 바로 추출되기 때문이다. 이것은 빌드 시간을 크게 줄일 수 있는 방법이다.

bitbake는 태스크 실행이 필요한지 결정할 때 setscene 태스크와 함께 시그니처를 사용한다. bitbake는 각각의 태스크가 수행 완료되면 스탬프 파일을 만들며, 스탬프 파일의 이름에는 시그니처가 사용된다. 변경되지 않은 태스크를 다시 실행하려고 할 때 해당 태스크에 대한 동일한 시그니처값을 가진 스탬프 파일이 존재한다면 이미 실행된 태스크이기 때문에 다시 실행하지 않고 건너뛰게 된다. 단, 스탬프 파일은 일부 태스크의 실행이 완료됐다는 표시만 하며, 태스크의 출력을 어딘가에 기록하지 않는다.

하나의 프로젝트를 계속 빌드하면서 삭제하지 않고 사용하게 되면 공유 상태 캐시의 크기는 시간이 지나면서 점점 커진다. 오래전에 만들어진 중복된 데이터가 계속 쌓이기 때문이다. 따라서 sstate-cache-management.sh 스크립트를 사용해 중복된 데이터를 공유 상태 캐시에서 삭제해 줘야 한다.

# CHAPTER 18
# kirkstone

## 이 장에서 다루는 내용

- » 18.1 kirkstone의 특징들
- » 18.2 kirkstone 설치
- » 18.3 dunfell 버전의 예제를 kirkstone으로 마이그레이션하기
- » 18.4 요약

18장에서는 dunfell 다음으로 장기간 지원이 가능한 Yocto의 다음 버전인 kirkstone에 대해 다룬다. 이 책을 집필하고 있는 시점에서 칩 벤더들이 kirkstone을 배포하고 있는 것으로 봐 머지않아 dunfell보다는 kirkstone이 주로 사용될 듯하다. 물론 이책이 발간될 즈음이면 아마도 kirkstone이 주로 사용되는 Yocto의 버전이 아닐까한다.

dunfell이나 kirkstone 둘 다 Yocto의 장기간 지원이 가능한 버전이다. 약간의 문법이 바뀌기는 했지만, 큰 틀에서 사용법은 거의 동일하다.

우선 kirkstone을 어떻게 받아 설치하는지 간단하게 설명하고, kirkstone 버전이 dunfell 버전과 다른 점을 기술할 것이다. 끝으로 dunfell로 만든 우리의 예제를 있는 그대로 kirkstone으로 마이그레이션하는 방법을 설명할 것이다.

## 18.1 kirkstone의 특징들

- 대략 93개의 보안 관련 패치[CVE patch]가 반영됐다. 참고로 CVE[Common Vulnerability and Exposures]는 공개적으로 알려진 보안 결함 목록을 말한다. CVE는 보통 CVE ID 번호가 할당된 보안 결함을 뜻한다.

- CVE 패치가 반영된 패키지들은 대략적으로 리스트 18-1과 같다.

**리스트 18-1** kirkstone 버전에서 CVE 패치가 반영된 패키지들

```
binutils, curl, epiphany, expat, ffmpeg, gcc, glibc, gmp, go, grub2, gzip,
libarchive, libxml2, libxslt, lighttpd, linux-yocto, amdgpu, lua, openssl,
qemu, rpm, seatd, speex, squashfs-tools, systemd, tiff, unzip, vim,
virglrenderer, webkitgtk, xz, zlib
```

- 대략 318개의 오픈 소스 패키지 버전이 업그레이드됐다. 핵심적인 부분은 리스트 18-2와 같다.

**리스트 18-2** 주요한 오픈 소스 업그레이드 사항들

```
- GCC: v9.3 → v11.3
- glibc: v2.31 → v2.35
- glib-2.0: v2.62.4 → v2.72.3
- systemd: v244.3 → v250.5
- busybox: v1.31.1 → 1.35.0
…
```

특히 gcc 컴파일러의 업그레이드로 인해 기존 바닐라 커널 소스[1]를 빌드할 경우 에러가 발생하는 부분이 있다. 이것은 뒤에서 예제를 다루면서 언급하겠다.

- dunfell의 유지 보수 기간이 4년인 데 반해 kirkstone은 2년이다.[2]

---

1   아이스크림 중에서 바닐라는 가장 기본적인 맛을 가졌기 때문에 아무것도 추가하거나 고치지 않은 커널 소스를 바닐라 커널이라고 한다.

2   2023년 Yocto LTS(Long Term Support) 지원이 2년에서 4년으로 변경됐다. 즉 Kirkstone 지원이 2026년까지로 늘어났다.

- 기본적으로 패키지 간 의존성의 숫자를 줄였기 때문에 빌드에 걸리는 시간이 dunfell 대비 감소했다. 그러나 첫 번째 빌드는 오히려 빌드 시간이 더 늘었다. 두 번째 빌드 부터는 빠르게 진행된다. 이유는 러스트<sup>Rust</sup> 컴파일러(rust-llvm-native, rust-native, rust-cross)를 빌드하는 데 시간이 오래 걸리기 때문이다. 참고로 러스트는 러스트 재단에서 개발하고 있는 메모리 안전성과 성능 및 편의성에 중점을 둔 프로그래밍 언어이다. 가비지 컬렉터 없이 메모리 안전성을 제공하는 대표적인 언어이고, C++의 대체재로 등장했다.

- gzip 대신 zstd<sup>ZStandard</sup>로 압축 해제 표준을 바꿔 공유 상태(SState) 성능을 향상 시켰다. 참고로 zstd는 무료 오픈 소스이고, 페이스북에서 개발한 무손실 데이터 압축 알고리즘이다. gzip과 비슷한 압축률을 제공하지만, 압축 해제를 할 때는 더 빠르다.

- 기존 대비 훨씬 더 정확한 라이선스 준수를 통해 라이선스 관리 툴의 개선을 가져왔다.

- kirkstone은 최소 4.x 버전 이상의 kernel을 지원한다.

- linux_kernel_header는 더 이상 의무 사항이 아니다. 참고로, linux_kernel_header 는 리눅스 커널 개발과 관련된 작업을 수행하는 데 필요한 헤더 파일들을 제공하는 패키지이다. 애플리케이션과 드라이버는 리눅스 커널과 상호 작용하기 위해 헤더 파일 들을 필요로 한다. linux_kernel_header 패키지는 이러한 헤더 파일들을 제공해 리눅스 커널과 상호 작용하는 애플리케이션과 드라이버의 빌드를 가능하게 한다.

- append, prepend, remove 연산자는 이제 '=' 또는 ':=' 연산자와 결합해서만 사용할 수 있다.

- BB_ENV_EXTRAWHITE 변수는 셸 환경 변수를 bitbake 전역 환경 변수로 만들 수 있는 방법을 제공해 준다. 이 변수는 kirkstone 버전에서 BB_ENV_PASSTHROUGH_ADDITIONS로 바뀌었다.

- append, prepend, remove 연산자 사용에 있어서 '변수_⟨append, prepend, remove⟩' 형식이 '변수:⟨append, prepend, remove⟩' 형식으로 바뀌었다. 이해를 위해 예제 18-1을 살펴보자.

```
A = "testA"
A:append = " additional data"

B = "testB"
B:prepend = "additional data "

C = "testC"
C:append = "additional data"
```

변수 A는 최종적으로 "testA additional data"값을 갖고, 변수 B는 "additional data testB", 변수 C는 "testCadditional data"값을 갖는다. 이는 5장에서 학습한 내용과 동일하다. 차이가 있다면 dunfell의 경우 append, prepend, remove 연산자를 변수에 붙일 때 '_'를 사용하지만, kirkstone은 ':'을 사용한다는 점이다.

- 변수와 마찬가지로 조건부 변수에서 '_'가 ':'으로 바뀌었다. kirkstone에서는 예제 18-1의 코드를 예제 18-2와 같이 바꿔 줘야 한다.

예제 18-2 kirkstone에서 조건부 변수 처리

```
OVERRIDES = "korean:american:vietnamese

FOOD:korean = "rice"

FOOD:american = "bread"

FOOD:british = "sandwitch"
```

문법적인 부분에서 바뀐 부분은 그림 18-1과 같이 정리했다.

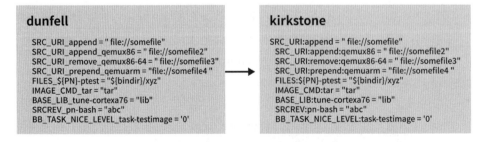

**dunfell**
```
SRC_URI_append = " file://somefile"
SRC_URI_append_qemux86 = " file://somefile2"
SRC_URI_remove_qemux86-64 = " file://somefile3"
SRC_URI_prepend_qemuarm = "file://somefile4 "
FILES_${PN}-ptest = "${bindir}/xyz"
IMAGE_CMD_tar = "tar"
BASE_LIB_tune-cortexa76 = "lib"
SRCREV_pn-bash = "abc"
BB_TASK_NICE_LEVEL_task-testimage = '0'
```

**kirkstone**
```
SRC_URI:append = " file://somefile"
SRC_URI:append:qemux86 = " file://somefile2"
SRC_URI:remove:qemux86-64 = " file://somefile3"
SRC_URI:prepend:qemuarm = "file://somefile4 "
FILES:${PN}-ptest = "${bindir}/xyz"
IMAGE_CMD:tar = "tar"
BASE_LIB:tune-cortexa76 = "lib"
SRCREV:pn-bash = "abc"
BB_TASK_NICE_LEVEL:task-testimage = '0'
```

그림 18-1 dunfell에서 kirkstone으로 업데이트되면서 바뀌어야 하는 부분들

이외에도 kirkstone 버전으로 업그레이드되면서 많은 변화가 있다. 대부분의 변화는 kirkstone에서 변화됐다기보다는 honister 버전에서부터 변경된 것도 있다. 여기서는 장기간 지원 Yocto 버전 관점에서 dunfell 대비 kirkstone을 비교한 것이다.

kirkstone으로의 변환에 대한 상세한 사항들은 'https://docs.yoctoproject.org/migration-guides/release-notes-4.0.html' 사이트를 참고하기를 바란다.


## 18.2 kirkstone 설치

kirkstone을 설치하기 위해서는 예제 18-3과 같이 의존성 패키지들을 설치해야 한다. 이 책에서는 ubuntu 18.04 환경을 기준으로 설명한다.

**예제 18-3** 의존성 패키지 설치

```
$ sudo apt install gawk wget git diffstat unzip texinfo gcc build-essential
chrpath socat cpio

$ sudo apt install python3 python3-pip python3-pexpect xz-utils debianutils
iputils-ping python3-git python3-jinja2

$ sudo apt install libegl1-mesa libsdl1.2-dev pylint3 xterm python3-subunit mesa-
common-dev zstd liblz4-tool
```

주의할 점은 python2에 대한 지원이 2020년 1월에 종료됐기 때문에 대신 Python 3를 사용하는 것이 권장된다는 것이다. 따라서 예제 18-4와 같이 파이썬이 제대로 설치됐는지 확인한다.

**예제 18-4** 파이썬 정보 출력

```
$ python3 -version
Python 3.6.9
```

참고로 의존성 패키지 설치에 대한 정보는 다음의 Yocto 홈페이지 'https://docs.yoctoproject.org/4.0.9/brief-yoctoprojectqs/index.html'에서 찾을 수 있다.

예제 18-5와 같이 kirkstone 소스를 Yocto 사이트에서 받아온다.

**예제 18-5** kirkstone 소스받기

```
$ git clone https://GitHub.com/yoctoproject/poky.git .

$ git checkout kirkstone
```

받은 소스를 예제 18-6과 같이 빌드해 본다. 기본적으로 Poky에서 제공하는 이미지 레시피인 core-image-minimal.bb를 사용한다.

**예제 18-6** core-image-minimal.bb 이미지 레시피 빌드하기

```
$ source poky/oe-init-build-env

$ bitbake core-image-minimal
```

빌드가 완료되면 최종 루트 파일 시스템을 비롯한 커널 이미지는 그림 18-2와 같이 생성된다.

```
great@great-yocto:~/kirkstone/build/tmp/deploy/images/qemux86-64$ ls
bzImage
bzImage--5.15.96+git0+509f4b9d68_001e2930e6-r0-qemux86-64-20230405145912.bin
bzImage-qemux86-64.bin
core-image-minimal-qemux86-64-20230405145912.qemuboot.conf
core-image-minimal-qemux86-64-20230405145912.rootfs.ext4
core-image-minimal-qemux86-64-20230405145912.rootfs.manifest
core-image-minimal-qemux86-64-20230405145912.rootfs.tar.bz2
core-image-minimal-qemux86-64-20230405145912.testdata.json
core-image-minimal-qemux86-64.ext4
core-image-minimal-qemux86-64.manifest
core-image-minimal-qemux86-64.qemuboot.conf
core-image-minimal-qemux86-64.tar.bz2
core-image-minimal-qemux86-64.testdata.json
modules--5.15.96+git0+509f4b9d68_001e2930e6-r0-qemux86-64-20230405145912.tgz
modules-qemux86-64.tgz
```

**그림 18-2** kirkstone core-image-minimal.bb 레시피 빌드 결과 화면

## 18.3 dunfell 버전의 예제를 kirkstone으로 마이그레이션하기

18장에서는 이제껏 만들었던 예제, 즉 dunfell 기반의 예제를 kirkstone으로 마이그레이션해 보도록 한다. 처음 이 책을 집필할 때는 kirkstone을 기반으로 쓰려고 했다. 그러나 협업으로 진행하는 일이 모두 dunfell 기반으로 돼 있었고, 칩 벤더들이 하나 둘 kirkstone으로 업데이트하고 있는 시점이었기 때문에 유지 보수 관점에서 상당 기간 dunfell이 사용될 것이라는 판단을 했다.

결국 필자는 우선 dunfell 버전을 다루고 이것을 기반으로 kirkstone으로 마이그레이션하는 것을 알려주는 것이 도움이 될 것이라고 결론지었다. 실습 소스는 다음과 같이 받을 수 있다.

- 실습을 위해 필자의 GitHub 사이트에서 아래와 같이 새로 소스를 받아온다. 새로운 디렉터리를 만들어 받는 것을 추천한다.

```
$ git clone https://GitHub.com/greatYocto/kirkstone_src.git
```

우선 기존에 만들었던 예제에서 그림 18-3과 같이 3개의 디렉터리를 복사해 kirkstone 소스에 붙여넣는다. 여기서 meta-great, meta-great-bsp, meta-myproject 디렉터리를 복사해 받은 kirkstone 소스의 poky 디렉터리 아래 붙여넣는다.

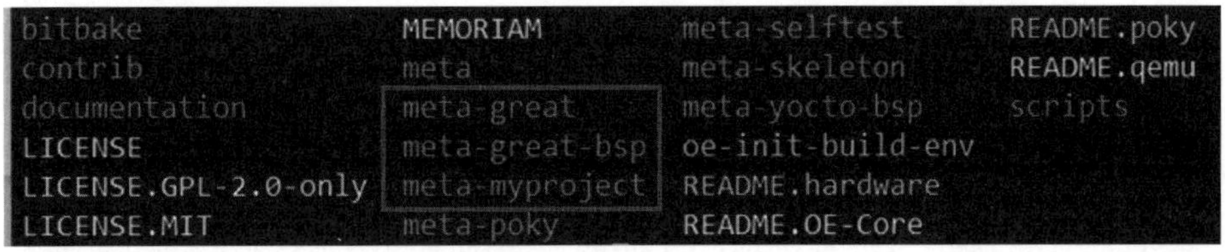

**그림 18-3** dunfell 버전의 예제

마찬가지로 리스트 18-3과 같이 dunfell 소스 최상위 폴더에 만들어 놓은 빌드 스크립트 파일 buildenv.sh를 kirkstone 소스 최상위 디렉터리에 복사해 붙여넣는다.

**리스트 18-3** buildenv.sh 파일

```
woonrae@woonrae:~/poky_src$ ls

buildenv.sh  poky  source
```

끝으로 앞의 dunfell 예제에서 nano editor와 kernel 부분은 externalsrc 클래스를 상속받아 로컬 소스로 구축했기 때문에 이 소스들도 함께 복사해 온다. 리스트 18-4는 기존 커널 소스와 nano editor 소스를 kirkstone 소스로 복사해 온 것을 보여준다. dunfell에서와 마찬가지로 프로젝트 최상위 디렉터리 아래에 source 디렉터리를 만들고 커널 소스와 nano editor 소스를 복사해 온다.

**리스트 18-4** 커널 및 nano editor 소스들

```
woonrae@woonrae:~/kirkstone/source$ ls

mykernel  nano
```

오픈임베디드 빌드 시스템은 친절하게도 dunfell에서 kirkstone으로 마이그레이션 할 때 문법이나 라이선스 사용법과 같은 바뀐 부분들을 알아서 수정해 주는 스크립트를 제공한다. 스크립트는 '~/kirkstone/poky/scripts/contrib' 디렉터리에 위치하고 있다. 우리는 이 중에서 세 가지 스크립트를 사용할 예정이다. 리스트 18-5에서 세 가지 변환 스크립트를 볼 수 있다.

**리스트 18-5** kirkstone 형식으로 변환해 주는 스크립트 리스트

```
woonrae@woonrae:~/kirkstone/poky/scripts/contrib$ ls convert*

convert-overrides.py  convert-spdx-licenses.py  convert-srcuri.py  convert-
variable-renames.py
```

여기서는 각각의 변환 스크립트를 설명하고, 기존에 만들었던 dunfell 기반의 메타데이터들을 kirkstone 기반의 메타데이터들로 변환해 본다.

1. convert-srcuri.py 스크립트를 이용해 변환한다.

kirkstone 버전에서는 SRC_URI에 git을 사용할 때 브랜치를 꼭 기입해야 한다. 만약 현재 해시 값이 tag를 사용하기 때문에 브랜치를 기입할 수 없다면 'nobranch=1' 옵션을 설정해야 한다. dunfell 버전에서는 따로 브랜치를 부여하지 않으면 master 브랜치로 인식했다. 그러나 kirkstone에서는 master 브랜치라고 하더라도 브랜치 이름을 꼭 기입해야 한다. 또한 GitHub에서 이전까지는 git protocol을 허용했으나, 이제는 http protocol만 허용한다는 점도 참고하자.

convert-srcuri.py 변환 스크립트는 리스트 18-6과 같이 실행해 준다. 이 스크립트는 브랜치의 명확화와 git protocol의 변환을 알아서 처리해 준다.

**리스트 18-6** convert-srcuri.py 스크립트를 이용한 변환

```
woonrae@woonrae:~/kirkstone/poky$ ./scripts/contrib/convert-srcuri.py meta-great
processing directory 'meta-great'
processing file 'meta-great/template/conf-notes.txt'
processing file 'meta-great/template/bblayers.conf.sample'
processing file 'meta-great/template/local.conf.sample'
processing file 'meta-great/recipes-core/packagegroups/packagegroup-great.bb'
processing file 'meta-great/recipes-core/image/great-image.bb'
processing file 'meta-great/recipes-core/image/core-image-minimal.bbappend'
processing file 'meta-great/classes/great-base-image.bbclass'
processing file 'meta-great/conf/layer.conf'
processing file 'meta-great/conf/distro/great-distro.conf'
All files processed with version 0.1
```

meta-great 레이어뿐만 아니라 meta-great-bsp, meta-myproject 레이어도 리스트와 같이 변환 스크립트로 수행해 준다.

2. convert-overrides.py 스크립트를 이용해 변환한다.

kirkstone에서는 append, prepend, remove 변수와 조건부 변수를 사용할 때 '_'를 ':'으로 바꿔야 한다. 따라서 convert-overrides.py 스크립트는 이와 같은 문법적인 부분을 자동으로 수정해 준다.

리스트 18-7과 같이 convert-overrides.py 변환 스크립트를 실행해 본다.

**리스트 18-7** convert-overrides.py 스크립트를 이용한 변환

```
woonrae@woonrae:~/kirkstone/poky$ ./scripts/contrib/convert-overrides.py
meta-great
processing directory 'meta-great'
processing file 'meta-great/template/conf-notes.txt'
processing file 'meta-great/template/bblayers.conf.sample'
processing file 'meta-great/template/local.conf.sample'
processing file 'meta-great/recipes-core/packagegroups/packagegroup-great.bb'
processing file 'meta-great/recipes-core/image/great-image.bb'
processing file 'meta-great/recipes-core/image/core-image-minimal.bbappend'
processing file 'meta-great/classes/great-base-image.bbclass'
processing file 'meta-great/conf/layer.conf'
processing file 'meta-great/conf/distro/great-distro.conf'
All files processed with version 0.9.3
```

convert-srcuri.py 스크립트 실행과 같이 meta-great 레이어뿐만 아니라 meta-great-bsp, meta-myproject 레이어도 변환 스크립트로 수행해 본다.

3. convert-spdx-licenses.py 스크립트를 이용해 변환한다.

kirkstone에서는 레시피에 기술된 라이선스 이름이 기존보다 엄격한 기준을 적용해 검증된다. 표 18-1은 이전 라이선스 이름과 새로운 이름으로 바뀐 라이선스 이름 간의 비교를 나타낸 것이다.

**표 18-1** dunfell 라이선스와 kirkstone 라이선스 이름 비교

| dunfell 라이선스 이름 | kirkstone 라이선스 이름 |
| --- | --- |
| BSD | BSD-3-Clause |
| GPLv3 | GPL-3.0-only |
| GPLv3+ | GPL-3.0-or-later |
| GPLv2 | GPL-2.0-only |
| GPL-2.0 | GPL-2.0-only |
| GPLv2+ | GPL-2.0-or-later |

따라서 dunfell에서 사용한 라이선스의 이름을 kirkstone 라이선스 이름에 맞추기 위해서는 convert-spdx-licenses.py 변환 스크립트를 사용한다. 이 스크립트를 사용하면 라이선스 이름의 불일치를 알아서 수정해 준다.

**리스트 18-8** convert-spdx-licenses.py 스크립트를 이용한 변환

```
woonrae@woonrae:~/kirkstone/poky$ ./scripts/contrib/convert-spdx-licenses.py
meta-great
processing directory 'meta-great'
processing file 'meta-great/template/conf-notes.txt'
processing file 'meta-great/template/bblayers.conf.sample'
processing file 'meta-great/template/local.conf.sample'
processing file 'meta-great/recipes-core/packagegroups/packagegroup-great.bb'
processing file 'meta-great/recipes-core/image/great-image.bb'
processing file 'meta-great/recipes-core/image/core-image-minimal.bbappend'
processing file 'meta-great/classes/great-base-image.bbclass'
processing file 'meta-great/conf/layer.conf'
processing file 'meta-great/conf/distro/great-distro.conf'
All files processed with version 0.01
```

meta-great 레이어뿐만 아니라 meta-great-bsp, meta-myproject 레이어도 변환 스크립트로 수행해 본다.

4. image-mklibs.bbclass 클래스 파일과 image-prelink.bbclass 클래스 파일이 kirkstone 버전에서 삭제됐다. 따라서 local.conf 파일에서 삭제에 따른 처리를 해줘야 한다.

template 디렉터리에 존재하는 local.conf.sample 파일에서 리스트 18-9와 같이 수정해 준다. 참고로 파일의 위치는 '~/kirkstone/poky/meta-great/template/local.conf.sample'이다.

**리스트 18-9** local.conf.sample 파일

```
USER_CLASSES ?= "buildstats image-mklibs image-prelink"
→ 다음과 같이 수정한다.
USER_CLASSES ?= "buildstats"
```

5. BB_DISKMON_DIRS 변수에서 HALT값이 그림 18-4와 같이 ABORT값으로
   바뀌었다. 따라서 local.conf.sample 파일에서 수정해 준다.

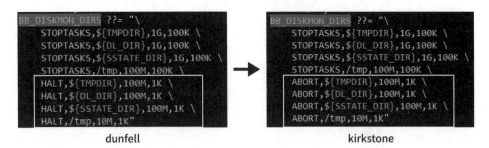

dunfell                                    kirkstone

**그림 18-4** dunfell 버전의 예제

6. 커널 레시피 파일을 수정한다.

   기존 커널 레시피에서 약간의 수정이 필요하다. 리스트 18-10과 같이 이전에는
   브랜치를 master로 고정했으나, 여기서는 따로 commit id를 통해 소스를 가져
   오게 해야 한다. 그리고 COMPATIBLE_MACHINE 변수에 할당하는 형식이 바
   뀌었다. 리스트에서 SRC_URI에 따로 master 브랜치를 명시하지 않으려고 파라
   미터로 nocheckout=1을 추가했다. 참고로 'nocheckout=1'의 의미는 페처가
   코드를 unpack했을 때 따로 체크아웃하지 말라는 뜻이다. 이것은 따로 SRCREV
   에서 commit id에 해당하는 해시(리비전)값을 정해줬기 때문이다.

**리스트 18-10** local.conf.sample 파일

```
DESCRIPTION = "Linux kernel from kernel.org git repositoy"
SECTION = "kernel"
LICENSE = "GPL-2.0-only"

inherit kernel
inherit kernel-yocto

SRC_URI = "git://git.kernel.org/pub/scm/linux/kernel/git/torvalds/linux.git
;protocol=git';nocheckout=1;nobranch=1;'
#SRC_URI += file://defconfig
#SRC_URI += file://0001-Learning-yocto-add-new-kernel-driver.patch
#SRC_URI += "file://new-kernel-driver.cfg"
```

```
SRCREV = "af42d3466bdc8f39806b26f593604fdc54140bcb"
KBUILD_DEFCONFIG = "my_defconfig"

LIC_FILES_CHKSUM = file://COPYING;md5=bbea815ee2795b2f4230826c0c6b8814
LINUX_VERSION ?= "5.4-rc8"
LINUX_VERSION_EXTENSION  = "-mylinux"

PROVIDES += "virtual/kernel"

PV = "${LINUX_VERSION}+git${SRCPV}"
COMPATIBLE_MACHINE = "^(great)$"

FILESEXTRAPATHS:prepend := "${THISDIR}/file:"
```

예제에서 파일의 위치: ~/kirkstone/poky/meta-great/template/local.conf.
sample

7. 커널 코드를 수정한다.

kirkstone으로 업데이트되면서 gcc 버전이 11 버전으로 업데이트됐다. gcc 버전 10부터 '-fno-common' 옵션을 기본값으로 사용하게 된다. 참고로 -fno-common 옵션은 컴파일러가 초기화되지 않은 전역 변수를 객체 파일의 BSS 섹션에 배치하도록 지정한다. 따라서 링커에 의한 임시 정의 병합이 금지되므로 동일한 변수가 실수로 둘 이상의 컴파일 단위에 정의된 경우 다중 정의 오류가 발생한다.

gcc 버전의 업데이트에 따라 '-fno-common' 옵션이 추가돼 바닐라 커널을 그대로 가져다 사용하면 빌드 시 문제가 발생한다. 이유는 _force_order라는 변수가 pgtable_64.c와 kaslr_64.c에서 중복으로 정의돼 있기 때문이다. 따라서 예제 18-7과 같이 수정해 줘야 한다. 수정 사항은 중복 선언 방지를 위해 한쪽 파일에서 _force_order 변수를 extern 변수로 수정한다.

**예제 18-7** kaslr_64.c 파일 수정

```
/* Used by pgtable.h asm code to force instruction serialization. */
extern unsigned long __force_order;
```

예제에서 파일의 위치: ~/kirkstone/source/mykernel/kernel-source/arch/
x86/boot/compressed/kaslr_64.c

참고로 'meta/recipes-devtools/gcc' 디렉터리 내에 사용할 수 있는 크로스
컴파일러가 포함돼 있고 gcc의 버전은 예제 18-8과 같이 확인할 수 있다.

**예제 18-8** 크로스 컴파일러 gcc 버전 확인하기

```
woonrae@woonrae:~/kirkstone/build$ bitbake -e | grep "^GCCVERSION="
GCCVERSION="11.%"
```

8. machine 환경 설정 파일을 수정한다.

현재 진행하고 있는 예제는 QEMU 머신을 사용하기 때문에 기존에 머신 환경 설
정 파일로 qemux86-64.conf 파일을 복사해 great.conf라고 이름을 바꿔 사용
했다. kirkstone 버전에서도 동일하게 great.conf 머신 설정 파일을 사용한다.
그러나 이 파일에서 인클루드 파일의 경로가 바뀌었기 때문에 이 부분은 리스트
18-11과 같이 수정한다.

**리스트 18-11** great.conf 머신 환경 설정 파일

```
…

require conf/machine/include/x86/tune-core2.inc
require conf/machine/include/x86/qemuboot-x86.inc

…
```

변경 사항은 경로상에서 'x86'이 추가됐다.

9. reproducible_build.bbclass 클래스 파일 삭제에 따라 배포 환경 설정 파일에서 이 클래스를 상속받는 부분을 주석 처리한다. kirkstone에서 이 클래스 파일이 base.bbclass 파일로 합쳐졌기 때문에 reproducible_build.bbclass 파일은 더 이상 존재하지 않는다.

```
…

# INHERIT += "reproducible_build"

…
```

10. 기존 예제에서 존재하는 Yocto 리눅스 레시피 확장 파일인 linux-yocto_5.4.bbappend 파일을 삭제한다.

이 파일은 dunfell에서 기본적으로 제공하는 Yocto 리눅스 파일을 제정의하는데 사용하는 레시피 확장 파일이다. 그러나 kirkstone으로 업데이트되면서 지원되는 Yocto 리눅스는 5.10과 5.15이기 때문에 5.4에 대한 레시피 파일이 없다. 따라서 이 파일을 삭제해야 한다.

```
$ rm -rf /home/kirkstone/poky/meta-great-bsp/recipes-kernel/linux/linux-yocto_5.4.bbappend
```

11. 10장에서는 EXTRA_USERS_PARAMS 변수에서 useradd 명령어를 통해 사용
자를 추가했다. 그리고 패스워드 부여를 위해 -p 옵션과 함께 예제 18-9와 같이
사용했다. 그러나 예제에서 보듯이 EXTRA_USERS_PARAMS 변수를 사용하는
파일이 유출되면 패스워드도 유출되는 문제가 발생한다. 따라서 kirkstone에서
이 방법은 보안상의 문제로 더 이상 사용할 수 없다.

**예제 18-9** dunfell에서 useradd -p 옵션

```
EXTRA_USERS_PARAMS = "\
  groupadd greatgroup; \
  useradd -p `openssl passwd 9876` great; \    → 문제되는 부분
  useradd -g greatgroup great; \
"
```

리스트 18-12와 같이 패스워드를 외부 툴을 이용해 생성한 후 생성된 해시값을 리스
트와 같이 사용자 계정에 넣어준다. 루트 파일 시스템 이미지를 생성해 주는 레시피
파일인 great-image.bb 파일을 리스트 18-12와 같이 수정한다. 참고로 EXTRA_
USERS_PARAMS 변수를 통한 계정 생성 등의 설정은 local.conf 파일에 추가해 줘
도 무방하다.

**리스트 18-12** great-image.bb 파일

```
SUMMARY = "A very small image for yocto test"

inherit great-base-image

LINGUAS_KO_KR = "ko-kr"
LINGUAS_EN_US = "en-us"

IMAGE_LINGUAS = "${LINGUAS_KO_KR} ${LINGUAS_EN_US}"

# IMAGE_INSTALL += "packagegroup-great"
# IMAGE_INSTALL += "mykernelmod"

IMAGE_OVERHEAD_FACTOR = "1.3"

inherit extrausers

EXTRA_USERS_PARAMS = " \
    usermod -p '\$6\$12345678\$zYTErUfpqzN5dmxG3gGKbhqFHaN9SxsePAd7oKlc5M1Qf.
```

```
c.vhkThAe0Wyx8jRf37/HtlKAJvFfluXwQn/FWi1' root; \
    useradd -p '' great \
"
```

예제에서 파일의 위치: ~/kirkstone/poky/meta-great/recipes-core/image/
great-image.bb

리스트에서는 great라는 사용자 계정을 암호 없이 만들었고 root의 계정에 패스워
드를 부여했다. 즉 usermod라는 명령어와 -p 옵션을 통해 root 계정에 패스워드
를 부여했다. 리스트를 보면 패스워드가 알아볼 수 없는 해시 문자열이다. 이 패스워
드를 생성하려면 mkpasswd라는 툴을 사용해야 한다.

먼저 mkpasswd 툴을 '$ sudo apt install whois' 명령을 통해 설치한다. 참고로
whois라는 패키지가 설치되면 mkpasswd 툴도 함께 설치된다. mkpasswd 툴의
사용법은 예제 18-10과 같다.

**예제 18-10** mkpasswd 툴 사용법

```
mkpasswd -m sha-512 <패스워드> -s "시드(seed)값으로 8자 이상 16자 이하의 문자열"
```

예제 18-11과 같이 우리는 great-image.bb 파일에서 root의 패스워드로 "greatyocto"
를 사용하고, 이 패스워드를 생성하는 시드$^{seed}$값으로 "12345678"을 부여했다.

**예제 18-11** mkpasswd 툴을 이용한 패스워드 추출

```
$ mkpasswd -m sha-512 greatyocto -s "12345678"
$6$12345678$zYTErUfpqzN5dmxG3gGKbhqFHaN9SxsePAd7oKlc5M1Qf.c.vhkThAe0Wyx8jRf37/
HtlKAJvFfluXwQn/FWi1
```

예제에서 추출된 패스워드의 해시값이 리스트 18-12의 great-image.bb 파일에
적용됐음을 참고하자.

이제 모든 마이그레이션 작업이 마무리됐다. 물론 이 예제는 필자가 지금까지 진행해 왔던 dunfell 기반에서의 예제를 kirkstone 버전으로 마이그레이션한 예제라는 한계가 있다. 그러나 kirkstone 버전 마이그레이션에 대한 어느 정도의 감을 익히기에는 부족함이 없다고 판단한다.

기존에 kirkstone 소스를 전체 빌드했기 때문에 기존에 생성된 build/conf 디렉터리를 삭제한다. 이는 build 디렉터리 아래의 conf 디렉터리에 생성되는 환경 설정 파일들이 바뀌었기 때문이다. 그리고 환경 설정 초기화 스크립트인 oe-init-build-env 대신 buildenv.sh를 실행하고 빌드를 진행한다. 빌드가 마무리되면 QEMU를 실행한다.

```
woonrae@woonrae:~/kirkstone$ rm -rf build/conf
woonrae@woonrae:~/kirkstone$ source buildenv.sh
woonrae@woonrae:~/kirkstone/build$ bitbake great-image
woonrae@woonrae:~/kirkstone/build$ runqemu nographic
```

그림 18-5와 같이 QEMU가 실행되고 로그인 창이 나타나면 아이디로 "root", 패스워드로 "greatyocto"를 입력한다. 참고로 그림의 "distro 3.1.21"은 dunfell의 배포 환경 설정 파일을 그대로 복사해 사용했기 때문에 kirkstone 버전이 아니라 dunfell의 버전이 출력된 것이다.

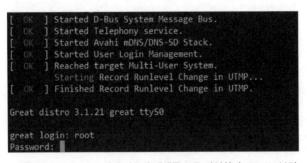

**그림 18-5** kirkstone에서 기존의 예제를 모두 반영한 후 QEMU 부팅

## 18.4 요약

18장에서는 dunfell 다음으로 장기간 지원이 가능한 Yocto의 다음 버전인 kirkstone
에 대해 다뤘다. 약간의 문법이 바뀌기는 했지만, 큰 틀에서 사용법은 거의 동일하다.

이제껏 만들었던 dunfell 기반의 예제를 kirkstone으로 마이그레이션했다. 책에서
도 설명했지만, 오픈임베디드 빌드 시스템은 dunfell에서 kirkstone으로 마이그레
이션할 때 문법이나 라이선스 사용법과 같이 바뀐 부분들을 알아서 수정해 주는 스크
립트를 제공한다. 따라서 이 스크립트를 사용하면 쉽게 마이그레이션할 수 있다.

# CHAPTER 19
# SDK(Software Development Kit)

**이 장에서 다루는 내용**

Yocto는 패키지를 개발하는 데 사용되기보다는 리눅스 배포판을 생성하는 데 사용된다. 따라서 Yocto로 새롭게 패키지를 개발하려고 할 때는 따로 개발 환경을 구축해야만 한다. Yocto에서 제공해 주는 방법에는 크게 두 가지가 있다. 하나는 SDK이고, 다른 하나는 meta-toolchain이다.

## 19.1 SDK 생성

bitbake가 레시피 각각의 태스크를 실행할 때 타깃을 위한 소스를 컴파일하고 링크하기 위해서는 툴체인이 필요하다. 툴체인을 구축한다는 것은 컴파일러, 링커, 디버거, 외부 라이브러리 헤더 등을 준비한다는 것이다. 호스트 머신을 위한 애플리케이션 개발이 아니기 때문에 컴파일러와 링커 등은 호스트가 아닌 타깃 머신에 맞는 크로스 툴체인이 필요하다. 이 툴체인은 오픈임베디드 빌드 시스템 내에서 제공된다.

Yocto에서 패키지를 개발할 때는 따로 외부에서 사용할 수 있도록 개발 환경을 구축해야만 한다. 개발 환경을 구축한다는 뜻은 툴체인을 구축한다는 것과 동일하다. 툴체인은 호스트의 설치된 환경과 무관하게 동작하도록 해줘야 한다. 또한 오픈임베디드 빌드 시스템 내부에서 제공하는 툴체인과도 호환이 가능해야 한다.

오픈임베디드 빌드 시스템은 이것을 SDK라는 패키지로 제공한다. SDK 패키지는 개발과 디버깅을 하기 위한 툴체인을 포함한다.

bitbake는 그림 19-1과 같이 do_populate_sdk와 do_populate_sdk_ext 태스크를 실행해 표준 및 확장이 가능한 SDK를 위한 SDK 설치 스크립트를 만든다.

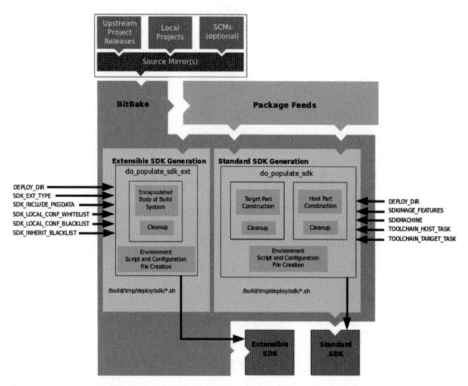

**그림 19-1** SDK 생성(출처: https://docs.yoctoproject.org/3.1.24/overview-manual/overview-manual-concepts.html#sdk-generation-dev-environment)

- do_populate_sdk: 표준 SDK 생성을 돕는다. 그림 19-1과 같이 타깃 부분과 호스트 부분 모두를 처리한다. 타깃의 경우 타깃 하드웨어를 위한 부분이며 라이 브러리와 헤더를 포함한다. 호스트는 SDK가 설치된 머신을 말한다. 보통 이 머신을 SDKMACHINE이라고 부른다. 다른 말로하면, SDK는 SDKMACHINE 값으로 지정한 대상 시스템에서 실행되도록 빌드된다.

- do_populate_sdk_ext: 확장이 가능한 SDK 생성을 돕는다. 표준 SDK와 다른 방식으로 타깃과 호스트 부분을 처리한다. 즉 그림 19-1과 같이 확장이 가능한 SDK는 호스트 및 타깃을 포함하는 빌드 시스템을 캡슐화한다. 이를 위해 확장이 가능한 SDK는 devtool을 포함한다. devtool에 대해서는 21장에서 다루게 된다.

복잡하고 어려운 내용은 건너뛰자. 결국 do_populate_sdk 태스크와 do_populate_sdk_ext 태스크는 개발자가 외부에서 개발할 수 있도록 개발 환경을 제공하는 SDK를 쉽게 구성하도록 도와주는 태스크이다. 그림과 같이 SDK를 구축해 주는 실행 스크립트를 최종 만들어 낸다. 실행 스크립트의 위치는 '/build/tmp/deploy/sdk/*.sh'이다. 이 스크립트를 실행하게 되면 크로스 컴파일 환경이 구축된 디렉터리가 만들어진다. 디렉터리의 위치는 따로 지정할 수 있다.

그림 19-2는 SDK 패키지 제공을 위해 오픈임베디드 빌드 시스템에서 제공하는 태스크인 do_populate_sdk가 전체 태스크에서 실행되는 순서를 나타낸 것이다.

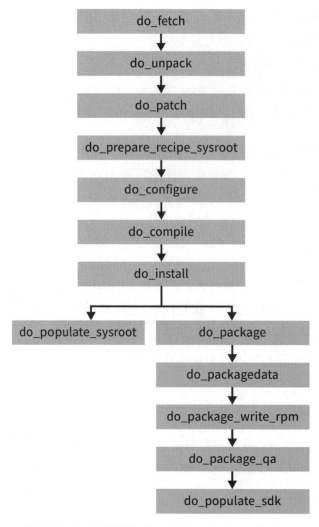

**그림 19-2** SDK를 생성하는 태스크인 do_populate_sdk 태스크

Yocto 공식 릴리즈 문서에는 그림 19-3과 같이 전체 크로스 개발 과정이 잘 나와 있다. 루트 파일 시스템과 커널 이미지는 빌드 호스트에서 생성된다. 애플리케이션은 크로스 개발 툴체인을 포함한 SDK를 설치한 SDKMACHINE에서 개발된다. 물론 모든 과정이 빌드 호스트에서 일어날 수 있다. 그림에서 나타내고자 하는 것은 애플리케이션을 개발하는 개발자는 배포된 SDK 설치 패키지를 통해 타깃용 애플리케이션을 개발할 수 있다는 것을 나타낸 것이다.

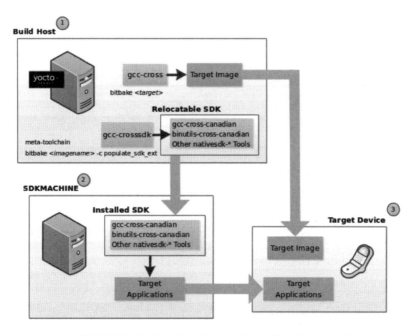

The Build Host produces three toolchains: 1) gcc-cross, which builds the target image. 2) gcc-crosssdk, which is a transitory toolchain and produces relocatable code that executes on the SDKMACHINE. 3) gcc-cross-canadian, which executes on the SDKMACHINE and produces target applications.

The SDKMACHINE, which may or may not be the same as the Build Host, runs gcc-cross-canadian to create target applications.

The Target Device runs the Target Image and Target Applications.

**그림 19-3** 크로스 개발 툴체인 생성 과정(출처: https://docs.yoctoproject.org/overview-manual/concepts.html)

이제 우리가 실습하고 있는 예제의 이미지에 기반한 SDK를 만들도록 한다. 앞에서 우리는 great-image.bb라는 이미지 제공 레시피 파일을 만들었다. 따라서 예제 19-1과 같은 명령어를 통해 SDK를 생성한다. 참고로 19장에서 진행하는 예제는 18장의 kirkstone 프로젝트를 기반으로 진행한다.

**예제 19-1** 이미지 기반 SDK 생성

```
$ bitbake great-image -c populate_sdk
```

do_populate_sdk 태스크 실행이 마무리되면 그림 19-4와 같은 산출물들이 생성된다.

```
kirkstone/build/tmp/deploy/sdk/
├── great-distro-glibc-x86_64-great-image-core2-64-great-toolchain-3.1.21.host.manifest
├── great-distro-glibc-x86_64-great-image-core2-64-great-toolchain-3.1.21.sh
├── great-distro-glibc-x86_64-great-image-core2-64-great-toolchain-3.1.21.target.manifest
├── great-distro-glibc-x86_64-great-image-core2-64-great-toolchain-3.1.21.testdata.json
```

**그림 19-4** do_populate_sdk 태스크 실행 후 생성된 산출물

각각의 산출물들에 대해 살펴보자.

- great-distro-glibc-x86_64-great-image-core2-64-great-toolchain-3.1.21.host.manifest

이 매니페스트<sup>manifest</sup> 파일은 SDK에서 호스트에 설치돼야 할 패키지들의 리스트를 갖고 있는 파일이다. 파일을 열어보면 리스트 19-1과 같이 호스트에 설치될 리스트들이 나열돼 있다. 형식은 다음과 같다.

```
[package name] [package arch] [version]
```

**리스트 19-1** great-distro-glibc-x86_64-great-image-core2-64-great-toolchain-3.1.21.host.manifest 파일

```
binutils-cross-canadian-x86-64 x86_64_nativesdk 2.38
gcc-cross-canadian-x86-64 x86_64_nativesdk 11.3.0
gdb-cross-canadian-x86-64 x86_64_nativesdk 11.2
meta-environment-great x86_64_nativesdk 1.0
nativesdk-autoconf x86_64_nativesdk 2.71
nativesdk-automake x86_64_nativesdk 1.16.5

...
```

리스트에서 보이는 'canadian'이라는 용어 관련해, Yocto 프로젝트에서 'canadian'이라는 용어는 SDK가 호스트 시스템에서 빌드되지만, 타깃 시스템에서 실행되도록 설계된 SDK를 의미한다. 즉, 호스트 시스템과 타깃 시스템의 아키텍처가 서로 다른 경우에 사용된다.

매니페스트 파일의 이름은 populate_sdk_base.bbclass 클래스 파일에 다음과 같이 정의돼 있다.

```
SDK_HOST_MANIFEST = "${SDK_DEPLOY}/${TOOLCHAIN_OUTPUTNAME}.host.manifest"
```

현재 진행하고 있는 예제의 SDK_HOST_MANIFEST 변수를 bitbake-getvar 명령어를 통해 살펴보면 예제 19-2와 같다.

**예제 19-2** SDK_HOST_MANIFEST 변수

```
woonrae@woonrae:~/kirkstone/build$ bitbake-getvar -r great-image SDK_HOST_
MANIFEST
#
# $SDK_HOST_MANIFEST
#   set /home/great/kirkstone/poky/meta/classes/populate_sdk_base.bbclass:91
#     "${SDKDEPLOYDIR}/${TOOLCHAIN_OUTPUTNAME}.host.manifest"
SDK_HOST_MANIFEST="/home/kirkstone/build/tmp/work/great-great-linux/great-
image/1.0-r0/x86_64-deploy-great-image-populate-sdk/great-distro-glibc-x86_64-
great-image-core2-64-great-toolchain-3.1.21.host.manifest"
```

• great-distro-glibc-x86_64-great-image-core2-64-great-toolchain-
  3.1.21.target.manifest

이 매니페스트 파일은 SDK에서 타깃에 설치돼야 할 패키지들의 리스트를 갖고 있는 파일이다. SDK_TARGET_MANIFEST 변수가 이 파일의 위치와 파일 이름을 갖고 있다. 파일을 열어보면 리스트 19-2와 같이 타깃에 설치될 리스트들이 나열돼 있다.

**리스트 19-2** great-distro-glibc-x86_64-great-image-core2-64-great-toolchain-
3.1.21.target.manifest

```
acl core2_64 2.3.1
acl-dbg core2_64 2.3.1
acl-dev core2_64 2.3.1
acl-src core2_64 2.3.1
alsa-conf core2_64 1.2.6.1
alsa-state core2_64 0.2.0
alsa-state-dbg core2_64 0.2.0
```

```
alsa-state-dev core2_64 0.2.0
...
```

- great-distro-glibc-x86_64-great-image-core2-64-great-toolchain-3.1.21.sh

이 파일은 크로스 개발 툴체인 설치 스크립트 파일로 리스트 19-3과 같이 환경 설정 스크립트를 포함하고 있다.

**리스트 19-3** great-distro-glibc-x86_64-great-image-core2-64-great-toolchain-3.1.21.sh 파일

```sh
#!/bin/sh

export LC_ALL=en_US.UTF-8
# Make sure at least one python is installed
INIT_PYTHON=$(which python3 2>/dev/null )
[ -z "$INIT_PYTHON" ] && INIT_PYTHON=$(which python2 2>/dev/null)
[ -z "$INIT_PYTHON" ] && echo "Error: The SDK needs a python installed" && exit 1

# Remove invalid PATH elements first (maybe from a previously setup toolchain now
deleted
PATH=`$INIT_PYTHON -c 'import os; print(":".join(e for e in os.environ["PATH"].
split(":") if os.path.exists(e)))'`

tweakpath () {
    case ":${PATH}:" in
        *:"$1":*)
            ;;
        *)
            PATH=$PATH:$1

    esac

}

...
```

이제 SDK 설치를 위해 설치 스크립트인 great-distro-glibc-x86_64-great-image-core2-64-great-toolchain-3.1.21.sh 파일을 실행한다. 필자는 SDK 설치를 위해 kirkstone 코드가 있는 최상위 디렉터리에 sdk라는 디렉터리 이름으로 예제 19-3과 같이 설치했다.

**예제 19-3** SDK 설치

```
woonrae@woonrae:~/kirkstone/build/tmp/deploy/sdk$ ./great-distro-glibc-x86_64-
great-image-core2-64-great-toolchain-3.1.21.sh

Great distro SDK installer version 3.1.21

====================================

Enter target directory for SDK (default: /opt/great-distro/3.1.21):
~/kirkstone/sdk

You are about to install the SDK to "/home/kirkstone/sdk". Proceed [Y/n]? Y

Extracting SDK.............................................................
.....................done

Setting it up...done

SDK has been successfully set up and is ready to be used.

Each time you wish to use the SDK in a new shell session, you need to source the
environment setup script e.g.

 $ . /home/kirkstone/sdk/environment-setup-core2-64-great-linux
```

SDK 설치 스크립트 실행이 완료되면 예제 19-4와 같이 프로젝트 최상위 디렉터리에 sdk라는 이름의 디렉터리가 만들어진 것을 볼 수 있다. 참고로 외부에서 프로젝트 개발을 위해 SDK가 필요하다고 요청이 왔을 때 그림 19-4에서 볼 수 있듯 '⟨project-dir⟩/⟨build-dir⟩/tmp/deploy/sdk/' 디렉터리에 확장자 '.sh'로 생성된 파일을 전달하면 된다. 이 파일을 사용할 호스트에 설치하면 타깃을 위한 소프트웨어 패키지 빌드가 가능하다.

**예제 19-4** 생성된 SDK의 디렉터리

```
woonrae@woonrae:~/kirkstone$ ls
build  buildenv.sh  poky  sdk  source
```

생성된 sdk 디렉터리는 그림 19-5와 같이 구성돼 있다.

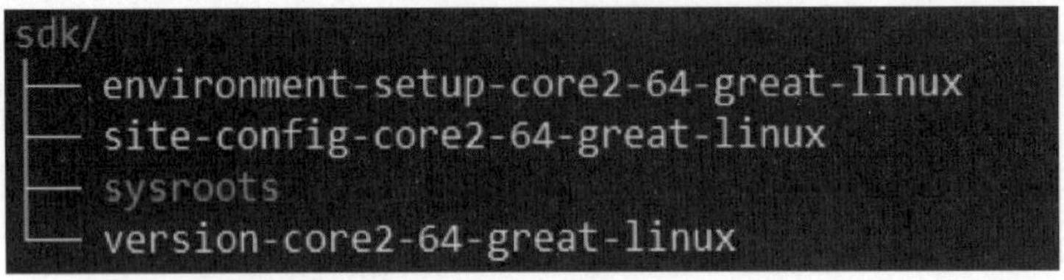
```
sdk/
├── environment-setup-core2-64-great-linux
├── site-config-core2-64-great-linux
├── sysroots
└── version-core2-64-great-linux
```

**그림 19-5** 새롭게 생성된 sdk 디렉터리 내부

sdk 디렉터리 내부에 생성된 파일들을 자세히 살펴보자.

- environment-setup-core2-64-great-linux

툴체인을 사용하는 데 필요한 모든 환경 변수의 설정들이 담겨 있기 때문에 컴파일을 진행하기 전에 이 스크립트를 제일 먼저 실행해야 한다.

- site-config-core2-64-great-linux

툴체인 생성에 사용되는 변수들을 담고 있다.

- version-core2-64-great-linux

배포 버전과 타임스탬프 정보들을 갖고 있다.

- sysroots 디렉터리

SDK 생성을 위해 사용된 루트 파일 시스템 디렉터리이다. 그림 19-6과 같이 하위에 다른 2개의 디렉터리가 존재한다. 각 디렉터리에는 바이너리, 헤더 파일, 라이브러리 파일들이 포함돼 있다.

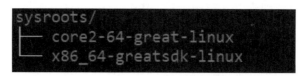

**그림 19-6** sysroots 디렉터리

## 19.2 설치된 SDK를 사용한 타깃 애플리케이션 생성

설치된 SDK를 사용해 간단한 타깃용 애플리케이션을 만들어 본다. 단순하게 "Hello! Yocto"라는 문자열을 화면에 출력할 수 있는 예제를 만들고, 빌드를 통해 만들어진 예제 테스트를 위해 타깃인 QEMU 가상 머신으로 생성된 실행 파일을 전송하는 방법을 배울 것이다. 그리고 QEMU에서 실행 파일을 실행함으로써 테스트를 완료한다.

먼저 QEMU 가상 머신으로 실행된 리눅스와 호스트 PC 간의 파일 교환을 위해 ssh를 사용할 것이기 때문에 진행하고 있는 예제의 루트 파일 시스템 이미지에 ssh를 설치한다.

ssh 설치를 위해 리스트 19-4와 같이 local.conf.sample 파일 제일 하단의 EXTRA_IMAGE_FEATURES 변수에 'ssh-server-openssh'를 추가해 준다.

**리스트 19-4** local.conf.sample 파일

```
...
EXTRA_IMAGE_FEATURES += "splash ssh-server-openssh"
```

예제에서 파일의 위치: ~/kirkstone/poky/meta-great/template/local.conf.sample

리스트 19-4의 변경 내용을 루트 파일 시스템에 적용하도록 다시 빌드를 진행한다. 'template/local.conf.sample' 파일을 수정했기 때문에 예제 19-5와 같이 build 디렉터리 아래 conf 디렉터리를 삭제한 후 다시 빌드 초기화 스크립트인 buildenv.sh 를 실행하고 빌드를 진행한다.

**예제 19-5** 재빌드 진행

```
woonrae@woonrae:~/kirkstone$ rm -rf build/conf/

woonrae@woonrae:~/kirkstone$ source buildenv.sh

woonrae@woonrae:~/kirkstone/build$ bitbake great-image
```

참고로 EXTRA_IMAGE_FEATURES 변수에 ssh-server-openssh 기능을 추가 하는 것은 OpenSSH 패키지를 이미지에 설치해 주는 역할을 한다. 따라서 호스트 PC와 가상 머신인 QEMU 간에 SSH 연결과 scp[1] 툴을 이용한 파일 전송을 가능하 게 해준다.

이제 '$ runqemu nographic'을 통해 QEMU를 실행한다. 같은 호스트에서 또 다른 터미널을 띄우고 예제 19-6과 같이 접속해 본다. 참고로 특별히 수정하지 않았다면 QEMU의 IP는 '192.168.7.2'가 된다.

**예제 19-6** 터미널에서 ssh를 통한 QEMU 접속

```
$ ssh root@192.168.7.2
```

궁극적으로 우리가 하려는 것은 그림 19-7과 같이 호스트의 터미널에서 scp를 통 해 실행 중인 QEMU에 접속해 파일을 전송하는 것이다.

---

1   SCP는 "Secure Copy Protocol"의 약어로, SSH 프로토콜을 이용해 로컬 시스템과 원격 시스템 사이에 파일을 안전하 게 복사하거나 전송하는 명령어 및 프로토콜이다. SCP는 SSH와 마찬가지로 데이터를 암호화해 보호하므로 보안적으 로 안전하게 파일을 전송할 수 있다.

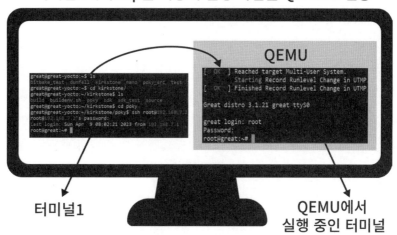

**그림 19-7** scp를 이용한 QEMU로의 파일 전송

예제와 같이 ssh로 QEMU에 접속을 시도하면 예제 19-7과 같이 QEMU 리눅스로의 접근을 묻는 패스워드를 묻게 된다. 패스워드로 "greatyocto"를 입력하면 접속이 완료된다. 확인을 위해 '$ uname -a'를 입력해 본다.

**예제 19-7** ssh를 이용한 QEMU로의 접속

```
woonrae@woonrae:~/kirkstone/poky$ ssh root@192.168.7.2
root@192.168.7.2's password:
Last login: Sun Apr  9 08:02:21 2023 from 192.168.7.1
root@great:~# uname -a

Linux great 5.4.0-rc8-mylinux #1 SMP PREEMPT Thu Apr 6 16:52:51 UTC 2023 x86_64
GNU/Linux
```

예제 19-8과 같이 helloyocto.c 파일을 SDK 설치 디렉터리 아래 만든 후 리스트 19-5와 같이 내용을 입력한다.

**예제 19-8** SDK 디렉터리 아래 helloyocto.c 파일

```
woonrae@woonrae:~/kirkstone/sdk$ ls
environment-setup-core2-64-great-linux  helloyocto.c  site-config-core2-64-great-
linux  sysroots  version-core2-64-great-linux
```

**리스트 19-5** helloyocto.c 파일

```c
# include <stdio.h>

int main(void)
{

  printf("Hello! yocto\n");

  return 0;
}
```

이제 예제 19-9와 같이 SDK 빌드 환경을 초기화해 주는 스크립트인 environment-setup-core2-64-great-linux를 실행한 후 helloyocto.c 파일을 컴파일하고 scp로 QEMU에 실행 파일을 전송한다. 이때는 QEMU가 실행 중인 상태에서 같은 호스트에서 또 다른 터미널을 띄우고, 이 터미널에서 scp로 파일을 전송해야 한다.

**예제 19-9** helloyocto.c 컴파일 및 scp를 이용해 QEMU로 실행 파일 전송

```
woornae@woornae:~/kirkstone/sdk$ source environment-setup-core2-64-great-linux
woornae@woornae:~/kirkstone/sdk$ ${CC} helloyocto.c -o helloyocto
woornae@woornae:~/kirkstone/sdk$ scp helloyocto root@192.168.7.2:/home
root@192.168.7.2's password:

helloyocto      100%    20KB   1.5MB/s    00:00
woornae@woornae:~/kirkstone/sdk$
```

참고로 예제 19-9에서 scp를 통해 QEMU 접속 시 패스워드는 "greatyocto"이다.

실행 파일인 helloyocto를 QEMU로 전송했기 때문에 QEMU상에서 이 파일을 실행해 보면 그림 19-8과 같다.

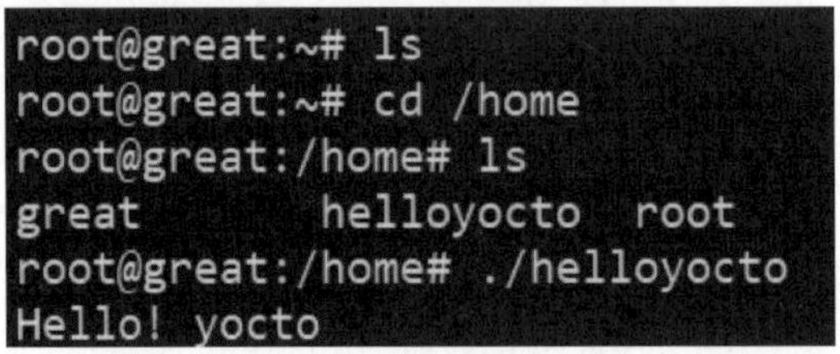

**그림 19-8** QEMU상에서 helloyocto 파일 실행

지금까지는 설치된 SDK로 간단한 실행 파일을 만들고 실행 파일을 QEMU로 보내 실행되는 것을 살펴봤다. 다음은 SDK를 이용해 커널 모듈을 새로 생성 및 빌드하는 방법을 알아본다.

## 19.3 설치된 SDK를 사용한 타깃 커널 모듈 생성

앞에서 우리는 SDK를 이용해 타깃용 애플리케이션을 만들었고, 여기서는 설치된 SDK를 이용해 커널 디바이스 드라이버를 만들 것이다.

먼저 커널 드라이버를 작성하고, 작성된 커널 디바이스 드라이버 파일을 빌드한다. 끝으로 생성된 커널 모듈 파일인 '.ko' 파일을 QEMU로 전송하고 예제를 실행해 본다.

커널을 빌드하려면 커널 소스가 필요하다. 물론 우리의 예제는 externalsrc라는 클래스를 상속했기 때문에 프로젝트 최상위 디렉터리 아래 커널 소스가 존재한다. 그러나 여기서는 SDK만을 설치한 호스트에서 커널 디바이스 드라이버를 작성하는 것을 목표로 하고 있기 때문에 커널 소스는 없다고 가정한다. 이 경우 SDK를 만들기 전에 kernel 소스를 설치하면 된다. 이미지를 생성하는 레시피 파일인 great-image.bb 파일에서 리스트 19-6과 같이 TOOLCHAIN_TARGET_TASK 변수에 "kernel-devsrc"를 추가해 준다.

**리스트 19-6** great-image.bb 파일

```
SUMMARY = "A very small image for yocto test"

inherit great-base-image

LINGUAS_KO_KR = "ko-kr"
LINGUAS_EN_US = "en-us"

IMAGE_LINGUAS = "${LINGUAS_KO_KR} ${LINGUAS_EN_US}"

#IMAGE_INSTALL += "packagegroup-great"
#IMAGE_INSTALL += "mykernelmod"

IMAGE_OVERHEAD_FACTOR = "1.3"

inherit extrausers
```

```
EXTRA_USERS_PARAMS = " \
    usermod -p '\$6\$12345678\$zYTErUfpqzN5dmxG3gGKbhqFHaN9SxsePAd7oKlc5M1Qf.
c.vhkThAe0Wyx8jRf37/HtlKAJvFfluXwQn/FWi1' root; \
    useradd -p '' great \
"

TOOLCHAIN_TARGET_TASK:append = " kernel-devsrc"
```

TOOLCHAIN_TARGET_TASK 변수는 '$ bitbake -c populate_sdk'를 사용해 SDK를 생성할 때 SDK에 설치돼야 하는 패키지들을 기술해 준다. kernel-devsrc 는 오픈임베디드 코어에서 제공하는 레시피이다. 'meta/recipes-kernel/linux/ kernel-devsrc.bb'에 위치하고 있다. 이 레시피 파일은 리눅스 커널 개발을 위한 소스를 제공한다. 주로 커널 개발과 외부 커널 모듈을 빌드하는 데 사용된다.

이제 다시 SDK를 재생성해야 하기 때문에 '$ bitbake great-image -c populate_ sdk'와 같이 명령을 입력한다.

do_populate_sdk 태스크 실행이 완료되면 다시 SDK를 예제 19-10과 같이 설치 한다. 전과 동일하게 프로젝트 최상위 디렉터리 아래 sdk라는 이름으로 설치한다.

**예제 19-10** SDK 재설치

```
woonrae@woonrae:~/kirkstone/build/tmp/deploy/sdk$ ./great-distro-glibc-x86_64-
great-image-core2-64-great-toolchain-3.1.21.sh
Great distro SDK installer version 3.1.21
========================================
Enter target directory for SDK (default: /opt/great-distro/3.1.21): ~/kirkstone/
sdk
The directory "/home/kirkstone/sdk" already contains a SDK for this architecture.
If you continue, existing files will be overwritten! Proceed [y/N]? Y
Extracting SDK.................................................................
.....done
Setting it up...done
SDK has been successfully set up and is ready to be used.
Each time you wish to use the SDK in a new shell session, you need to source the
environment setup script e.g.
 $ . /home/kirkstone/sdk/environment-setup-core2-64-great-linux
```

그런 다음 SDK가 설치된 디렉터리로 이동해 커널 소스가 포함됐는지 예제 19-10 과 같이 확인해 본다.

**예제 19-11** SDK에 설치된 커널 소스

```
woonrae@woonrae:~/kirkstone/sdk/sysroots/core2-64-great-linux/usr/src$ ls -l
total 4
drwxr-xr-x 83 great great 4096 Apr  9 09:14 debug
lrwxrwxrwx  1 great great   42 Apr  9 09:15 kernel -> ../../lib/modules/5.4.0-rc8-
mylinux/source
```

예제 19-11에서 보듯이 'sdk/sysroots/core2-64-great-linux/lib/modules/ modules/5.4.0-rc8-mylinux/source'에 실제 커널 소스가 위치하고 있는 것을 볼 수 있다. 단, 여기서의 커널 소스는 '.c'를 제외한 소스를 말한다.

이제 간단한 커널 디바이스 드라이버를 작성해 보자. 이는 out-of tree라고 해 커널 밖에서 커널 모듈을 작성하는 방법이다. 리스트 19-7과 같이 hello_kermod.c 파일을 만들어 SDK 설치 디렉터리인 'sdk/sysroots/core2-64-great-linux' 아래 위치 시킨다.

**리스트 19-7** hello_kermod.c 파일

```
#include <linux/module.h>
#include <linux/kernel.h>
#include <linux/init.h>

MODULE_LICENSE("GPL");
MODULE_AUTHOR("woonrae");
MODULE_DESCRIPTION("Hello kernel module");

static int __init hello_kermod_init(void)
{
  printk(KERN_INFO "Hello kernel module!\n");
  return 0;
}

static void __exit hello_kermod_cleanup(void)
{
```

```
    printk(KERN_INFO "Cleaning up kernel module.\n");
}

module_init(hello_kermod_init);
module_exit(hello_kermod_cleanup);
```

커널 모듈을 컴파일하기 위한 Makefile을 만든다. 리스트 19-8과 같이 입력하고 'hello_kermod.c' 디렉터리에 위치시킨다.

**리스트 19-8** Makefile

```
obj-m += hello_kermod.o

all:
    make -C ${SDKTARGETSYSROOT}/usr/src/kernel M=$(PWD) modules

clean:
    make -C ${SDKTARGETSYSROOT}/usr/src/kernel M=$(PWD) clean
```

Makefile을 만들 때 'make'가 시작되는 라인에 Space 대신 Tab을 넣어야 한다. 그러나 Tab 대신 Space를 넣는 실수를 하게 되는 경우가 많으니 유의하기를 바란다.

빌드하기 전에 ubuntu에서 설치할 항목이 하나 있다. '$ sudo apt-get install libssl-dev'와 같이 libssl-dev를 설치해 줘야 한다. 이 패키지를 설치하지 않으면 호스트에서 커널 빌드 시 에러가 발생한다.

참고로 libssl-dev 패키지는 인터넷을 통한 보안 통신을 위해 SSL 및 TLS 암호화 프로토콜인 OpenSSL 프로젝트 구현의 일부이다. 이 패키지에는 libssl 및 libcrypto에 대한 개발 라이브러리, 헤더 파일 및 매뉴얼 페이지가 포함돼 있다.

이제 예제 커널 모듈을 작성했기 때문에 빌드를 수행한다. 빌드를 위해 먼저 빌드 환경설정 파일인 environment-setup-core2-64-great-linux를 실행한다. 그런 다음 빌드 진행을 위해 예제 19-12와 같이 스크립트를 준비하는 명령어를 입력한다. 최종적으로 make를 실행한다.

**예제 19-12** 새로 작성한 커널 디바이스 드라이버 빌드 진행

```
woonrae@woonrae:~/kirkstone/sdk$ source environment-setup-core2-64-great-linux
woonrae@woonrae:~/kirkstone/sdk$ cd sysroots/core2-64-great-linux/
woonrae@woonrae:~/kirkstone/sdk/sysroots/core2-64-great-linux$ make -C
${SDKTARGETSYSROOT}/usr/src/kernel scripts prepare
make: Entering directory '/home/kirkstone/sdk/sysroots/core2-64-great-linux/lib/
modules/5.4.0-rc8-mylinux/build'
  HOSTCC  scripts/extract-cert
  SYSTBL  arch/x86/include/generated/asm/syscalls_32.h
  SYSHDR  arch/x86/include/generated/asm/unistd_32_ia32.h
  SYSHDR  arch/x86/include/generated/asm/unistd_64_x32.h
  SYSTBL  arch/x86/include/generated/asm/syscalls_64.h

...

woonrae@woonrae:~/kirkstone/sdk/sysroots/core2-64-great-linux$ make
make -C /home/kirkstone/sdk/sysroots/core2-64-great-linux/usr/src/kernel
=/home/kirkstone/sdk/sysroots/core2-64-great-linux modules
make[1]: Entering directory '/home/kirkstone/sdk/sysroots/core2-64-great-linux/
lib/modules/5.4.0-rc8-mylinux/build'
  Building modules, stage 2.

  MODPOST 1 modules

make[1]: Leaving directory '/home/kirkstone/sdk/sysroots/core2-64-great-linux/
lib/modules/5.4.0-rc8-mylinux/build'
```

빌드가 완료되면 예제 19-13과 같이 '.ko' 모듈 파일이 생성된 것을 볼 수 있다.

**예제 19-13** 생성된 .ko 파일

```
great@great-yocto:~/kirkstone/sdk/sysroots/core2-64-great-linux$ ls -l hello_
kermod*
-rw-rw-r-- 1 great great  445 Apr  9 10:12 hello_kermod.c
-rw-rw-r-- 1 great great 4216 Apr  9 10:12 hello_kermod.ko
-rw-rw-r-- 1 great great   72 Apr  9 10:12 hello_kermod.mod
-rw-rw-r-- 1 great great  507 Apr  9 10:12 hello_kermod.mod.c
-rw-rw-r-- 1 great great 2608 Apr  9 10:12 hello_kermod.mod.o
-rw-rw-r-- 1 great great 2240 Apr  9 10:12 hello_kermod.o
```

이제 생성된 커널 모듈 파일인 hello_kernel.ko 파일을 실행 중인 QEMU로 전송해
보자.

먼저 '$ runqemu nographic' 명령을 통해 QEMU를 실행시킨 후 또 다른 터미널을 열
어 예제 19-14와 같이 빌드를 통해 만든 커널 모듈을 scp를 통해 QEMU로 전송한다.

**예제 19-14** QEMU로 생성된 .ko 파일 전송

```
woonrae@woonrae:~/kirkstone/sdk/sysroots/core2-64-great-linux$ scp hello_kermod.
ko root@192.168.7.2:/home
root@192.168.7.2's password:
hello_kermod.ko                100% 4216    943.4KB/s   00:00

woonrae@woonrae:~/kirkstone/sdk/sysroots/core2-64-great-linux$
```

참고로 예제 19-14에서 scp를 이용해 QEMU에 접속 시 패스워드는 "greatyocto"이다.

이제 실행 중인 QEMU에서 /home 디렉터리로 이동해 그림 19-9와 같이 복사된
파일이 정상적으로 들어와 있는지 확인하고 이 파일을 실행시켜 본다.

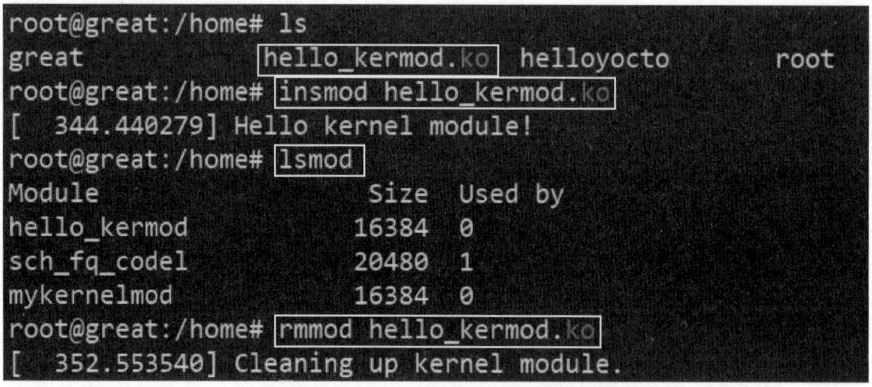

**그림 19-9** QEMU상에서 커널 모듈의 실행

## 19.4 meta-toolchain

앞에서는 SDK를 만들어 외부에 배포해 애플리케이션과 커널 모듈을 개발하는 예를 보여줬다. 여기서는 외부에서 사용할 수 있도록 개발 환경을 구축하는 또 다른 방법 인 meta-toolchain에 대해 소개한다.

오픈임베디드 코어는 호스트를 위한 툴체인과 크로스 컴파일러 환경을 생성하는 레 시피 파일을 갖고 있다. 이 레시피 파일의 이름은 meta-toolchain.bb이다. 이 레시피 를 사용하면 SDK와 마찬가지로 외부에서 개발이 가능한 툴체인을 구축할 수 있다.

meta-toolchain은 bitbake를 사용해 크로스 컴파일러 툴체인과 관련 라이브러리 및 도구를 생성하는 레시피이다. 개별 이미지와 직접적인 연관성이 없기 때문에, 이 레시피를 사용해 미리 정의된 툴체인과 라이브러리를 포함하는 독립적인 SDK를 생 성할 수 있다. 때문에 이 SDK를 범용 SDK라고도 한다. 이미지와 독립적으로 만들 어지기 때문에 보통 커널, 부트로더의 개발과 디버그를 위해 meta-toolchain을 많 이 사용한다. 이와 반대로 '$ bitbake -c populate_sdk [이미지 생성 레시피 이름]' 로 생성된 SDK는 특정 이미지를 기반으로 생성된다. 따라서 이미지 내에 포함된 라 이브러리, 툴체인, 헤더 등이 SDK에 포함된다. 이는 실제 대상 시스템과 유사한 개발 환경을 제공하는 장점이 있다.

meta-toolchain 레시피로 만든 SDK가 특정 이미지와 독립적인 툴체인과 라이브 러리를 제공하고, 'populate_sdk'로 생성된 SDK보다 크기가 상대적으로 더 작아 유용한 면들이 있다. 그러나, 앞서 언급했듯이 'populate_sdk'로 생성된 이미지 기 반 SDK는 특정 이미지와 유사한 환경을 제공해 실제 대상 시스템과 더 가까운 개발 을 할 수 있기 때문에 필자는 meta-toolchain보다 이미지 기반 SDK를 사용할 것 을 권장한다. 참고로 특별한 언급이 없다면 이 책에서 SDK라는 용어는 'populate_ sdk' 명령어로 생성된 SDK를 뜻한다.

meta-toolchain을 생성하려면 예제 19-15와 같이 명령어를 입력한다.

**예제 19-15** meta-toolchain을 생성하는 명령

```
$ bitbake meta-toolchain
```

보통 meta-toolchain만을 빌드하기 때문에 SDK와 같이 따로 루트 파일 시스템을 포함하지 않는다. 그러나 수작업으로 루트 파일 시스템을 포함시킬 수는 있다. 가령 현재 예제의 루트 파일 시스템은 '/tmp/work/great-great-linux/great-image/1.0-r0/deploy-great-image-image-complete/great-image-great.tar.bz2'에 존재한다. 이 파일을 복사해 루트 파일 시스템으로 사용할 수 있다.

빌드가 마무리되고 'build/tmp/deploy/sdk' 디렉터리에 들어가 보면 예제 19-16과 같이 파일들이 새로 생성된 것을 볼 수 있다.

**예제 19-16** meta-toolchain 결과 파일 생성

```
woonrae@woonrae:~/kirkstone/build/tmp/deploy/sdk$ ls
great-distro-glibc-x86_64-great-image-core2-64-great-toolchain-3.1.21.host.
manifest
great-distro-glibc-x86_64-great-image-core2-64-great-toolchain-3.1.21.sh
great-distro-glibc-x86_64-great-image-core2-64-great-toolchain-3.1.21.target.
manifest
great-distro-glibc-x86_64-great-image-core2-64-great-toolchain-3.1.21.testdata.
json
great-distro-glibc-x86_64-meta-toolchain-core2-64-great-toolchain-3.1.21.host.
manifest
great-distro-glibc-x86_64-meta-toolchain-core2-64-great-toolchain-3.1.21.sh
great-distro-glibc-x86_64-meta-toolchain-core2-64-great-toolchain-3.1.21.target.
manifest
great-distro-glibc-x86_64-meta-toolchain-core2-64-great-toolchain-3.1.21.
testdata.json
```

생성된 파일 중에 great-distro-glibc-x86_64-meta-toolchain-core2-64-great-toolchain-3.1.21.sh 스크립트 파일을 예제 19-17과 같이 실행해 본다.

```
great@great-yocto:~/kirkstone/build/tmp/deploy/sdk$ ./great-distro-glibc-x86_64-
meta-toolchain-core2-64-great-toolchain-3.1.21.sh
Great distro SDK installer version 3.1.21
======================================
Enter target directory for SDK (default: /opt/great-distro/3.1.21): ~/kirkstone/
meta-toolchain
You are about to install the SDK to "/home/kirkstone/meta-toolchain". Proceed
[Y/n]? Y
Extracting SDK...........................................done
Setting it up...done
SDK has been successfully set up and is ready to be used.
Each time you wish to use the SDK in a new shell session, you need to source the
environment setup script e.g.

 $ . /home/kirkstone/meta-toolchain/environment-setup-core2-64-great-linux
```

SDK와 마찬가지로 설치는 최상위 디렉터리 아래에 meta-toolchain이라는 이름으로 생성한다.

생성된 디렉터리로 이동해 보면 그림 19-10과 같다. 기존의 SDK와 동일한 구조를 갖고 있다.

```
meta-toolchain/
├── environment-setup-core2-64-great-linux
├── site-config-core2-64-great-linux
├── sysroots
│   ├── core2-64-great-linux
│   └── x86_64-greatsdk-linux
└── version-core2-64-great-linux
```

**그림 19-10** meta-toolchain 디렉터리

meta-toolchain의 사용은 SDK와 동일하다. 먼저 환경 설정 파일인 environment-setup-core2-64-great-linux를 실행하고 진행하면 된다. 컴파일 방법은 sdk와 동일하기 때문에 여기서는 따로 meta-toolchain에 대한 설명은 생략하도록 한다. 외부 배포 시 쉘 스크립트 파일인 .sh 파일을 배포하면 된다. 예제에서는 'great-distro-glibc-x86_64-meta-toolchain-core2-64-great-toolchain-3.1.21.sh' 파일이 바로 배포의 대상이다.

## 19.5 요약

Yocto는 패키지를 개발하는 데 사용되기보다는 리눅스 배포판을 생성하는 데 사용된다. 따라서 Yocto로 새롭게 패키지를 개발하려고 할 때는 따로 개발 환경을 구축해야만 한다. 개발 환경을 구축하기 위해서는 툴체인을 만들어야 한다. 우리는 타깃용 툴체인을 만들어야 하기 때문에 크로스 툴체인을 만든다. 오픈임베디드 빌드 시스템은 타깃용 툴체인을 SDK라는 패키지로 제공한다. SDK는 do_populate_sdk 태스크 실행에 의해 만들어진다. 그리고 만들어진 SDK 패키지는 개발과 디버깅을 하기 위한 툴체인을 포함한다.

우리는 19장에서 생성된 SDK를 호스트에 설치하고, 설치된 SDK를 사용해 타깃용 애플리케이션과 커널 디바이스 드라이버 바이너리를 만들어 봤다.

끝으로 외부에서 사용할 수 있도록 개발 환경을 구축하는 또 다른 방법으로는 meta-toolchain이 존재한다.

# CHAPTER 20
# 그 외 다루지 않았던 주제들

## 이 장에서 다루는 내용

- » 20.1 파이썬 함수 및 변수 확장
- » 20.2 익명 파이썬 함수
- » 20.3 bitbake 문법 네 번째
- » 20.4 oe-pkgdata-util 툴의 사용
- » 20.5 PACKAGECONFIG 변수
- » 20.6 소스 코드의 배포
- » 20.7 이미 만들어져 있는 레이어 포팅
- » 20.8 요약

## 20.1 파이썬 함수 및 변수 확장

bitbake는 파이썬python과 셸 스크립트로 구성돼 있다. 따라서 bitbake는 파이썬 언어도 지원한다. 특히 bitbake의 실행 대상이 되는 태스크를 구현할 때 파이썬을 사용하는 경우가 종종 있다. 20장에서는 Yocto에서의 파이썬 사용에 대해 간단하게 다뤄 보도록 한다.

파이썬으로 구성된 태스크의 경우에는 예제 20-1과 같이 태스크 이름 앞에 python 이라는 지시어를 추가해 줘야 한다.

```
python do_mypythontask() {
    import time
    print time.strftime('%Y%m%d', time.gmtime())
}
```

파이썬 함수를 구현하기 위해서는 기존 파이썬 문법 그대로 함수 이름 앞에 def 지시어를 붙이면 된다. 예제 20-2가 파이썬 함수의 예제이다. 함수 이름은 임의로 만들 수 있고, 함수 이름 뒤의 괄호 안 매개변수는 이 함수에 입력으로 전달되는 값을 받는 변수이다.

예제 20-2 전역 파이썬 함수

```
def get_depends(bb.d);
    if bb.data.getVar('SOMECONDITION', d, 1):
        return "dependencywithcond"
    else:
        return "dependency"
SOMECONDITION = "1"
DEPENDS = "${@get_depends(bb,d)}"          → (1)
```

이 예제는 '/poky/bitbake/doc/bitbake-user-manual/bitbake-user-manual-metadata.rst' 파일에 있다.

예제에서 (1)과 같이 파이썬 표현식을 변수 할당에 사용할 수 있다. '@' 연산자는 bitbake에게 현재 코드는 파이썬 코드로 이뤄진 표현식이라고 알려준다. 이런 방식을 Inline 방식이라고 한다.

파이썬 함수에서 bitbake 변수 접근은 셸 함수처럼 간단하지 않다. 그 이유는 bitbake는 파이썬 함수에서 변수를 직접 읽고 쓸 수 없다. 특수한 함수를 이용해야만 변수를 읽고 쓸 수 있다. 즉 bitbake가 파이썬 함수에서 변수에 접근할 때는 데이터 사전 Data Dictionary을 통해 변수를 읽거나 쓸 수 있는데 이 변수의 이름은 'd'이다. 'd' 변수는 bitbake의 데이터 저장소, 즉 변수들이 저장돼 있는 장소를 나타낸다.

파이썬 함수에서 변수를 읽고 쓰기 위해 예제 20-3과 같이 pythontest.bb라는 레시피 파일을 만들어 본다. 예제 레시피 파일에서는 getVar, setVar 함수를 사용해 변수를 읽고 쓸 수 있도록 한다. 실습 소스는 다음과 같이 받을 수 있다. 그리고 20.1장부터 20.3장까지는 기존에 사용했던 dunfell 예제를 그대로 사용해 실습한다.

- 기존에 GitHub에서 받은 소스상에서 다음의 명령을 입력한다.

```
$ git checkout python_test
```

예제 20-3 pythontest.bb 파일

```
LICENSE = "CLOSED"
TESTVAR = "This var is read by python function"

python do_testA () {
    pythonvar = d.getVar('TESTVAR', True)
    bb.warn(pythonvar)
}

addtask do_testA before do_build
python do_testB () {
    d.setVar('TESTVAR', "This var is set by python function")
    pythonvar2 = d.getVar('TESTVAR', True)
    bb.warn(pythonvar2)
}
addtask do_testB before do_testA
```

예제에서 파일의 위치: ~/poky_src/poky/meta-myproject/recipes-pythontest/pythontest.bb

pythontest.bb 레시피 파일을 '$ bitbake pythontest -c testA' 명령어로 실행해 보면 결과는 그림 20-1과 같다.

```
WARNING: pythontest-1.0-r0 do_testB: This var is set by python function
WARNING: pythontest-1.0-r0 do_testA: This var is read by python function
```

그림 20-1 pythontest.bb 레시피 파일 실행 결과

태스크 실행 체인상 do_testB 태스크가 먼저 실행되고, do_testA 태스크가 나중에 실행된다. 그런데 여기서 변수 TESTVAR의 변화가 이상하다. do_testB 태스크에서 TESTVAR의 값은 당연하게 "This var is set by python function"이 출력됐다. 그럼 do_testA 태스크는 do_testB 태스크가 실행된 후에 실행됐기 때문에 동일한 TESTVAR값이 출력돼야 한다. 그러나 TESTVAR의 출력값은 원래 초기에 설정한 값이 그대로 출력됐다.

이와 같은 결과가 나온 이유는 다음과 같은데, 전역 범위$^{namespace}$에서 정의된 변수는 각 태스크에서 변수의 값이 공유될 수 있다. 그러나 이 변수를 특정 태스크에서 변경하고 다른 태스크에서 변수의 값을 읽었을 때는 변경되지 않는다. 이 내용은 5장에서도 다뤘으니 참고하기를 바란다.

참고로 getVar 함수에서 두 번째 인자는 변수를 확장할지 말지를 결정하는 파라미터이다. True라면 확장하고, False라면 확장하지 않는다.

파이썬으로 코드를 작성하다 보면 가장 문제가 되는 것이 디버깅이 불편하다는 것이다. 물론 bb.note(message)와 같은 함수를 사용해 일일이 로그를 출력하면서 디버깅하는 방법도 있다. 그러나 이런 식으로 일일이 로그를 출력해 디버깅하는 것은 매우 비효율적이고, 디버깅에 많은 시간이 소요된다. 따라서 여기서는 파이썬을 간단하게 디버깅할 수 있는 방법을 제공한다.

〈대화형 파이썬 개발 셸(Python Development Shell)을 이용한 디버깅〉

11장에서 설명한 devshell 내에서 작업하는 것과 유사하게 대화형 파이썬 개발 셸 내에서 디버깅 작업을 수행할 수 있다. 참고로 대화형 파이썬 개발 셸을 간단하게 pydevshell이라고 부른다. 가령 특정 파이썬 명령을 디버깅하거나 변수를 읽고 쓰는 등의 작업이 가능하다. 대화형 파이썬 개발 셸을 실행하기 위해서는 do_pydevshell 태스크를 실행하면 된다. 태스크를 실행하면 지정된 레시피에 대해 do_patch 태스크까지의 모든 태스크들이 실행된 후 새 터미널이 열린다.

예제를 통해 pydevshell의 사용을 익혀보자. 예제 20-4는 pythontest.bb 레시피를 타깃으로 해 디버깅하는 예제이다. 예제는 '$ bitbake pythontest -c do_ devpyshell'과 같이 명령을 입력한 후 pydevshell이 실행된 화면이다.

**예제 20-4** pydevshell 사용 예

```
OE PyShell (PN = pythontest)

pydevshell> d.getVar("TESTVAR")

'This var is read by python function'

pydevshell> d.setVar("TESTVAR", "This var is set by python function")

pydevshell> d.getVar("TESTVAR")

'This var is set by python function'

pydevshell> bb.build.exec_func("do_testA", d)

pydevshell> d.getVar("WORKDIR")

'/home/woonrae/poky_src/build2/tmp/work/core2-64-great-linux/pythontest/1.0-r0'

pydevshell>
```

참고로 pydevshell 터미널을 종료하고 빠져나오기 위해서는 'Ctrl-D'를 입력하면 된다.

표 20-1은 파이썬으로 함수나 태스크를 만들 때 가장 많이 사용되는 함수 다섯 가지를 나타낸 것이다.

**표 20-1** 파이썬 함수들

| 함수 | 설명 |
| --- | --- |
| d.getVar("X", expand=False) | 변수 X의 값을 리턴한다. |
| d.setVar("X", "value") | 변수 X에 "value"값을 할당한다. |
| d.appendVar("X", "value") | 변수 X에 값을 append해 준다. |
| d.prependVar("X", "value") | 변수 X에 값을 prepend해 준다. |
| d.expand(expression) | expression으로 변수들을 확장해 준다. |

## 20.2 익명 파이썬 함수

레시피에서 익명<sup>anonymous</sup> 파이썬 함수는 레시피가 파싱될 때마다 실행되는 파이썬 함수이다. 다시 말해 익명 파이썬 함수는 레시피에 대한 후처리 정도로 생각하면 된다. 예제 20-5는 익명 파이썬 함수에 대한 이해를 돕기 위한 것이다. 실습 소스는 다음과 같이 받을 수 있다.

- 기존에 GitHub에서 받은 소스상에서 다음의 명령을 입력한다.

```
$ git checkout anonymous_python
```

**예제 20-5** pythontest.bb 파일

```
LICENSE = "CLOSED"
TESTVAR = "This var is read by python function"

python do_testA () {
    pythonvar = d.getVar('TESTVAR', True)
    bb.warn(pythonvar)
}
addtask do_testA before do_build

python do_testB () {
    d.setVar('TESTVAR', "This var is set by python function")
    pythonvar2 = d.getVar('TESTVAR', True)
    bb.warn(pythonvar2)
}
addtask do_testB before do_testA

python __anonymous() {
    pythonvar3 = d.getVar('TESTVAR', True)
    bb.warn(pythonvar3)
}
```

예제에서 파일의 위치: poky_src/poky/meta-myproject/recipes-pythontest/pythontest.bb

결과를 보려면 '$ bitbake pythontest -c cleanall && bitbake pythontest -c testA'와 같이 명령을 입력한다. 실행 결과는 그림 20-2와 같다.

```
WARNING: This var is read by python function
WARNING: pythontest-1.0-r0 do_testB: This var is set by python function
WARNING: This var is read by python function
WARNING: pythontest-1.0-r0 do_testA: This var is read by python function
```

**그림 20-2** pythontest.bb 레시피 파일에서 testA 태스크 실행 시의 출력

결론적으로 do_testB 태스크, do_testA 태스크가 파싱될 때마다 익명 파이썬 함수가 그림 20-3과 같은 순서로 실행된다.

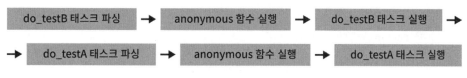

**그림 20-3** pythontest.bb 태스크 실행 순서

참고로 예제 20-6과 같이 함수의 이름을 부여하지 않은 함수도 익명 파이썬 함수로 인식한다.

**예제 20-6** 익명 파이썬 함수의 또 다른 표현

```python
python () {
    pythonvar3 = d.getVar('TESTVAR', True)
    bb.warn(pythonvar3)
}
```

## 20.3 bitbake 문법 네 번째

이제 bitbake의 마지막 문법이다. 이 책의 서두에서도 언급했듯이 문법은 필요할 때마다 다루기로 했기 때문에 지금까지 다루지 않은 문법이 하나 남았다. 변수 플래그 Variable Flags라는 문법이다. 앞에서 빌드 의존성을 설명하면서 예제 20-7과 같은 표현을 사용했는데 이 표현이 바로 변수 플래그이다.

**예제 20-7** 변수 플래그를 사용한 태스크 의존성

```
do_prepare_recipe_sysroot[deptask] = "do_populate_sysroot"
```

### 20.3.1 변수 플래그

변수 플래그<sup>Variable Flags</sup>는 변수에 대한 속성의 구현이다. 다시 말해 변수에 추가적인 정보를 제공하는 방법이다. 사실 이것은 변수뿐만 아니라 태스크에서도 사용된다. 예제 20-8과 같이 변수 플래그에 값을 정의 또는 추가할 수 있다.

**예제 20-8** 변수 플래그 예

```
VARIABLE_FLAGS[a] = "123"

VARIABLE_FLAGS[b] = "456"

VARIABLE_FLAGS[a] += "789"
```

예제에서 변수 VARIABLE_FLAGS는 2개의 플래그 [a], [b]를 갖고, 플래그는 각각 "123", "456"의 문자열 값을 갖는다. 플래그 [a]는 종국적으로 "123 789" 값을 갖게 된다. 따라서 변수 플래그는 변수처럼 설정 및 추가할 수 있다.

최신의 Yocto 버전에서 변수 플래그는 태스크의 기능과 의존성을 제어하는 것을 도와주는 기능으로도 많이 사용된다. 가령 레시피 및 클래스에서 정의된 태스크들에 사용할 수 있는 정의된 변수 플래그 세트들이 있다. 이 변수 플래그 세트들은 태스크의 다양한 기능을 제어하는 데 도움을 준다. 이 변수 플래그 세트들은 bitbake에 의해 사용된다. 예제를 보면서 이해하도록 하자.

### 1. postfuncs

이 변수 플래그는 태스크의 완료 후 호출될 함수들의 리스트들을 지정한다. 리스트 20-1은 변수 플래그 postfuncs의 예제이다. 실습 소스는 다음과 같이 받을 수 있다.

- 기존에 GitHub에서 받은 소스상에서 다음의 명령을 입력한다.

```
$ git checkout postfunc
```

**리스트 20-1** vartest.bb 파일

```
LICENSE = "CLOSED"

do_test1() {
    bbwarn "variable test"
}
addtask do_test1 before do_build

do_test1[postfuncs] += "posttest"

posttest() {
    bbwarn "post func test"
}
```

예제에서 파일의 위치: ~/poky_src/poky/meta-myproject/recipes-vartest/
vartest.bb

그림 20-4는 vartest.bb 레시피 파일을 실행했을 때의 결과이다.

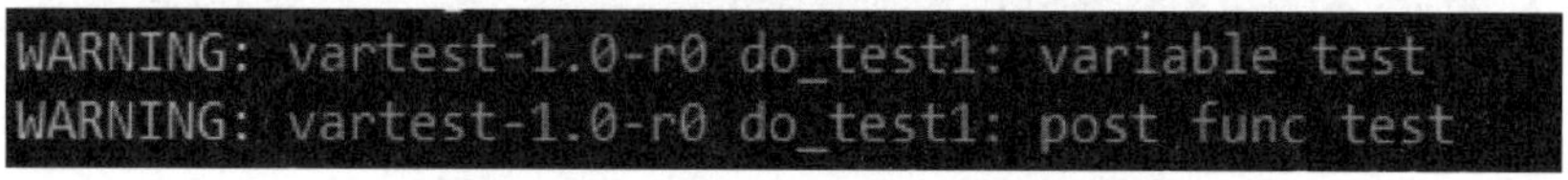

```
WARNING: vartest-1.0-r0 do_test1: variable test
WARNING: vartest-1.0-r0 do_test1: post func test
```

**그림 20-4** vartest.bb 레시피 파일의 실행 결과

참고로 'prefuncs' 플래그를 사용하게 되면 postfuncs와 반대로 태스크 실행 전에 호출될 함수들을 지정할 수 있다.

## 2. nostamp

bitbake는 특정 태스크 실행 시 스탬프 파일을 생성하지 못하게 한다. 따라서 특정 태스크는 스탬프 파일이 존재하지 않기 때문에 항상 실행된다. 앞에서 작성한 vartest.bb

레시피 파일을 리스트 20-2와 같이 변경한다. 매번 실행할 때마다 그림 20-5와 같은 메시지가 출력되는 것을 볼 수 있다. 실습 소스는 다음과 같이 받을 수 있다.

- 기존에 GitHub에서 받은 소스상에서 다음의 명령을 입력한다.

```
$ git checkout nostamp
```

**리스트 20-2** vartest.bb 파일

```
LICENSE = "CLOSED"

do_test1() {
    bbwarn "variable test"
}
addtask do_test1 before do_build

do_test1[postfuncs] += "posttest"
posttest() {
    bbwarn "post func test"
}

do_test1[nostamp] = "1"
```

그림 20-5는 vartest.bb 레시피 파일을 실행했을 때의 결과이다.

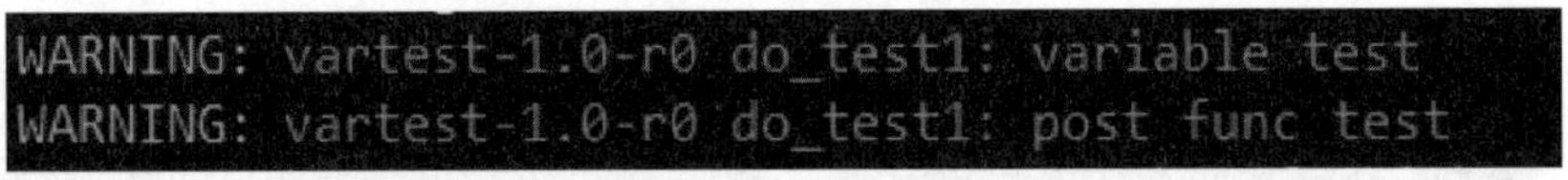

```
WARNING: vartest-1.0-r0 do_test1: variable test
WARNING: vartest-1.0-r0 do_test1: post func test
```

**그림 20-5** vartest.bb 레시피 파일의 실행 결과

## 3. deptask, rdeptask

deptask와 rdeptask 변수 플래그들은 8장에서 빌드 의존성과 실행 시간 의존성을 다루며 언급한 적이 있다. 여기서는 의존성의 종류와 의존성을 나타내는 변수 플래그들을 정리해 표 20-2와 같이 나타냈다.

**표 20-2** 의존성의 종류 및 의존성을 나타내는 변수 플래그들

| 의존성 종류 | 설명 |
|---|---|
| recipe 파일(.bb) 내에서의 의존성 | 앞선 예제들에서도 봤듯이 addtask 지시어에서 before, after 등을 사용해 태스크들 간의 의존성을 나타낼 수 있다. |
| 빌드 의존성(deptask) | 앞서 'DEPENDS'가 빌드 시간 의존성을 나타내듯이 태스크 수준에서는 변수 플래그로 'deptask'를 사용해 의존성을 나타낼 수 있다.<br><br>do_prepare_recipe_sysroot [deptask] = "do_populate_sysroot"<br><br>위의 구문은 do_prepare_recipe_sysroot 태스크가 실행되기 전에 DEPENDS 변수에 포함된 레시피의 do_populate_sysroot 태스크가 먼저 실행돼야 한다는 것을 의미한다. |
| 실행 시간 의존성 (rdeptask) | 앞서 'RDEPENDS'가 실행 시간 의존성을 나타내듯이 태스크 수준에서는 변수 플래그로 'rdeptask'를 갖고 실행 시간 의존성을 나타낼 수 있다.<br><br>do_build[rdeptask] = "do_package_write_rpm"<br><br>위의 구문은 do_build 태스크가 실행되기 전에 RDEPENDS 변수에 포함된 패키지의 do_package_write_rpm 태스크가 먼저 실행돼야 한다는 것을 의미한다. 이것은 결국 최종 빌드가 마무리되기 전에 의존을 가진 패키지가 패키지 피드에 위치돼야 한다는 의미이다. |
| Recursive 의존성 (recrdeptask) | 이것은 'recrdeptask' 플래그를 사용해 나타낸다. 어떤 태스크가 실행되기 전에 완료돼야 하는 의존성을 나타내는 데 사용된다. 레시피 빌드 및 실행 시간 의존성뿐만 아니라 addtask를 사용한 의존성 모두를 확인한 후 나열된 작업에 대한 의존성을 추가하는 방식으로 동작된다. |
| 다른 레시피의 태스크 의존성(depends) | 다른 레시피에서 정의된 태스크의 의존성을 다음과 같이 나타낼 수도 있다. 다음 예제는 환경 설정 파일인 great.conf에서 사용된 방법이다.<br><br>do_image_wic[depends] += "syslinux:do_populate_sysroot"<br><br>Syslinux_xx.bb 파일에 정의된 do_populate_sysroot 태스크가 먼저 실행되고 do_image_wic 태스크가 실행된다. |

## 4. umask

umask 변수 플래그는 파일이나 디렉터리 생성 시 초기 접근 권한을 설정할 때 사용한다. 가령 초기 파일의 권한이 666(-rw-rw-rw-)이고, 디렉터리 권한이 777 (dxrwxrwxrw)라고 가정하자. 여기에서 umask값을 지정해 초기 파일 권한을 예제 20-9와 같이 설정할 수 있다.

**예제 20-9** umask의 예제

```
ex) umask값이 '0002' 라면

- 파일의 경우 666 - 002 = 664 (-rw-rw-r--)가 된다.

- 디렉터리의 경우 777 - 002 = 775 (drwxrwxr-x)가 된다.
```

그러므로 변수 플래그로서의 umask는 해당 태스크가 산출물로 생성한 디렉터리와 파일에 umask를 설정하는 데 사용된다.

다음은 meta/classes/image.bbclass 파일에서 사용한 예제이다. 결국 그림 20-6 에서 do_rootfs 태스크가 생성한 파일들을 보면 파일 권한이 '644'로 설정된 것을 확인할 수 있다.

```
do_rootfs[umask] = "022"
```

```
woonrae@woonrae:~/poky_src/build6/tmp/deploy/images/great$ ls -al
total 153620
drwxr-xr-x 2 woonrae woonrae      4096 Feb  3 08:44
drwxrwxr-x 3 woonrae woonrae      4096 Feb  1 15:16 .
lrwxrwxrwx 2 woonrae woonrae        51 Feb  1 15:16 bzImage -> bzImage--5.4-rc8+git999-r0-great-20230201150040.bin
-rw-r--r-- 2 woonrae woonrae   8606368 Feb  1 15:16 bzImage--5.4-rc8+git999-r0-great-20230201150040.bin
lrwxrwxrwx 2 woonrae woonrae        51 Feb  1 15:16 bzImage-great.bin -> bzImage--5.4-rc8+git999-r0-great-20230201150040.bin
-rw-rw-r-- 2 woonrae woonrae      1286 Feb  3 08:05 great-image-great-20230203080500.qemuboot.conf
-rw-r--r-- 2 woonrae woonrae 147849216 Feb  3 08:05 great-image-great-20230203080500.rootfs.ext4
-rw-r--r-- 2 woonrae woonrae      5203 Feb  3 08:05 great-image-great-20230203080500.rootfs.manifest
-rw-rw-r-- 2 woonrae woonrae  37144434 Feb  3 08:05 great-image-great-20230203080500.rootfs.tar.bz2
-rw-r--r-- 2 woonrae woonrae    194191 Feb  3 08:05 great-image-great-20230203080500.testdata.json
```

**그림 20-6** umask 변수 플래그를 사용한 루트 파일 시스템의 권한 설정

## 5. fakeroot

태스크가 루트root 전용으로 작업을 수행해야 하는 경우가 있다. 가장 좋은 방법은 bitbake가 루트로 실행하도록 하면 된다. 그러나 이 방법은 번거롭고 보안 문제가 대두된다. 따라서 이 경우 사용되는 방법이 슈도pseudo 루트 환경에서 루트 권한을 받아 작업을 실행하는 것이다.

슈도 루트 환경에서 태스크와 해당 하위 프로세스는 자신이 루트 사용자로 실행 중이라고 믿게 된다. 이 슈도 루트 환경에서 작업을 실행하는 기능은 fakeroot로 알려져 있다. 예제 20-10과 같이 특정 태스크가 루트 권한을 획득하고자 할 때 변수 플

래그로 fakeroot를 사용할 수 있다.

**예제 20-10** 슈도 루트 예제

```
do_taskname[fakeroot] = "1"
```

이해를 위해 기존에 수행했던 공유 라이브러리에서 uselib.bb 레시피 파일의 임의의 태스크상에 설치된 makevoicemain 파일의 UID 및 GID를 루트로 바꿔 보도록 하자. 그 전에 UID와 GID가 무엇인지 간단하게 살펴보자.

리눅스에서 UID는 사용자 식별자<sup>User ID</sup>를 의미한다. 각 사용자는 고유한 UID를 가지고 있으며, 이 UID는 시스템에서 사용자를 식별하는데 사용된다. 리눅스는 멀티유저 운영체제이기 때문에 여러 사용자가 시스템에 접속하고 작업을 수행할 수 있다. 각 사용자는 자신의 파일, 프로세스, 그룹 등을 관리하기 위해 UID를 사용한다. 특별하게 '0'은 무조건 루트에게 할당돼 있다. 이 UID 정보는 그림 20-7과 같이 '/etc/passwd' 파일에서 확인할 수 있다. 패스워드 파일은 사용자의 비밀번호와 같은 정보가 담겨 있어서 UID가 들어가면서 구분을 한다. 다시 말해 UID를 통해 사용자를 찾을 수 있다.

**/etc/passwd**

```
root:x:0:0:root:/root:/bin/bash
daemon:x:1:1:daemon:/usr/sbin:/usr/sbin/nologin
bin:x:2:2:bin:/bin:/usr/sbin/nologin
```

**그림 20-7** /etc/passwd 파일

GID<sup>Group ID</sup>는 그룹 식별자를 의미한다. 사용자들을 그룹으로 묶어서 그룹에 속한 사용자들끼리 공통의 권한을 부여하는데 사용된다. 그룹은 파일과 디렉토리에 대한 접근 권한을 관리하는 데 유용하며, 한 그룹에 여러 사용자가 속할 수 있다. 각 그룹은 고유한 GID를 가지고 있으며, 시스템에 있는 모든 그룹은 '/etc/group' 파일에 기록된다. 이 파일에는 그룹의 이름, GID, 그룹에 속한 사용자들의 목록 등의 정보가 포함돼 있다. 사용자는 그룹에 속함으로써 그룹의 권한을 상속받고, 파일이나 디렉토리의 소유 그룹이나 접근 권한에 영향을 받게 된다. 참고로 루트의 GID는 항상 '0'이다.

이 GID 정보는 그림 20-8과 같이 '/etc/group' 파일을 통해 알 수 있다.

**/etc/group**

```
root:x:0:
daemon:x:1:
bin:x:2:
sys:x:3:
adm:x:4:syslog,woonrae
```

**그림 20-8** /etc/group 파일

리스트 20-3과 같이 uselib.bb 레시피 파일을 수정한다. uselib.bb 레시피 파일의 최종 산출물인 makevoicemain 파일이 do_test 태스크에서 실행 중일 때만 owner group, owner uid를 루트로 바꿔 보도록 한다. 그리고 실제 우리가 원하는 작업이 이뤄졌는지 확인을 위해 do_test 태스크가 실행됐을 때 'ls -l' 명령의 결과를 '1.txt'에 저장한다. 실습 소스는 다음과 같이 받을 수 있다.

- 기존에 GitHub에서 받은 소스상에서 다음의 명령을 입력한다.

```
$ git checkout fakeroot
```

**리스트 20-3** uselib.bb 파일

```
LICENSE = "MIT"

LIC_FILES_CHKSUM = file://${COMMON_LICENSE_DIR}/MIT;md5=0835ade698e0bcf8506ecda2f
7b4f302
SRC_URI = "file://makevoicemain.c \
        "

do_compile() {
    ${CC} ${LDFLAGS} -I -wl,-rpath=${libdir} -L. makevoicemain.c -ltest -o
makevoicemain
}

do_install() {
    install -d ${D}${bindir}
    install -m 0755 makevoicemain ${D}${bindir}
}
```

```
do_test() {
    chown root:root ${D}${bindir}/makevoicemain
    ls -l ${D}${bindir} > ${WORKDIR}/1.txt
}

addtask do_test after do_install before do_package
do_test[fakeroot] = "1"

DEPENDS += "makelib"
S = "${WORKDIR}"

FILESEXTRAPATHS_prepend := "${THISDIR}/files:"
FILES_${PN} += "${bindir}/makevoicemain"
```

이제 uselib.bb 레시피 파일을 '$ bitbake uselib –c cleanall && bitbake uselib' 명령을 통해 실행해 본다.

실행해 그림 20-9와 같이 do_test 태스크에 의해 생성된 'tmp/work/core2-64-great-linux/uselib/1.0-r0/1.txt' 파일과 생성된 루트 파일 시스템에서 '/usr/bin/makevoice' 파일의 권한을 살펴보도록 한다.

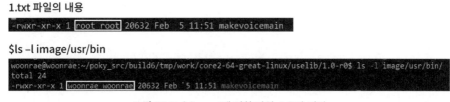

**1.txt 파일의 내용**

```
-rwxr-xr-x 1 root root 20632 Feb  5 11:51 makevoicemain
```

**$ls –l image/usr/bin**

```
woonrae@woonrae:~/poky_src/build6/tmp/work/core2-64-great-linux/uselib/1.0-r0$ ls -l image/usr/bin/
total 24
-rwxr-xr-x 1 woonrae woonrae 20632 Feb  5 11:51 makevoicemain
```

**그림 20-9** fakeroot에 의한 파일 소유자 변경

결론적으로 fakeroot에 의해 do_test 태스크가 실행될 때는 루트의 권한을 갖기 때문에 do_test 실행 중에 실행 파일 makevoicemain의 UID와 GID는 root가 된 것이다. 그러나 실제 루트 파일 시스템에 설치될 makevoicemain 파일을 보면 정상적으로 UID와 GID를 가진 것을 볼 수 있다. 다시 말해 fakeroot에 의해 특정 태스크의 실행 중에만 루트 권한을 획득할 수 있다는 것을 보여준다.

fakeroot 기능의 확실한 이해를 위해 리스트 20-4와 같이 코드를 수정해 본다. 여기서는 리스트 20-3과 다르게 fakeroot를 사용하지 않고 파일의 소유권을 바꿔 본다.

**리스트 20-4** fakeroot를 사용하지 않은 uselib.bb 파일

```
LICENSE = "MIT"

LIC_FILES_CHKSUM = file://${COMMON_LICENSE_DIR}/MIT;md5=0835ade698e0bcf8506ecda2f
7b4f302
SRC_URI = "file://makevoicemain.c \
          "

do_compile() {
    ${CC} ${LDFLAGS} -I -wl,-rpath=${libdir} -L. makevoicemain.c -ltest
-o makevoicemain
}

do_install() {
    install -d ${D}${bindir}
    install -m 0755 makevoicemain ${D}${bindir}
}

do_test() {
    chown root:root ${D}${bindir}/makevoicemain
    ls -l ${D}${bindir} > ${WORKDIR}/1.txt
}

addtask do_test after do_install before do_package

# do_test[fakeroot] = "1"
DEPENDS += "makelib"

S = "${WORKDIR}"

FILESEXTRAPATHS_prepend := "${THISDIR}/files:"
FILES_${PN} += "${bindir}/makevoicemain"
```

리스트 20-4와 같이 uselib.bb 레시피 파일을 수정하고 다시 실행하면 그림 20-10과 같이 권한이 없다는 에러가 발생된다.

```
DEBUG: Executing shell function do_test
chown: changing ownership of '/home/woonrae/poky_src/build6/tmp/work/core2-64-great-linux/uselib/1.0-r0/image/usr/bin/makevoicemain': Operation not permitted
WARNING: exit code 1 from a shell command.
ERROR: Execution of '/home/woonrae/poky_src/build6/tmp/work/core2-64-great-linux/uselib/1.0-r0/temp/run.do_test.1562' failed with exit code 1
```

**그림 20-10** fakeroot를 사용하지 않고 파일 권한을 바꿨을 때의 출력

참고로 변수 플래그를 사용하지 않고 리스트 20-5와 같이 바로 태스크의 이름 앞에 fakeroot라는 지시자를 넣어 사용할 수 있다.

**리스트 20-5** useblib.bb 파일

```
LICENSE = "MIT"

LIC_FILES_CHKSUM = "file://${COMMON_LICENSE_DIR}/MIT;md5=0835ade698e0bcf8506ecda2
f7b4f302"

SRC_URI = "file://makevoicemain.c \
        "

do_compile() {
    ${CC} ${LDFLAGS} -I -wl,-rpath=${libdir} -L. makevoicemain.c -ltest
-o makevoicemain
}

do_install() {
    install -d ${D}${bindir}
    install -m 0755 makevoicemain ${D}${bindir}
}

fakeroot do_test() {
    chown root:root ${D}${bindir}/makevoicemain
    ls -l ${D}${bindir} > ${WORKDIR}/1.txt
}

addtask do_test after do_install before do_package

# do_test[fakeroot] = "1"
DEPENDS += "makelib"
S = "${WORKDIR}"

FILESEXTRAPATHS_prepend := "${THISDIR}/files:"
FILES_${PN} += "${bindir}/makevoicemain"
```

표 20-3은 앞에서 언급되지 않은 변수 플래그 리스트를 나타낸 것이다.

**표 20-3** 그 외의 변수 플래그 리스트

| 플래그 | 설명 |
| --- | --- |
| prefuncs | 태스크의 실행 전에 호출될 함수들의 리스트를 지정한다. |
| rdepends | 태스크 간 실행 시간 의존성을 나타낸다. |
| rdeptask | 태스크의 실행 시간 의존성을 나타낸다. |
| recideptask | 추가 의존성을 검사해야 하는 작업을 지정한다. |
| recrdeptask | Task Recursive 실행 시간 런타임 의존성을 제어한다. |
| stamp-extra-info | 태스크 스탬프에 추가할 추가 스탬프의 정보이다. 가령 오픈임베디드는 이 플래그를 사용해 머신별 작업을 허용한다. |
| vardeps | 시그니처 계산을 위해 변수의 의존성에 추가할 추가 변수의 공백으로 구분된 목록을 지정한다. |
| vardepsexclude | 시그니처 계산을 위해 변수의 의존성에서 제외돼야 하는 공백으로 구분된 변수 목록을 지정한다. |
| vardepvalue | 이 플래그가 설정된 경우 bitbake가 변수의 실제 값을 무시하고 대신 변수 시그니처를 계산할 때 지정된 값을 사용하도록 지시한다. |
| vardepvalueexclude | 변수 시그니처를 계산할 때 변숫값에서 제외할 파이프로 구분된 문자열 목록을 지정한다. |
| dirs | 태스크가 실행되기 전에 생성돼야만 하는 디렉터리를 지정한다. |

## 20.4 oe-pkgdata-util 툴의 사용

oe-pkgdata-util 툴은 다양한 패키지 관련 정보를 표시한다. 단, 이 툴은 이미 빌드된 패키지에 대한 정보만 볼 수 있다. oe-pkgdata-util 툴이 보여주는 정보는 툴의이름에서도 나와 있듯이 PKGDATA_DIR 디렉터리에 저장된 정보를 바탕으로 출력해 준다. 크게 네 가지의 유용한 기능들이 있다.

### 1. oe-pkgdata-util find-path ⟨query⟩

query로 주어진 경로를 제공하는 모든 패키지들을 출력해 준다. 예제 20-11은 15장에서 실습한 라이브러리인 libtest.so 파일을 생성해 내는 패키지들을 출력한 것이다.

예제 20-11 oe-pkgdata-util find-path 명령의 실행 예

```
woonrae@woonrae:~/kirkstone$ oe-pkgdata-util find-path */libtest.so*

makelib-dev: /usr/lib/libtest.so
makelib-dbg: /usr/lib/.debug/libtest.so.1.0
makelib: /usr/lib/libtest.so.1
makelib: /usr/lib/libtest.so.1.0
```

## 2. oe-pkgdata-util list-pkg-files -p ⟨recipe name⟩

주어진 레시피에 대해 레시피가 무슨 파일들을 생성해 내는지를 출력한다. 예제 20-12는 15장에서 다룬 공유 라이브러리를 만들어 내는 레시피인 makelib 파일이 생성해 내는 파일들을 oe-pkgdata-util 툴을 통해 출력한 예제이다.

예제 20-12 oe-pkgdata-util list-pkg-files 명령의 실행 예

```
woonrae@woonrae:~/kirkstone$ oe-pkgdata-util list-pkg-files -p makelib

makelib:
        /usr/lib/libtest.so.1
        /usr/lib/libtest.so.1.0

makelib-dbg:
        /usr/lib/.debug/libtest.so.1.0

makelib-dev:
        /usr/include/func.h
        /usr/lib/libtest.so
```

## 3. oe-pkgdata-util list-pkgs -p ⟨recipe name⟩

주어진 레시피가 제공하는 각각의 패키지들을 보여준다. 앞에서와 마찬가지로 예제 20-13은 공유 라이브러리 예제인 makelib 레시피 파일이 생성해 내는 각각의 패키지들을 보여준다.

```
woonrae@woonrae:~/kirkstone$ oe-pkgdata-util list-pkgs -p makelib

makelib
makelib-dbg
makelib-dev
```

## 4. oe-pkgdata-util package-info ⟨package name⟩

주어진 패키지의 정보를 출력한다. 예제 20-14를 참고한다.

예제 20-14 oe-pkgdata-util package-info 명령의 실행 예

```
woonrae@woonrae:~/kirkstone$ oe-pkgdata-util package-info makelib

makelib 1.0-r0 makelib 1.0-r0 14238
```

## 5. oe-pkgdata-util lookup-recipe ⟨package name⟩

주어진 패키지를 만들어 내는 레시피 파일을 찾아낸다. 예제 20-15를 참고한다.

예제 20-15 oe-pkgdata-util lookup-recipe 명령의 실행 예

```
great@great-yocto:~/kirkstone$ oe-pkgdata-util lookup-recipe makelib-dev

makelib
```

참고로 oe-pkgdata-util 툴은 PKGDATA_DIR가 지정하는 디렉터리 내의 정보들을 바탕으로 출력해 준다고 설명했다. 예제 20-16에서 보듯이 PKGDATA_DIR는 'tmp/pkgdata/' 디렉터리 아래 위치해 있다. 해당 디렉터리에서 파일들을 열어보면 앞의 예제들에서 확인한 정보들을 볼 수 있다.

예제 20-16 PKGDATA_DIR 변수의 값 출력

```
woonrae@woonrae:~/kirkstone$ bitbake-getvar -r great-image PKGDATA_DIR

#
# $PKGDATA_DIR [2 operations]
#   set /home/kirkstone/poky/meta/conf/bitbake.conf:448
```

```
#     "${TMPDIR}/pkgdata/${MACHINE}"
#   set /home/kirkstone/poky/meta/conf/documentation.conf:329
#     [doc] "Points to a shared, global-state directory that holds data generated
during the packaging process."
# pre-expansion value:
#     "${TMPDIR}/pkgdata/${MACHINE}"
PKGDATA_DIR="/home/kirkstone/build/tmp/pkgdata/great"
```

## 20.5 PACKAGECONFIG 변수

PACKAGECONFIG 변수는 특정 레시피에서 지원하는 기능에 대해 활성화<sup>enable</sup>하거나 비활성화<sup>disable</sup>하는데 사용된다. 또한 의존성을 설정하는 데도 사용된다.

기본적으로 PACKAGECONFIG 변수를 사용하는 방법은 예제 20-17과 같다.

**예제 20-17** PACKAGECONFIG의 사용법

```
PACKAGECONFIG ??= "feature1"

PACKAGECONFIG[feature1] = "--with-feature1,--without-feature1,build-
dependency,realtime-build-dependency"
```

예제에서 PACKAGECONFIG 변수에 할당된 기능인 feature1에 대해 해당 기능에 대한 설정을 할 수 있도록 해준다. 예제에는 총 네 가지의 설정이 있다. 무슨 말인지 이해가 가지 않을 수 있다. 실제 필자도 PACKAGECONFIG 변수를 처음 봤을 때 설명을 봐도 한동안 무슨 말인지 이해하지 못했다. 따라서 예제 20-18을 통해 이해해 보자.

**예제 20-18** PACKAGECONFIG 사용 예

```
PACKAGECONFIG ??= "wifi wayland"
PACKAGECONFIG[wifi] = "--enable-wifi, --disable-wifi, wpa-supplicant, wpa-supplicant"
PACKAGECONFIG[wayland] = "-Dbackend-wayland=true,-Dbackend-wayland=false,virtual/
egl virtual/libgles2"
```

예제에서 PACKAGECONFIG 변수는 wifi, wayland 기능들을 정의했기 때문에 이후 PACKAGECONFIG 변수 플래그에 wifi, wayland가 사용되면 wifi, wayland 기능이 활성화됐다고 보고 처리된다. PACKAGECONFIG 변수는 총 6개의 인자를 가질 수 있고, ','에 의해 인자가 분리된다. 표 20-4를 참고하자. 참고로 EXTRA_OECONF 변수는 해당 레시피를 빌드할 때 컴파일러에게 추가로 전달하는 옵션이다. 이 변수를 사용해 컴파일러 옵션을 지정하면 레시피가 빌드될 때 컴파일러에게 해당 옵션이 추가돼 컴파일 과정에 영향을 미친다. EXTRA_OECONF 변수는 Yocto 프로젝트의 Autotools 클래스를 상속받은 경우에 사용할 수 있다. 따라서 Autotools 클래스를 상속받지 않은 레시피에서는 EXTRA_OECONF 변수를 사용할 수 없고, 다른 빌드 시스템을 사용하는 레시피의 경우, 해당 빌드 시스템에 맞는 변수를 사용해야 한다. 예를 들어, CMake 기반의 프로젝트의 경우 EXTRA_OECMAKE를 사용하고, Meson 기반의 프로젝트의 경우 EXTRA_OEMESON을 사용할 수 있다. 따라서 표에서 EXTRA_OECONF 변수는 CMake를 사용할 경우에는 EXTRA_OECMAKE로 대체되고, Meson을 사용하는 경우 EXTRA_OEMESON으로 대체된다. 표는 Autotools를 사용한다는 가정하에 작성된 표이다.

**표 20-4** PACKAGECONFIG 변수의 인자들

| 인자 순서 | 설명 |
| --- | --- |
| 1 | 기능이 활성화돼 있다면 첫 번째 인자는 EXTRA_OECONF 변수에 추가돼 추가적인 환경 설정 스크립트 옵션에 반영된다. |
| 2. | 기능이 비활성화돼 있다면 두 번째 인자는 EXTRA_OECONF 변수에 추가돼 추가적인 환경 설정 스크립트 옵션에 반영된다. |
| 3 | 기능이 활성화돼 있다면 세 번째 인자는 추가적인 빌드 의존성을 설정할 수 있다. 즉 DEPENDS 변수에 빌드 의존성이 추가된다. |
| 4 | 기능이 활성화돼 있다면 네 번째 인자는 추가적인 실행 시간 의존성을 설정할 수 있다. 즉 RDEPENDS 변수에 실행 시간 의존성이 추가된다. |
| 5 | 기능이 활성화돼 있다면 다섯 번째 인자는 약한 실행 시간 의존성(recommendation)을 설정할 수 있다. 즉 RRECOMMENDS 변수에 약한 실행 시간 의존성이 추가된다. |
| 6 | 여섯 번째 인자는 설정된 기능에 대해 충돌이 일어날 수 있는 PACKAGECONFIG 설정을 기술한다. |

따라서 예제 20-18에서 wifi가 PACKAGECONFIG에 포함돼 있기 때문에 기능이 활성화됐다고 본다. 첫 번째 인자 "--enable-wifi"의 값이 EXTRA_OECONF 변수에 할당된다. 두 번째 인자는 처리되지 않는다. 또한 wpa-supplicant 레시피에 빌드 의존성을 갖고 있고, wpa-supplicant 패키지에 실행 시간 의존성을 갖고 있다.

참고로 wpa-supplicant는 리눅스 환경에서 와이파이 기반 무선 랜 환경을 구축할 때 사용되는 프로그램이다.

wayland 기능도 wifi와 마찬가지로 wayland가 PACKAGECONFIG에 포함됐기 때문에 기능이 활성화됐다고 본다. wifi 기능과의 차이점은 세 번째, 네 번째 인자가 virtual/xxx이기 때문에 다중 PROVIDES 중 PREFERRED_PROVIDER 변수를 통해 정해진 레시피를 먼저 빌드하게 될 것이다.

PACKAGECONFIG 변수는 레시피 확장 파일이나 환경 설정 파일에서 설정된다. 예제 20-19와 같이 각 파일에 따라 할당 방법이 다르다. 이 방법은 PACKAGECONFIG 뿐만 아니라 다른 변수에서도 동일하게 사용된다. 참고로 예제는 kirkstone 기준으로 만들어졌다.

**예제 20-19** 레시피 확장 파일과 환경 설정 파일에서 PACKAGECONFIG 변수 설정 방법

```
- 레시피 확장 파일(.bbappend)
PACKAGECONFIG:append = " <feature>"
예) PACKAGECONFIG:append = " wifi"


- 환경 설정 파일(.conf)
PACKAGECONFIG:append:pn-<recipe file name> = " <feature>"
예) PACKAGECONFIG:append:pn-connman = " wifi"
```

각각의 레시피에서 사용할 수 있는 PACKAGECONFIG 변수 플래그는 예제 20-20과 같이 list-packageconfig-flag.py 스크립트를 이용해 확인할 수 있다.

**예제 20-20** list-packageconfig-flag.py 스크립트를 이용한 PACKAGECONFIG 변수 플래그 출력

```
woonrae@woonrae:~/kirkstone/poky/scripts/contrib$ ./list-packageconfig-flags.py

RECIPE NAME                PACKAGECONFIG FLAGS
============================================
alsa-utils                 bat manpages udev
alsa-utils-scripts         bat manpages udev
apr                        ipv6 timed-tests xsi-strerror
apr-native                 ipv6 timed-tests xsi-strerror
apr-util                   crypto gdbm ldap sqlite3
apr-util-native            crypto gdbm ldap sqlite3
aspell                     curses
at                         selinux
binutils-native            debuginfod

...
```

좀 더 상세한 내용을 보고 싶다면 옵션으로 '-a'를 넣으면 된다. 예제 20-21은 '-a' 옵션을 추가하고 출력된 내용을 보여준 것이다. 앞에서 다뤘던 wpa-supplicant 레시피에 대한 PACKAGECONFIG 변수 플래그들에 대해서만 추출한 정보이다.

**예제 20-21** list-packageconfig-flag.py -a 스크립트를 이용한 PACKAGECONFIG 변수 플래그 출력

```
woonrae@woonrae:~/kirkstone/poky/scripts/contrib$ ./list-packageconfig-flags.py -a

...

wpa-supplicant-2.10
/home/woonrae/kirkstone/poky/meta/recipes-connectivity/wpa-supplicant/wpa-
supplicant_2.10.bb
PACKAGECONFIG openssl
PACKAGECONFIG[gnutls] ,,gnutls libgcrypt
PACKAGECONFIG[openssl] ,,openssl

...
```

EXTRA_OECONF 변수에 대해 간단하게 설명한다.

EXTRA_OECONF 변수는 Autotools 클래스를 상속받은 경우에 사용할 수 있다. Autotools 클래스는 Autotools 기반의 프로젝트를 빌드하는 데 사용되는 클래스

이다. 7장에서 Autotools에 대해 간략하게 설명했다. 일반적으로 환경 설정 스크립트$^{configure\ script}$는 다양한 설치 디렉터리를 지정하고, 다양한 기능을 활성화 또는 비활성화하는 많은 옵션을 갖는다. 또한 헤더 및 라이브러리의 검색 경로를 지정하는 옵션도 갖고 있다. 만약 환경 설정 스크립트에 추가적인 인자를 추가하고 싶다면 EXTRA_OECONF 변수를 통해 추가할 수 있다.

결론적으로 PACKAGECONFIG 변수는 기능 단위로 빌드를 설정하는 데 사용된다.

## 20.6 소스 코드의 배포

오픈임베디드 코어에서는 프로젝트에서 사용되는 레시피의 소스 코드나 메타데이터를 묶어 배포할 수 있는 기능을 제공한다. 이 기능을 제공하는 클래스는 archiver.bbclass이다. 이 클래스를 사용하게 되면 이미지 생성의 제일 마지막에 tarball 형태의 압축된 소스와 각각의 패치들이 'tmp/deploy/sources' 디렉터리에 생성된다.

필요하다면 COPYLEFT_LICENSE_EXCLUDE 변수를 사용함으로써 확실한 라이선스를 가진 레시피를 배제해 소스 코드 배포가 생성되지 않도록 할 수 있다.

사용법은 환경 설정 파일인 local.conf 파일에서 INHERIT += "archiver"와 같이 archiver 클래스를 상속받고, ARCHIVER_MODE 변수를 설정해야 한다. 기본값으로는 패치된 소스를 제공하는 "patched"값으로 설정돼 있다. 그러나 다른 유형의 소스를 제공하고 싶다면 표 20-5를 참고하자.

**표 20-5** ARCHIVER_MODE의 변수 플래그들

| ARCHIVER_MODE 변수 플래그 | 설명 |
| --- | --- |
| ARCHIVER_MODE[src] = "original" | 원본 소스 파일들을 사용한다. 단, 패치가 적용되지 않은 소스이다. |
| ARCHIVER_MODE[src] = "patched" | 패치가 적용된 소스 파일을 사용한다. |
| ARCHIVER_MODE[src] = "configured" | 설정(configured)된 소스 파일들을 사용한다. |
| ARCHIVER_MODE[diff] = "1" | do_unpack 태스크와 do_patch 태스크 사이의 패치들을 사용한다. |

| | |
|---|---|
| ARCHIVER_MODE[diff-exclude] ?= "file file ···" | diff로부터 제외하기를 원하는 파일들과 디렉터리들을 기술한다. |
| ARCHIVER_MODE[dumpdata] = "1" | 환경 설정 데이터를 사용한다. |
| ARCHIVER_MODE[recipe] = "1" | 레시피 파일과 인클루드 파일을 사용한다. |
| ARCHIVER_MODE[srpm] = "1" | RPM 패키지 파일을 사용한다. |

간단하게 실습을 진행한다. 먼저 build/conf/local.conf 파일을 열고 local.conf 파일의 제일 하단에 리스트 20-6과 같이 추가한다.

**리스트 20-6** local.conf 파일

```
…
# We use archiver class to generate tarballs of the source code
INHERIT += "archiver"
ARCHIVER_MODE[recipe] = "1"
ARCHIVER_MODE[src] = "configured"
ARCHIVER_MODE[diff] = "1"
```

이제 다시 이미지 생성을 위해 '$ bitbake great-image' 명령을 입력해 빌드를 수행한다.

빌드가 완료될 때까지 오랜 시간이 걸린다. 빌드가 완료된 후 'tmp/deploy/sources' 디렉터리로 이동하면 예제 20-22와 같이 새로 생성된 디렉터리들을 볼 수 있다.

**예제 20-22** 새로 생성된 배포 소스 디렉터리들

```
woonrae@woonrae:~/kirkstone/build/tmp/deploy/sources$ ls
allarch  allarch-great-linux  x86_64-great-linux  x86_64-linux
```

새로 생성된 디렉터리에서 실제 소스 코드와 Yocto에서 사용된 메타데이터들이 존재하는지 확인해 본다. 여기서는 간편한 예로 busybox 소스와 관련 메타데이터들이 정상적으로 생성됐는지 예제 20-23과 같이 확인한다.

**예제 20-23** busybox 배포를 위한 소스 및 메타데이터들

```
woonrae@woonrae:~/kirkstone/build/tmp/deploy/sources/x86_64-great-linux/busybox-
1.35.0-r0$ ls
busybox-1.35.0-r0-configured.tar.xz  busybox-1.35.0-r0-diff.gz  busybox-1.35.0-r0-
recipe.tar.xz
```

예제에서 busybox의 소스는 busybox-1.35.0-r0-configured.tar.xz이고, busybox-1.35.0-r0-recipe.tar.xz 파일은 busybox 빌드를 위해 사용된 메타데이터로 tarball 파일의 내용을 보면 예제 20-24와 같이 레시피 파일과 인클루드 파일들이 들어 있다.

**예제 20-24** busybox-1.35.0-r0-recipe.tar.xz 파일

```
woonrae@woonrae:~/kirkstone/build/tmp/deploy/sources/x86_64-great-linux/busybox-
1.35.0-r0$ tar tvf busybox-1.35.0-r0-recipe.tar.xz

drwxr-xr-x great/great        0 2023-04-15 13:53 busybox-1.35.0-r0-recipe/
-rw-rw-r-- great/great     2525 2023-04-15 13:53 busybox-1.35.0-r0-recipe/
busybox_1.35.0.bb
-rw-rw-r-- great/great    21386 2023-04-15 13:53 busybox-1.35.0-r0-recipe/
busybox.inc
-rw-rw-r-- great/great       49 2023-04-15 13:53 busybox-1.35.0-r0-recipe/
busybox_%.bbappend
```

여기서 주의할 점은 externalsrc 클래스를 사용한 레시피의 경우 따로 'tmp/deploy/sources' 디렉터리에 소스가 생성되지 않는다는 것이다. 7장에서 설명했듯이 externalsrc를 사용하면 fetch 태스크가 생략되기 때문이다.

## 20.7 이미 만들어져 있는 레이어 포팅

이번에는 이미 만들어져 유지 보수되고 있는 레이어들을 사용하는 방법을 다룬다. 이미 존재하고 있는 레이어들은 'https://layers.openembedded.org' 사이트에서 찾아볼 수 있다. 그림 20-11을 참고하자.

실습 소스는 다음과 같이 받을 수 있다.

- 실습을 위해 필자의 GitHub 사이트에서 아래와 같이 새로 소스를 받아온다. 새로운 디렉터리를 만들어 받는 것을 추천한다.

```
$ git clone https://GitHub.com/greatYocto/kirkstone_src.git -b add_selinux
```

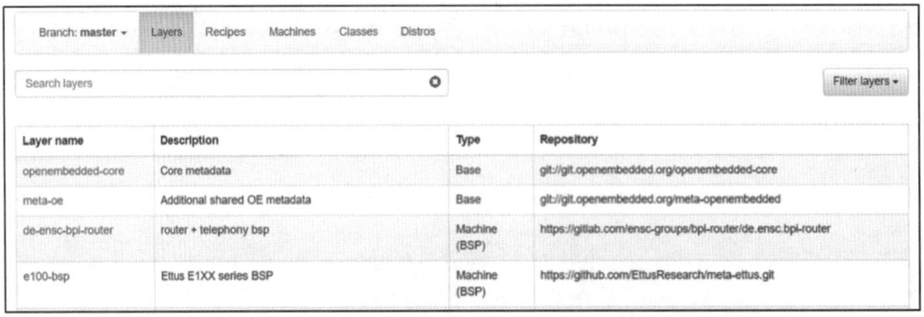

**그림 20-11** https://layers.openembedded.org 사이트

새로 레이어를 개발하기보다는 다른 사람이 개발한 레이어가 있다면 이를 사용하는 것이 더 현명한 방법이다. 이것은 단순히 필요로 하는 패키지를 공급하는 레이어만을 다운로드받기 때문에 시간이 절약되고 처음부터 개발하는 것이 아니기 때문에 필요로 하는 부분만 레시피 확장 파일(.bbappend)로 만들어 수정 또는 추가해 주면 된다.

예제를 하나 진행해 보자. 우리는 현재 구축한 시스템에 security 기능을 추가하려고 한다. security 관련 기능 중에서도 selinux 기능을 추가한다고 가정하자.

selinux[Security-Enhanced Linux]에 대해 간단하게 설명하면 selinux는 관리자가 시스템 액세스 권한을 효과적으로 제어할 수 있도록 해주는 리눅스 시스템용 보안 아키텍처이다. 이것은 원래 미국 국가안보국[NSA]이 LSM[Linux Security Module]을 사용하는 리눅스 커널에 대한 일련의 패치로 개발한 것이다.

그림 20-12와 같이 meta-selinux를 검색하고 검색된 repository에서 소스를 받아오자.

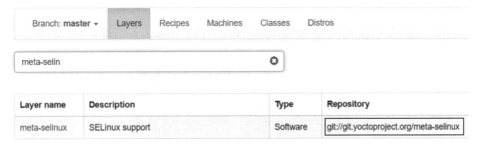

그림 20-12 meta-selinux 레이어 검색 화면

1. 예제 20-25와 같이 우리의 소스에서 poky 디렉터리에 meta-selinux의 소스를 clone한다.

예제 20-25 meta-selinux 소스 clone하기

```
woonrae@woonrae:~/kirkstone/poky$ git clone git://git.yoctoproject.org/meta-selinux

Cloning into 'meta-selinux'...
remote: Enumerating objects: 7092, done.
remote: Total 7092 (delta 0), reused 0 (delta 0), pack-reused 7092
Receiving objects: 100% (7092/7092), 1.32 MiB | 1.44 MiB/s, done.
Resolving deltas: 100% (4544/4544), done.
```

2. 다운로드받은 meta-selinux 레이어의 브랜치를 예제 20-26과 같이 현재 Poky의 버전인 kirkstone과 동일하게 맞춘다.

예제 20-26 meta-selinux의 브랜치를 kirkstone으로 checkout하기

```
woonrae@woonrae:~/kirkstone/poky/meta-selinux$ git checkout kirkstone

Branch 'kirkstone' set up to track remote branch 'kirkstone' from 'origin'.
Switched to a new branch 'kirkstone'
```

3. 새로 다운로드받은 레이어 아래의 README 파일을 읽는다.

그림 20-13은 다운로드받은 meta-selinux 레이어의 전체 디렉터리 구조이다. 그림에는 README 파일이 존재한다. 이 파일은 상당히 자세한 포팅 정보를 포

함하고 있다. 가령 현재 새로 받은 레이어가 어떤 다른 레이어들과 의존성을 갖고 있고, 실행을 위해 어떤 설정들이 필요한지에 대해 기술하고 있다.

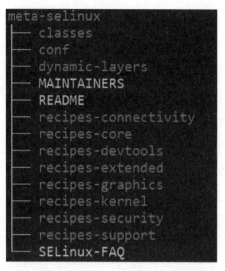

**그림 20-13** meta-selinux 디렉터리의 전체 구조

README 파일을 열어보면 의존성과 관련해 설명해 놓은 부분이 있다. 의존성 관련 설명은 그림 20-14와 같다.

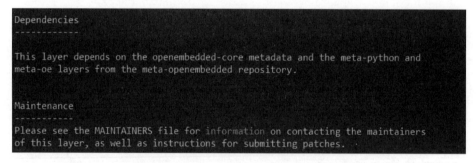

**그림 20-14** README 파일에서 의존성 관련 설명 부분

설명에 따르면 meta-selinux는 openembedded-core 메타데이터 그리고 meta-openembedded 리포지터리에 포함된 meta-python, meta-oe 레이어에 의존성이 있다고 설명돼 있다. 따라서 우리는 이미 poky에 존재하

는 openembedded-core(meta 레이어)를 제외하고 나머지 meta-python, meta-oe 레이어를 추가해 주어야 한다. 필요한 레이어들을 추가하기 위해 다시 'https://layers.openembedded.org' 사이트에서 meta-oe 레이어를 다운로드받아야 한다.

4. 그림 20-15와 같이 meta-oe를 검색한 후 'https://layers.openembedded.org' 사이트에서 meta-oe 레이어를 '$ git clone'으로 다운로드받는다.

**그림 20-15** meta-oe 레이어 검색 화면

그런 다음 kirkstone으로 체크아웃한다.

**그림 20-16** meta-oe 레이어를 다운로드한 화면

meta-oe를 다운로드받으면 그림 20-16과 같은 디렉터리 구조를 볼 수 있다.

이제 새로운 레이어들이 추가됐기 때문에 이 레이어들을 bitbake가 인식할 수 있도록 bblayers.conf.sample 파일에 추가한다.

5. bblayers.conf.sample 파일에서 새로 생성된 레이어들을 추가한다.

README 파일에서 meta-selinux 레이어가 의존성을 갖고 있는 레이어가 meta-oe와 meta-python이기 때문에 이 레이어들을 리스트 20-7과 같이 bblayers.conf.sample 파일에 추가한다.

**리스트 20-7** bblayers.conf.sample 파일

```
# POKY_BBLAYERS_CONF_VERSION is increased each time build/conf/bblayers.conf
# changes incompatibly
POKY_BBLAYERS_CONF_VERSION = "2"

BBPATH = "${TOPDIR}"
BBFILES ?= ""

BBLAYERS ?= " \
  ##OEROOT##/meta \
  ##OEROOT##/meta-poky \
  ##OEROOT##/meta-yocto-bsp \
  ##OEROOT##/meta-great \
  ##OEROOT##/meta-great-bsp \
  ##OEROOT##/meta-selinux \
  ##OEROOT##/meta-openembedded/meta-oe \
  ##OEROOT##/meta-openembedded/meta-python \
  "
```

예제에서 파일의 위치: ~/kirkstone/poky/meta-great/template/bblayers. conf.sample

6. 배포 레이어상에서 selinux 기능을 추가한다.

이제 기본적으로 빌드가 돌아갈 수 있는 환경은 마무리됐다. 그러나 단순히 레이어만을 추가한다고 해 기능이 동작하는 것은 아니기 때문에 README 파일을 다시 한 번 읽어보자. 기능 추가를 위해서는 그림 20-17과 같이 DISTRO_FEATURES 변수에 몇 가지 기능들을 추가해야 하고, 배포 레이어상에서 PREFERRED_PROVIDER 변수로 "refpolicy-mls"를 선택해야 한다고 설명돼 있다.

```
Building the meta-selinux layer
--------------------------------
In order to add selinux support to the poky build this layer should be added
to your projects bblayers.conf file.

By default the selinux components are disabled.  This conforms to the
Yocto Project compatible guideline that indicate that simply including a
layer should not change the system behavior.

In order to use the components in this layer you must add the 'selinux' to the
DISTRO_FEATURES.  In addition to selinux, you should be sure that acl, xattr and
pam are also present.
e.g. DISTRO_FEATURES:append = " acl xattr pam selinux"

You must also specify a preferred provider for the virtual/refpolicy.  The
included policies with this layer are simply reference policies and will need
to be tailored for your environment.
* Enable the refpolicy-mls:
e.g. PREFERRED_PROVIDER_virtual/refpolicy ?= "refpolicy-mls"
```

**그림 20-17** README 파일에서 selinux의 동작을 위해 설정해야 하는 부분들

설명대로 배포 레이어상에서 수정해 본다. 리스트 20-8을 보면 몇 가지 기능들이 DISTRO_FEATURES 변수에 추가됐고, PREFERRED_PROVIDER 변수를 통해 "refpolicy-mls"가 추가된 것을 볼 수 있다.

**리스트 20-8** great-distro.conf 파일

```
…

# Override these in poky based distros
GREAT_DEFAULT_DISTRO_FEATURES = "largefile opengl ptest multiarch wayland vulkan
acl xattr pam selinux"
GREAT_DEFAULT_EXTRA_RDEPENDS = "packagegroup-core-boot"
GREAT_DEFAULT_EXTRA_RRECOMMENDS = "kernel-module-af-packet"

PREFERRED_PROVIDER_virtual/refpolicy ?= "refpolicy-mls"

…
```

> 예제에서 파일의 위치: ~/kirkstone/poky/meta-great/conf/distro/great-distro.conf

7. selinux에서 제공되는 이미지 생성 레시피 파일을 통해 빌드를 진행한다.

새로운 레이어 추가가 완료됐다. 생각보다 그리 어려운 작업이 아님을 알 수 있을 것이다. 여기서는 기존에 사용하던 이미지 생성 레시피인 great-image에서 빌드하는 것이 아니라 selinux에서 제공하는 이미지 레시피인 core-image-selinux를 통해 빌드해야 한다. 그러나 여기서 selinux에 대해 자세하게 다루지 않을 예정이어서 단순하게 예제 20-27과 같이 core-image-selinux-minimal 레시피를 이용해 빌드해 본다. 빌드가 완료되면 QEMU를 실행해 본다.

**예제 20-27** 빌드 진행

```
woonrae@woonrae:~/kirkstone$ rm -rf build/conf
woonrae@woonrae:~/kirkstone$ source buildenv.sh
woonrae@woonrae:~/kirkstone/build$ bitbake core-image-selinux-minimal
woonrae@woonrae:~/kirkstone/build$ runqemu nographic
```

QEMU를 실행해 예제 20-28과 같이 실제로 selinux가 동작했는지 확인해 본다. 안타깝게도 이 소스는 selinux가 비활성화돼 있기 때문에 특정한 기능에 대해 확인해 볼 수 없다. 단순히 커널 메시지상에 selinux가 존재한다는 정도만 볼 수 있다.

**예제 20-28** QEMU 실행 후 커널 메시지상의 selinux 로그들

```
root@great:~# dmesg | grep -i selinux
[    2.863374] systemd[1]: systemd 250.5+ running in system mode (+PAM +AUDIT
+SELINUX -APPARMOR +IMA -SMACK +SECCOMP -GCRYPT -GNUTLS -OPENSSL +ACL +BLKID -C)
[    4.786493] systemd[1]: Starting SELinux init for /dev service loading...
[    5.453135] systemd[1]: selinux-labeldev.service: Deactivated successfully.
[    5.458239] systemd[1]: Finished SELinux init for /dev service loading.
[    6.116895] systemd[1]: Starting SELinux init service loading...
[    6.349841] systemd[1]: selinux-init.service: Deactivated successfully.
[    6.364424] systemd[1]: Finished SELinux init service loading.
```

## 20.8 요약

20장에서는 이전까지 다루지 않았으나, 유용한 주제들에 대해 다뤄 봤다.

먼저 bitbake가 파이썬과 셸 스크립트로 만들어져 있기 때문에 bitbake가 파이썬 언어를 지원한다는 것에 대해 학습했다. 파이썬으로 구성된 태스크의 경우 태스크의 이름 앞에 python이라는 지시어를 추가해 주면 된다. 또한 bitbake는 파이썬 함수에서 변수를 직접 읽고 쓸 수 없기 때문에 특수한 함수를 이용해야 변수를 읽고 쓸 수 있다.

익명 파이썬 함수도 다뤘다. 레시피에서 익명 파이썬 함수는 레시피가 파싱된 후에 실행되는 특징을 갖는다.

변수 플래그는 변수 속성의 구현이다. 변수 플래그는 태스크의 기능과 의존성을 제어하는 것을 도와주는 기능으로 많이 사용된다. 레시피 및 클래스에서는 태스크들에 사용할 수 있는 정의된 변수 플래그 세트들이 다수 존재한다. 우리는 예제를 통해 태스크에서 변수 플래그들을 사용하는 방법을 학습했다.

oe-pkgdata-util 툴은 PKGDATA_DIR 디렉터리에 저장된 정보를 바탕으로 출력해 주는 역할을 한다. 따라서 다양한 패키지 관련 정보를 제공한다.

PACKAGECONFIG 변수는 특정 레시피에서 지원하는 기능을 활성화하거나 비활성화하는 데 사용된다. 또한 의존성을 설정하는 데도 사용된다.

오픈임베디드 코어에서는 프로젝트 레시피에서 사용되는 소스 코드나 메타데이터를 묶어 배포할 수 있는 기능을 제공한다. archiver.bbclass 클래스는 이 기능을 제공하는 클래스이다. 이 클래스를 사용하게 되면 이미지 생성의 제일 마지막에 tarball 형태의 압축된 소스와 각각의 패치들이 'tmp/deploy/sources' 디렉터리에 생성된다.

새로 레이어를 개발하기보다는 다른 사람이 개발한 레이어가 있다면 이를 사용하는 것이 더 좋다. 필요로 하는 패키지를 공급하는 레이어만을 다운로드받기 때문에 시간이 절약된다. 따라서 20장에서는 이미 만들어져 있는 레이어를 다운로드받아 포팅하는 방법에 대해 학습했다.

# CHAPTER 21
# devtool

devtool 명령줄 도구는 소프트웨어 빌드, 테스트 및 패키징하는 데 도움이 되는 여러 기능을 제공한다. 특히 devtool은 소프트웨어 패키지 작업에 매우 유용한 도구 모음이라고 할 수 있다. 21장에서는 devtool에 대해 간략하게 설명하고, devtool을 이용한 애플리케이션과 커널 모듈을 생성하는 예제를 수행해 본다.

## 21.1 devtool 개요

이전에 우리는 새로운 패키지를 생성하려고 할 때 필요한 경우 새롭게 레이어를 생성하고 레시피를 작성하고 layer.conf 파일에 레시피의 경로를 추가한 후 마지막으로 이미지 레시피에 패키지를 추가했다. 기본적으로 이 과정은 Yocto에 대한 이해가 있어야 하고, 새롭게 Yocto에 진입한 경우에는 어렵게 느껴지는 부분이기도 하다.

devtool을 사용하면 이런 수고들이 많이 사라진다. Yocto를 완벽히 이해하지 못해도 Yocto를 통해 수월하게 소프트웨어 패키지를 추가하고 수정할 수 있다. devtool은 bitbake 명령과 함께 사용할 수 있다. 앞에서 확장이 가능한 SDK에 대해 잠깐 언급했지만, devtool 명령은 extensible SDK의 핵심이 되는 부분이기도 하다.

그러나 필자의 판단에 따라 이제야 devtool을 다루게 됐다. 만약 devtool을 초반에 배우게 되면 레시피가 어떻게 생성돼야 하고, 관련 메타데이터 파일들이 어떤 이유에서 만들어지는지 알지 못하고 넘어가게 된다. 따라서 필자는 devtool을 제일 마지막에 배우는 것이 맞다고 생각한다.

devtool은 많은 명령어들을 제공한다. 이 책에서는 지원하는 명령어 중 몇 가지 명령어만 다룰 예정이다.

우선 devtool을 이해하려면 workspace라는 작업 영역을 이해해야 한다. devtool은 빌드 수행을 위해 그림 21-1과 같은 workspace라는 기존의 작업 영역과 분리된 레이어를 사용한다. 이 레이어는 devtool 도구 전체에서 사용되는 공통 작업 영역을 가리킨다. 이 작업 영역에서 레시피, 소스를 수정 및 생성할 수 있다. 패치 또한 자동 생성할 수 있다.

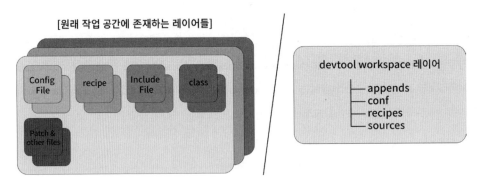

**그림 21-1** 기존 작업 공간과 분리된 devtool의 작업 공간 workspace 레이어

작업 공간이 분리돼 있기 때문에 원래 작업 공간을 건드리지 않고도 작업할 수 있다는 장점이 있다. 또한 소스를 workspace 레이어 아래로 가져와 작업할 수 있기 때문에 기존에 'build/tmp/work/' 아래에서 소스를 수정하는 수고를 덜 수 있다. 7장에서 externalsrc를 사용하는 이유로 bitbake 작업 디렉터리에 있는 소스를 이용할 경우 fetch 태스크 동작 등의 문제가 있다고 언급했다. devtool을 사용하게 되면 동일하게 externalsrc를 사용하기 때문에 작업하던 소스가 삭제되는 문제를 방지할 수 있다.

작업 공간인 workspace 레이어를 생성하기 위해서는 다음과 같은 명령어를 사용한다.

```
$ devtool create-workspace [레이어 절대 경로]
```

따로 '[레이어 절대 경로]'를 넣지 않으면 현재 위치에 workspace 레이어를 생성한다. 생성된 workspace 레이어는 'conf/layer.conf' 파일이 포함돼 있고, bblayers.conf 파일에 생성된 workspace 레이어의 경로가 자동으로 추가된다. 그리고 'build/conf' 디렉터리 아래 devtool.conf 파일이 생성되는데 이 파일에는 작업 공간인 workspace 레이어의 절대 경로가 기록된다.


## 21.2 devtool을 이용한 애플리케이션 생성

21장에서는 devtool을 이용해 간단한 애플리케이션을 생성하는 실습을 진행할 것이다.

실습은 그림 21-2와 같이 진행한다.

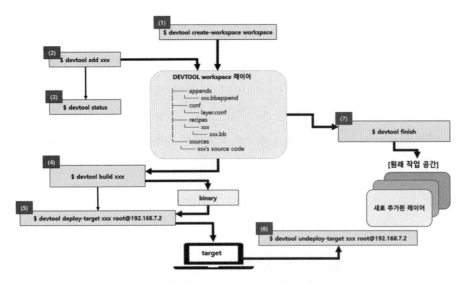

**그림 21-2** devtool을 이용한 실습 진행

실습을 위해 기존에 사용하던 소스를 사용하지 않고, 예제 21-1과 같이 새로 Yocto kirkstone 버전의 소스를 받아 새롭게 진행한다.

**예제 21-1** kirkstone 소스받기

```
$ git clone https://GitHub.com/yoctoproject/poky.git .
$ git checkout kirkstone
```

devtool을 통해 생성된 바이너리를 QEMU에 전송하려면 이미지에 ssh를 설치해야 한다. ssh를 설치하려면 local.conf.sample 파일 제일 하단의 EXTRA_IMAGE_FEATURES 변수에 리스트 21-1과 같이 'ssh-server-openssh'를 추가해 준다.

**리스트 21-1** local.conf.sample 파일

```
…
EXTRA_IMAGE_FEATURES += "ssh-server-openssh"
```

> 예제에서 파일의 위치: ~/kirkstone/poky/meta-poky/conf/local.conf.sample

이제 실습 준비가 완료됐기 때문에 예제 21-2와 같이 빌드 환경 초기화 스크립트를
실행하고 빌드를 진행한다.

**예제 21-2** 빌드 환경 초기화 및 빌드

```
woonrae@woonrae:~/kirkstone$ source poky/oe-init-build-env

### Shell environment set up for builds. ###
You can now run 'bitbake <target>'
Common targets are:
    core-image-minimal
    core-image-full-cmdline
    core-image-sato
    core-image-weston
    meta-toolchain
    meta-ide-support

You can also run generated qemu images with a command like 'runqemu qemux86'
Other commonly useful commands are:
 - 'devtool' and 'recipetool' handle common recipe tasks
 - 'bitbake-layers' handles common layer tasks
 - 'oe-pkgdata-util' handles common target package tasks
woonrae@woonrae:~/kirkstone/build$ bitbake core-image-minimal
```

1. build 디렉터리에서 예제 21-3과 같이 '$ bitbake-layers create-layer' 명령
   어를 이용해 새로운 레이어 meta-greatyocto를 생성한다.

**예제 21-3** meta-greatyocto 레이어 생성

```
woonrae@woonrae:~/kirkstone/build$ bitbake-layers create-layer ../poky/meta-
greatyocto

NOTE: Starting bitbake server...
Add your new layer with 'bitbake-layers add-layer poky/meta-greatyocto'
```

명령어가 실행되면 그림 21-3과 같이 poky 디렉터리 아래에 meta-greatyocto 레이어가 생성된다.

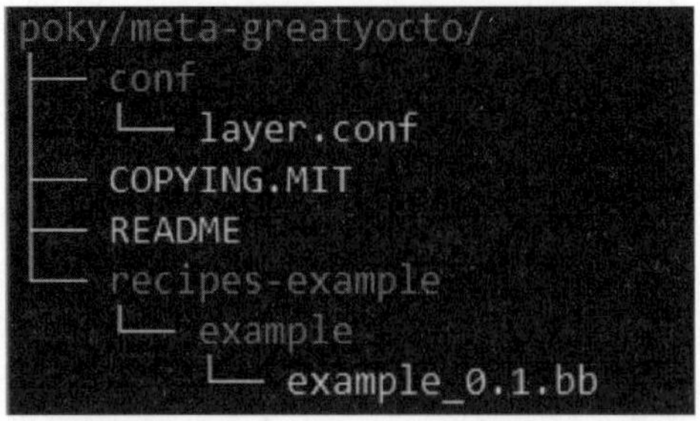

**그림 21-3** 'bitbake-layers create-layer' 명령을 통한 레이어 생성

2. bitbake가 새로 생성된 레이어를 인식할 수 있도록 예제 21-4와 같이 '$ bitbake -layers add-layer' 명령어로 bblayers.conf 파일에 새로 생성된 레이어를 추가한다.

**예제 21-4** 새로 생성된 레이어를 bblayers.conf 파일에 추가

```
woonrae@woonrae:~/kirkstone/build$ bitbake-layers add-layer ../poky/meta-
greatyocto/

NOTE: Starting bitbake server...
```

예제 21-4와 같이 실행하면 예제 21-5와 같이 bblayers.conf 파일에 새로 생성된 meta-greatyocto 레이어가 추가된 것을 볼 수 있다.

**예제 21-5** bblayers.conf 파일에 새로 추가된 meta-greatyocto 레이어

```
woonrae@woonrae:~/kirkstone/build$ cat conf/bblayers.conf

# POKY_BBLAYERS_CONF_VERSION is increased each time build/conf/bblayers.conf
# changes incompatibly

POKY_BBLAYERS_CONF_VERSION = "2"

BBPATH = "${TOPDIR}"
BBFILES ?= ""

BBLAYERS ?= " \
```

```
/home/woonrae/kirkstone/poky/meta \
/home/woonrae/kirkstone/poky/meta-poky \
/home/woonrae/kirkstone/poky/meta-yocto-bsp \
/home/woonrae/kirkstone/poky/meta-greatyocto \
"
```

3. devtool을 위한 작업 공간 workspace 레이어를 생성한다.

예제 21-6과 같이 devtool의 명령어인 create-workspace를 이용해 workspace 레이어를 생성한다.

**예제 21-6** devtool의 작업 공간 workspace 레이어 생성

```
woonrae@woonrae:~/kirkstone/build$ devtool create-workspace workspace

NOTE: Starting bitbake server...
INFO: Enabling workspace layer in bblayers.conf
```

명령어가 입력되면 예제 21-7과 같이 bblayers.conf 파일에 workspace 레이어가 새로 추가된 것을 확인할 수 있다.

**예제 21-7** bblayers.conf 파일에 workspace 레이어 추가

```
woonrae@woonrae:~/kirkstone/build$ cat conf/bblayers.conf

# POKY_BBLAYERS_CONF_VERSION is increased each time build/conf/bblayers.conf
# changes incompatibly

POKY_BBLAYERS_CONF_VERSION = "2"

BBPATH = "${TOPDIR}"
BBFILES ?= ""

BBLAYERS ?= " \
  /home/woonrae/kirkstone/poky/meta \
  /home/woonrae/kirkstone/poky/meta-poky \
  /home/woonrae/kirkstone/poky/meta-yocto-bsp \
  /home/woonrae/kirkstone/poky/meta-greatyocto \
  /home/woonrae/kirkstone/build/workspace \
  "
```

4. workspace 레이어에 새로운 레시피를 추가한다.

workspace 레이어에 새로운 레시피 추가를 위해 필자의 GitHub 사이트에서 예제 21-8과 같이 간단한 hello 예제 소스를 '$ devtool add' 명령어를 통해 받아와 자동으로 레시피 파일을 생성한다. 명령어의 사용법은 다음과 같다.

```
$ devtool add <recipes name> <source name>
```

필자는 레시피 이름을 지정할 필요가 없다고 생각해 예제 21-8과 같이 바로 레시피 이름을 생략하고 소스 url을 입력했다.

**예제 21-8** devtool을 통한 소스 fetch

```
woonrae@woonrae:~/kirkstone/build$ devtool add https://GitHub.com/greatYocto/
bbexample.git
```

예제와 같이 명령을 실행하면 그림 21-4와 같이 build 디렉터리 아래의 workspace 디렉터리에 예제 소스와 레시피 파일이 생성되는 것을 볼 수 있다. 참고로 레시피 파일의 이름이 greatyocto인 것은 필자의 소스 Makefile.am 파일에서 "bin_PROGRAMS = greatyocto"라고 했기 때문이다.

**그림 21-4** 예제 greatyocto가 workspace 레이어에 추가된 모습

예제는 Autotools를 이용해 만들어진 소스로 화면에 "Hello great yocto!"를 출력하는 간단한 예제이다.

앞에서 언급했듯이 'build/conf' 디렉터리 아래 devtool.conf 파일이 생성되고, 파일을 열어보면 작업 공간인 workspace 레이어의 절대 경로가 다음과 같이 기술돼 있다.

```
[General]

workspace_path = /home/woonrae/kirkstone/build/workspace
```

자동으로 생성된 레시피 파일인 greatyocto_git.bb 파일을 열어보면 리스트 21-2와 같다. 기본적으로 recipetool이 생성한 레시피라는 것이 주석에 있다.

**리스트 21-2** greatyocto_git.bb 파일

```
# Recipe created by recipetool
# This is the basis of a recipe and may need further editing in order to be fully
functional.
# (Feel free to remove these comments when editing.)

# WARNING: the following LICENSE and LIC_FILES_CHKSUM values are best guesses -
it is
# your responsibility to verify that the values are complete and correct.

LICENSE = "MIT"
LIC_FILES_CHKSUM = "file://LICENSE;md5=1b4446e69313dfe99b262b1ed1dfddc4"

SRC_URI =
"git://git@GitHub.com/greatYocto/bbexample.git;protocol=ssh;branch=master"

# Modify these as desired
PV = "1+git${SRCPV}"
SRCREV = "2d8588ac1cf8d9dd4705e2c8e6757871da791ec2"

S = "${WORKDIR}/git"

# NOTE: if this software is not capable of being built in a separate build
directory
# from the source, you should replace autotools with autotools-brokensep in the
# inherit line
```

```
inherit autotools

# Specify any options you want to pass to the configure script using EXTRA_OECONF:
EXTRA_OECONF = ""
```

예제에서 파일의 위치: ~/kirkstone/build/workspace/recipes/greatyocto/
greatyocto_git.bb

이 경우 소스를 직접 작업 공간인 workspace 레이어로 가져오기 때문에 레시피 확장
파일인 greatyocto_git.bbappend에서 externalsrc를 사용해 작업할 수 있게끔
도와준다. 리스트 21-3은 자동 생성된 레시피 확장 파일로 externalsrc를 사용해
소스를 로컬에 위치시킨 것이다.

**리스트 21-3** greatyocto_git.bbappend 파일

```
inherit externalsrc
EXTERNALSRC = "/home/woonrae/kirkstone/build/workspace/sources/greatyocto"
```

예제에서 파일의 위치: ~/kirkstone/build/workspace/appends/greatyocto_
git.bbappend

5. 예제가 정상적으로 설치됐는지 예제 21-9와 같이 '$ devtool status' 명령어를
   통해 확인해 본다.

**예제 21-9** devtool status 명령어를 이용한 상태 확인

```
woonrae@woonrae:~/kirkstone/build$ devtool status

NOTE: Starting bitbake server...
greatyocto: /home/woonrae/kirkstone/build/workspace/sources/greatyocto
(/home/woonrae/kirkstone/build/workspace/recipes/greatyocto/greatyocto_git.b)
```

6. 추가된 레시피를 예제 21-10과 같이 devtool을 사용해 빌드한다. 명령어의 사용법은 '$ devtool build <recipe name>'이다.

**예제 21-10** greatyocto 예제 빌드

```
woonrae@woonrae:~/kirkstone/build$ devtool build greatyocto
```

빌드를 진행하면 bitbake 작업 디렉터리인 'build/tmp' 디렉터리에 패키지 피드 배치 전까지의 태스크가 실행된다. 즉 do_package_write_rpm 태스크 전까지의 태스크들이 실행된다.

7. 새로운 창에서 QEMU를 실행시킨다.

같은 호스트에서 또 다른 터미널을 띄우고 '$ runqemu nographic'을 통해 QEMU를 실행한다. 주의할 점은 '$ runqemu'를 실행하기 위해서는 새로 띄운 터미널에서 빌드 환경 초기화 스크립트인 '$ source poky/oe-init-build-env'를 실행하고 명령을 실행해야 한다는 것이다.

8. QEMU를 통해 새로 생성된 바이너리를 테스트한다.

같은 호스트에 QEMU가 동작하고 있는 터미널은 그대로 놔두고, 작업하던 터미널 창에서 예제 21-11과 같이 명령을 입력해 새로 빌드된 패키지를 QEMU로 배포한다. 명령어의 사용법은 다음과 같다. 단, 타깃 시스템에 보안 셸(SSH) 서버가 실행돼 있어야 한다. 그래서 앞에서 ssh-server-openssh를 설치했다.

```
$ devtool deploy-target <recipe name> <타깃의 url>
```

명령어를 입력하면 예제 21-11과 같이 do_install 태스크에 의해 생성된 ${D}, 즉 루트 파일 시스템에 설치될 모든 파일들이 타깃으로 전송된다.

**예제 21-11** devtool deploy-target 명령어에 의해 생성된 파일을 타깃으로 전송

```
woonrae@woonrae:~/kirkstone/build$ devtool deploy-target -s greatyocto
root@192.168.7.2
```

```
NOTE: Starting bitbake server...
NOTE: Reconnecting to bitbake server...
NOTE: Retrying server connection (#1)...

Loading cache: 100% |##########################################################
##############################################################| Time: 0:00:00

Loaded 1643 entries from dependency cache.
Parsing recipes: 100% |#########################################################
##############################################################| Time: 0:00:00

Parsing of 884 .bb files complete (883 cached, 1 parsed). 1644 targets, 45
skipped, 0 masked, 0 errors.

The authenticity of host '192.168.7.2 (192.168.7.2)' can't be established.

ECDSA key fingerprint is SHA256:a9H/9irn4gNwKiFpsM/MsbUZrgbiEJ8Y/cJuPebDvLw.

Are you sure you want to continue connecting (yes/no)?

Warning: Permanently added '192.168.7.2' (ECDSA) to the list of known hosts.

devtool_deploy.list    100%   61    16.7KB/s    00:00

devtool_deploy.sh      100% 1017   391.5KB/s    00:00

./
./usr/
./usr/share/
./usr/share/doc/
./usr/share/doc/greatyocto/
./usr/share/doc/greatyocto/README
./usr/bin/
./usr/bin/greatyocto

INFO: Successfully deployed /home/woonrae/kirkstone/build/tmp/work/core2-64-
poky-linux/greatyocto/1+git999-r0/image
```

'$ devtool deploy-target' 명령어를 입력했을 때 종종 다음과 같이 에러가 발생하
는 경우가 있다.

```
@@@@@@@@@@@@@@@@@@@@@@@@@@@@@@@@@@@@@@@@@@@@@@@@@@@@@@@@@@@
@    WARNING: REMOTE HOST IDENTIFICATION HAS CHANGED!    @
@@@@@@@@@@@@@@@@@@@@@@@@@@@@@@@@@@@@@@@@@@@@@@@@@@@@@@@@@@@
```

이와 같은 에러가 발생할 경우 '$ ssh-keygen -R 192.168.7.2' 명령어를 입력해주고 다시 시도해 보면 된다.

9. QEMU에서 greatyocto 바이너리를 실행한다.

타깃으로 필요한 파일들이 전송됐기 때문에 예제 21-12와 같이 우리의 타깃인 QEMU에서 전송된 바이너리를 실행해 본다.

**예제 21-12** QEMU상에서 예제 실행

```
root@qemux86-64:~# greatyocto

Hello great yocto!
```

10. 타깃에 설치된 바이너리를 제거한다.

deploy-target 명령어로 설치된 파일들이 정상적으로 동작하는 것을 확인했다면 타깃에 설치된 바이너리들을 제거한다. 설치된 바이너리들을 제거하려면 다음과 같이 입력한다.

```
$ devtool undeploy-target <recipe name> <타깃 url>
```

만약 아무것도 설치하기 전의 타깃으로 되돌리고 싶다면 다음과 같이 입력한다.

```
devtool undeploy-target -a <타깃 url>
```

우리의 예제에서는 예제 21-13과 같이 명령을 입력한다.

**예제 21-13** devtool undeploy-target 명령의 실행

```
$ devtool undeploy-target greatyocto root@192.168.7.2
```

이제 QEMU에서 앞에서 실행한 바이너리를 다시 실행해 보면 예제 21-14와 같이 해당 바이너리가 없다는 문구를 볼 수 있다.

```
root@qemux86-64:~# greatyocto
-sh: greatyocto: not found
```

11. 소스를 수정하고 재빌드한다.

소스를 그림 21-5와 같이 수정하고 이를 재빌드해 본다. 참고로 소스의 위치는 '~/kirkstone/build/workspace/sources/greatyocto/main.c'이다.

```
#include <stdio.h>

int main(void)
{
        printf("Hello great yocto!\n");

        return 0;
}
```

```
#include <stdio.h>

int main(void)
{
        printf("It's changed!\n");

        return 0;
}
```

**그림 21-5** main.c 파일의 변경

위와 같이 소스를 바꾸고 '$ git add main.c', '$ git commit -m "source is changed"'와 같이 입력한 후 '$ devtool build greatyocto' 명령어를 입력해 재빌드해 본다. 필요하다면 다시 QEMU에 올려 테스트하는 것도 좋은 방법이다. 여기서는 이 부분은 생략하겠다.

12. 기존의 작업 공간에 새로 생성된 greatyocto 레시피를 추가한다.

이제 작업이 완료됐기 때문에 예제 21-15와 같이 수정된 소스 파일과 레시피를 원래의 작업 공간으로 이동시킨다. 명령어는 '$ devtool finish ⟨recipe name⟩ ⟨이동되는 경로⟩'이다.

**예제 21-15** devtool finish를 이용해 생성된 레시피와 패치를 원래 작업 공간으로 이동

```
woonrae@woonrae:~/kirkstone/build$ devtool finish greatyocto ../poky/meta-
greatyocto/

NOTE: Starting bitbake server...
NOTE: Reconnecting to bitbake server...
NOTE: Retrying server connection (#1)...
```

```
Loading cache: 100% |###############################################################
##################################################################| Time: 0:00:00

Loaded 1643 entries from dependency cache.
Parsing recipes: 100% |#############################################################
##################################################################| Time: 0:00:00

Parsing of 884 .bb files complete (883 cached, 1 parsed). 1644 targets, 45
skipped, 0 masked, 0 errors.

INFO: Updating SRCREV in recipe greatyocto_git.bb

INFO: Moving recipe file to /home/woonrae/kirkstone/poky/meta-greatyocto/recipes-
greatyocto/greatyocto

INFO: Leaving source tree /home/woonrae/kirkstone/build/workspace/sources/
greatyocto as-is; if you no longer need it then please delete it manually
```

'$ devtool finish' 명령을 실행하게 되면 이전에 수정한 소스의 패치가 자동으로 생성돼 원래의 작업 공간으로 이동하게 된다.

원래의 작업 공간이 그림 21-6과 같이 poky 디렉터리 아래의 meta-greatyocto 디렉터리 아래 recipes-greatyocto 디렉터리가 생성된 것을 볼 수 있다. 또한 레시피 파일과 파일 수정에 따른 패치가 생성된 것도 함께 볼 수 있다.

```
meta-greatyocto/
├── conf
│   └── layer.conf
├── COPYING.MIT
├── README
├── recipes-example
│   └── example
│       └── example_0.1.bb
└── recipes-greatyocto
    └── greatyocto
        ├── greatyocto
        │   └── 0001-source-is-changed.patch
        └── greatyocto_git.bb
```

**그림 21-6** 원래의 작업 공간으로 이동된 예제 레시피와 패치 파일

'$ devtool finish' 명령을 입력하면 workspace 레이어상에서 작업하던 레시피 및 패치 파일이 모두 원래 작업 공간으로 이동해 사라진다. 하지만 소스 파일이 여전히 존재하기 때문에 다음과 같이 소스 파일을 수작업으로 삭제해 줘야 한다.

```
woonrae@woonrae:~/kirkstone/build/workspace/sources$ ls
greatyocto
woonrae@woonrae:~/kirkstone/build/workspace/sources$ rm -rf greatyocto/
```

13. 이미지 빌드 및 QEMU 실행을 통해 확인한다.

이제 추가된 레시피의 패키지가 루트 파일 시스템에 추가되도록 'build/conf' 디렉터리 아래의 local.conf 파일 제일 하단에 예제 21-16과 같이 추가한다.

**예제 21-16** local.conf 파일

```
CORE_IMAGE_EXTRA_INSTALL += "greatyocto"
```

원래 작업 공간에서 '$ bitbake core-image-minimal -C rootfs'를 통해 루트 파일 시스템을 다시 생성한다. 그런 다음 '$ runqemu nographic' 명령을 입력하고, QEMU를 통해 우리가 원하는 결과가 도출되는지 확인해 본다. 예제 21-17은 QEMU를 통해 변경된 바이너리 결과를 보여준다.

**예제 21-17** QEMU에서 바이너리 실행 결과

```
root@qemux86-64:~# greatyocto
It's changed!
root@qemux86-64:~#
```

QEMU상에서 예제와 같이 새로 추가된 바이너리를 실행해 보면 정상적으로 출력되는 것을 확인할 수 있다.

## 21.3 devtool을 이용한 커널 모듈 생성

이미 정의된 레시피의 소스를 수정하기 위해서는 먼저 패키지의 소스 코드를 받아 로컬에 위치시켜야 하고, 받은 소스 코드에 레시피에서 정의된 patch 파일이 반영돼 있어야 한다. 이 상태에서 소스를 수정하고, 레시피에 추가할 패치를 만들게 된다. 최종적으로는 수정된 코드에 대한 패치 파일이 레시피 확장 파일 형태로 원래 작업 공간으로 추가 또는 업데이트된다.

여기서는 기존에 존재하는 커널에 새로운 드라이버를 추가하는 예제를 수행한다.

### 1. 기존에 존재하는 커널 레시피와 커널 소스 받아오기

기존에 존재하는 커널 레시피와 레시피에서 지정된 커널 소스를 받는 데 '$ devtool modify' 명령어를 사용한다. 이 명령어의 사용법은 다음과 같다.

```
$ devtool modify <recipe name>
```

우리의 예제에서는 예제 21-18과 같이 명령어를 입력한다.

**예제 21-18** devtool modify 명령어를 통한 커널 레시피 및 소스받기

```
woonrae@woonrae:~/kirkstone/build$ devtool modify -x linux-yocto

NOTE: Starting bitbake server...

NOTE: Reconnecting to bitbake server...
NOTE: Retrying server connection (#1)...

Loading cache: 100% |###############################################################
#################################################################################|
Time: 0:00:00

Loaded 1644 entries from dependency cache.
NOTE: Resolving any missing task queue dependencies

Build Configuration:
BB_VERSION           = "2.0.0"
BUILD_SYS            = "x86_64-linux"
NATIVELSBSTRING      = "universal"
```

```
TARGET_SYS           = "x86_64-poky-linux"
MACHINE              = "qemux86-64"
DISTRO               = "poky"
DISTRO_VERSION       = "4.0.10"
TUNE_FEATURES        = "m64 core2"
TARGET_FPU           = ""
meta
meta-poky
meta-yocto-bsp
meta-greatyocto      = "kirkstone:f53ab3a2ff206a130cdc843839dd0ea5ec4ad02f"
workspace            = "<unknown>:<unknown>"

Initialising tasks: 100% |###############################################
##################################################################|
Time: 0:00:00

Sstate summary: Wanted 77 Local 76 Mirrors 0 Missed 1 Current 52 (98% match, 99%
complete)
NOTE: Executing Tasks
NOTE: Tasks Summary: Attempted 582 tasks of which 571 didn't need to be rerun and
all succeeded.

INFO: Copying kernel config to srctree
INFO: Source tree extracted to /home/woonrae/kirkstone/build/workspace/sources/
linux-yocto
INFO: Recipe linux-yocto now set up to build from /home/woonrae/kirkstone/build/
workspace/sources/linux-yocto
```

참고로 '$ devtool modify -x' 명령어에서 '-x' 옵션은 레시피에서 사용이 가능한 규칙에 따라 소스 코드를 추출하고 패치하도록 요청하는 데 사용된다.

명령어를 입력하면 workspace 레이어에 그림 21-7과 같이 커널 소스와 커널 레시피가 다운로드돼 있는 것을 볼 수 있다.

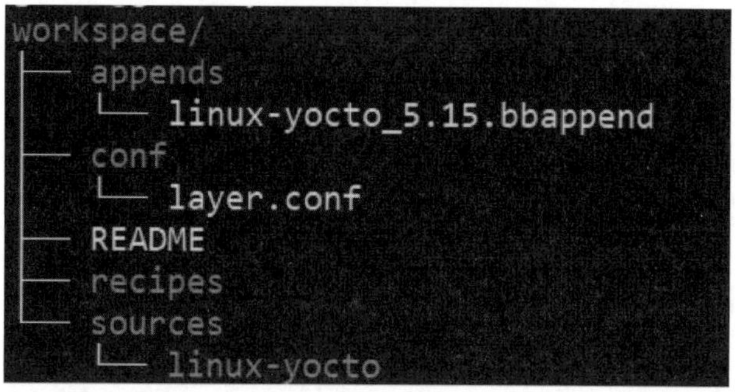

**그림 21-7** workspace 레이어에 받은 커널 레시피와 소스

## 2. 커널 모듈 소스 작성

간단한 커널 모듈인 devtool_test.c 파일에 리스트 21-4와 같이 입력해 커널 최상위 디렉터리 아래의 'drivers/misc' 디렉터리 아래에 파일을 생성한다.

**리스트 21-4** devtool_test.c 파일

```
# include <linux/module.h>
# include <linux/kernel.h>
# include <linux/init.h>

MODULE_LICENSE("GPL");
MODULE_AUTHOR("woonrae");
MODULE_DESCRIPTION("devtool test  kernel module");
static int __init devtool_test_init(void)
{
        printk(KERN_INFO "Hello devtool test module!\n");
        return 0;
}

static void __exit devtool_test_cleanup(void)
{
        printk(KERN_INFO "Cleaning up devtool test module.\n");
}

module_init(devtool_test_init);
module_exit(devtool_test_cleanup);
```

예제에서 파일의 위치: ~/kirkstone/build/workspace/sources/linux-yocto/
drivers/misc/devtool_test.c

Makefile은 기존의 Makefile의 제일 하단에 간단하게 리스트 21-5와 같이 입력한다.

**리스트 21-5** Makefile

```
…

obj-y                        += devtool_test.o
```

예제에서 파일의 위치: ~/kirkstone/build/workspace/sources/linux-yocto/
drivers/misc/Makefile

## 3. 깃을 이용해 변경된 소스 리포지터리에 커밋

수정된 소스와 레시피 확인을 위해 예제 21-19와 같이 '$ git status' 명령어를 입력
한다.

**예제 21-19** git status 명령어를 통해 변경된 소스 확인

```
woonrae@woonrae:~/kirkstone/build/workspace/sources/linux-yocto/drivers/misc$
git status

On branch v5.15/standard/base

Your branch is behind 'origin/v5.15/standard/base' by 599 commits, and can be
fast-forwarded.

  (use "git pull" to update your local branch)

Changes not staged for commit:
  (use "git add <file>..." to update what will be committed)
  (use "git checkout -- <file>..." to discard changes in working directory)

        modified:   Makefile

Untracked files:
  (use "git add <file>..." to include in what will be committed)
```

```
devtool_test.c
```

변경된 소스에 문제가 없다면 이 소스를 예제 21-20과 같이 깃의 리포지터리에 커밋하고 devtool을 이용해 빌드를 진행한다.

**예제 21-20** 변경된 소스를 깃의 리포지터리에 커밋하고 빌드 진행

```
woonrae@woonrae:~/kirkstone/build/workspace/sources/linux-yocto$ git add .

woonrae@woonrae:~/kirkstone/build/workspace/sources/linux-yocto$ git commit
-m "Add new kernel module"

[v5.15/standard/base bb5b31a7cbcd] Add new kernel module 2 files changed,
20 insertions(+) create mode 100644 drivers/misc/devtool_test.c

woonrae@woonrae:~/kirkstone/build/workspace/sources/linux-yocto$ devtool build
linux-yocto
```

참고로 이 지점에서 커널 빌드에 많은 시간이 소요된다.

### 4. 원래 작업 공간에 변경 또는 추가된 내용 반영

이제 커널 소스의 변경 및 추가가 마무리됐기 때문에 이 내용을 원래 작업 공간으로 업데이트한다. 업데이트에는 두 가지 방법이 존재한다. 하나는 다음과 같이 기존의 레시피에 내용을 추가하는 방법이 있다.

```
$ devtool update-recipe <recipe name>
```

다른 하나는 다음과 같이 레시피 확장 파일을 만들어 여기에 반영하는 방법이 있다.

```
$ devtool update-recipe -a <layer path> <recipe name>
```

우리는 예제 21-21과 같이 두 번째 방법인 레시피 확장 파일을 통해 변경점들을 반영하도록 한다.

**예제 21-21** devtool update-recipes -a 명령어를 통해 원래 작업 공간으로의 변경 사항 반영

```
woonrae@woonrae:~/kirkstone/build$ devtool update-recipe -a ../poky/meta-
greatyocto/ linux-yocto

NOTE: Starting bitbake server...
NOTE: Reconnecting to bitbake server...
NOTE: Retrying server connection (#1)...

Loading cache: 100% |################################################
##############################################################################|
Time: 0:00:00
Loaded 1643 entries from dependency cache.
Parsing recipes: 100% |#############################################
##############################################################################|
Time: 0:00:00

Parsing of 884 .bb files complete (883 cached, 1 parsed). 1644 targets, 45
skipped, 0 masked, 0 errors.
INFO: Would remove config fragment /tmp/devtoolj50fcy4u/tmpbxd3l3q7/devtool-
fragment.cfg
NOTE: Writing append file /home/woonrae/kirkstone/poky/meta-greatyocto/recipes-
kernel/linux/linux-yocto_5.15.bbappend

NOTE: Copying 0001-Add-new-kernel-module.patch to /home/woonrae/kirkstone/poky/
meta-greatyocto/recipes-kernel/linux/linux-yocto/0001-Add-new-kernel-module.
patch
```

명령어를 실행하고 원래 작업 공간인 poky 디렉터리 아래의 meta-greatyocto 디렉터리로 가보면 그림 21-8과 같은 디렉터리 구조를 볼 수 있다. 커널 소스에서 추가되고 변경된 부분이 패치 파일로 자동 생성된 것을 알 수 있다.

```
poky/meta-greatyocto/recipes-kernel/
└── linux
    ├── linux-yocto
    │   └── 0001-Add-new-kernel-module.patch
    └── linux-yocto_5.15.bbappend
```

**그림 21-8** devtool update-recipe -a 명령어의 결과로 생성된 패치 파일과 레시피 확장 파일

그림에서 레시피 확장 파일인 linux-yocto_5.15.bbappend 파일을 보면 리스트 21-6과 같다.

**리스트 21-6** linux-yocto_5.15.bbappend 파일

```
FILESEXTRAPATHS:prepend := "${THISDIR}/${PN}:"

SRC_URI += "file://0001-Add-new-kernel-module.patch"
```

예제에서 파일의 위치: ~/kirkstone/build/workspace/appends/linux-yocto_5.15.bbappend

## 5. workspace 레이어에 존재하는 커널 레시피 파일과 소스 파일 삭제

소스 변경 작업이 완료됐기 때문에 workspace 레이어에서 커널 레시피와 소스를 삭제한다. 커널 레시피는 '$ devtool reset'을 통해 삭제가 가능하나, 소스는 수작업으로 삭제해야 한다. 따라서 예제 21-22와 같이 '$ devtool reset' 명령어와 'rm' 명령어를 통해 관련 파일들을 삭제한다.

**예제 21-22** 변경된 소스를 깃의 리포지터리에 커밋

```
woonrae@woonrae:~/kirkstone/build$ devtool reset linux-yocto

woonrae@woonrae:~/kirkstone/build$ rm -rf workspace/sources/linux-yocto/
```

## 6. QEMU를 통해 변경된 커널 레시피와 패치의 결과 확인

다시 루트 파일 시스템 생성을 위해 '$ bitbake core-image-minimal -C rootfs'와 같이 빌드를 수행하고, '$ runqemu nographic'을 통해 QEMU를 실행한다. 그런 다음 QEMU에서 앞에서 만든 커널 모듈이 실행됐는지 그림 21-9와 같이 확인해본다.

```
root@qemux86-64:~# dmesg | grep "Hello devtool test module"
[    1.297494] Hello devtool test module!
```

**그림 21-9** QEMU를 통해 생성된 모듈의 실행 확인

## 7. 생성된 workspace 레이어 삭제

원하는 작업이 모두 마무리됐기 때문에 devtool의 작업 공간인 workspace 레이어를 삭제한다. 다음과 같은 명령으로 bblayers.conf 파일에서 workspace 레이어를 삭제하자.

```
$ bitbake-layers remove-layer workspace
```

실제 bblayers.conf 파일에서 workspace 레이어가 삭제됐는지 리스트 21-7과 같이 확인해 본다.

**리스트 21-7** bblayers.conf 파일

```
# POKY_BBLAYERS_CONF_VERSION is increased each time build/conf/bblayers.conf
# changes incompatibly

POKY_BBLAYERS_CONF_VERSION = "2"

BBPATH = "${TOPDIR}"
BBFILES ?= ""

BBLAYERS ?= " \
  /home/great/kirkstone/poky/meta \
  /home/great/kirkstone/poky/meta-poky \
  /home/great/kirkstone/poky/meta-yocto-bsp \
  /home/great/kirkstone/poky/meta-greatyocto \
  "
```

다음과 같이 build 디렉터리 아래의 workspace 디렉터리도 함께 삭제한다.

```
$ woonrae@woonrae:~/kirkstone/build$ rm -rf workspace/
```

끝으로 21장에서 다룬 devtool 명령어들을 표 21-1과 같이 정리해 본다. 전체 devtool 명령어는 '$ devtool --h'를 통해 살펴보면 된다.

표 21-1 21장에서 사용된 devtool 명령어들

| devtool 명령어 | 설명 |
|---|---|
| $ devtool add | 사용법: devtool add \<recipe name\> \<source name\><br>빌드될 새로운 소프트웨어를 추가한다. |
| $ devtool modify | 사용법: devtool modify \<recipe name\><br>존재하고 있는 레시피의 소스 파일을 수정하는 데 사용된다. |
| $ devtool update-recipe | 사용법: devtool update-recipe \<recipe name\> -a \<path to custom layer\><br>workspace 레이어에서 변경한 내용을 원래 작업 공간에 반영한다. |
| $ devtool build | 사용법: devtool build \<recipe name\><br>레시피를 빌드한다. |
| $ devtool finish | 사용법: devtool finish \<recipe name\> \<이동되는 경로\><br>원래 작업 공간으로 생성된 레시피와 패치를 이동시킨다. workspace 레이어에 생성됐던 레시피와 패치는 사라진다. |
| $ devtool deploy-target | 사용법: devtool deploy-target \<recipe name\> \<타깃의 url\><br>빌드를 통해 생성된 파일들을 타깃으로 전송한다. |
| $ devtool undeploy-target | 사용법: devtool undeploy-target -a \<타깃 url\><br>타깃에서 레시피의 출력 파일들을 제거한다. |
| $ devtool status | workspace 레이어의 상태를 보여준다. |

## 21.4 요약

21장에서는 devtool에 대해 학습했다. 이전까지 우리는 새로운 소프트웨어 패키지를 생성하려고 할 때 레이어를 생성하고 레시피를 작성하고 layer.conf 파일에 레시피를 추가한 후 마지막으로 이미지 레시피에 패키지를 추가했다. 이 과정은 정해진 순서와 문법을 따라하면 되지만, 많은 수고와 기반 지식이 필요하다.

devtool은 이런 수고와 기반 지식 없이도 새로운 소프트웨어 패키지를 쉽게 생성할 수 있도록 도와주는 툴이다. 예제에서 devtool을 통해 애플리케이션이나 커널 모듈을 생성할 때 이전에 비해 손쉽게 작업할 수 있다는 것을 알았을 것이다. 또한 devtool 명령은 확장이 가능한 SDK의 핵심이 되는 부분이기도 하다.

# 별책 부록

여기서는 PuTTY 툴에 대한 설치 가이드를 제공한다. 앞에서도 설명했듯이 PuTTY 는 윈도우에서 리눅스로 터미널 접속을 편리하게 할 수 있는 툴이다. PuTTY는 매우 가볍고 SSH뿐만 아니라 텔넷, 시리얼 등의 다양한 접속 방법을 제공해 주며 인코딩 에도 문제가 없다.

참고로 PuTTY는 1장에서 언급한 VirtualBox 가상 이미지 'ubuntu great yocto' 를 실행하고 난 다음 실행해야 한다.

1. PuTTY 툴을 다운로드받기 위해 'https://www.putty.org' 사이트에 접속한다.
   그림 1과 같이 창에서 **Download PuTTY**를 클릭한다.

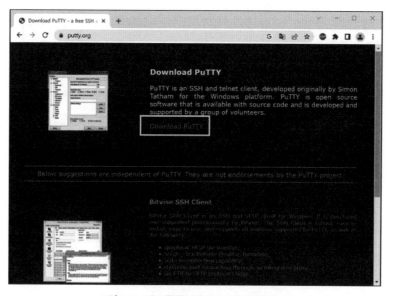

**그림 1** PuTTY 툴을 다운로드받기 위한 사이트

2. [Package files] 창에서 그림 2와 같이 '64-bit x86: putty-64bit-0.78-installer.
   msi'를 클릭한다.

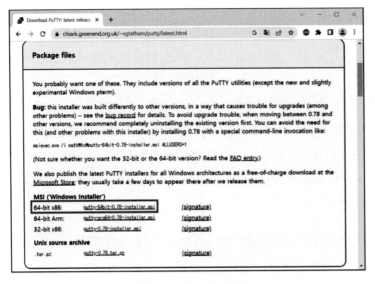

**그림 2** [Package files] 창


3. 그림 3과 같이 파일이 다운로드된다.

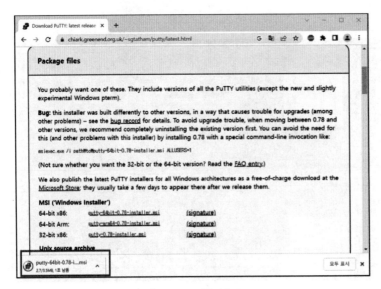

**그림 3** PuTTY 툴 다운로드

4. 그림 4와 같이 환영 메시지에서 **Next**를 클릭한다.

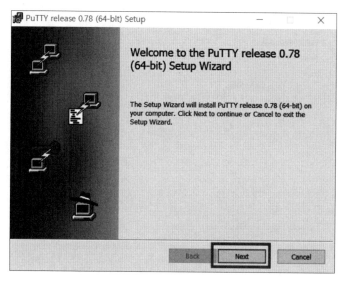

**그림 4** PuTTY 설치 1

5. 그림 5와 같이 설치 폴더 설정창에서 원하는 설치 폴더를 설정하고 **Next**를 클릭한다.

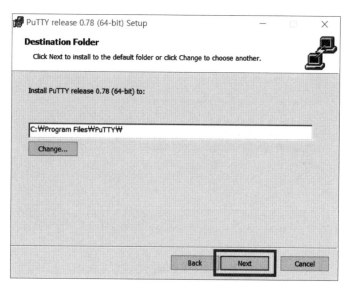

**그림 5** PuTTY 설치 2

6. 기능 설정창에서 기본 설정은 그대로 두고 그림 6과 같이 **Install**을 클릭한다.

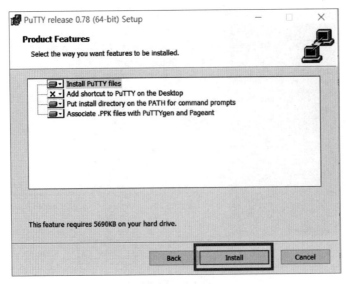

**그림 6** PuTTY 설치 3

7. 그림 7과 같이 설치가 진행된다.

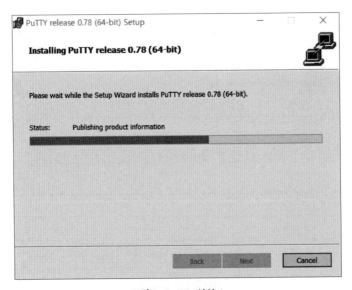

**그림 7** PuTTY 설치 4

8. 설치가 완료된 후 그림 8과 같이 **Finish**를 클릭해 설치를 종료한다.

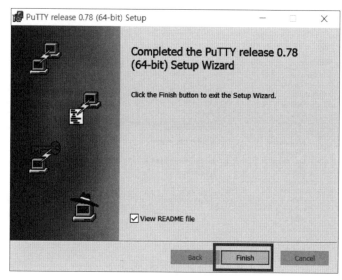

**그림 8** PuTTY 설치 5

9. 설치가 완료됐다면 그림 9와 같이 실행을 위해 윈도우 검색창에서 "PuTTY"를 입력한다.

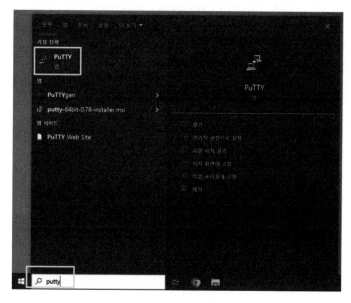

**그림 9** PuTTY 실행 1

10. PuTTY 설정창에서 그림 10과 같이 Host Name에 "localhost", Port에 "22"를 입력하고 **Open**을 클릭한다.

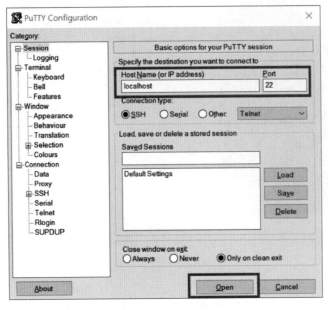

**그림 10** PuTTY 실행 2

11. 그림 11과 같이 보안 알람창에서 **Accept**를 클릭한다.

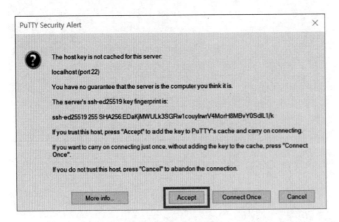

**그림 11** PuTTY 실행 3

12. 그림 12와 같이 로그인 창에서 로그인 아이디(ID)에 "great"를 입력한다.

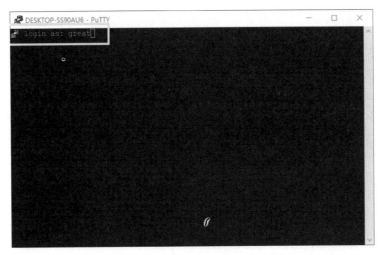

**그림 12** PuTTY 실행 4

13. 그림 13과 같이 패스워드에 "great"를 입력한다.

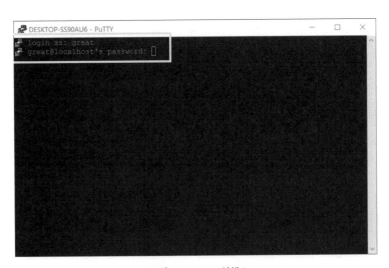

**그림 13** PuTTY 실행 5

14. 아이디와 패스워드를 정확하게 입력하면 그림 14와 같은 화면을 볼 수 있다.

**그림 14** PuTTY 실행 6

15. PuTTY가 실행됐으면 그림 15와 같이 설치가 가능한 패키지 리스트를 최신화한다.

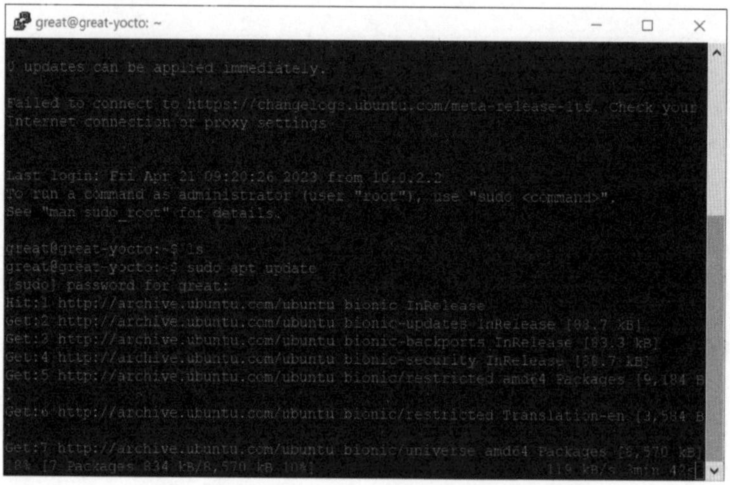

**그림 15** apt update를 통한 패키지 리스트 최신화

# 참고문헌

1. Yocto의 공식 홈페이지
   https://www.yoctoproject.org/
2. Yocto quick start guide(Yocto를 빠르게 알고 싶다면 이 사이트를 참고한다.)
   https://docs.yoctoproject.org/brief-yoctoprojectqs/index.html
3. 전반적으로 Yocto에 대해 이해할 수 있는 사이트
   https://docs.yoctoproject.org/3.1.21/
4. Yocto roadmap 및 status를 볼 수 있는 사이트
   https://wiki.yoctoproject.org/wiki/Planning#Yocto
5. Yocto에 의해 사용된 오픈임베디드에 대해 이해하고 싶다면 이 사이트를 참고한다.
   https://www.openembedded.org/wiki/Main_Page
6. Yocto 프로젝트에서 진행하는 툴들과 컴포넌트들에 대해 알고 싶다면 이 사이트를 참고한다.
   https://www.yoctoproject.org/software-overview/project-components/
7. Yocto 콘셉트를 알 수 있는 사이트
   https://docs.yoctoproject.org/overview-manual/concepts.html
8. Configuration fragments를 이해하고 싶다면 이 사이트를 참고한다.
   https://wiki.koansoftware.com/index.php/Modify_the_linux_kernel_with_configuration_fragments_in_Yocto
9. Yocto 및 그 외 임베디드 시스템에 대해 잘 정리해 놓은 사이트
   https://velog.io/@markyang92

10. bitbake에 대한 자세한 설명이 돼 있는 사이트

    https://a4z.gitlab.io/docs/BitBake/guide.html

11. Yocto 개발 관련 전반적인 내용을 보고 싶다면 이 사이트를 참고한다.

    https://docs.yoctoproject.org/dev-manual/index.html

12. Yocto bsp 개발을 하고 싶다면 이 사이트를 참고한다.

    https://docs.yoctoproject.org/bsp-guide/index.html

13. Yocto 리눅스 커널을 다루고 싶다면 이 사이트를 참고한다.

    https://docs.yoctoproject.org/kernel-dev/index.html

14. Yocto 애플리케이션 개발을 하고 싶다면 이 사이트를 참고한다.

    • https://docs.yoctoproject.org/sdk-manual/index.html

    • https://docs.yoctoproject.org/3.1/sdk-manual/sdk-manual.html

15. Yocto에서 제공되는 호환 레이어들을 보고 싶다면 이 사이트를 참고한다.

    https://www.yoctoproject.org/software-overview/layers/

16. 메타데이터 개발을 위한 style guide

    https://www.yoctoproject.org/software-overview/layers/

17. Yocto Distro Feature들의 리스트를 보고 싶다면 이 사이트를 참고한다.

    https://docs.yoctoproject.org/ref-manual/features.html#distro-features

18. Yocto Advanced Metadata를 더 알고 싶다면 이 사이트를 참고한다.

    https://docs.yoctoproject.org/kernel-dev/advanced.html

19. dnf에 대해 자세하게 알고 싶다면 이 사이트를 참고한다.

    https://dnf.readthedocs.io/en/latest/command_ref.html

20. 오픈임베디드가 임베디드 리눅스를 빌드하는 데 왜 대안이 되는 방법인지를 설명하는 사이트

    https://www.embedded.com/open-embedded-an-alternative-way-to-build-embedded-linux-distributions/

21. Shared State Cache에서 dumpsig를 이해하고 싶다면 이 사이트를 참고한다.

    https://wiki.yoctoproject.org/wiki/TipsAndTricks/Understanding_what_changed_(diffsigs_etc)

22. Yocto 빌드 systemd를 잘 정리한 사이트

    https://www.aosabook.org/en/yocto.html

23. 새로운 레이어를 찾을 수 있는 사이트

    https://layers.openembedded.org/layerindex/branch/master/layers/

24. downloads 디렉터리와 Shared State Cache를 설명한 사이트

    https://bootlin.com/blog/yocto-sharing-the-sstate-cache-and-
    download-directories/

25. 파이썬 개발 셸에 대해 알고 싶다면 이 사이트를 참고한다.

    https://docs.yoctoproject.org/dev/dev-manual/python-development-
    shell.html

26. Yocto에서 제공하는 QEMU(Quick Emulator) 사용 설명

    https://docs.yoctoproject.org/dev-manual/qemu.html

27  Fedora Package에 대해 알고 싶다면 이 사이트를 참고한다.

    https://docs.fedoraproject.org/en-US/packaging-guidelines/

28. Yocto에서 공식적으로 제공하는 kirkstone 마이그레이션 노트

    https://docs.yoctoproject.org/dev/migration-guides/release-4.0.html

29. devtool 사용법을 잘 설명한 사이트

    • https://docs.yoctoproject.org/ref-manual/devtool-reference.html
    • https://wiki.koansoftware.com/index.php/Using_devtool_to_
      modify_recipes_in_Yocto

# 찾아보기

## Yocto, 쉽게 이해하고 깊게 다루기

**기본 개념부터 실습 예제까지**

발  행 | 2023년 8월 28일

**지은이** | 조 운 래

**펴낸이** | 권 성 준
**편집장** | 황 영 주
**편  집** | 김 진 아
　　　　　　임 지 원
**디자인** | 윤 서 빈

에이콘출판주식회사
서울특별시 양천구 국회대로 287 (목동)
전화 02-2653-7600, 팩스 02-2653-0433
www.acornpub.co.kr / editor@acornpub.co.kr

책값은 뒤표지에 있습니다.